本书为国家社会科学基金青年项目"《论衡》与东汉士人的知识世界研究"(22CZS010)阶段性成果

誇世与利己

王充以"疾虚妄"为中心的思想世界

马小菲 著

中国社会科学出版社

图书在版编目（CIP）数据

济世与利己：王充以"疾虚妄"为中心的思想世界 / 马小菲著. -- 北京：中国社会科学出版社，2024.12.
ISBN 978-7-5227-4447-6

Ⅰ. B234.85

中国国家版本馆 CIP 数据核字第 20249AE987 号

出 版 人	赵剑英
责任编辑	李凯凯
责任校对	夏慧萍
责任印制	李寡寡

出　　版	中国社会科学出版社
社　　址	北京鼓楼西大街甲 158 号
邮　　编	100720
网　　址	http：//www.csspw.cn
发 行 部	010-84083685
门 市 部	010-84029450
经　　销	新华书店及其他书店
印　　刷	北京君升印刷有限公司
装　　订	廊坊市广阳区广增装订厂
版　　次	2024 年 12 月第 1 版
印　　次	2024 年 12 月第 1 次印刷
开　　本	710×1000　1/16
印　　张	21.75
插　　页	2
字　　数	315 千字
定　　价	109.00 元

凡购买中国社会科学出版社图书，如有质量问题请与本社营销中心联系调换
电话：010-84083683
版权所有　侵权必究

序 一

王充是中国古代思想史上一位独特的人物，学界的讨论已经很多，还有什么关于他的事情是前人没有充分探讨的？马小菲此书恰恰说明，可以讨论的问题还真不少。在此容我藉着这次机会稍微表达一些因本书而激发的有关思想史研究的方法问题。

王充作为一个在生前不受重视的知识分子，他的思想并没有对当时产生重大影响，而在后世，尤其是近代，学者们对他留下的作品的兴趣多半着眼其独特的观点，譬如那些具有"科学精神""破除迷信"的论述。这许多的讨论当然增进了我们对王充的思想的了解，但是当我们退一步来看看这些讨论，不免有一些感觉，就是他们其实主要反映出现代学者的关怀。也就是，王充思想中有契合现代人关怀的议题的部分，就会得到讨论。这情况当然是可以理解的，也可能是自然的。但是这是不是思想史所能做到的全部？我认为，小菲此书提出了一些思想史研究中以往比较少人注意，但是有发展潜力的议题，其中之一就是个人的人格与生活环境以及思想发展的互动关系。王充为什么会有这些议论？这些议论有多少是他承袭前人的，有多少是个人的创见或者与他人的辩难？两者之间的关系是什么？又和王充个人生存的环境有什么互动？这所谓的环境，除了王充个人实际生活过的会稽或洛阳，也包括了他的知识环境，他所可能接触到的知识社群，乃至于民间社会。同时，王充个人的个性如何？是否可以经由对他个人性格的解析而对他的思想有进一步的认识？如果对这些问题进行探讨，那么我们就能够把王充作为一个活生生的个人来理解，一个有立体感的理解，而不仅是视王充为一个《论衡》作者，一个所谓的"思想大脑"（Thinking Mind），一个理性的存在，去除了这个理性存在的生物和社会基础。简言之，思想离不开人，人不只是一个理性的分析工具，还是有血有肉有各种情欲的存在，不能不一同考量。

如果我们同意上面的观点，那么要怎样去进行探讨？又有什么材料可用？马小菲在这里提供了很好的研究范例。小菲先仔细地梳理了王充的生平、交友、仕宦，确认王充生命中诸多不顺的经历，再从夹杂在《论衡》一书各类论述中的不满或愤慨的情绪性文字，逐渐描绘出王充其人的人格特质。用小菲的话说，他就是一个有普通人毛病的失意文人，但也因为如此，可以让我们更能体会到王充言论的背景。小菲这种做法，可以说是善用了散布在《论衡》中的无心史料，成功地，而且极有说服力地，重建了王充作为一个活生生，有优点也有诸多缺失的个人。有了这样的认识，我们对于王充思想中诸多矛盾、冲突之处就会有更多同情的了解。

本书除了对王充个人的人格与思想之间的互动关系有深入剖析，也择要讨论了王充思想中最独特的几个方面，包括王充对命的理解，对天人感应的概念的批评，对民间信仰的剖析，对当时知识分子的品评，等等。这些问题前辈学者当然已经有所讨论，但是小菲的分析，由于建基于她对王充性格和生命史的了解上，能够很贴切地说明王充言论的所以然，而不只是其表面意涵。所以我个人认为本书成功之处，就是对王充其人的深度探索，成为解读其思想的关键。

整体而言，本书有效地掌握到思想史研究中人的因素，对于个人的思想不仅是做纯理性的抽象概念分析，还要考量到个人受到情绪影响时所发出的不理性或者偏颇的论述。研究思想史的学者常常会希望说出一套宏大的思想架构，以说明其研究对象思想的精微深奥，但很多时候，这只是表现出研究者个人的思想的精彩，不一定是他研究对象的实情。我们很难说历史上所谓的"思想家"都是像现代学者那样专注于发展一套逻辑严密，结构宏大完善的思想体系。他们的论述许多时候是因为各种不同的情境的限制或者鼓励而形成的，也没有立意要建构什么思想体系。因为，对思想体系的迷恋大体是一个现代学术的现象。当然，这并不是说古人的智慧就一定没有一种体系，但那种体系多半是自然而然地在长时间的磨炼中形成的，而不是某个思想家刻意为了建立体系而创造出来的。王充的例子当然可以说是相当特殊，因为《论衡》保留了相当丰富的未经润饰的言论，体现出王充在不同时间不同情况下，因为个人生命中不顺利的经历而发出的议论，因而给了研究者用以揣摩他的心境和言论的用意的一些材料。但在历史上许多的思想家不也曾经都是活生生的有七情六欲的血肉之躯？那么，不谈他们的性格和情感生活，如何能好好地掌握他们的思想？如果他们的思想真的很重要，对社会有重大的意义，那么就更应该去探究他们的想法背后的形塑因素。看来纯理性的言论，其背后是否竟然是非理性的意气攻讦？至于每一个所谓思想家的生命史是否都值得追究，又是否有材料可以追究，就是研究者展现其工夫和才华的机会了。在此我希望再强调一次，本书的价值不仅仅是对王充思想的梳理和解释，而是在于在研究方法上尝试以个人性格及生命史为理解其思想的基础。我不敢说这方法在思想史研究上是什么创新之举，但在王充研究上应该还是有新贡献的。

马小菲是我在香港中文大学指导的最后一位博士生，非常高兴她的博士论文能够出版，为她的学术生涯开启一个新的篇章，也为我的教学生涯留下美好的回忆，在此谢谢她的努力。

蒲慕州　谨记
2024 年 8 月

序　二

　　王充的《论衡》是一部很特殊的书。《后汉书·王充传》注引袁山松《后汉书》曰："充所作《论衡》，中土未有传者。蔡邕入吴始得之，恒秘玩以为谈助。后王朗为会稽太守，又得其书。及还许下，时人称其才进。或曰见异人当得异书。问之，果以《论衡》之益。"又引《抱朴子》曰："时人嫌蔡邕得异书，或搜求其帐中隐处，果得《论衡》，抱数卷持去。邕丁宁之曰：唯我与尔共之，勿广也。"蔡邕在东汉末可谓学坛领袖，而他的学问广博，得益于《论衡》。不论是真是假，从这件事可以窥探《论衡》这部书的渊博。蔡邕在学术史上的重要贡献是主持刊刻了《熹平石经》，他的专著《独断》也很受推崇。《论衡》则是性质不同的著作，因为它可以作为"谈助"，它可以让人们感受到才气。那一定具备两条：一是知识广博，二是议论通达。《论衡》其实就是这样一部书。多年前河北大学时永乐教授编著了一部《论衡词典》，对于《论衡》来说，很需要编这样一部词典。这固然是语言学专书，同时也是博物通识的工具书。当古代文论兴起的20世纪80年代，杭州大学蒋祖怡先生编著了一部《王充卷》，从中可以发现历代对《论衡》的评价是多角度的，今天看来其影响是跨学科的。

　　马小菲女士的专著《济世与利己：王充以"疾虚妄"为中心的

思想世界》即将出版，这是她在香港中文大学历史系的博士学位论文，是《论衡》研究具有创新意义的可喜成果。作者认为"疾虚妄"，是《论衡》的中心和宗旨所在。本书则致力于解决这样的问题：王充为什么要批判？"疾虚妄"的背后有着怎样更深层的原因？王充想要达成什么目的？通过解决这些深层问题，从根本上把握王充思想的整体，说明其思想包揽多元的特点究竟从何而来，从而勾勒出王充一类知识分子的时代面貌。

应当说马小菲的学术探索取得了成功。之所以能有这样的成绩，固然取决于她在北京大学、香港中文大学、美国加州大学伯克利分校的辛勤治学和名师指导，我认为还有一个重要原因是她的学术根基宽厚。她在山东大学本科阶段就读于尼山学堂国学班，这个班每年招收二十几名学生，是从山东大学在读生中通过考试选拔出来的。开设的课程是经史子集核心典籍的导读，授课老师也都是对经典古籍有专门研究的学者。这一求学经历，造就了她对典籍的理解能力和文史哲兼通的特点。这与《论衡》跨学科的特点正相符合。所以，马小菲选定《论衡》作为博士学位论文课题，我认为是非常合适的。马小菲在各大高校求学期间，撰写并发表了一批有见解的论文，显示了良好的学术素养。博士毕业后，她进入了青岛大学历史学院，这对她横跨文史哲的研究，提供了优越的平台，工作不久她就获批国家社科基金青年项目，显示了坚实的学术实力。相信这部专著的出版，能够在学术界引起广泛关注，并对学术研究提供多方面的启发。我作为尼山学堂班主任和授课教师，目睹了马小菲的成长，一方面为她的成长感到高兴，另一方面也对她未来的学术发展寄予厚望。相信不久的将来，她会有更新的成果献给学术界。

滕州杜泽逊

2024年10月序于

山东大学尼山学堂

目　录

绪　论 / 1
　　缘　起 / 1
　　第一节　研究史回顾 / 3
　　第二节　研究对象与意义 / 15
　　第三节　材料方法 / 18
　　第四节　章节安排 / 21

第一章　西汉后期到东汉初的思潮变迁 / 23
　　第一节　"通人"群体的兴起 / 25
　　第二节　尚知与求真的风气 / 36
　　第三节　现实主义的回归 / 43

第二章　王充的生平与《论衡》的创作 / 48
　　第一节　家乡与童年 / 49
　　第二节　洛阳岁月 / 56
　　第三节　仕宦生涯 / 64
　　第四节　著作明世 / 75
　　第五节　双重导向的《论衡》 / 83

第三章　论命　/ 90
　　第一节　命的基本结构　/ 92
　　第二节　王充命论的由来　/ 104
　　第三节　命与王充的自我辩护　/ 116

第四章　论天人感应　/ 121
　　第一节　天人感应基本原理　/ 122
　　第二节　灾异论与祥瑞论　/ 133
　　第三节　王充的批判与"为汉平说"　/ 144

第五章　论鬼神　/ 148
　　第一节　人死为鬼　/ 149
　　第二节　成仙得道　/ 161
　　第三节　避讳禁忌　/ 170
　　第四节　儒者王充与移风易俗　/ 180

第六章　论人才　/ 184
　　第一节　儒生与文吏　/ 186
　　第二节　圣人与贤者　/ 199
　　第三节　王充求仕之心的破灭　/ 207

结　论　/ 217

附　录

《论衡》与王充的"君子思维"　/ 233
　　一　敢于质疑，不囿成说　/ 233
　　二　博览群书，躬身实践　/ 235

三　以真为美，化民成俗 / 236

王充的仕宦经历及其"命论" / 238
　　一　王充历任职务考 / 239
　　二　王充未能升任朝官之原因 / 243
　　三　仕宦经历对王充"命论"的影响 / 251

五一广场简中的立秋案验与麦秋案验 / 257
　　一　五一广场简所见案验时间 / 257
　　二　从"立秋"到"麦秋"：和帝永元改律 / 267
　　结　语 / 273

西汉春季岁时活动中的观念研究 / 274
　　一　西汉春季岁时活动基本状况 / 275
　　二　西汉春季岁时活动中的普适性观念 / 288
　　三　西汉春季岁时活动中的特殊观念 / 298
　　结　论 / 304

从自然神到灾异符号
　　——先秦两汉虹观念的变迁 / 305
　　一　先秦两汉关于虹的自然气象知识 / 305
　　二　自然崇拜：龙蛇、饮水与禁忌 / 308
　　三　天学知识：阴阳交而成虹 / 311
　　四　天人感应：军国灾异符号 / 313

参考文献 / 319

后　记 / 332

绪　　论

缘　起

论及秦汉思想家，东汉的王充是绕不开的一位。中学课本中，王充被尊为古代"唯物主义思想家"的代表；思想史著作中，"秦汉黄老兴盛与武帝时代的独尊儒术，两汉谶纬与经学，再加上一个王充，似乎就可以构成思想史这一时期（秦汉）的主干"[1]。无论这些评价客观与否，都显示了王充在秦汉乃至中国古代思想史上的独特地位。

王充，字仲任，东汉光武帝建武三年（27年）出生于会稽上虞（今浙江绍兴）一个普通家庭，家中以贾贩为业，兼事农桑。王充六岁开始读书识字，自那时起便表现出极强的学习天赋和兴趣。后来又到京师洛阳受业于最高学府太学，师从著名学者班彪。在洛阳期间，他以习经为主，同时博览而不守章句，"遂博通众流百家之言"[2]。学成之后，王充主要于家乡会稽一带担任基层属吏，从县到州郡，最高官至治中从事，其间经历了数次起落。终其一生，未有机会担任朝

---

[1] 葛兆光：《中国思想史》（第1卷），复旦大学出版社2009年版，第215页。
[2] 《后汉书》卷49《王充王符仲长统列传》，中华书局1965年版，第1629页。

官。虽然晚年由于友人谢夷吾举荐,得到章帝的公车征召,但王充当时已年老体弱,未能成行,几年后便病死家中。

王充一生共撰写了《讥俗》《政务》《论衡》《养性》四部著作,只有《论衡》存世,因而也是唯一能集中体现王充思想的著作。《论衡》全书现存85篇(其中《招致》一篇有目无篇),20余万字,详细讨论了当时书面记载与口头流传的政治、社会、文化领域的故事、说法、观念,并对其中王充认为虚假不实者,也就是所谓"虚妄"进行了批判。王充曾将《论衡》与《诗经》作比较:"《诗》三百,一言以蔽之,曰:'思无邪。'《论衡》篇以十数,亦一言也,曰:'疾虚妄。'"[1] 可见,"疾虚妄",是《论衡》的中心和宗旨所在。虽然王充在"疾虚妄"的同时亦提出了"务实诚"的要求,既有"破"又有"立",但综观全书,无论数量上还是质量上,批判的方面或曰"破"的方面仍是首要的。

以"疾虚妄"为宗旨的《论衡》,在历史上为王充赢来了诸多赞誉,也招致了严厉的抨击。尤其针对王充对天人感应、圣贤言行、鬼神信仰的批判,学者们或褒或贬,赞誉者肯定王充辩讹正谬,订伪砭俗,有裨后世见闻;抨击者则指责王充非圣无法,扬己辱先,实三千之罪人。对王充与《论衡》纷然不一的评价,虽与不同时代社会思想状况密切相关,[2] 却也充分展现了王充思想纷乱复杂的特性;同时,亦显示出王充对种种"虚妄"的批判,历来便是学者们关注和争议的焦点。本书的着眼点,亦在于王充对"虚妄"的批判。"虚妄"的内容自然值得注意,在此基础上,笔者试图解决的问题是:王充为什么要批判?"疾虚妄"的背后,有着怎样更深层的原因?作为一名中下层官

---

[1] 黄晖:《论衡校释》(附刘盼遂集解)卷20《佚文篇》,中华书局2017年版,第1013—1014页。本书所引《论衡》文句主要出自此版本,此后引文除特殊情况,皆随文附注。

[2] 邵毅平认为,《论衡》的评价与儒学地位的升降相一致。儒学占上风时,《论衡》评论中的非理性精神强;儒学影响较为薄弱时,《论衡》评论中的理性精神强;周桂钿认为社会稳定、思想控制严密的时代,对王充和《论衡》诋毁多;社会动荡、思想较为自由的时代,对王充和《论衡》赞扬多。参见邵毅平《论衡研究》,复旦大学出版社2009年版,第266页;周桂钿《王充评传》,福建教育出版社2015年版,第201页。

吏、地方知识分子，① 王充在当时并无太大影响力，却写成了这样一本"批判"之书，引发了身后无数的争论，他的动机何在？他想要达成什么目的？这些问题的解决，不仅能使我们从根本上把握王充思想的整体，亦有助于说明其思想纷乱复杂的特点究竟从何而来，从而勾勒出王充一类知识分子的时代面貌。本书正是在这一问题导向下展开的。

第一节　研究史回顾

20世纪以来，王充与《论衡》的相关研究稳步增长，② 大多作为思想史、哲学史、文学史等学术史著作中的章节呈现，关于王充的独立著作、论文，相较汉代其他思想家而言，数量并不算多。总的来看，王充与《论衡》的研究依内容可分为两大部分：一是王充其人和《论衡》其书的研究，二是王充思想研究。③ 这两部分内容在实际研究中往往互相交织，又各有侧重。王充其人和《论衡》其书的研究，着眼于文献考据和整理，除一部分语言学研究外，大致延续了传统文史研究的路径；王充思想研究成果更多，且往往具有鲜明的时代特色，反映了学术风气之发展变化。④

---

①　这里的"中下层"，是相对而言。王充在地方上担任的职位，如郡五官掾、州治中，其实地位不算低，但与文献中集中记载的身处中央、担任朝官的知识分子相比，王充等而下之；王充对于自己的职位也很不满足，一心向往更高层次的职位。详见第二章。

②　历史上，好《论衡》者虽不乏其人，但长期无人对之进行校注整理工作。如智延娜所指出的，在考据最为兴盛的清代，清人对《论衡》的校注成果也寥寥无几，王念孙曾手校群书二三十种，而未及此书。这与当时人尤其是乾隆皇帝对《论衡》"非圣""不孝"等负面评价不无关系。参见智延娜《〈论衡〉文献学研究》，博士学位论文，河北大学，2013年。

③　蒋祖怡将20世纪50—80年代王充与《论衡》相关研究分为三类：王充生平著述、《论衡》一书的研究和整理工作、王充的思想，与本书思路大致相同。参见《试论三十年来王充的研究工作》，《学习与探索》1981年第2期。

④　关于王充与《论衡》的研究史，除上述蒋祖怡《试论三十年来王充的研究工作》外，申慧芬曾就此撰写硕士学位论文《新中国60年的王充思想研究及其历史反思》（硕士学位论文，河南大学，2010年）。李维武、邵毅平在相关著作中都曾论及20世纪王充与《论衡》的相关研究与时代风气的关系。参见李维武《王充与中国文化》，贵州人民出版社2000年版，第297—358、384—406页；邵毅平《论衡研究》，第219—225页。因本书更关注以往研究所取得的成果，为清晰起见，以内容而非时间分类。

一　王充其人与《论衡》其书研究

首先是王充生平、著作的考据，讨论较多的包括王充生平、《论衡》成书、《论衡》作年以及《论衡》篇数等问题。关于王充生平以及《论衡》成书，学界有过激烈争论。就王充生平而言，20世纪70年代，徐复观在《两汉思想史·王充论考》中首次对王充生平提出质疑，认为范晔《后汉书·王充传》所载"乡里称孝""受业太学师事班彪"以及"谢夷吾推荐"三事均属不实；① 随后周桂钿在《王充评传》中对徐复观的论点一一反驳，证明《后汉书·王充传》和《论衡·自纪篇》所载王充生平基本可信。② 就《论衡》成书而言，20世纪60年代，朱谦之对张右源的猜想加以重申，③ 认为今本《论衡》一书经三次撰集而成，实际包含了王充《讥俗》《政务》《养性》等其他作品在内；④ 对此，蒋祖怡以《论王充的〈养性〉之书》《论王充的〈政务〉之书》二文予以驳斥，强调《论衡》独立成书。⑤ 对于王充生平和《论衡》成书这两个问题，目前学者大多与周桂钿和蒋祖怡意见一致，在相关著述中依然遵从传统说法；笔者亦赞同这一主流意见。

分歧较大的问题是《论衡》作年和篇数。胡适1931年在《王充的〈论衡〉》中提出王充可能于明帝永平初年开始写作《论衡》，章帝时完

---

① 参见徐复观《两汉思想史》（二），九州出版社2014年版，第516—525页。
② 参见周桂钿《王充评传》，第1—21页。
③ 张右源指出："也许今本《论衡》是把原著《讥俗》之书，《论衡》之书，《养性》之书混杂起来了。"并加以论证。见《王充学说的梗概和治学方法》，东南大学、南京高师国学研究会编：《国学丛刊》第2卷第3期，商务印书馆1924年版。与朱谦之同时的吴泽虞有类似看法："人们一致认为：王充的著作有四个集子，即《讥俗》《论衡》《政务》《养性》，而至今存在的只有《论衡》，其他三个集子都亡佚了。这个判断显然是缺乏充分根据的。据我研究的结果：现存的《论衡》八十四篇，其实包括了上面所说的四部书，《论衡》既是其中的一个集子也作为全集的总称。"但言说过简，不曾详细论证。参见《〈论衡〉的构成及其唯物主义的特点》，《哲学研究》1962年第4期。
④ 朱谦之：《王充著作考》，新建设编辑部编：《文史》第1辑，中华书局1962年版，第241—243页。
⑤ 蒋祖怡：《王充卷》，中州书画社1983年版，第102—128页。

成大部分篇章，和帝永元年间最终定稿，前后创作时间达三十年之久。①这一看法此后几成定论。② 直到20世纪80年代，蒋祖怡独树一帜，认为《太平御览》所引《论衡》佚文的旧说法"《论衡》造于永平末，定于建初之年"可信；③ 随后，邵毅平进一步发挥蒋说，对《讲瑞篇》《自纪篇》的写作情况详加勘察，论证《太平御览》的正确性。④ 蒋、邵二人对于《论衡》篇目数量的看法亦与其他学者相异，自刘盼遂以来，学者多认为《论衡》原书有百篇以上，⑤ 或至少超过了85篇，⑥ 蒋、邵二人则坚持《论衡》原本即85篇，除《招致》一篇外无佚篇。⑦ 这两个问题目前尚待解决。其中，《论衡》作年问题，虽然涉及对《论衡》某些篇目写作时间的判断，但大部分学者在勘定诸篇后，认为今本《论衡》篇目基本按写作时间先后排列，⑧ 具体的著书起止时间，不妨碍对王充思想脉络的理解。

关于王充生平、著述的其他问题，可参考黄晖、蒋祖怡、徐敏、钟肇鹏各自所撰王充年谱，诸年谱主要关注王充生平事迹的时间线

---

① 胡适：《王充的〈论衡〉》，《现代学生》第1卷第4、6、8、9期，现代学生社1931年版。亦收入黄晖《论衡校释》附编四。

② 黄晖、徐敏完全认同胡适说法，朱谦之、周桂钿赞同《论衡》作年自永平初至永元年间，前后30年。钟肇鹏亦认同《论衡》草创于永平初，但他以为大部分篇章成于章帝建初年间，全书定于章帝末，与胡适等人意见稍异。参见黄晖《论衡校释》附编二《王充年谱》，第1419、1425—1427页；徐敏《王充哲学思想探索》，生活·读书·新知三联书店1979年版，第47页；朱谦之《王充著作考》，第242页；钟肇鹏《王充年谱》，齐鲁书社1983年版，第30页；周桂钿《王充评传》，第52页。

③ 蒋祖怡：《王充卷》，第187页。

④ 邵毅平：《论衡研究》，第3—25页。

⑤ 刘盼遂：《王充论衡篇数残佚考》，黄晖：《论衡校释》，第1504—1507页；黄晖：《论衡校释·自序》，第6页；朱谦之：《王充著作考》，第243页；徐敏：《王充哲学思想探索》，第36页。黄晖、朱谦之皆认为《论衡》残佚是因为早期传布者蔡邕所得百篇本"被人捉取数卷持去"。

⑥ 周桂钿：《王充评传》，第32—34页。

⑦ 蒋祖怡：《王充卷》，第143—151页；邵毅平：《论衡研究》，第39—40页。钟肇鹏亦认为现存《论衡》基本上是完整的。参见钟肇鹏《王充年谱》，第64页。

⑧ 黄晖：《论衡校释》，第7、1425—1427页；徐敏：《王充哲学思想探索》，第34、38—49页；邵毅平：《论衡研究》，第41—68页。周桂钿怀疑《论衡》开头数篇谈命的文章实际作于王充晚年，邓红也认为王充的命论代表他晚期的思想，但未给出理由。参见周桂钿《王充评传》，第42—52页；邓红《王充新八论》，中国社会科学出版社2003年版，第50页。

索，其中钟《谱》独立成书，载事尤详，不仅方便了解王充生平，更细致展现了王充所处时代之学术面貌；此外，邵毅平《论衡研究》，是近年来王充与《论衡》文献考据方面的佳作，该书除讨论上述问题外，还对《论衡》与王充其他各书、《论衡》的流传以及评论情况加以考察，进一步丰富了关于王充生平、著述的认识。

近年来关于王充生平考据的新作，主要有李浩《王充教育经历新证》、马小菲《王充的仕宦经历及其"命论"》。①

其次是《论衡》的文献整理，主要包括《论衡》版本研究以及校勘、注释、今译等工作。较为突出的成果有刘盼遂《论衡集解》，黄晖《论衡校释》，马宗霍《论衡校读笺识》，北京大学历史系《论衡》注释小组《论衡注释》，袁华忠、方家常《论衡全译》，以及蔡镇楚、周凤五《新译论衡读本》。② 前三者学术性更强，刘著广泛汇集前人校注成果，黄著着力于《论衡》校勘和注释，中华书局新编诸子集成《论衡校释》采黄著，附以刘盼遂《论衡集解》，书末附有王充年谱、《论衡》佚文、《论衡》旧评、《论衡》版本卷帙考、《论衡》旧序、胡适等人《论衡》研究文章，以及刘盼遂《论衡集解》附录，这是目前最完善的校注本。马宗霍《论衡校读笺识》对刘著、黄著多有补充和纠正，尤其在文字训诂、疏通词理方面贡献尤大。北大《论衡注释》、袁华忠等《论衡全译》、蔡镇楚等《新译论衡读本》则更为通俗，以白话注释，每篇有题解，《论衡全译》《新译论衡读本》原文后有白话译文，《论衡注释》书末附《论衡》佚文、《论衡》的版本及著录情况、历代有关王充及其《论衡》的资料选目以及《论衡》人名索引。

---

① 李浩：《王充教育经历新证》，《唐都学刊》2020 年第 1 期；马小菲：《王充的仕宦经历及其"命论"》，《东方论坛》2023 年第 4 期。
② 刘盼遂：《论衡集解》，古籍出版社 1957 年版；黄晖：《论衡校释》，中华书局 2017 年版；马宗霍：《论衡校读笺识》，中华书局 2010 年版；北京大学历史系《论衡》注释小组：《论衡注释》，中华书局 1979 年版；袁华忠、方家常：《论衡全译》，贵州人民出版社 1993 年版；蔡镇楚、周凤五：《新译论衡读本》，台北：三民书局 1997 年版。

绪　论

此外，德国汉学家佛尔克（Alfred Forke）的《论衡》英译全本，① 目前为止是海外最权威的《论衡》英译本。日本学者大泷一雄和绵本诚亦曾翻译《论衡》日文选本。②

值得一提的是，近年河北大学智延娜对《论衡》文献学用力尤深，在其博士学位论文《〈论衡〉文献学研究》中，智氏对《论衡》版本和校注考证成果进行了详细考察，将宋至民国的《论衡》版本及民国以来各家《论衡》校注本的基本情况和优缺点做了系统论述，可谓填补空白式的研究。③

另外，蒋祖怡《王充卷》收录了王充生平记载、《论衡》佚文、《论衡》的版本和序跋、后人评述、朱谦之等人相关研究文章以及王充年谱，是诸校注本之外对王充与《论衡》资料汇编较为详备的。

《论衡》文献整理方面还有一类对《论衡》引书的研究，这类研究数量很少，主要有复旦大学岳宗伟博士学位论文、④ 前述智延娜博士学位论文以及吴从祥《王充经学思想研究》中的一部分。⑤ 其中，岳文遵循"因书究学"的取径，在考察引书之外，进一步探究由《论衡》引书而引发的经学史、思想史意义，多有发见。李浩《王充阅读渠道新探——基于文献文化史视角的考察》则从文献史、文化史的角度考察了王充阅读渠道及其写作素材来源，颇有新见。⑥

最后是关于《论衡》内容字句的索引类工具书，其中较为重要的有程湘清《论衡索引》，刘殿爵、陈方正《论衡逐字索引》，时永乐、

---

① Alfred Forke, *Lun Heng*, New York: Paragon Book Gallery, 1962.
② 大滝一雄：《論衡：漢代の異端の思想》，東京：平凡社，1965；綿本誠：《論衡》，東京：明德出版社，1983。
③ 关于《论衡》版本源流情况，此前黄晖《论衡校释》和北大《论衡注释》虽有所梳理，但较为简略，其他著作亦多以版本资料罗列为主；而关于《论衡》校注考证成果的研究，智延娜之前似无其他。该论文已于2015年由人民出版社出版。
④ 岳宗伟：《〈论衡〉引书研究》，博士学位论文，复旦大学，2006年。
⑤ 吴从祥：《王充经学思想研究》，中国社会科学出版社2012年版。
⑥ 李浩：《王充阅读渠道新探——基于文献文化史视角的考察》，《聊城大学学报》（社会科学版）2022年第5期。

王景明《论衡词典》，何志华、朱国藩《〈论衡〉词汇资料汇编》。① 日本学者编纂的《论衡事类索引》《论衡固有名词索引》二书，② 中法汉学研究所编著的《论衡通检》，③ 虽年代较早，但亦具有参考价值。

综合以上，关于王充与《论衡》的文献考据和整理工作，厘清了王充生平、著述的诸多问题，使《论衡》一书渐趋可读，正是在此基础上，王充思想的研究才成为可能。

二 王充思想研究

王充思想研究，主要集中于哲学、文学（含文艺美学）和思想史方向。④ 就前两者而言，关注的问题包括王充的世界观（宇宙、自然）、人生观（形神、性命）、知识观（逻辑、认识）、历史观，⑤ 以及王充的创作观、文人观、文学批评（即文论）、美学思想等。⑥ 正如岳宗伟曾指出的，哲学研究从高度思辨的层面对王充哲学思想进行梳理，更注重概念本身，以及概念互相之间的关联，对概念产生的现实背景少有关切。⑦ 相对而言，文学研究多数都对王充文学思想与时代的联系予以重视，并将之纳入古典文学发展的脉络内进行考察。

---

① 程湘清：《论衡索引》，中华书局1994年版；刘殿爵、陈方正等主编：《论衡逐字索引》，香港：商务印书馆1996年版；时永乐、王景明：《论衡词典》，人民出版社2005年版；何志华、朱国藩：《〈论衡〉词汇资料汇编》，香港：香港中文大学出版社2011年版。

② 加藤常賢、重沢俊郎監修；山田勝美等編纂：《論衡事類索引》，東京：大東文化研究所，1960；加藤常賢、重沢俊郎監修；山田勝美等編纂：《論衡固有名詞索引：附宮内庁書陵部藏宋本校勘記》，東京：大東文化研究所，1961。

③ 中法汉学研究所编：《论衡通检》，友联中西印字馆1943年版。

④ 这里的"方向"，主要指研究的角度和路数。哲学与思想史长期混杂不清，学者论述甚多，此处不复赘言。笔者的区分方式是：主要关注思想本身的，为哲学方向；除了思想本身，还关注或更关注思想与时代、历史的关系，则为思想史方向。在这一划分下，有些名为"思想史"的著作可能采取了哲学方向，而有些名为"哲学"的著作也可能采取思想史方向；或者在某些具体问题上，出现了"名实不符"的情况。

⑤ 典型如 Alexus McLeod, *The Philosophical Thought of Wang Chong*, New York: Palgrave Macmillan, 2018。

⑥ 典型如王慧玉《王充文学思想研究》，岳麓书社2007年版。

⑦ 岳宗伟：《〈论衡〉引书研究》，第7页。不过，岳氏批评哲学角度的研究不注重思想与现实的关联，称之为"美中不足"，这倒是不必的。哲学与思想史主要还是研究角度不同，并无高下之别。

绪 论

思想史研究则对思想衍生的土壤表现出最浓郁的兴趣，虽然关注问题与哲学乃至文学研究时有重合，但其最终着眼点往往越过思想本身，指向更为广阔的历史空间，寻找王充思想与其个人经历、时代背景之间的联系，力图在整个时代文化、学术、政治大版图内确定王充的位置。这也是本书所致力的方向。因此，接下来笔者将着重介绍思想史方向王充研究所关注的问题，以及取得的成果。[①]

首先，关于王充《论衡》所讨论的内容。前已论及，王充在《论衡》中主要侧重于批判虚妄不实的现象、说法、观念，很多学者对王充批判的对象进行了分类总结，如钱穆将之分为"天人相应阴阳灾异之说""圣人先知与神同类之说""尊古卑今之论""专经章句之学"四类，[②] 韦政通将之分为由来已久的迷信、灾异说（原文注"也就是天人感应的思想"）、神话传说、伪书、先秦诸子、汉儒、神仙方术七类。[③]

王充所讨论与批评的内容中，学者关注最多的是天人感应论。现有研究大多是从哲学层面分析王充批判天人感应论的内在逻辑：有的分析王充思想与荀子"天道"、道家"自然"以及天文知识之间的联系；[④] 有

[①] 需要指出的是，王充思想研究在某些阶段具有鲜明的时代色彩，如20世纪初以胡适、蔡元培为代表的新文化运动旗手，在"科学""民主"的时代思潮下，大力宣扬王充思想的科学精神和反权威姿态。这一思想影响深远，直到七八十年代，韦政通、劳思光在著作中仍强调王充的"科学头脑""反传统立场"。徐道邻更是站在现代学术的立场，关注王充思想中的科学因素。20世纪50—80年代中国大陆学界，则普遍盛赞王充以物质的气为基础的唯物主义观点，以及由此生发的唯物主义无神论、历史观和认识论。事实上，德国汉学家佛尔克在1907年《论衡》英译本已提出王充是唯物主义者（materialist），而胡适是中国最早提出这一观点的人。50年代以后，随着苏联学者阿·阿·彼得洛夫著《王充——中国古代的唯物主义者和启蒙思想家》一书中译本的出版，此类研究在中国大陆大量涌现。如侯外庐、赵纪斌、杜国庠、邱汉生《中国思想通史》，田昌五《王充——古代的战斗唯物论者》，张岱年《中国唯物主义思想简史》等。这类研究在特定时代背景下，自有其意义所在，然而有些观点不适用于当下的王充思想研究，因此，笔者仅对部分观点作笼统叙述。

[②] 钱穆：《国学概论》，台北：联经出版事业公司1994年版，第145—149页。

[③] 韦政通：《中国思想史》（上），吉林出版集团有限责任公司2009年版，第382页。

[④] 如冯友兰、萧公权、任继愈、祝瑞开等。参见冯友兰《中国思想史》（下），长春出版社2007年版，第63页；萧公权《中国政治思想史》，新星出版社2010年版，第233页；侯外庐、赵纪斌、杜国庠、邱汉生《中国思想通史》（第2卷），人民出版社2011年版，第250—254页；任继愈主编《中国哲学史》（二），人民出版社2003年版，第125—126页；祝瑞开《两汉思想史》，上海古籍出版社1989年版，第302—303页。马克思主义学者多将王充对天人感应的批判与之对鬼神信仰的批判一道，作为唯物主义的主要表现。

的关注天人感应论与王充所持命定论之间的矛盾，指出王充是以无道德反对有道德，[1] 以悲观主义反对乐观主义。[2] 还有部分研究者着重分析王充对天人感应论的批判背后的原因。如蔡元培指出，王充的批评体现了当时天人感应五行灾异之说开始衰落，而南方老子思想影响渐大。[3] 很多持同样观点的学者，进而提出王充思想对汉末以及魏晋风气的先导作用。[4] 不过，这一思路虽讨论了外部思想环境，却并没有解释王充本人是何种原因下接受道家思想。徐复观则认为王充批判天人感应论，其实是批判其中灾异论的部分，目的在于为君王解除精神威胁，以此邀功求进。[5] 这一思路为邓红、吉新宏所继承，吉新宏进一步指出，整部《论衡》批判的对象是主流文人而非专制王权，对汉代主流文人的批判与对汉王朝的歌颂共同成就了王充"为汉平说"的颂汉工程。[6] 这种思路尝试从王充生平推敲其批判动机，颇具启发性。近年李浩《汉章帝朝自然灾害与王充对"灾异谴告"学说的重构》将王充的灾异论置于东汉政治环境下进行考察，[7] 王尔《"疾虚妄"的政教逻辑：王充对万物变化的阐释与应对》则偏重讨论王充灾异论背后的政教思想。[8]

王充对鬼神信仰的批评，虽也是《论衡》的重要内容，却较少学者着力讨论。现有研究一般集中在王充对鬼神观念以及相关习俗

---

[1] 参见徐复观《两汉思想史》（二），第573页。
[2] 邵毅平：《论衡研究》，第324页。
[3] 蔡元培：《中国伦理学史》，团结出版社2007年版，第90页。
[4] 胡适：《王充的论衡》，黄晖：《论衡校释》，第1484页；钱穆：《国学概论》，第151—157页；萧公权：《中国政治思想史》，第239页；金春峰：《汉代思想史》，中国社会科学出版社2006年版，第458、472页。其中钱穆、金春峰还指出了王充对汉末至魏晋人物品题的影响。此外，龚鹏程等学者从文学角度入手，注意到王充对"作"之意义世俗化及对文人意识提升的作用。见龚鹏程《汉代思潮》，商务印书馆2005年版，第216页。
[5] 徐复观：《两汉思想史》（二），第569—570页。
[6] 邓红：《王充新八论》，第155页；吉新宏：《边缘文人的"御用文人梦"——文人身份视野下的王充及其〈论衡〉》，《文化与诗学》2017年第1期。
[7] 李浩：《汉章帝朝自然灾害与王充对"灾异谴告"学说的重构》，《学术交流》2021年第12期。
[8] 王尔：《"疾虚妄"的政教逻辑：王充对万物变化的阐释与应对》，《中国哲学史》2023年第5期。

绪　论

的批判上。早期学者往往将王充的批评视为"无神论"和"唯物主义"的重要代表，并赋予其"阶级斗争"的意义。[①] 后续的研究大多针对前人对王充鬼神观念的阐述进行补充和完善，如邓红对"无神论"的标签提出质疑；[②] 周桂钿、李维武等人则弱化"无神论"的表述，强调王充的科学理性精神；[③] 另有学者研究王充论证鬼神不存在的逻辑方法。[④] 唯龚鹏程《汉代思潮》一书指出王充思想与鬼神信仰等世俗文化的密切关系，由此定义王充为"世俗化的儒家"[⑤]，可谓把握住了王充性格的重要特点。

王充的宿命论，也是研究者绕不开的一个问题。前辈学者多认为这是王充思想的缺陷，其中较为突出的是马克思主义学者，他们对王充持整体肯定的态度，认为其宿命论是朴素唯物主义不够彻底的表现，但无伤大雅；对此，邓红《王充新八论》集中进行了批判。邓氏指出，《论衡》以命论开头，关于"命"的讨论贯穿全书，"命"实为王充思想的本体和依据。[⑥] 邓红敏锐地察觉到"命"在王充思想中的重要地位，见解独到，但其出发点主要在于反驳唯物主义说。[⑦] 关于王充宿命论的成因，学者大都认为与王充的处境密切相关，如萧公权从政治角度入手，认为王充悲观之宿命论全盘否定了君主行为与国家治乱之间的关系，体现了秦汉人士对政治生活的失望。[⑧] 这一视角关注士人普遍处境，独具慧眼，此后，邵毅平提出王充悲观主义人生观是对秦末汉初以来悲观主义思潮的自觉

[①] 侯外庐、赵纪彬、杜国庠、邱汉生：《中国思想通史》（第二卷），第257—263页；祝瑞开：《两汉思想史》，第310—314页。

[②] 邓红：《王充新八论》，第195—210页。

[③] 周桂钿：《虚实之辨：王充哲学的宗旨》，福建教育出版社2015年版，第184—215页；李维武：《王充与中国文化》，第204页。

[④] 徐英瑾：《王充的〈论衡〉是一部自相矛盾的哲学文本吗?》，《社会科学》2021年第12期。

[⑤] 龚鹏程：《汉代思潮》，第218页。

[⑥] 邓红：《王充新八论》，第60—111页。

[⑦] 邓红称要"打破将王充人为抬高的'左'的假象"，参见《王充新八论·自序》，第4页。

[⑧] 萧公权：《中国政治思想史》，第238—239页。

总结，[1] 龚鹏程由王充的宿命论联系到专制政权下士人的时代苦闷，[2] 都是对萧氏思路的延续。而任继愈、祝瑞开和金钟美也都指出王充命的思想透露了对东汉仕进制度不合理的愤懑，是社会矛盾的深刻反映。[3] 近年王尔提出王充的命论背后体现了对个体修为的肯定，是东汉时代初步觉醒的个体主义思潮在命运观念上的呈现，可备一说。[4]

王充作为一位以"疾虚妄"批判精神著称的思想家，却多次歌颂汉朝，不能不引起广泛的争议。关于王充为何颂汉，总的来说，意见有三种：一为避过说；二为进身说；三为矫俗说。[5] 避过说的代表如蒋祖怡，提出王充颂汉是惧怕因批判主流"天人感应"思想而获罪，以此自保。[6] 进身说的代表如邓红，认为王充颂汉是为了接近中枢，求得荣华富贵。[7] 矫俗说的代表如周桂钿，指出王充颂汉是从实际出发反对是古非今的思想趋向，是对历史发展的肯定，而非对汉代统治者的违心奉承。[8] 这几种看法皆有合理之处，因而不少学者也倾向于兼采众说。最为明显的是邵毅平，他一方面认同避过说，并从历史背景着手，分析了明、章二帝时的政治环境及对王充的影响，有力补充了前人观点；另一方面，

---

[1] 邵毅平：《论衡研究》，第322—323页。

[2] 龚鹏程：《汉代思潮》，第204—208页。

[3] 任继愈主编：《中国哲学史》，第144页；[韩]金钟美（Kim Jong-Mie）：《天、人和王充文学思想——以王充文学思想同天人关系思想的联系为中心》，社会科学文献出版社1994年版，第144页。祝瑞开：《两汉思想史》，第324页。

[4] 王尔：《命定之下的个体修为：王充"贤者命困"论旨趣探微》，《安徽大学学报》（哲学社会科学版）2022年第6期。

[5] 此外，萧公权还提出了讽汉说，这一观点后来为朱谦之继承，认为颂汉诸篇中必有为免罪起见，不得不作褒颂之文，意在讽汉——"褒颂至过其实，讽之也"。这一观点相对其他三说而言，支持者较少。参见萧公权《中国政治思想史》，第238页；朱谦之《王充著作考》，第248—249页。

[6] 蒋祖怡：《王充卷》，第120—122页。

[7] 邓红：《王充新八论》，第19页。同持进身说的孙如琦则认为王充的自荐求官是清廉的士人贯彻理想的举动。金春峰亦从社会背景着眼，指出寒门细族知识分子如欲进身需获得皇权支持，因而王充一面宣扬汉朝，一面攻击垄断仕路的豪强大族。参见孙如琦《王充溢美章帝原因辨析》，《杭州大学学报》（哲学社会科学版）1994年第3期；金春峰《汉代思想史》，第468—471页。

[8] 周桂钿：《王充评传》，第120—121页。不少马克思主义学者都持类似观点，将王充的颂汉解释为唯物主义进步史观的具体表现。

绪 论

他也认同王充颂汉有进身的目的在，指出从消极方面避祸，从积极方面进身，是一体两面的。邵氏还讨论了颂汉的几种补充因素，包括王充的功利主义文章观、厚今薄古历史观、随事立说的思想方法和有意立异的心理特质。① 邵氏的意见，是目前针对这一问题较为全面的回答。

相对王充思想的具体内容，学者们对王充"疾虚妄"的整体原因及其批判动机关注较少。龚鹏程、邓红都曾对这一现象提出批评。② 就现有研究看，王充的"疾虚妄"被部分学者赋予阶级斗争色彩，他们认为，王充对种种现象、说法、观念的批判，属于寒门知识分子对地主豪强的反抗。此外，徐复观认为王充的学术目的是"由博由通以追求知识"，由此而疾虚妄务实诚，顺理成章。③ 这一观点将王充的"疾虚妄"归于"求知"的渴望，主要基于徐氏对王充"重知识不重道德"的整体评判。还有部分学者指出王充的批判有教化民众、移风易俗的用意。④ 不过，围绕教化这一点，思想史家常常只是一笔带过，论述较多的反而是文学史家与文艺理论家，如郭绍虞、蒋祖怡、施昌东、金钟美、邵毅平等。他们一般将"疾虚妄"纳入对王充文学观、美学观的考察中，从文章功用、文学传统、文人自觉的角度进行论述。⑤ 此

---

① 邵毅平：《论衡研究》，第74—88页。邵氏在王充颂汉的几种补充因素中提到颂汉与儒家"美刺"传统的关系，分析到位。此前施昌东亦稍提及歌功颂德与文章美刺之间的关系，但着墨不多。参见《汉代美学思想述评》，中华书局1981年版，第163页。

② 龚鹏程指出，关于"疾虚妄"的理由、批判对象的选择和判断，近代以来的研究皆未做处理。参见《汉代思潮》，第198页。邓红亦指出对于"疾虚妄"，应关注：(1) 批判的内容和对象；(2) 批判的动机；(3) 对批判对象的选择；(4) 批判的理论和方法；(5) 批判后的处理，有破有没有立；(6) 批判心理，尤其是批判的动机。参见《王充新八论》，第58页。

③ 徐复观：《两汉思想史》(二)，第542页。

④ 如徐道邻、金春峰、郑先兴、周桂钿等。参见郑先兴《汉代思想史专题论稿》，河南大学出版社2009年版，第198—199页；金春峰《汉代思想史》，第462—463页。此外，徐道邻、周桂钿亦有类似观点。参见徐道邻《王充论》，项维新、刘福增主编《中国哲学思想论集：两汉魏晋隋唐篇》，台北：牧童出版社1976年版，第513页；周桂钿《王充评传》，第156页。

⑤ 郭绍虞：《中国文学批评史》，百花文艺出版社1999年版，第62—71页；蒋祖怡：《王充的文学理论》，中华书局1962年版，第26—33页；施昌东：《汉代美学思想述评》，第128—137页；[韩] 金钟美：《天、人和王充文学思想——以王充文学思想同天人关系思想的联系为中心》，第106—108页；邵毅平：《论衡研究》，第353—355页。此外，李泽厚虽然从美学层面对王充表示批评，但也看到了其疾虚妄所蕴含的"直接的功利道德作用"。参见《中国美学史》第1卷，台北：汉京文化事业有限公司1986年版，第629—638页。

外,龚鹏程和邓红皆看到了王充批判背后的多重动机,如教化、宣汉颂世、与人争胜等,但具体论述中逻辑稍混乱,且往往将批判动机与批判方式混淆。

综合以上讨论,可以看出学者们在王充研究诸多方面已取得丰厚成果,其中黄晖、蒋祖怡、钟肇鹏、徐复观、周桂钿、金春峰、邓红、邵毅平、龚鹏程等贡献较为突出,近年来李浩、王尔则为该领域后起之秀。然而,正如笔者在行文中指出的,关于王充思想的不少问题尚未得到重视和解决。

首先,目前研究大多对王充"疾虚妄"的整体原因及批判动机缺乏深入分析。就现有意见而言,阶级斗争说过于简单化;徐复观的"求知"说,郑先兴等人的"教化"说,都浮于表面,需要进一步考察。文学史家从文学角度入手的分析颇有道理,但不够全面;徐复观、吉新宏等针对王充对天人感应的批判引申而来的意见亦较为片面。而邓红、龚鹏程虽然意识到王充批判背后的复杂动机,但未能进行恰当地区分和归纳。前已论及,"疾虚妄"是《论衡》的中心与宗旨所在,对王充"疾虚妄"的原因缺乏考虑,势必会影响对王充思想的整体把握。

其次,学者们对王充思想的多样性、复杂性认识不足,且存在以偏概全的倾向,这种倾向尤受时代风气影响严重。比如自20世纪以来,因看重王充批判天人感应、鬼神信仰等"虚妄"时表现出的科学精神和怀疑态度,研究者便对王充持整体肯定态度,将之归于汉代最重要的思想家之列;对王充思想不甚光彩的一面,如颂汉、宿命论等,则视为白玉微瑕,一笔带过。这一态度目前依然是王充研究的主流。而部分研究者如徐复观、邓红等,出于矫枉过正的目的,又只聚焦于王充思想功利和狭隘的方面,夸大了颂汉、宿命论在王充整个思想体系中的地位,以此推断王充只是"一隅之士",而对王充与知识群体相通的高层次精神视而不见。虽然也有部分学者,如金春峰、龚鹏程,给予王充较为客观公允的对待,但他们对王充思想多样性、复杂性的解释仍不够充分。这一问题有待继续讨论。

绪　　论

最后，关于王充一类汉代中下层知识分子的思想史研究仍显薄弱。虽然有学者如徐复观、金春峰、龚鹏程等都注意到王充的经历、处境对其思想的影响，但讨论时往往只偏重某一方面，在广度和深度上都有提升的空间；而对于王充与其他知识分子在政治、社会等问题上观点的异同，亦未有充分比较，这也导致研究不够深入，难以达到"以小见大"的效果。

基于此，本书将在充分总结前人成果和不足的基础上，对王充思想展开讨论。

第二节　研究对象与意义

本书题为《济世与利己：王充以"疾虚妄"为中心的思想世界》，以王充对"虚妄"的批判为线索，以王充批判背后的动机为关注点，把握其思想和知识观。尝试在知人论世的基础上，结合时代背景与王充生平，对王充思想进行较为全面的分析，并予以同情的理解。

《论衡》体量庞大，内容驳杂，本书以系统性（有明确的主旨）和重要性（篇幅长度、讨论频率等）为依据，选定了《论衡》中关于命、天人感应、鬼神、人才四大主题的讨论作为探究重点。命的信仰广泛存在于中国古代社会各阶层，与人们的生活息息相关；天人感应思想主要为知识分子所共享，并在汉代政治、社会中发挥了重要作用；鬼神信仰同样在社会上广为流行，且于不同社会群体中呈现不同形态；人才的讨论，历来与士人本身的进退俯仰相关，在汉代儒生文吏两大群体对立、文儒等儒生新类型出现的背景下，这一话题受到格外关注。这些主题，可以说都是当时的热点话题，王充对它们的讨论，基本涵盖了《论衡》的主要内容：论命的内容集中于《逢遇》第一至《奇怪》第十五等十五篇；论天人感应的内容集中于《寒温》第四十一至《感类》第五十五等十五篇；论鬼神的内容集中于《论死》第六十二至《祭意》第七十七等十六篇；论人才的内容集中于《答佞》第三十三至《状留》第四十等八篇，以及《实知》第七十八至《案书》第八十三等六篇；此外，自《齐世》第五十六至《佚文》第六十一等六篇歌功颂德之文，与王充的人才观及汉代的天人感应论皆有关联。限于时间与精力，命、天人感应、鬼神、人才之外的内容，如王充在《谈天》《说日》篇中对天文地理的认识，在九《虚》三《增》中对书籍中记载的故事的讨论，本书暂不予关注。

不同于此前不少王充研究那样仅对王充思想作罗列梳理，本书除了关注王充思想本身，亦希望揭示王充对各种虚妄的批判背后的动机。

如前所述，对于王充为何疾虚妄，前辈学者或语焉不详，或诉诸"阶级斗争"理论，近年来较为合理的一种看法是将王充对虚妄的批判解释为儒家士人基于社会责任感的教化行为。不可否认，汉儒的确颇具教化意识，致力于创造一个风俗美善的理想社会；而身为汉儒的一员，王充也曾多次强调自己考论虚实、真伪、是非、然否，目的在于灭华伪之文、广纯诚之化。但若将《论衡》纯粹看作一部教化之书，存在诸多疑点。比如，王充身为地方属吏，总体而言身份地位不高，何以能具有如此崇高的思想境界？再如《论衡》一书中的不少内容，尤其是关于命、人才的讨论，主要抨击的都是与王充本人仕宦经历相关的说法，王充的抨击，更像是一种反驳与自卫，很难将之与广义的教化联系起来。另外，从前人评价来看，王充与《论衡》在历史上曾多次受到严厉批评，20世纪以来，中国台湾学者徐复观、旅日学者邓红等，亦对王充及其作品颇有微词。近代之前关于王充的批评，很大程度上是受当时的社会历史环境影响，人们尚不能接受王充对圣人、父祖、鬼神的"不敬"；但即便抛开传统观念引发的批评，《论衡》一书在近现代依然颇具争议，不由使人怀疑王充在致力于教化之外，还于此书中表露出其他意图、情感、动机乃至隐秘心理，从而招致了攻击。本书希望通过分析王充思想，对这一问题作出解答。

绪 论

关注王充对各种虚妄的批判背后的动机,不仅有助于理解王充思想纷繁复杂的特性之成因、理解历史上对王充及《论衡》存在的种种争议,同时也有助于复原作为一个鲜活个体的王充,复原他的愿望、他的关切、他的怨愤、他的无奈。尤其考虑到王充地方中下层知识分子的身份,这种复原更具有特殊的意义。

两汉最有影响力的思想家,如陆贾、贾谊、董仲舒、刘向、刘歆、桓谭、扬雄,都曾在朝为官,接受正统思想,可谓主流知识分子;与他们相比,王充长期处于地方,虽接受并使用主流文化的概念或知识,又一定程度偏离了主流文化,被称为"边缘文人""失意士人""非主流学者"。可以说,王充与主流知识分子在思想的渊源、形态、着眼角度、出发点与关注点等方面,皆有不同,在他身上,体现了中央/主流与地方/边缘的对立统一,展示了不同层次思想和价值观的矛盾集合。

不仅王充自己属于中下层地方士人,他在长期担任基层属吏的生涯中所接触到的人,当有很大一部分与他身份地位类似,他在《论衡》中所针对的潜在读者,主要也是这类群体。因此,由王充和他的记载,我们得以窥见这类身处民间的边缘士人的面貌。此前已有学者注意到边缘士人与主流士人的不同并进行过讨论,如龚鹏程曾将韩婴与王充分别称为"学圣人的儒家"和"世俗化的儒家";[1] 熊秉真在研究明代士人唐甄时,亦曾以经世思想为例,分析上层、次层知识分子的区别。[2] 对王充及其《论衡》的研究,亦有助于我们了解长期失声的边缘士人的所思所想,充分体会到历史的多样性与复杂性。中国历史上,声名显赫、地位尊崇的知识精英毕竟只是少数,更多的是像王充这样的民间知识分子,以其熟知的主题和内容进行思想的编织与筑造。思想史的图景,不应仅仅局限于上层精英的宏大构思,亦当涵盖更广阔的社会人群之经验,从而无限逼近历史的全貌。

---

[1] 龚鹏程:《汉代思潮》,第 167—240 页。
[2] 熊秉真:《从唐甄看个人经验对经世思想衍生之影响》,《"中研院"近代史研究所集刊》1985 年第 14 期。

在这个意义上，王充思想的研究或许可以作为一个研究中国古代思想史的方法论例证，由他所讨论的话题以及讨论的方式与动机，借以了解这一类知识分子的共同关切、共同愿望与共同诉求，丰富我们对于中国文化、社会的整体认识。

更进一步讲，《论衡》中涉及的命、天人感应、鬼神、人才等问题，亦不仅仅是中国独有的问题。如鬼神信仰，在埃及、两河、希腊、罗马等文明中同样存在，同样是文化和社会的重要组成部分。分析这些人类共享的具有普世意义的问题，并在恰当时候将中国的案例置于人类多元社会的脉络中加以观察，与罗马等文明进行跨文化比较，有助于推进理解人类的总体目标。这也是本书希望尝试或者唤起关注的方向之一。

第三节　材料方法

本书将以《论衡》为基础，综合运用中国境内传世与出土文献、考古资料（包括实物与图像），对王充思想相关问题进行分析。注重传统的史料分析以及考古资料与文献的互证，并运用比较方法，将王充思想与同时代其他思想进行比较，以展示其独特性。以下将以使用的材料为纲进行具体说明。

一　基本文献

作为专人专书研究，王充的著作及其生平记录是本书所使用的基本资料。

就著作而言即《论衡》一书，笔者选用新编诸子集成本《论衡校释》（附刘盼遂集解），该书以黄晖《论衡校释》为主体，附有刘盼遂《论衡集解》校注文字一千零四十条。[①] 黄晖《校释》以明嘉靖

[①] 参见智延娜《〈论衡〉文献学研究》，第42页。

通津草堂本为底本,以宋本《论衡》十四卷到十七卷的残卷为参校本,并借鉴了朱宗莱校元本、杨守敬校宋本、胡适手校本、吴承仕手校本、齐燕铭《论衡札记》稿本等他人的校录;刘盼遂《集解》广泛收录了俞樾、孙诒让、刘文典等前人校语。黄、刘校释与集解,有助于笔者深入把握《论衡》文本原意。此外,马宗霍《论衡校读笺识》对刘著、黄著在文字训诂、疏通词理方面多有补充纠正,智延娜博士学位论文《〈论衡〉文献学研究》对民国以来各家《论衡》校注本存在的问题皆加以补正,笔者将酌情参考。《论衡》之外,唐宋类书如《意林》《初学记》《艺文类聚》《太平御览》《事类赋》收录了零星《论衡》佚文,新编诸子集成本《论衡校释》(附刘盼遂集解)、北京大学历史系《论衡》注释小组《论衡注释》以及蒋祖怡《王充卷》对各书收录《论衡》佚文情况做过系统整理,笔者亦予以关注。但本书的讨论重点仍将以今本《论衡》85篇为主。

王充生平记载极少,可见者唯范晔《后汉书·王充传》以及谢承和袁山松《后汉书》史传部分相关记载。《论衡》一些篇章亦透露了王充生平的信息,尤其《自纪篇》为王充自传,虽具一定主观性,但亦可透过王充对自身的描述窥见其思想。此外,前辈研究者黄晖、蒋祖怡、徐敏、钟肇鹏各自撰有王充年谱,系统梳理了王充生平事迹,其中钟《谱》不仅记载王充生平,对王充所处时代的学术发展脉络亦有梳理,从而方便直观了解外部环境与王充思想之间的关系。

二 背景相关

本书以王充思想为主要研究对象,讨论过程中将涉及当时的政治、社会、文化环境,尤其是丧葬、祭祀、求仙、禁忌、天人感应、命、儒生文吏、圣人贤者等问题,作为王充思想的大背景,甚至其思想的直接来源。针对这些问题的讨论,自然离不开相关传世文献与考古资料。

具体来看,首先,《史记》《汉书》《后汉书》等史书中全面而细致的记载,从宏观和微观层面皆提供了大量资料。此外,袁宏《后汉纪》、刘珍等《东观汉记》以及谢承、袁山松等八家《后汉书》，对正史内容多有补充；孙星衍辑录《汉官六种》，对两汉典章制度的论述亦可补正史之不足。史书之外，《淮南子》《新语》《新书》《春秋繁露》《盐铁论》《白虎通义》《风俗通义》等子部著作，以及班固《两都赋》、张衡《二京赋》等诗赋作品，对社会不同方面加以论述，其中与思想相关的内容尤其值得重视。两汉所流行的谶纬，虽多怪异之谈，但亦包含了当时信仰与社会生活的丰富信息。三礼等儒家礼书所载虽为先秦礼俗，但考虑到礼俗的延续性，元成、新莽、明章等时期对经书、礼乐的重视，以及汉人作注多提及当时情况的做法，故亦可以作为汉世礼俗参考。

  考古实物、图像及出土文献资料，对于直观把握东汉社会思想面貌、厘清王充思想与外部环境的关系，贡献尤大。尤其是墓葬考古资料，不仅方便了解东汉时人关于命运、神仙、鬼怪、死后世界的看法，对于王充"疾虚妄"的动机，亦可提供重要线索。比如，王充家乡今浙江一带的汉墓考古资料显示，[1] 在西汉中期之前，受楚、越文化影响，该地墓葬形制以竖穴土坑木椁墓为主，随葬品基本组合为仿铜陶礼器鼎、盒、钫、瓿、壶等，其中鼎、盒、钫组合为楚式，[2] 瓿、壶则为吴越特色器物。[3] 自西汉中期以后至新莽时期，随葬品中的仿铜陶礼器组合逐渐被弦纹罐、瓯等生活用具明器和井、灶、房屋模型明器取代；而到新莽时期，土坑木椁墓数量亦有所减少，同时浙江绍兴地区开始出现土坑砖椁墓，并在东汉初整个东南地区流行开来。这两点变化，都首现于武帝时长安附近中小型墓，西汉中期后迅速传播至帝国四境，[4] 会稽郡墓葬形制与随葬品的变化，亦是这一文化传播的结果，显示出中原文化对地方传统的冲击。如此一来，汉代

---

[1] 参见中国社会科学院考古研究所编著《中国考古学（秦汉卷）》，中国社会科学出版社2010年版，第470—482页。

[2] Huang Yijun, "Chang'an's Funerary Culture and the Core Han Culture", in Michael Nylan and Griet Vankeerberghen eds., *Chang'an 26 BCE：An Augustan Age in China*, Seattle：University of Washington Press, 2015, p. 157.

[3] 刘波：《浙江地区西汉墓葬的分期》，《南方文物》2000年第1期。

[4] Huang Yijun, "Chang'an's Funerary Culture and the Core Han Culture", pp. 159 – 164.

知识群体风行的"移风易俗",是否只是政治话语体系下,中心对边缘的"统一化"改造?王充的"教化",是否亦是基于游学经历,对这一风潮的预流?考古材料对这些问题的解决,有不可替代的重要性,从而有助于深化对王充思想的认识。

第四节 章节安排

本书围绕王充在《论衡》中对"虚妄"的批判,及批判背后"济世"与"利己"的动机,初步拟定章节如下。

绪论部分,介绍选题缘起、回顾研究史、提出本书的研究对象与意义,并指出本书将使用的材料、方法与章节安排。

正文主要分为六章。第一章、第二章为外在背景环境介绍,分别侧重于"论世"与"知人"。第一章介绍西汉后期到东汉初思想界状况,主要着眼于这一阶段以"通人"为代表的新知识群体的兴起,尚知与求真的风气,以及儒家从理想主义向现实主义乃至实用主义的回归,尝试在学术思想脉络中把握王充的位置。第二章介绍王充生平与《论衡》的写作。根据《论衡》篇章和史传记载,结合时代背景,勾勒王充在会稽、洛阳两地独特的社会文化环境中求学、为吏、著书的人生轨迹,并进而分析王充的经历对《论衡》创作的影响,指出王充写作《论衡》的"济世"与"利己"双重意图。

第三章至第六章为论文主体,依次从王充对命、天人感应、鬼神、人才的讨论入手进行分析。第三章着眼于王充对命的讨论,分析王充思想中命的基本结构,比较王充命论与儒者、民间命论的异同,考察命论如何帮助王充减轻仕途失利的打击,并转而成为王充"疾虚妄"的重要武器,由此在王充思想中占据重要位置。第四章着眼于王充对天人感应的讨论,分别就天人感应基本原理、灾异论和祥瑞论,比较王充与其他汉儒的观点,并通过王充对待灾异论、祥瑞论的不同态度，分析王充在学理讨论背后的利己动机。第五章着眼于王充对鬼神的讨论，包括人死为鬼、成仙得道、避讳禁忌等问题，结合其他文献与考古资料，考察这些观念与行为所反映的汉代信仰状况，如对死后世界的认识、对规则性宇宙的想象等，并由王充对鬼神信仰的批判和改造，探究他身为儒者的移风易俗意识。第六章着眼于王充对人才的讨论，包括儒生与文吏、圣人与贤者等主题，重点关注王充对文章写作能力的强调，进而分析王充从以文为功到以文为名的思想转变。第三章到第六章的章节安排，与《论衡》先论命、次论天人感应、次论鬼神、次论人才的篇目顺序相一致，而前面所言《论衡》篇目基本按写作时间先后排列，由此，以命、天人感应、鬼神、人才的顺序对王充思想进行分析，亦有利于追索王充思想的总体发展过程。

  结论部分，对前文进行总结，并由王充与《论衡》的研究，检讨思想史研究中"大小传统"理论模型的相关问题。

第一章

西汉后期到东汉初的思潮变迁

王充的思想，是特定的时代土壤上结出的果实。因此，在正式进入王充与《论衡》的相关叙述之前，让我们先回顾自西汉后期到东汉初时代思潮的变迁。

汉代思想界的主流，非儒家学说莫属。余英时以为，"儒教对汉代国家体制，尤其是中央政府的影响是比较表面的……儒教在汉代的效用主要表现在人伦日用的方面，属于今天所谓文化、社会的范畴"，[①] 但不可否认的是，自武帝时儒学被帝国政府确定为正统官学，并与利禄之途相结合以来，儒家在政治上的作用实际上亦不断扩大。

汉代正统儒学不同于先秦的原始儒学，汉儒在原始儒学以"仁""义"等为核心价值的基础上，融合了先秦六家中的其他各家，[②] 尤

[①] 余英时：《士与中国文化》，上海人民出版社1987年版，第141页。
[②] 此处"先秦六家"，指司马谈《论六家要旨》中所论及的儒、墨、法、道、名、阴阳家。沈刚伯认为，先秦诸子原有许多与儒家类似的主张，历时愈久，交互影响愈多。秦汉统一天下，儒家成为唯一显学，其他各家设法渗入儒家，借儒服为掩护，传播自己的学说，由是出现刑名化的儒家、纵横式的儒家、阴阳化的儒家、黄老化的儒家、杂家式的儒家。参见《秦、汉的儒》，《沈刚伯先生文集》，台北："中央日报"出版部1982年版，第147—163页。金春峰亦认为，先秦六家中的其他四家都被儒、道两家吸收融合了。参见《汉代思想史》，第4—5页。

其是阴阳学说，构建了系统的宇宙自然法则，使得阴阳五行理论、天文地理知识以及数术方技的应用，成为汉代正统儒学的应有之义；更进而以自然法则为人间秩序的根本依据，作用于现实政治。突出体现，便是天人感应灾异论在政治领域的盛行。这一范式的创建者董仲舒，班固形容为"始推阴阳""为儒者宗"，① 是为汉代正统儒学与阴阳学说相融合的有力证明。

董仲舒等儒者之所以选择将儒学与阴阳学说合流，很大程度上是出于"神道设教"的政治考虑，希望借用神道化的手段，向统治者宣扬仁义礼智信等儒家价值。陈侃理在《儒学、数术与政治》一书中亦曾以京房为例，详细分析汉儒如何以数术服务于儒家的政治理想。② 这当然与汉代专制政治的局面有关。当天下进入大一统的时代，天子为人间唯一主宰，儒者担心其权力无限膨胀，因而只能寄希望于借助人外力量予以制约；而考虑到统治者的思想层次，在很多时候与一般大众无异，阴阳五行、天文地理、数术方技，在当时又是广泛流行的普遍性知识，故"儒学为体，阴阳为用"，以阴阳五行包装儒家理念，以参与、引导政治，实为较为理想的选择。

这种做法对于制约君权、推广善政德治，起到了一定作用，清人赵翼曾言"汉诏多惧词"，指出"两汉之衰，但有庸主，而无暴君"，③ 即为汉代皇权接受儒家指导制约之证。然而，与阴阳学说的结合，也使得汉代正统儒学深受神道化之弊，更直接导致了此后谶纬的风行。诚如不少前辈学者所指出的，汉代儒家的阴阳五行、天人感应、灾异谶纬一套，与鬼神淫祀不能截然相分；汉儒与术士亦难以区别。因此，阴阳化、神道化，既是汉代儒学适应时代的一大创新，亦是其维持自身纯洁性的一大隐患。

---

① 《汉书》卷27上《五行志上》，中华书局1962年版，第1317页。
② 陈侃理：《儒学、数术与政治：灾异的政治文化史》，北京大学出版社2015年版，第99—102页。
③ （清）赵翼著，王树民校证：《廿二史札记校证》，中华书局1984年版，第42页。

不过，抛开阴阳学说的外衣，原始儒学"仁""义"等核心价值，依然是汉儒最为珍视的内容。余英时指出："汉代儒者仍对原始儒教基本方向有了解，意识到自己的历史使命是建立一个道之以德、齐之以礼的文化秩序，具体程序是'先富之而后加教'。"① 这是儒家的最高政治理想，它在本质上是以济世为导向、超越个人私利的，也正因为秉持这一崇高的理想，儒生得以批评政治、抗礼王侯，"从道不从君"。而西汉中期之后，随着儒家在政治上势力渐强，儒生开始谋求将理想真正付诸实践。正如阎步克所言，"汉儒参政导致了从秦政到汉政的变迁，但是这一变迁并未全合于西汉儒生所崇扬的王道。帝国形态总体上是霸王道杂之"②，儒生对此一直颇为不满，并汲汲于对更纯粹理想社会的追求，这种追求，更因与儒学神道化的合流而愈显迂阔宏大。

西汉后期以来，在儒学神道化、理想主义化的大趋势下，其他变化也在悄然酝酿，并将对东汉政治、思想、社会各方面产生深刻影响。其中，与王充思想最为相关的几点，包括以"通人"为代表的新知识群体的兴起，士人对知识的推崇、对真知的追求，以及儒家从理想主义向现实主义乃至实用主义的回归。

第一节 "通人"群体的兴起

一 "通人"释义

何谓通人？"通"，原意指"到达；通到"③。《说文解字》："通，达也。"④ 通人一词，最早在战国时期已出现。《庄子·秋水》："当尧、舜而天下无穷人，非知得也，当桀、纣而天下无通人，非知失

---

① 余英时：《士与中国文化》，第 151 页。
② 阎步克：《士大夫政治演生史稿》，北京大学出版社 2015 年版，第 319 页。
③ 汉语大字典编辑委员会：《汉语大字典》，四川辞书出版社 1986 年版，第 3845 页。
④ （汉）许慎撰，（宋）徐铉校定：《说文解字》，中华书局 2012 年版，第 40 页。

也，时势适然。"①《晏子春秋·内篇问下》："晏子对曰：'下无讳言，官无怨治；通人不华，穷民不怨。'"② 这两处"通人"与"穷人""穷民"相对，"通"当侧重于前途上的通达，"通人"指显达之人。

进入汉代，"通人"的语义有了进一步发展。贾谊《鵩鸟赋》："小智自私兮，贱彼贵我；通人大观兮，物亡不可。"③ 这里的通，侧重于精神上的通达，联系全文思想内容，贾谊所谓"通人"与下文之"大人""至人""真人""德人"，都是道家所赞赏的以通达的精神超越现实世界的自由无滞之人。以道家思想为基础的《淮南子》中，"通人"的意义与之类似。《修务训》言："通人则不然。服剑者期于铦利，而不期于墨阳、莫邪；乘马者期于千里，而不期于骅骝、绿耳；鼓琴者期于鸣廉修营，而不期于滥胁、号钟；诵《诗》《书》者期于通道略物，而不期于《洪范》《商颂》。"④ 这里，《修务训》同样以"自由无滞"为通人的标准，尤其"诵《诗》《书》者期于通道略物，而不期于《洪范》《商颂》"一句，首次指出通人在学术上亦当无所滞碍、融会贯通。

如果说，早期"通人"身份尚无所定，主要是形容一种"通达"的状态，《淮南子》之后，文献中的"通人"开始单指学者群体，所谓"通"，指学术上的洞贯、包容、无滞碍。如司马迁在《史记·田敬仲完世家》中赞扬孔子："孔子晚而喜易。易之为术，幽明远矣，非通人达才孰能注意焉！"⑤ 而由于西汉中期以来"独尊儒术"，学者大多以儒学为本，儒者成为学者的主体，因此亦成为"通人"的主体。班固《汉书·五行志》曾言："元帝永光五年夏及秋，大水。颍川、汝南、淮阳、庐江雨，坏乡聚民舍，及水流杀人。先是一年有司

---

① 陈鼓应注释：《庄子今注今译》，中华书局1983年版，第465页。
② 张纯一撰，梁运华点校：《晏子春秋校注》卷4《内篇问下》，中华书局2017年版，第144页。
③ 《史记》卷84《屈原贾生列传》，第2500页。
④ 何宁：《淮南子集释》卷19《修务训》，中华书局1998年版，第1361页。
⑤ 《史记》卷46《田敬仲完世家》，中华书局1982年版，第1903页。

奏罢郡国庙，是岁又定迭毁，罢太上皇、孝惠帝寝庙，皆无复修，通儒以为违古制。"① 这里的"通儒"，其实就是"通人"；称"通儒"，是为了凸显其"通"是建立在儒学基础之上的"通"。由此，西汉中期之后，"通人"之"通"，基本都以儒学为潜在映照，显示了一种对儒学的"自由无滞"。在《新论》《东观汉记》《论衡》《风俗通义》《后汉书》《汉纪》《后汉纪》等文献中，"通人"皆与"通儒"同义，形容那些以儒学为本，但不局限于门户之见、一家之言，甚至不局限五经，而旁及诸子的儒者。这便是我们本节所要讨论的"通人"。

二 两汉之交的通人

从武帝独尊儒术以来，很长一段时间内，大多数儒者并不曾公开提出对博通诸子百家的要求。成帝河平五年，东平王上疏求诸子及《太史公书》，大将军王凤主张"不与"，他的理由是：

> 诸子书或反经术，非圣人，或明鬼神，信物怪；《太史公书》有战国从横权谲之谋，汉兴之初谋臣奇策，天官灾异，地形厄塞：皆不宜在诸侯王。不可予。不许之辞宜曰："《五经》圣人所制，万事靡不毕载。王审乐道，傅相皆儒者，旦夕讲诵，足以正身虞意。夫小辩破义，小道不通，致远恐泥，皆不足以留意。诸益于经术者，不爱于王。"②

从王凤的对奏中可以看出，当时有观点认为，诸子书使人接触到不同于正统儒学的知识与思想，对统治不利。王凤的对奏最终得到天子的认可，说明这种观点确实是有市场的，且很可能代表了西汉中期以来官方主流思想。

---

① 《汉书》卷27上《五行志上》，第1347页。
② 《汉书》卷80《宣元六王传·东平思王刘宇》，第3324—3325页。

除此之外，西汉儒学内部亦不以博通为重。由《汉书·儒林传》可见，西汉经师多专精。如申公、后苍那样通一经以上的儒者并不多，而像董仲舒、夏侯始昌那样兼通五经者更为稀缺。更不用提，自武帝立五经博士后，儒家派别林立，一经之内即有不同师说家法，主要体现在章句上。如桓谭《新论》所记载，"秦近君能说《尧典》，篇目两字之说，至十余万言，但说'曰若稽古'三万言"①，实在是极尽琐碎繁缛之能事。当诸多儒者各以浮词繁文固守师说、相互攻讦，儒学便越发走向狭隘固陋。而如前所述，这种走向狭隘固陋的正统儒学，其实混杂了阴阳学说以及形而下的数术方技，并在西汉后期演化出了谶纬这一变异形态，这就使得儒学更加乖离大道、积重难返了。

正是在这样的学术环境中，"通人"群体开始显露头角。荀悦《前汉纪·孝成皇帝纪》载："古之《尚书》《毛诗》《左氏春秋》《周官》，通人学者多好尚之。"② 班固《汉书·五行志》载："元帝永光五年夏及秋，大水。颍川、汝南、淮阳、庐江雨，坏乡聚民舍，及水流杀人。先是一年有司奏罢郡国庙，是岁又定迭毁，罢太上皇、孝惠帝寝庙，皆无复修，通儒以为违古制。"③ 这两条材料，虽然都是后人追述，但可以看出，西汉元成时期，朝中已经出现了不同于"经师""醇儒"的人物。荀悦笔下的"通人学者"，不拘泥于师法家法，对于今文、古文不同学术派别一视同仁；而班固笔下的"通儒"则博古通今，这显然也需要较为开阔的学术视野。

从西汉末到东汉前期，关中、中原等地区，追求博通的学者数量激增。较为知名者，如刘向"通达能属文辞"④；刘歆"讲六艺传记，诸子、诗赋、数术、方技，无所不究"⑤；扬雄"少而好学，不为章

---

① （汉）桓谭著，朱谦之校辑：《新辑本桓谭新论》卷9《正经篇》，中华书局2009年版，第38页。
② （汉）荀悦著，张烈点校：《汉纪·孝成皇帝纪二》，中华书局2002年版，第438页。
③ 《汉书》卷27上《五行志上》，第1347页。
④ 《汉书》卷36《楚元王传·刘向》，第1928页。
⑤ 《汉书》卷36《楚元王传·刘歆》，第1967页。

第一章 西汉后期到东汉初的思潮变迁

句，训诂通而已，博览无所不见"①；桓谭"博学多通，遍习五经，皆诂训大义，不为章句"②；班固"年九岁，能属文诵诗赋，及长，遂博贯载籍，九流百家之言，无不穷究。所学无常师，不为章句，举大义而已"③；范升"九岁通《论语》《孝经》，及长，习《梁丘易》《老子》，教授后生"④；贾逵"弱冠能诵《左氏传》及《五经》本文，以《大夏侯尚书》教授，虽为古学，兼通五家《谷梁》之说"⑤，"后世称为通儒"⑥；杜林"少好学沈深，家既多书，又外氏张竦父子喜文采，林从竦受学，博洽多闻，时称通儒"⑦；董钧"博通古今，数言政事……时草创五郊祭祀，及宗庙礼乐，威仪章服，辄令钧参议，多见从用，当世称为通儒"⑧。在这些学者中，扬雄、桓谭和范升，都颇受道家思想影响。范升习《老子》，已见于引文；扬雄少时曾从道家学者严君平游学，对君平推崇备至，后吸收《老子》，仿周易作《太玄经》；桓谭在《新论》中，曾高度赞赏扬雄《太玄》，将之与《易经》《老子》《易传》相比；⑨此外，扬雄、桓谭皆与班彪之从兄、道家学者班嗣有所交游，桓谭还曾向班嗣提出借阅道家书籍的请求。他们的学术倾向，于此可见一斑。

上述学者，在儒学内部"不为章句"，不守家法，兼通数经或五经，甚至打破今古文界限，如扬雄、桓谭等不少人在儒学之外亦注重吸收诸子之学。这些学者的集中出现，标志着通人群体在两汉之交正式登上了学术舞台。在他们的带动下，当时的学界注入了一股清新的空气。如张舜徽所言，刘向、扬雄等人"为通人之学，与当时博士

---

① 《汉书》卷87上《扬雄传上》，第3514页。
② 《后汉书》卷28上《桓谭冯衍列传上·桓谭》，第955页。
③ 《后汉书》卷40上《班彪列传上·班固》，第1330页。
④ 《后汉书》卷36《郑范陈贾张列传·范升》，第1226页。
⑤ 《后汉书》卷36《郑范陈贾张列传·贾逵》，第1235页。
⑥ 《后汉书》卷36《郑范陈贾张列传·贾逵》，第1240页。
⑦ 《后汉书》卷27《宣张二王杜郭吴承郑赵列传·杜林》，第934—935页。
⑧ 《后汉书》卷79下《儒林列传下·董钧》，第2577页。
⑨ （汉）桓谭著，朱谦之校辑：《新辑本桓谭新论》卷9《正经篇》，第40页。

之学异趣。……遂开博通一派"①。"通人""通儒"之名，逐渐成了对人的一种肯定。如桓谭将扬雄与刘向、刘歆、刘歆之侄伯玉皆称作"通人"，②颇含有赞许的意味，而《后汉书》载贾逵、杜林、董钧等人"时称通儒"，亦表明时人对于通人、通儒的认可。

当然，不可否认的是，东汉前期学界的主流，仍是五经博士系统所代表的专经之学，范晔《后汉书·儒林列传》记载当时儒生"分争王庭，树朋私里，繁其章条，穿求崖穴，以合一家之说"③，甚至在和帝永元年间，司空徐防依然上疏建议博士及甲乙策试，当依先师、章句，以解释多者为上第，其奏获准。由此可见，专经之学直到和帝时依然很有市场。不过，徐防奏章里也提到，此时已有学者"不修家法""不依章句"，这恰恰表明，专经之学的地位开始受到挑战，家法、章句的束缚开始松弛，这当与西汉后期以来博通之学的风行不无关系。随着时间推移，学者中博通的趋势越来越明显，④到汉末魏晋时期，博通更成为时代风尚，不过，这已经不在本节讨论的范围之内了。

三 通人群体兴起的原因

两汉之交的通人群体，并不是"前无古人"的。在西汉前期，也曾经涌现一批博通的学者。《汉书·贾邹枚路传》载："贾山，颍川人也。祖父祛，故魏王时博士弟子也。山受学祛，所言涉猎书记，不能为醇儒。"⑤颜师古注："言历览之不专精也。醇者，不杂也。"⑥

---

① 张舜徽：《广校雠略 汉书艺文志通释》，华中师范大学出版社2004年版，第279页。
② （汉）桓谭著，朱谦之校辑：《新辑本桓谭新论》卷9《正经篇》，第39页。
③ 《后汉书》卷79下《儒林列传下·蔡玄》，第2588页。
④ 赵国华指出，两汉学风，时间越往后面，博通的特征越是明显，参见《汉代学术主体评论研究》，第3页；邢义田通过对东汉孝廉的考察发现，孝廉中有专治一经者，有兼通数经者，且除了五经，也有学风角占候图纬天官，以及好申、韩，善老子者，参见《天下一家：皇帝、官僚与社会》，中华书局2011年版，第298—299页。《颜氏家训·勉学篇》曾形容汉代学术变迁，言"汉时贤俊，皆以一经弘圣人之道，上明天时，下该人事，用此致卿相者多矣。末俗已来不复尔，空守章句，但诵师言，施之世务，殆无一可。故士大夫子弟，皆以博涉为贵，不肯专儒"，所述"士大夫子弟，皆以博涉为贵，不肯专儒"，应已是汉末的情况。
⑤ 《汉书》卷51《贾邹枚路传·贾山》，第2327页。
⑥ 《汉书》卷51《贾邹枚路传·贾山》，第2327页。

第一章 西汉后期到东汉初的思潮变迁

所谓"书记",指五经之外的诸子传书,贾山由于"涉猎书记"而"不能为醇儒",则"醇儒"当指专以五经为业的儒者,而贾山显然接近"通人"。西汉前期的其他思想家如贾谊、刘安、司马迁、董仲舒,在学术上也都具有博通的倾向,因此,班固将董仲舒、司马迁与后来的刘向、扬雄并称,认为他们"皆博物洽闻,通达古今,其言有补于世"[1],本书的主角王充也将司马迁和董仲舒作为"通人"的代表。

西汉前期学者的博通倾向上承战国余绪。经历秦火摧残,汉初"除挟书之律""广开献书之路",社会上各类学问得到恢复和传承,朝中的博士官亦诸子并立,刘歆《移让太常博士书》称文帝时"天下众书往往颇出,皆诸子传说,犹广立于学官,为置博士"[2]。整体而言,西汉前期,儒学尚未定于一尊,思想界延续了诸子百家争鸣的局面,不仅道家、法家等学派各有传承,且不少学者兼习不同学说。另外,汉初儒墨道法等诸子之学本身亦不纯粹。从战国后期到西汉前期,各家学说为适应大一统政治的局面,获得参与政治的机会,纷纷博采众长,形成你中有我、我中有你的状态。由此,汉初学者之学问往往兼有各家之特点,呈现博通之势。

与汉初以百家争鸣为映照的博通之风不同,两汉之交的博通风气,是在儒学成为唯一显学的新形势下、由新的士人群体主导、为解决新问题而出现的。

前辈学者大多以为,这一时期的博通之学,主要针对的是儒家博士系统因恪守师法章句而导致的烦琐固陋的风气。如张舜徽所言:"博士之学,在流于专固繁冗之后,忽有博学通人出,救弊起衰,以济其穷。物极必反,理势然也。"[3] 两汉之交通人的言论,也可印证这一点。哀帝时,通人刘歆奏请立《左氏春秋》《毛诗》《逸礼》《古文尚书》于学官,遭到五经博士反对,刘歆于是在《移书让太常博士》一文中痛陈:

---

[1] 《汉书》卷36《楚元王传·刘歆》,第1972页。
[2] 《汉书》卷36《楚元王传》,第1969页。
[3] 张舜徽:《广校雠略 汉书艺文志通释》,第279页。

往者缀学之士不思废绝之阙，苟因陋就寡，分文析字，烦言碎辞，学者罢老且不能究其一艺。信口说而背传记，是末师而非往古，至于国家将有大事，若立辟雍、封禅、巡狩之仪，则幽冥而莫知其原。犹欲保残守缺，挟恐见破之私意，而无从善服义之公心，或怀妒嫉，不考情实，雷同相从，随声是非，抑此三学，以尚书为备，谓左氏为不传《春秋》，岂不哀哉！……若必专己守残，党同门，妒道真，违明诏，失圣意，以陷于文吏之议，甚为二三君子不取也。①

　　其言深深激怒五经博士，导致"诸儒皆怨恨"，执政大臣大司空师丹"亦大怒"，刘歆为避祸，只好自请外出补吏。不过，他的思想并没有因此而失去影响力。数十年后，通人班固据刘向、刘歆父子的《七略》《别录》撰写《汉书·艺文志》，在论及"六艺""儒家"时，亦指出：

　　后世经传既已乖离，博学者又不思多闻阙疑之义，而务碎义逃难，便辞巧说，破坏形体；说五字之文，至于二三万言。后进弥以驰逐，故幼童而守一艺，白首而后能言；安其所习，毁所不见，终以自蔽。②
　　儒家者流，盖出于司徒之官，助人君顺阴阳明教化者也。……然惑者既失精微，而辟者又随时抑扬，违离道本，苟以哗众取宠。后进循之，是以五经乖析，儒学浸衰，此辟儒之患。③

　　班固此言，与刘歆的思想，可谓一脉相承。此外，通人扬雄在《法言》中也提到"今之学也，非独为之华藻也，又从而绣其鞶帨"④，

---

　　① 《汉书》卷36《楚元王传·刘歆》，第1970—1971页。
　　② 《汉书》卷30《艺文志》，第1723页。
　　③ 《汉书》卷30《艺文志》，第1728页。
　　④ 汪荣宝撰，陈仲夫点校：《法言义疏》卷7《寡见》，中华书局1987年版，第217页。

第一章　西汉后期到东汉初的思潮变迁

"譊譊之学，各习其师"①，范晔据此评价博士之学"通人鄙其固焉"②，"迂滞若是矣"③。由此可见，不满正统儒学的固陋、迂滞、繁冗与烦琐，的确是通人群体兴起的重要原因之一。他们希望通过博览数经、诸子，开阔视野，为儒学注入新的活力。

然而，事情似乎不仅如此。前文提到，汉代正统儒学已与阴阳学说合流，甚至某些形而下的数术方技、神怪之论亦进入儒学之中，更在西汉后期演化出谶纬的形态。范晔《后汉书·方术列传》言："汉自武帝颇好方术，天下怀协道艺之士，莫不负策抵掌，顺风而届焉。后王莽矫用符命，及光武尤信谶言，士之赴趣时宜者，皆骋驰穿凿，争谈之也。故王梁、孙咸名应图箓，越登槐鼎之任，郑兴、贾逵以附同称显，桓谭、尹敏以乖忤沦败，自是习为内学，尚奇文，贵异数，不乏于时矣。是以通儒硕生，忿其奸妄不经，奏议慷慨，以为宜见藏摈。"④范晔特别指出了东汉时期"通儒硕生"对于谶纬的不满，而如前所述，这时的谶纬，往往依托儒学，号为"内学"，由此，通儒硕生的批评，其实很大程度上是针对神怪因素与儒学合流的现象而发。可见，有些通人的矛头不仅指向儒学的固陋，也同样指向儒学中的怪诞。他们主张博通，不仅是为了扫除儒者各立门户、抱残守缺之弊，也希望借助诸子百家之学来纠正正统儒学中的某些神道化因素，以恢复原始儒学的本来面貌。开此先河者，当属两汉之交通人中具有道家色彩的扬雄、桓谭二人。

前已论及，扬雄仿《周易》作《太玄经》，此外亦仿《论语》作《法言》。将自己的作品与经书比肩，其实相当于将自己置于圣人的地位。此举打破了当时正统儒学对五经、圣人的神化，甚至被某些恼羞成怒的儒者视作非圣无法之举，⑤扬雄的勇气于此可见一斑。此

---

① 汪荣宝撰，陈仲夫点校：《法言义疏》卷7《寡见》，第222页。
② 《后汉书》卷79下《儒林列传下·蔡玄》，第2589页。
③ 《后汉书》卷79下《儒林列传下·蔡玄》，第2589页。
④ 《后汉书》卷82上《方术列传上》，第2705页。
⑤ 《汉书·扬雄传》：扬雄作《太玄经》后，"诸儒或讥以为雄非圣人而作经，犹春秋吴楚之君僭号称王，盖诛绝之罪也"。

外，扬雄的《法言》还集中讨论了占天、星象、圣人、先知、神仙等议题，这些议题都是汉代正统儒学颇为关注的。扬雄在论述时，摒弃一切怪力乱神之说，着力阐发原始儒家的人道伦理。如关于占天，他提出"史以天占人，圣人以人占天"①；关于星象，他提出"在德不在星。德隆则晷星，星隆则晷德也"②；对于是否五百年有圣人出的问题，他认为"尧、舜、禹，君臣也而并；文、武、周公，父子也而处。汤、孔子数百岁而生。因往以推来，虽千一不可知也"③；对于先知是否接近于神的问题，他避而不答，反而指出"知其道者其如视，忽、眇、绵作昞"④；对于赵世是否多神的问题，则回答"神怪茫茫，若存若亡，圣人曼云"⑤。

最值得注意的是，扬雄对于人是否能不死而成仙的看法。他一方面秉持原始儒家的精神，采取存而不论的态度；另一方面，又强调死的必然性，称"有生者必有死，有始者必有终，自然之道也"⑥，指出所谓仙人不死乃是虚妄。扬雄此处对"自然之道"的强调，很大程度上是源于道家。他曾明确表示自己的学术倾向："老子之言道德，吾有取焉耳。及捶提仁义，绝灭礼学，吾无取焉耳。"⑦ 而老子所谓"道德"，其实就是"道法自然"，即尊重事物的本来状态。这里，道家的"自然"与原始儒家的"不语怪力乱神"，在理性的大前提下殊途同归。甚至可以推测，扬雄对于占天、星象、圣人、先知、神怪等议题的理性态度，除了受原始儒学的影响外，应当也与他对道家思想的吸收有关。

深深赞赏扬雄的桓谭，继承了扬雄的理性态度，极度排斥当时正统儒学中的种种神道虚妄。他曾向光武帝上书言：

---

① 汪荣宝撰，陈仲夫点校：《法言义疏》卷8《五百》，第264页。
② 汪荣宝撰，陈仲夫点校：《法言义疏》卷8《五百》，第265页。
③ 汪荣宝撰，陈仲夫点校：《法言义疏》卷8《五百》，第247页。
④ 汪荣宝撰，陈仲夫点校：《法言义疏》卷9《先知》，第283页。
⑤ 汪荣宝撰，陈仲夫点校：《法言义疏》卷10《重黎》，第327页。
⑥ 汪荣宝撰，陈仲夫点校：《法言义疏》卷12《君子》，第521页。
⑦ 汪荣宝撰，陈仲夫点校：《法言义疏》卷4《问道》，第114页。

第一章 西汉后期到东汉初的思潮变迁

凡人情忽于见事而贵于异闻,观先王之所记述,咸以仁义正道为本,非有奇怪虚诞之事。盖天道性命,圣人所难言也。自子贡以下,不得而闻,况后世浅儒,能通之乎!今诸巧慧小才伎数之人,增益图书,矫称谶记,以欺惑贪邪,诖误人主,焉可不抑远之哉!臣谭伏闻陛下穷折方士黄白之术,甚为明矣;而乃欲听纳谶记,又何误也!其事虽有时合,譬犹卜数只偶之类。陛下宜垂明听,发圣意,屏群小之曲说,述五经之正义,略雷同之俗语,详通人之雅谋。①

桓谭此言,明确指出了"通人"与"群小""浅儒""巧慧小才伎数之人"的势不两立,在他看来,二者矛盾主要就集中于对"天道性命"的态度。在《新论》中,桓谭更是对数术方技以及谶纬、怪诞之说大加挞伐,并且同样以自然主义为重要武器。如针对刘歆兄子伯玉"天生杀人药,必有生人药"的观点,桓谭提出钩吻等药材不与人体相适应,因此吃了才会死,它并非上天特意为杀人而创造的;② 而针对三辅地区不敢取食鹳鸟,害怕招致雷霆的民俗,桓谭提出天并非厚此薄彼,专与三辅民众为难,只不过是他们在杀取鹳鸟时,刚好赶上打雷罢了。③ 这些都是站在天道自然的角度反对神学目的论。此外,对于扬雄反复抨击的神仙之事,桓谭亦不甘示弱,不仅以烛火为喻,从形神关系的角度论证形体衰朽之必然,更与方士西门君惠、儒者刘歆等人多次辩论,指出养生服药以求成仙不死的荒诞不经。④

由此可见,两汉之交的通人群体,在价值追求上有所不同。有的通人只希望通过博览,破除儒学门派固陋之弊,而对于汉代正统儒学中形而下的神仙方术谶纬等并不在意,甚至如刘向、刘歆、刘子玉

---

① 《后汉书》卷 28 上《桓谭冯衍列传上·桓谭》,第 959—960 页。
② (汉) 桓谭著,朱谦之校辑:《新辑本桓谭新论》卷 8《祛蔽篇》,第 35 页。
③ (汉) 桓谭著,朱谦之校辑:《新辑本桓谭新论》卷 13《辨惑篇》,第 57 页。
④ (汉) 桓谭著,朱谦之校辑:《新辑本桓谭新论》卷 8《祛蔽篇》,第 32—34、37 页。

者,还对神仙方术颇为信服。有的通人,如扬雄、桓谭,则不仅希望破除儒学的固陋,对于儒学中混杂的"奇怪虚诞之事",也颇为不满,并时常借助儒学之外的诸子学说予以纠正。只是,在这一过程中,有时难以把握好度,容易矫枉过正,导致动摇儒家学说的某一领域的情况出现。① 东汉以来经学的不断式微、道家思想的逐渐风行,以及"越名教而任自然"的名士群体的出现,应当都与之有关。

第二节 尚知与求真的风气

一 对知识、智慧和学问的推崇

伴随着通人群体和博通之学的兴起,不少儒家士人对知识以及与知识相关的"智慧"予以相当的重视。在此之前,相较知识、智慧,士人更为关注的是道德,如徐复观所言,"自孔子以来,没有不重知识的;但都是以知识为达到人伦道德的手段,所以最后总是归宿于人伦道德,连特别重视知识的荀子也不例外"②;金春峰也指出,"在荀子等大思想家的思想中,尚智从来不被提到首要地位,知识、智慧也不是圣哲的主要标准"③,这一现象在西汉后期至东汉初出现了变化,对知识、智慧的推崇在士人中悄然滋生,其中尤以扬雄、桓谭、刘向等人表现突出。

扬雄对"智"的强调在《法言》中历历可见。如《问明》:"或问:'人何尚?'曰:'尚智。'"④《修身》:"天下有三门:由于情欲,入自禽门;由于礼义,入自人门;由于独智,入自圣门。"⑤ 将"智"提升到极高的地位,乃至将其视为成圣的必要条件。需要指出的是,

---

① 刘闯:《西汉前期杂儒研究》,硕士学位论文,西南大学,2015年,第4—5页。
② 徐复观:《两汉思想史》(二),第533页。
③ 金春峰:《汉代思想史》,第374页。
④ 汪荣宝撰,陈仲夫点校:《法言义疏》卷6《问明》,第186页。
⑤ 汪荣宝撰,陈仲夫点校:《法言义疏》卷3《修身》,第104页。

第一章　西汉后期到东汉初的思潮变迁

在扬雄之前，儒家主要将"智"作为一种德行加以提倡，《孟子·告子上》："是非之心，智也。"① 智的作用是使人明辨是非，作出符合道德的行为，实现道德的完善。因此，仁、义、礼、智、信并称五常，仁、智、勇共为天下三达德。扬雄所谓"智"一方面保留了原始的道德义，另一方面又有所发展，《问道》言："智也者，知也。夫智用不用，益不益，则不赘亏矣。"② 这里扬雄认为，"智"能够把不为人知、不为人用、无益于人的事物，变成为人所知所用且有益的事物，着眼的乃是智的实用功能，这就将"智"从道德引向知识、能力的领域。③ 在有的论述中，扬雄明确将"知"（即"智"）与"德"区分开来，《孝至》："或曰：'力有扛洪鼎，揭华旗。知、德亦有之乎？'曰：'百人矣。德谐顽嚚，让万国；知情天地，形不测，百人乎？'"④ 赋予智力、智慧独立的价值，使之可与道德并列，而非仅为后者的附庸。可见，扬雄对智的强调，更多指向对知识等智性因素的强调，这也与他本身求知、好博的性格相匹，徐复观就形容扬雄拥有"知识型的人生形态"，近乎西方的智者。⑤

桓谭对于知识、智慧的重视主要体现为对才智出众者的褒扬。如推崇"大贤智"⑥"贤智大材"⑦；认为圣人的重要特征在于才能；⑧提出"贤有五品"，将"才高卓绝"者列为最上品的"天下之士"等。⑨ 桓谭非常崇敬扬雄，曾形容扬雄"才智开通，能入圣道，卓绝于众，汉兴以来未有此人也"⑩，把"才智开通"作为对仰慕者

---

① 《孟子》卷11《告子上》，（宋）朱熹：《四书章句集注》，中华书局2012年版，第335页。
② 汪荣宝撰，陈仲夫点校：《法言义疏》卷4《问道》，第123页。
③ 参见孔毅《智德·智能·才性四本——汉魏之际从重智德到尚智能的演变及影响》，《重庆师范大学学报》（哲学社会科学版）2010年第4期。
④ 汪荣宝撰，陈仲夫点校：《法言义疏》卷13《孝至》，第537页。
⑤ 徐复观：《两汉思想史》（二），第421页。
⑥ （汉）桓谭著，朱谦之校辑：《新辑本桓谭新论》卷3《求辅篇》，第8页。
⑦ （汉）桓谭著，朱谦之校辑：《新辑本桓谭新论》卷3《求辅篇》，第9页。
⑧ （汉）桓谭著，朱谦之校辑：《新辑本桓谭新论》卷15《闵友篇》，第62页。
⑨ （汉）桓谭著，朱谦之校辑：《新辑本桓谭新论》卷3《求辅篇》，第7页。
⑩ （汉）桓谭著，朱谦之校辑：《新辑本桓谭新论》卷9《正经篇》，第41页。

的最高评价，可谓重矣。桓谭对于知识、智慧的推崇于此可见一斑。

知识、智慧既被看重，如何获取知识、提升智慧？孔子曾论述知识的来源："生而知之者，上也；学而知之者，次也；困而学之，又其次也；困而不学，民斯为下矣。"[1] 将知识的获取分为生而知之与学而知之两种，由此开启了知识论的两条发展线索。不过实际上，如学者所言，那种不待学而能知的"生知"，在孔子只是虚悬一格，在早期儒家思想中并不占重要地位。[2] 扬雄同样对"生而知之"的先知者之存在表示怀疑，前言他对关于先知的问题避而不答，一定程度上即表明了自己的怀疑态度。刘向则声称"人才虽高，不务学问，不能致圣"[3]，并在《新序·杂事》中大量列举圣人向他人学习的事例，强调圣人也是通过后天的教育成就的，从而否定了"生知"之可能。由此，知识的积累、智性的发展皆需通过"学问"之唯一途径，刘向《说苑·建本》对此多有论述：

> 孟子曰："人皆知以食愈饥，莫知以学愈愚。"故善材之幼者，必勤于学问，以修其性。[4]
> 质性同伦，而学问者智。[5]
> 讯问者智之本，思虑者智之道。[6]

而刘向、扬雄等人对学问的看重也是显而易见的。上引刘向《说苑·建本》篇将"学"看作"本"之一种；《法言》第一篇即为《学行》，详细论述了关于"学"的层次、目的、态度、方法以及不

---

[1] 《论语》卷16《季氏》，(宋) 朱熹：《四书章句集注》，第174页。
[2] 王青：《儒家的知识论传统与扬雄的重智思想》，《阳明学刊》第1辑，贵州人民出版社2004年版，第182页。
[3] (汉) 刘向著，向宗鲁校证：《说苑校证》卷3《建本》，中华书局1987年版，第65页。
[4] (汉) 刘向著，向宗鲁校证：《说苑校证》卷3《建本》，第64页。
[5] (汉) 刘向著，向宗鲁校证：《说苑校证》卷3《建本》，第64页。
[6] (汉) 刘向著，向宗鲁校证：《说苑校证》卷3《建本》，第65页。

学的危害，《法言》其他篇章亦反复强调君子应当勤奋努力，"彊学而力行"①。当然，重视学问的原因可能有多种，比如刘向曾言"夫学者，崇名立身之本也"②，"学积成圣，则富贵尊显至焉"③，将"学"与个人的声名利禄挂钩，这与汉代儒学立为官学、成为士人拾取青紫的"禄利之路"有关；学问对道德的精进则一直以来为儒家所宣扬。而除此之外，学问能够促进个人知识与智慧的增长，将先天的智性能力充分发展为后天的才智与才能，亦应是这一时期士人重视学问的重要原因之一。《新序·杂事》引吕子之言："夫天生人，而使其耳可以闻，不学，其闻则不若聋；使其目可以见，不学，其见则不若盲；使其口可以言，不学，其言则不若喑；使其心可以智，不学，其智则不若狂。"④ 对学问的重视，与对知识、智慧的重视密不可分，这是西汉后期至东汉初扬雄等人所呈现出的独特倾向。

二 追求真实的知识

在崇尚知识的基础上，扬雄、桓谭进一步展开了对知识真实性的追求。《法言·问神》："君子之言幽必有验乎明，远必有验乎近，大必有验乎小，微必有验乎著。无验而言之谓妄。君子妄乎？不妄。"⑤ 强调言语要有所依据、能够验证，不能空造妄说。扬雄著书作文同样秉持真实原则，其《太玄》自序称"苟非其事，文不虚生"⑥。正因珍视真实，扬雄对于当时书籍中虚妄丛生的状况甚为不满，《法言·君子》："或曰：'甚矣！传书之不果也。'曰：'不果则不果矣，又以巫鼓。'"⑦ 传书，即五经之外的著作。汪荣宝疏："言仅仅不实则亦

---

① 汪荣宝撰，陈仲夫点校：《法言义疏》卷3《修身》，第89页。
② （汉）刘向著，向宗鲁校证：《说苑校证》卷3《建本》，第64页。
③ （汉）刘向著，向宗鲁校证：《说苑校证》卷3《建本》，第65页。
④ （汉）刘向著，石光瑛校释，陈新整理：《新序校释》卷5《杂事》，中华书局2017年版，第660页。
⑤ 汪荣宝撰，陈仲夫点校：《法言义疏》卷5《问神》，第159页。
⑥ 《汉书》卷87下《扬雄传第五十七下》，第3575页。
⑦ 汪荣宝撰，陈仲夫点校：《法言义疏》卷12《君子》，第508页。

已矣，又从而诬妄鼓扇焉，故其害为尤甚也。"① 事实上，《法言》的创作很大程度上即针对思想学术领域种种失实的现象，意在拨乱反正。《汉书·扬雄传》："雄见诸子各以其知舛驰，大氐诋訾圣人，即为怪迂，析辩诡辞，以挠世事，虽小辩，终破大道而或众，使溺于所闻而不自知其非也。及太史公记六国，历楚汉，迄麟止，不与圣人同，是非颇谬于经。故人时有问雄者，常用法应之，撰以为十三卷，象《论语》，号曰《法言》。"②"法言"的命名亦由此而来，《论语·子罕》："法语之言，能无从乎。"③《孝经·卿大夫章》："非先王之法言不敢道。"④ "法"有准则和使物平直的意思。所以《法言》就是判断事物是非的准则之言，对事情的是非给予论断的评判之言。⑤

具体而言，扬雄所崇尚的"法"，实际即为孔子和五经，换言之，扬雄以孔子之言和五经之文作为衡量一切知识的根本尺度。他提出："万物纷错则悬诸天，众言淆乱则折诸圣。……在则人，亡则书，其统一也。"⑥ 又称"舍五经而济乎道者，末矣"⑦，"委大圣而好乎诸子者，恶睹其识道也"⑧。对于不符合孔子与五经的诸子思想，扬雄一概予以批判。这里需要注意的是，扬雄所批判的"诸子"，指的是与孔子思想不一致的诸子，而非仅指儒家之外的诸子，《法言·君子》言："诸子者，以其知异于孔子也"⑨，因此，扬雄的批评对象亦包括儒生在内。如前所述，汉代正统儒学中所包含的占天、星象、圣人、先知、神仙等神异怪诞内容，甚至还是他着重批评的对象。在孔子之外的诸子之中，扬雄唯独赞赏孟子，并以孟子自比，誓为以孔子、五经为代表的原始儒学扫除塞路之障，主要也是因为扬雄认为孟

---

① 汪荣宝撰，陈仲夫点校：《法言义疏》卷12《君子》，第509页。
② 《汉书》卷87下《扬雄传第五十七下》，第3580页。
③ 《论语》卷5《子罕》，（宋）朱熹：《四书章句集注》，第115页。
④ 胡平生译注：《孝经译注》《卿、大夫章第四》，中华书局2009年版，第8页。
⑤ 韩敬译注：《法言》，中华书局2012年版，第3—4页。
⑥ 汪荣宝撰，陈仲夫点校：《法言义疏》卷2《吾子》，第82页。
⑦ 汪荣宝撰，陈仲夫点校：《法言义疏》卷2《吾子》，第67页。
⑧ 汪荣宝撰，陈仲夫点校：《法言义疏》卷2《吾子》，第67页。
⑨ 汪荣宝撰，陈仲夫点校：《法言义疏》卷12《君子》，第498页。

第一章　西汉后期到东汉初的思潮变迁

子的思想与孔子在根本上是一致的。

在上一节，我们曾经提到扬雄本身为"博览无所不见"的通人，与其他通人一道反博士之学而开博通一派，既然如此，扬雄对诸子的批评，是否与其博通的主张相龃龉？对于诸子百家的思想，扬雄的确主张予以广泛了解，作为当时颇具影响力的士人，其主张也客观推动了西汉后期以来博通之风的流行，但扬雄提倡多所闻见，目的是"博而返约"，最终回归五经，折中圣人。《学行》："书与经同，而世不尚，治之可乎？曰：可。……百川学海而至于海，丘陵学山而不至于山，是故恶夫画也。"① 《吾子》："多闻则守之以约，多见则守之以卓。"② 《寡见》："多闻见而识乎至道者，至识也；多闻见而识乎邪道者，迷识也。"③ 换言之，了解诸子之学是为了更好地把握儒学之大道、要义。扬雄特别强调要保持主体思想的纯粹性，即坚持以孔子和五经为代表的原始儒学"仁义"等思想，不被其他学说扰乱，"勿杂也"④。对于《淮南子》《史记》等因杂采各家而"不纯"之著作，他表示惋惜："杂乎杂！人病以多知为杂，惟圣人为不杂。"⑤ 可以看出，扬雄依然严格恪守儒家的基本立场，这是他和后来的桓谭以及王充不同的地方。

桓谭对于真实的重视并不亚于扬雄。《后汉书》本传记载桓谭曾"数从刘歆、杨雄辨析疑异"⑥，这本身就是求真的活动；《汉书·沟洫志》载王莽时征能治河者以百数，桓谭为司空掾，典其议，认为"凡此数者，必有一是。宜详考验，皆可豫见"⑦，体现了桓谭在实际事务上的求真精神。《新论》一书则集中展示了桓谭对于知识真实性的孜孜以求。相较于《法言》主要针对诸子之言加以批驳纠正，《新

---

① 汪荣宝撰，陈仲夫点校：《法言义疏》卷1《学行》，第31页。
② 汪荣宝撰，陈仲夫点校：《法言义疏》卷2《吾子》，第77页。
③ 汪荣宝撰，陈仲夫点校：《法言义疏》卷7《寡见》，第215页。
④ 汪荣宝撰，陈仲夫点校：《法言义疏》卷5《问神》，第168页。
⑤ 汪荣宝撰，陈仲夫点校：《法言义疏》卷2《吾子》，第163页。
⑥ 《后汉书》卷28上《桓谭冯衍列传·桓谭》，第955页。
⑦ 《汉书》卷29《沟洫志第九》，第1697页。

论》讨论对象的范围更为广大，桓谭的忠实崇拜者、本书的主角王充曾经形容：

> 又作《新论》，论世间事，辩照然否，虚妄之言，伪饰之辞，莫不证定。彼子长、子云说论之徒，君山为甲。（《超奇篇》）
>
> 世间为文者众矣，是非不分，然否不定，桓君山论之，可谓得实矣。（《定贤篇》）
>
> 众事不失实，凡论不坏乱，则桓谭之论不起。（《对作篇》）

这些"辩照然否"的讨论，我们通过前引《新论》中关于神仙方术的批评略可窥见一二。

值得注意的是，扬雄在评判是非时，以孔子和五经为衡量标准。桓谭则不曾提出要使万物众事折中于圣人，他似乎更加注重对事物虚实真伪的客观判断。事实上，桓谭的思想本身就是驳杂的，不同于扬雄以原始儒学卫道士自居的理想主义，桓谭的思想更加富有灵活性和现实色彩，对于诸子的主张接受度更高，比如关于王道和霸道的问题，他指出"王道纯粹，其德如彼；伯道驳杂，其功如此。俱有天下，而君万民，垂统子孙，其实一也"[1]，并不认为儒家倡导的王道一定比法家倡导的霸道高尚；对于诸子中不入流的小说家，他也认为"治身治家，有可观之辞"[2]，当采其善，不可尽弃。由此，桓谭《新论》对各类知识的批评，受儒家价值观影响较小，而更多来源于对"真实"这一品质本身的重视。

扬雄、桓谭、刘向等人尚知与求真的思想取向，对此后东汉文化产生深刻影响。学者形容东汉为一"学习型社会"[3]，"知识主义"[4]

---

[1] （汉）桓谭著，朱谦之校辑：《新辑本桓谭新论》卷2《王霸篇》，第3—4页。
[2] （汉）桓谭著，朱谦之校辑：《新辑本桓谭新论》卷1《本造篇》，第1页。
[3] 参见王子今《东汉的"学习型社会"》，《理论导报》2010年第3期。
[4] 参见葛兆光《中国思想史》（第1卷），第282页。

盛行，张衡等学者"耻一物之不知"①，王符《潜夫论》首篇《赞学》开宗明义："天地之所贵者人也，圣人之所尚者义也，德义之所成者智也，明智之所求者学问也。虽有至圣，不生而知；虽有至材，不生而能。"②重视人物才智的思潮亦蓬勃发展，荀悦、徐干皆有论述，③东汉后期代表民间舆论的人物品评，已将才智一类特质视为首位。④与此同时，不少士人对辨别事物之真伪、虚实予以充分关注，在本书主角王充之外，应劭专为"通于流俗之过谬"⑤"释时俗嫌疑"⑥著《风俗通义》，王符"伤世之不察真伪之情也"⑦，崔寔批评时人"或耳蔽箴海，厌伪忽真"⑧，徐干专作《考伪》一篇批判欺世盗名之伪术弊行。他们对虚伪、不实的批评不仅局限于知识领域，更延伸到贡举、断案等广阔的社会生活。而论其发端，扬雄、桓谭、刘向等两汉之交士人的作用，不可忽视。

第三节　现实主义的回归

西汉后期至东汉初，儒家内部另一大变化在于从理想主义到现实主义的转折。

前文已述，儒家理想中的社会，是一个"道之以德齐之以礼"

---

① 《后汉书》卷59《张衡列传》，第1903页。
② （汉）王符撰，（清）汪继培笺，彭铎校正：《潜夫论笺校正》卷1《赞学》，中华书局1985年版，第1页。
③ 如荀悦《申鉴·杂言》："或问：'圣人所以为贵者，才乎？'曰：'合而用之，以才为贵；分而行之，以行为贵。'"徐干《中论·智行》：或曰："苟有才智，而行不善，则可取乎？"对曰："……圣人贵才智之特能，立功立事益于世矣，如悠过多、才智少，作乱有余，而立功不足，仲尼所以避阳货而诛少正卯也。何谓可取乎？"
④ ［日］冈村繁：《汉魏六朝的思想和文学》，陆晓光译，上海古籍出版社2002年版，第115页。
⑤ （汉）应劭撰，王利器校注：《风俗通义校注》序，中华书局1981年版，第4页。
⑥ 《后汉书》卷48《杨李翟应霍爰徐列传·应劭》，第1614页。
⑦ （汉）王符撰，（清）汪继培笺，彭铎校正：《潜夫论笺校正》卷1《贤难》，第49页。
⑧ （汉）崔寔撰，孙启治校注：《政论校注·阙题一》，中华书局2012年版，第29页。

的社会。余英时形容,在这个社会中,文化、道德的秩序是第一位的,超越但同时也包含了最低限度的政治、法律的秩序。① 由此,儒家重视风俗教化,认为政治的过程其实是教化的过程,通过各种方式,推广儒家人伦道德,提升人民的知识文化素养,从而达到风俗美善的社会状态。如贾谊所言:"教者,政之本也;道者,教之本也。有道,然后教也;有教,然后政治也。"② 正是在这样高悬的理想之下,一代代儒者一方面身体力行地践行、弘扬人伦道德,另一方面积极参与政治批评,促进社会改良。

西汉中后期,随着儒家政治势力渐强,儒家理想主义者的身影在文献中历历可见。昭帝时召开的盐铁会议上,贤良文学怀抱道德理想,即便贫贱,依然敢于公开挑战公卿大夫的政治举措;宣帝以来,地方上以儒生为主体的循吏队伍不断壮大,他们主动承担起"师"的责任,践行着孔子提出的"先富后教"的使命。在理想主义愈演愈烈的情况下,王吉、贡禹、盖宽饶、京房、翼奉、谷永、匡衡等一大批儒者朝官更对西汉后期社会政治予以全面的批评,提出"奉天法古"的改革主张,而儒学神道化倾向的发展,更使得他们心目中的理想社会越发笼罩于神圣、神秘的光晕中。③

儒家这种裹挟着神道色彩的理想主义发展到顶峰,最终引发了王莽新政。阎步克指出,王莽掌权后所致力者主要有三,"一是拉拢罗致了大批儒生,二是编造了无数的符命图谶,三是立即着手大规模地改制复古"。④ 数百年来经书中记载的、儒生念念不忘的三代礼乐制度,一一得到了实现,却在儒生的欢呼雀跃中,因不切实际而迅速走向了失败。自此之后,儒生"奉天法古"的狂热逐渐冷却,开始

---

① 余英时:《士与中国文化》,第 145 页。
② (汉)贾谊撰,阎振益、钟夏校注:《新书校注》卷 9《大政下》,中华书局 2000 年版,第 349 页。
③ 关于西汉后期的理想主义风潮,邢义田、阎步克、祝瑞开都有论述。参见邢义田《天下一家:皇帝、官僚与社会》,第 170—174 页;阎步克《士大夫政治演生史稿》,第 349 页;祝瑞开《两汉思想史》,第 224—233 页。
④ 阎步克:《士大夫政治演生史稿》,第 351 页。

第一章　西汉后期到东汉初的思潮变迁

转回到理性、现实、实用的轨道上。

东汉以来，儒生依然秉持着以"仁""义"等为核心的道德理想，相信教化的力量；也依然敢于在必要时对政治提出批评。然而，如阎步克所言，他们具有更多现实态度和理性精神，把高悬的理想与现世的政治区分开来，将理想中的最高境界与现世的反差，作为维系儒家道义原则的张力，而非视"三代"为非达成不可的目标。① 突出表现，是开始接受、认可"霸王道杂之"的汉政。上一节提到的通人桓谭曾言："王道纯粹，其德如彼；伯道驳杂，其功如此。俱有天下，而君万民，垂统子孙，其实一也。"② 他还针对王莽变更汉家法令而事事效古的做法，指出"释近趋远，所尚非务，以高义退致废乱，此不知大体者也"③。同为通人的杜林亦曾言："及至汉兴，因时宜，趋时务，省烦苛，取实事，不苟贪高亢之论。……政卑易行，礼简易从。民无愚智，思仰汉德，乐承汉祀。基业特起，不因缘尧。尧远于汉，民不晓信，言提其耳，终不悦谕。……宜如旧制，以解天下之惑。"④ 桓谭、杜林所表现出的现实主义精神，以及对"霸道""旧制"的肯定，都体现了儒、法融合的思想特征。

由桓谭、杜林的例子可见，东汉初不少儒者已不似西汉后期那样对社会政治全盘攻击。吕思勉言："中国之文化，有一大转变，在乎两汉之间。自西汉以前，言治者多对社会政治，竭力攻击。东汉之后，此等议论，渐不复闻。"⑤ 蒙文通言："逮莽之纷更烦扰而天下不安、新室倾覆，儒者亦嗒焉丧其所主，宏义高论不为世重……是东京之学不为放言高论，谨固之风起而恢宏之致衰，士趋于笃行而减于精思理想。"⑥ 这种转变，除了与王莽新政的失败直接相关，亦是对西

---

① 阎步克：《士大夫政治演生史稿》，第383—386页。
② （汉）桓谭著，朱谦之校辑：《新辑本桓谭新论》卷2《王霸篇》，第3—4页。
③ （汉）桓谭著，朱谦之校辑：《新辑本桓谭新论》卷4《言体篇》，第13页。
④ （汉）刘珍等撰，吴树平校注：《东观汉记校注》卷14《杜林传》，中华书局2008年版，第528页。
⑤ 吕思勉：《秦汉史》，上海古籍出版社1983年版，第197页。
⑥ 蒙文通：《论经学三篇》，《中国文化》1991年第1期。

汉前期现实主义的呼应。西汉前期出现了叔孙通、公孙弘等"知时变""通于世务"的儒者，而被班固称作"醇儒"的董仲舒，其实也将儒家价值进行了政治包装和处理，以适应大一统的需要。那是刚刚面对专制君主政权时，"道"不得不向"势"作出的让步，通过向政治妥协谋求"思想的生存、学术的实现"。而这一次，则是儒家在取得合法地位且进行政治实践之后，意识到自己的不足，为了更好地适应政治社会而再次作出的调整。

不过，无论如何，现实主义的取向，在一定程度上都削弱了儒者的政治批判力，消解了知识与精神的独立性。如葛兆光所言，儒者逐渐丧失独立的批评的自由，不能不受到皇权的制约和束缚。[1] 并且，这种现实主义态度在同个人逐利心理相结合时表现得更为明显。东汉前期，不少儒者呈现出主动向政治"求媚"的姿态。歌功颂德者有之——明、章二帝时，班固、贾逵、杨终、傅毅等人，都曾撰写文章歌颂"圣朝"；自愿"吏化"以适应新形势者有之——"成一家章句"并"读律讽令"者，不在少数；为求名、显达无所不可为者有之——赵翼《廿二史札记》中专有"东汉尚名节"条，细论东汉士人为博得名声而作出的种种夸张举动。[2] 更甚者，则流露出先秦诸子笔下"俗儒"的特征。

俗儒一般指代那些以儒家学说为缘饰，但并未习得大义，故而以衣食富贵而非道德修养为最高追求的儒生。在诸子的描述中，俗儒的形象赫然可见：《墨子·非儒》："繁饰礼乐以淫人，久丧伪哀以谩亲，立命缓贫而高浩居，倍本弃事而安怠傲，贪于饮食，惰于作务，陷于饥寒，危于冻馁，无以违之。"[3]《荀子·儒效篇》："其衣冠行伪已同于世俗矣，然而不知恶；其言议谈说已无以异于墨子矣，然而明不能别；呼先王以欺愚者而求衣食焉，得委积足以掩其口则扬扬如也；随其长子，事其便辟，举其上客，亿然若终身之虏而不敢

---

[1] 葛兆光：《中国思想史》（第1卷），第248页。
[2] （清）赵翼著，王树民校证：《廿二史札记校证》，第102—104页。
[3] 吴毓江撰，孙启治点校：《墨子校注》卷9《非儒下》，中华书局1993年版，第437页。

有他志：是俗儒者也。"① 而《论语·雍也》篇中所谓"小人儒"，应当亦为此类。总的来说，俗儒在思想道德上大致处于"俗人"与"儒生"之间，而其低下的道德层次很大程度是其低下的社会地位所导致的。

虽然文献无载，但我们相信，如同此前的时代一样，东汉初依然存在俗儒，甚至更容易出现这样的群体。原本，自武帝以来儒学成为利禄之途，便吸引众多学者加入儒生的行列。王莽当政时，重用儒生，扩大太学规模，在京师广筑学舍；在地方上也广设郡国乡党之学，使得儒者数量进一步增加。进入东汉，儒学依然受到尊崇，儒生地位稳固，人数众多，范晔曾描述"若乃经生所处，不远万里之路，精庐暂建，赢粮动有千百，其著名高义开门受徒者，编牒不下万人，皆专相传祖，莫或讹杂"②。然而，众多儒生并非皆能通过博士弟子课试、察举、辟除等仕进方式，迅速晋升到新的阶层，他们散落在民间，或等待机会，或安于现状，由此，东汉初社会当存在数量颇为可观的"中下层知识分子"。这些人一方面接受过古典教育，另一方面，因生活在民间，深受世俗风气影响，也更注重现实、追求功利。他们中间，极有可能产生"俗儒"，或者说，正是这些人构成了"俗儒"的主体。这些"俗儒"，如蒲慕州所言，充当着"上层社会和平民社会之间文化传递的媒介"③，在他们身上，现实精神与儒家理想之间的张力也是最为明显的，值得格外注意。

西汉前期，儒家曾经是博通和现实的，但此后，专精与理想一步步占据了上风，直到两汉之交，博学多通、尚知求真的风气与现实主义精神再次回归，历史或许就是这样螺旋式前进。本书的关注对象王充，正是在这样的背景下登上历史舞台，开始演绎属于他的故事。

---

① （清）王先谦撰，沈啸寰、王星贤整理：《荀子集解》卷4《儒效篇》，中华书局2012年版，第138页。
② 《后汉书》卷79下《儒林列传下·蔡玄》，第2588页。
③ 蒲慕州：《追寻一己之福：中国古代的信仰世界》，上海古籍出版社2007年版，第202页。

第二章

王充的生平与《论衡》的创作

关于王充的生平,范晔《后汉书》本传的记载极为简略:

> 王充字仲任,会稽上虞人也,其先自魏郡元城徙焉。充少孤,乡里称孝。后到京师,受业太学,师事扶风班彪。好博览而不守章句。家贫无书,常游洛阳市肆,阅所卖书,一见辄能诵忆,遂博通众流百家之言。后归乡里,屏居教授。仕郡为功曹,以数谏争不合去。
>
> 充好论说,始若诡异,终有理实。以为俗儒守文,多失其真,乃闭门潜思,绝庆吊之礼,户牖墙壁各置刀笔。著《论衡》八十五篇,二十余万言,释物类同异,正时俗嫌疑。
>
> 刺史董勤辟为从事,转治中,自免还家。友人同郡谢夷吾上书荐充才学,肃宗特诏公车征,病不行。年渐七十,志力衰耗,乃造养性书十六篇,裁节嗜欲,颐神自守。永元中,病卒于家。[①]

[①] 《后汉书》卷49《王充王符仲长统列传·王充》,第1629—1630页。

第二章　王充的生平与《论衡》的创作

会稽山阴人谢承与陈郡阳夏人袁山松的《后汉书》中亦各有王充传记，内容与范《书》大致相同。除此之外，史料中少见关于王充生平的其他记载。① 好在王充著作《论衡》传世，得以补充王充身世相关信息，尤其其中的《定贤》《自纪》等篇，不仅提供了王充生平的一手资料，亦透露出王充经历与其创作的关系。本章将依据上述材料，结合当时社会、文化背景，勾勒王充在会稽、洛阳两地求学、为吏、著书的人生轨迹，并进而分析王充的经历对《论衡》创作的影响，指出《论衡》的"济世"与"利己"双重导向。

第一节　家乡与童年

东汉光武帝建武三年（27年），王充出生于会稽郡上虞县（今浙江绍兴）。

在王充的时代，会稽郡辖26县，以吴县（今江苏苏州）为郡治，范围大致包括今江苏南部、上海、浙江大部及福建部分地区。② 这一时期的会稽郡地域主要由三部分发展而来：第一，春秋时期越国故地、今钱塘江南岸以浙江绍兴为中心的宁绍平原地区，秦王政二十五年（前222年）秦将王翦降越君，于此地初置会稽郡，属于自战国至东汉前期会稽郡核心部分。第二，春秋时期吴国故地、今钱塘江北岸太湖流域一带，秦统一后设吴郡，西汉景帝之后与会稽

---

① 据笔者所见，张舜徽主编《二十五史三编》第四、五分册，以及清人王先谦《后汉书集解》所收各东汉史志中，惠栋《后汉书补注》、侯康《后汉书补注续》及沈钦韩《后汉书疏证》有关于王充本传的辑补，不过三者皆以王充《论衡》中的《对作》《自纪》等篇为材料，此外不见引用其他记录。参见张舜徽主编《二十五史三编》第四分册，岳麓书社1994年版，第147、366页；（清）王先谦《后汉书集解》，中华书局1984年版，第572页。清人沈钦韩对王充生平颇具新见，本书将参考其意见。参见（清）沈钦韩《后汉书疏证》，上海古籍出版社2006年版。

② 参见谭其骧主编《中国历史地图集》（第2册），中国地图出版社1982年版，第25、52页。《中国历史地图集》以为自西汉平帝至东汉顺帝时，会稽郡包含今浙江南部和福建省全部地区，这一点存在争议。因为此时汉政府尚未能完全控制这一地区。

郡合并。① 第三，西汉前期百越部族东瓯、闽越领地，今浙江南部、福建的广大山林腹地，武帝时平定越乱、内迁越人，至迟在平帝元始二年（2年）之前，东瓯、闽越原治所已分别设回浦县（今浙江临海）、冶县（今福建福州），归会稽郡管辖。② 总的来说，会稽郡行政区划自战国末期至西汉晚期经历了持续沿革，直到西汉晚期方趋于稳定，至东汉前期都少有变化。③

表一　　　　　　　王充时（27—97年）会稽郡所辖县④

县名	今属	县名	今属
吴	江苏	海盐	浙江
曲阿	江苏	剡	浙江
乌伤	浙江	由拳	浙江
毗陵	江苏	大末	浙江
余暨	浙江	乌程	浙江
阳羡	江苏	句章	浙江
诸暨	浙江	余杭	浙江
无锡	江苏	鄞	浙江
山阴	浙江	钱唐	浙江
丹徒	江苏	鄮	浙江
余姚	浙江	富春	浙江
娄	江苏	东冶	福建
上虞	浙江	章安	浙江

会稽郡的广大地域上，曾经存在过多样的文化传统。北部吴、越

---

① 郑炳林：《秦汉吴郡会稽郡建置考》，《兰州大学学报》（社会科学版）1988年第3期。
② 除回浦县、冶县之外，浙南、福建的其他地区尚未完全受汉政府控制，葛剑雄曾指出，大量人口散居山区，游离于户籍管辖之外。参见《西汉人口地理》，人民出版社1986年版，第93页。
③ 东汉光武时改冶县为东冶，又析置侯官；章帝时改回浦县为章安县。详见徐三见《古章安沿革兴废考》，《墨默斋集》，中国社会科学出版社2004年版，第1—16页。此处《后汉书·郡国志》所言不确，谭其骧《中国历史地图集》亦随之而误。
④ 参见《汉书·地理志》《后汉书·郡国志》。

故地与中原一带交往较早,且长期受楚文化影响,相对而言经济发达、人才集中,西汉前期曾经出现庄忌、庄助、朱买臣等以辞赋见长的文人;同时,吴、越民众有尚勇好斗的传统,《史记·吴王濞列传》言"上患吴、会稽轻悍,无壮王以镇之"①,《汉书·地理志》也提到"吴、粤之君皆好勇,故其民至今好用剑,轻死易发"②,项氏叔侄起兵反秦、吴王刘濞主导的七国之乱皆起于此,武帝建元三年(前138年)、建元六年(前135年)及元鼎六年(前111年)三次对越作战,亦皆从会稽出兵,宣告了该地与暴力的紧密关系。南部山林腹地在收归会稽郡管辖之前,长期活跃着瓯越、闽越等百越部族,统称"东越(粤)"。越俗重巫鬼,③ 好勇斗狠,④ "嫁娶礼仪,衰于中国"⑤。总的来看,如果以对广义的中原地区生活方式的接受程度为衡量标准,则会稽郡自北向南"文明"程度递减,且长期存在轻悍尚武、巫鬼崇拜的地方传统,一方面与其地处边缘、远离中央朝廷的地理位置相关,另一方面也表现出楚、越文化的强大生命力。

自西汉中期始,随着汉王朝势力的巩固,对边疆的开发加强,地方长吏、传学士人、北方移民不断将中原地区的生活方式传播至会稽。西汉末年,政局动荡,避难会稽者尤多,《后汉书·任延传》载:"更始元年,以延为大司马属,拜会稽都尉……时天下新定,道路未通,避乱江南者皆未还中土,会稽颇称多士。"⑥ 在多重作用下,会稽郡的面貌开始发生转变。

王充家族也是在这一时期迁到会稽的。《论衡·自纪篇》中,王充追忆其家族史言:

---

① 《史记》卷106《吴王濞列传》,第2821页。
② 《汉书》卷28下《地理志下》,第1667页。
③ 如《汉书·郊祀志》载,武帝平定两粤(南粤、东越)后,粤人勇之曾进言粤祠有效,武帝因而引进了粤祠鸡卜。
④ 西汉前期东越、南粤皆不安宁,田蚡指出"越人相攻击,其常事"(《汉书·严朱吾丘主父徐严终王贾传》)。
⑤ 《后汉书》卷21《任李万邳刘耿列传·李忠》,第756页。
⑥ 《后汉书》卷76《循吏列传·任延》,第2460—2461页。

其先本魏郡元城，一姓孙。① 几世尝从军有功，封会稽阳亭。一岁仓卒国（道）绝，②因家焉，以农桑为业。世祖勇任气，卒咸不揆于人。岁凶，横道伤杀，怨仇众多。会世扰乱，恐为怨仇所擒，祖父汎举家檐载，就安会稽，留钱唐县，以贾贩为事。生子二人，长曰蒙，少曰诵，诵即充父。祖世任气，至蒙、诵滋甚，故蒙、诵在钱唐，勇势凌人。末复与豪家丁伯等结怨，举家徙处上虞。

从中可见，王充祖先本为魏郡元城（今河北大名县）人，曾因军功封会稽阳亭，③ 但迫于不明原因未能成行，④ 直到王充祖父王汎时才举家迁移至会稽郡定居。王充生于东汉光武帝建武三年，则王汎迁至会稽大约在西汉末、新莽时期，属于当时避难会稽的中原移民中的一员。不过，王汎之所以南下会稽，除了北方社会政治环境不稳定外，更重要的是家族成员勇势凌人的性格致使仇家众多，不得不设法自保。王充家族的"任气"自世祖王勇便一以贯之，到王充的父辈王蒙、王诵时更变本加厉，致使在会稽郡再次与人结怨，只得从钱唐县迁至上虞县。这种好斗的性格倒与会稽郡轻悍尚勇的地方传统颇为吻合，王汎当初选择迁移至会稽，或许也有这方面的考虑。

东汉前期会稽郡的社会环境，给王充的成长以相当大的影响。此时的会稽郡呈现一种二元的状态。一方面，尚武的传统依然存在，郡内治安不尽如人意，时有盗贼、海贼出没。史籍中，东汉前期会稽郡吏民"为盗所劫"，地方官吏"讨贼""攻贼"的记录历历可见。⑤

---

① 此处笔者断句与黄晖不同，采用刘盼遂意见，"一人二姓，殆两京时有此风尚"。参见黄晖《论衡校释》，第1377页。

② "国"，孙诒让校元本（简称元本）作"道"，朱宗莱校元本（简称朱校）同。参见黄晖《论衡校释》，第1377页。

③ "阳亭"具体所指不详，前人亦未有较好解释，暂且存疑。

④ 此处采用元本和朱校的意见，可释为"一年之内道路阻绝"，则王充祖先此时未能赴会稽，而是在别处安家，直到王充祖父王汎时才"举家檐载，就安会稽"。

⑤ 参见《后汉书·独行列传·彭修传》《后汉书·独行列传·张武传》及王充《论衡·齐世篇》载孟章事迹。

第二章 王充的生平与《论衡》的创作

甚至到王充晚年时，初任会稽太守的张霸，面对的依然是"贼未解，郡界不宁"的局面。① 与此同时，巫鬼之风也依然盛行。《后汉书·第五伦传》载："会稽俗多淫祀，好卜筮。民常以牛祭神，百姓财产以之困匮，其自食牛肉而不以荐祠者，发病且死先为牛鸣，前后郡将莫敢禁。"② 第五伦于建武二十九年（53年）前后任会稽太守，则上述记载应当反映了他任职之前较长时段的状况。王充在《论衡》中也记载了不少风俗信仰，其中大多数就是会稽本地所流行的。可见，东汉前期的会稽郡，至少在民间，地方传统依然具有较大的影响力。

而另一方面，中原文化，尤其是中原文化的主流即儒家思想，也在这片土地上生根发芽、不断蔓延。早在西汉元、成时期，会稽已出现了陈嚣、顾翱两位儒家士人。陈嚣"渔则化盗，居则让邻"③，顾翱则以事母至孝著称。④ 陈、翱二人体现出十足的儒者风范，与此前会稽郡庄助、朱买臣等"深怨"的楚士形成鲜明对比，说明西汉后期儒学已经开始在会稽郡产生影响。对于陈嚣、顾翱的行为，会稽地方长吏皆加以奖励，"表其闾舍""号为义里"，更使儒家"仁义忠孝"的理念得以进一步在民众中弘扬。

儒学在会稽的传播，很大程度上得益于会稽地方长吏与当地士人的相互成就、共同努力。如前所述，更始元年，年仅19岁的儒者任延拜会稽都尉，⑤ 他在当地采取了一系列措施，一方面祭祀先贤、

---

① 《后汉书》卷36《郑范陈贾张列传·张霸》，第1242页。到东汉后期，随着局势动荡，会稽郡多有海贼、盗贼造反，可见该地尚武的传统具有极强的生命力。
② 《后汉书》卷41《第五钟离宋寒列传·第五伦》，第1397页。
③ （晋）虞预：《会稽典录》，鲁迅编：《会稽郡故书杂集》，《鲁迅全集》第8卷，人民文学出版社1973年版，第58页。
④ （晋）葛洪撰：《西京杂记》卷5，中华书局1985年版，第32页。顾翱时代不详，不过郡县因顾翱孝行而表其闾舍，以起示范作用，施政思想与循吏群体一致，故推测顾翱之事迹当发生在西汉中期之后。
⑤ 任延之后，东汉光武、明帝、章帝、和帝时期的会稽长吏，见诸史册的有黄谠、窦翔、第五伦、尹兴、李就、黄兢、庆鸿、张霸、马棱，其中黄谠、窦翔年代稍早，其他人在任时间皆在王充成年以后。参见严耕望《两汉太守刺史表》，上海古籍出版社2007年版，第212—213页。

礼贤下士，另一方面则先富后教。① 在任延的努力下，"郡中贤士大夫争往宦焉"②，"贤士大夫"的这一举动，可以看作对任延所坚持的儒家政治理念的接受和认同，从而进一步扩大了儒家的影响力，也鼓励更多人加入儒者的行列。

在王充的童年时代，他或许听说过同乡包咸和钟离意的名字。包咸为会稽曲阿人，生于西汉末，年少时曾游学于长安太学，熟习《论语》。光武即位后归乡里，被郡守黄谠任命为户曹史，又举孝廉、除郎中，一路青云直上。到王充青少年时代，包咸已经在宫中教授后来的明帝刘庄学习《论语》了。钟离意与包咸同时，为会稽山阴人，初任郡主簿、郡督邮，进谏太守时曾引《春秋》《诗》，可见亦为儒者。钟离意同样被郡守黄谠举孝廉，并在明帝即位后官至尚书，地位显赫。③ 与包咸和钟离意相似，经过西汉后期以来的"中原化"及儒家化，东汉前期的会稽郡，出现了为数不少的士人，他们深受中原文化影响，熟习儒学，并以仕宦为业，渴望走向政治舞台。他们中后来成名者，还有谢夷吾、郑弘、董昆、顾奉、公孙松。而王充，亦属于这一群体的一员。

王充祖父王汎率家人定居会稽后，"以贾贩为事"，可能也兼事农桑，属于平民阶层。此时会稽郡已出现吴县陆氏、山阴郑氏等世家大族，④ 在当地颇具声望。相比之下，王充家族可谓"细族孤门"。王充曾回忆他人对自己家族的评价："宗祖无淑懿之基，文墨无篇籍之遗……吾子何祖？其先不载。"（《论衡·自纪篇》）可见，王充的家族一直默默无闻。这样的家庭出身对于王充的发展亦无太大助力，

---

① 参见《后汉书》卷76《循吏列传·任延》，第2461页。
② 参见《后汉书》卷76《循吏列传·任延》，第2461页。
③ 参见范晔《后汉书·儒林传》《后汉书·第五钟离宋寒列传》。
④ 山阴郑氏中，与王充同时的郑弘，位至太尉，郑弘曾祖官至蜀郡属国都尉，从祖郑吉为云中都尉、西域都护，郑吉的两位弟弟一为兖州刺史，一举孝廉为理剧东部候。吴县陆氏中，与王充同时的陆续位至州别驾从事，陆续祖父陆闳位至颍川太守，陆续子陆稠、陆逢分别位至广陵太守、乐安太守。可见，"世为族姓"。郑弘事迹参见范晔《后汉书·朱冯虞郑周列传》，陆续事迹参见范晔《后汉书·独行列传》。

第二章 王充的生平与《论衡》的创作

也因此,王充注定要付出艰辛努力方能改善自身处境。

王充童年时,便表现出与众不同的端庄个性,"为小儿,与侪伦遨戏,不好狎侮。侪伦好掩雀、捕蝉、戏钱、林熙,充独不肯"(《自纪篇》)。王充的"不好狎侮",与其父祖的"勇势凌人"形成对比,同时也透露出其性格不合群的一面,这种性格底色在他今后的人生中还将发挥重要作用。王充的表现引起了父亲王诵的注意,或许认为这是一种就学的潜质,王诵决定令王充读书。据王充自述:"诵奇之,六岁教书,恭愿仁顺,礼敬具备,矜庄寂寥,有臣(巨)人之志。父未尝笞,母未尝非,闾里未尝让。"(《自纪篇》)这大概属于王诵对王充以识字为主的早期家庭教育。在王诵的引导下,两年之后,王充正式踏上了求学之路。

汉魏时人求学大都由习读写技能始,逐渐走向专经之学。王国维言:"汉人受书次第,首小学,次孝经、论语,次一经。"[①] 王炳照也指出,汉代的私学教育分为三个层次,包括"以书馆为主要形式的蒙学教育,以'乡塾'为主要形式的一般经书学习,以'精庐'或'精舍'为主要形式的专经教育"。[②] 王充的求学轨迹亦大致如此。八岁,入当地"书馆"进行读写技能的学习,表现优异:"八岁出于书馆,书馆小僮百人以上,皆以过失袒谪,或以书丑得鞭。充书日进,又无过失。"(《自纪篇》)关于"书馆",前文王炳照曾称之为蒙学教育的主要场所,王国维亦有言:"汉时教初学之所名曰书馆,其师名曰书师,其书用《仓颉》《凡将》《急就》《元尚》诸篇,其旨在使学童识字、习字。"[③] 王诵作为一介贾贩,亦知送子就学,可见东汉前期会稽郡普通民众已有基本的教育意识。书馆结业,王充开始了对经书的初步学习,成绩出色:"手书既成,辞师受《论语》《尚书》,日讽千字。"(《自纪篇》)充分打好基础后,又进入专门的经

---

① 王国维:《汉魏博士考》,《观堂集林》,河北教育出版社2003年版,第87页。
② 参见毛礼锐、沈灌群主编《中国教育通史》(第2卷),山东教育出版社1986年版,第109—110页。
③ 王国维:《汉魏博士考》,《观堂集林》,第86页。

济世与利己

学学习："谢师而专门，援笔而众奇。所读文书，亦日博多。"（《自纪篇》）

可以看出，王充的求学之路颇为顺畅，从小学到经学，基本上遵循了精英教育的路线。这也是细族孤门出身的王充力图改变命运所迈出的第一步。

第二节　洛阳岁月

一　王充赴洛的真实性

根据范晔、谢承、袁山松《后汉书》的记载，王充在专经学习阶段便离开了家乡会稽，来到京师洛阳游学，并进入太学学习;① 范晔还指出王充在洛阳"师事扶风班彪"。这段经历王充自己未曾提及，颇引起了一些学者如徐复观的怀疑。② 由于王充是否到过洛阳将影响到后续诸多论述，因此，这里有必要先加以分析。

笔者认为，首先，王充赴洛是有可能的。会稽地处汉朝边缘，东汉初尚不具备理想的学术环境，当时游学风气盛行，而洛阳作为东汉京师，是全国的文化、学术中心，集中了名儒大家，自然是各地士人的向往之地。因此，王充在完成基础学业后，赴洛追求更高层次的教育，实在情理之中。

此外，王充在《论衡·自纪篇》中虽然没有提及在洛阳的经历，但《论衡》其他篇章中的零星记录，可以作为王充曾在洛阳生活的证据。《率性篇》中，王充提到"雒阳城中之道无水，水工激上洛中之水，日夜驰流，水工之功也"，可见，他对洛阳情况是有所了解

---

① 谢承《后汉书·王充传》："（性好学），到京师受业太学，博览而不守章句。家贫无书，常游洛阳市肆，阅所卖书，目一见辄能诵忆，遂博通众流（百家之言）。"袁山松《后汉书·王充传》："充幼聪明，诣太学，见天子临辟雍，作六（大）儒论。"参见周天游辑注《八家后汉书辑注》，上海古籍出版社1986年版，第75—666页。

② 参见徐复观《两汉思想史》（二），第516—519页。

第二章　王充的生平与《论衡》的创作

的。《谈天篇》中，王充曾比较在不同地区观测北极星和太阳的情况：
"雒阳，九州之中也。从雒阳北顾，极正在北。东海之上，去雒阳三千里，视极亦在北。推此以度，从流沙之地视极，亦必复在北焉。……日南之郡，去雒且万里，徙民还者，问之，言日中之时，所居之地，未能在日南也。……今从雒地察日之去远近，非与极同也，极为远也。"王充家乡会稽在"东海之上"，他显然曾在那里直接观测过北极星；流沙之地王充未曾去过，所以他说"推此以度"，说明只是推测；同理王充亦未去过日南郡，因此需要询问"徙民还者"来了解那里的观测情况；而对于洛阳，王充直接说"从雒阳北顾""从雒地察日"，说明与在"东海之上"一样，都是实地考察，这便是他曾在洛阳的明证。①《别通篇》中，王充亦曾提出，"人之游也，必欲入都，都多奇观也。入都必欲见市，市多异货也"，这很可能是基于他自己"入都""见市"的亲身体验而言的，同时也印证了范书本传所言"常游洛阳市肆"的说法。

如果王充曾经到过洛阳，那么入太学、师班彪，也都是有可能的。东汉太学位于洛阳，是当时的最高学府。西汉中期初立太学时，太学生的来源有二：第一，"太常择民年十八以上、仪状端正者，补博士弟子"②；第二，"郡国县官有好文学、敬长上、肃政教、顺乡里、出入不悖所闻，令、相、长、丞上属所二千石。二千石谨察可者，常与计偕，诣太常，得受业如弟子"③。新莽以来，太学规模扩大，入学门槛相对降低，只要能负担得起费用，④ 各地士人皆可由人举荐或者自发游学太学。岳宗伟曾经统计《后汉书》《三国志》所载新莽、东汉时期的太学生，100余人中自诣太学、游太学者有60多人；⑤ 而郭海燕所统计东汉姓名可考的太学生89人中，确认"游京

---

① 关于王充赴洛的真实性，周桂钿有详细论述。见《王充评传》，第94—95页。
② 《汉书》卷88《儒林传》，第3594页。
③ 《汉书》卷88《儒林传》，第3594页。
④ 安作璋以为大多数游学者皆自费游学。参见安作璋、熊铁基《秦汉官制史稿》，齐鲁书社2007年版，第443页。
⑤ 岳宗伟：《〈论衡〉引书研究》，第19页脚注。

57

师""游太学"者有 41 人。① 在这种情况下，王充完全可以入太学，并且大概率属于"自诣太学"的情况，袁山松《后汉书·王充传》就明确指出王充是"诣太学"。

至于师事班彪，谢承《后汉书·班固传》载："固年十三，王充见之，捫其背谓彪曰：'此儿必记汉事。'"② 《意林》引《抱朴子》佚文，与之相似："王仲任抚班固背曰：'此儿必为天下知名。'"③ 可见，王充与班氏父子很可能有交集，且他们产生交集的地点，应当就是洛阳。④ 虽然史籍未记载班彪为经学博士、在太学讲授，但正如周桂钿所指出的，太学、博士与讲授并不一定紧密相关，⑤ 当时亦有不少儒生跟从博士之外的学者学习，王充"师事班彪"，很可能也属于这种情况。

由此，王充到京师、入太学、师班彪，虽然自叙没有提及，而主要见于范晔、谢承、袁山松等人的记载，但我们认为，根据《论衡》其他篇章以及当时的社会环境，至少王充曾"到京师"是基本可以肯定的；入太学、师班彪，也是很有可能的事。我们的论述，也将在这一基础上展开。

二 王充在洛阳

当年轻的王充像当时不少外地士子一样，从家乡会稽千里迢迢负笈京师，一幅绚烂的画卷在他前面展开。东汉的洛阳，是全国的政治、文化、军事中心，也是名扬四海的大都市（见图一）。在人口众

---

① 郭海燕：《汉代平民教育研究》，博士学位论文，山东大学，2011 年，第 42—43 页。
② 周天游辑注：《八家后汉书辑注》，第 56 页。
③ （唐）马总：《意林》卷 4《抱朴子四十卷》，清武英殿聚珍版丛书本，第 61 页 b。
④ 班固生于建武八年，年十三时为建武二十一年，此时王充十八岁，应当进入专经学习阶段，身处洛阳。根据《后汉书》本传，班彪先是建武十二年随窦融第一次入洛并受光武召见，很快被任命为临淮郡徐县令，离开洛阳；后因生病而免去徐县令一职，又因三公数次征召，于是离开徐县回到洛阳；建武二十三年，复辟司徒王况府。可见，班彪当于建武二十三年前已在洛阳，其子班固与之一起在洛阳居住。王充与班彪之间发生交集乃至产生师生情谊，都是有可能的。
⑤ 周桂钿：《王充评传》，第 101 页。

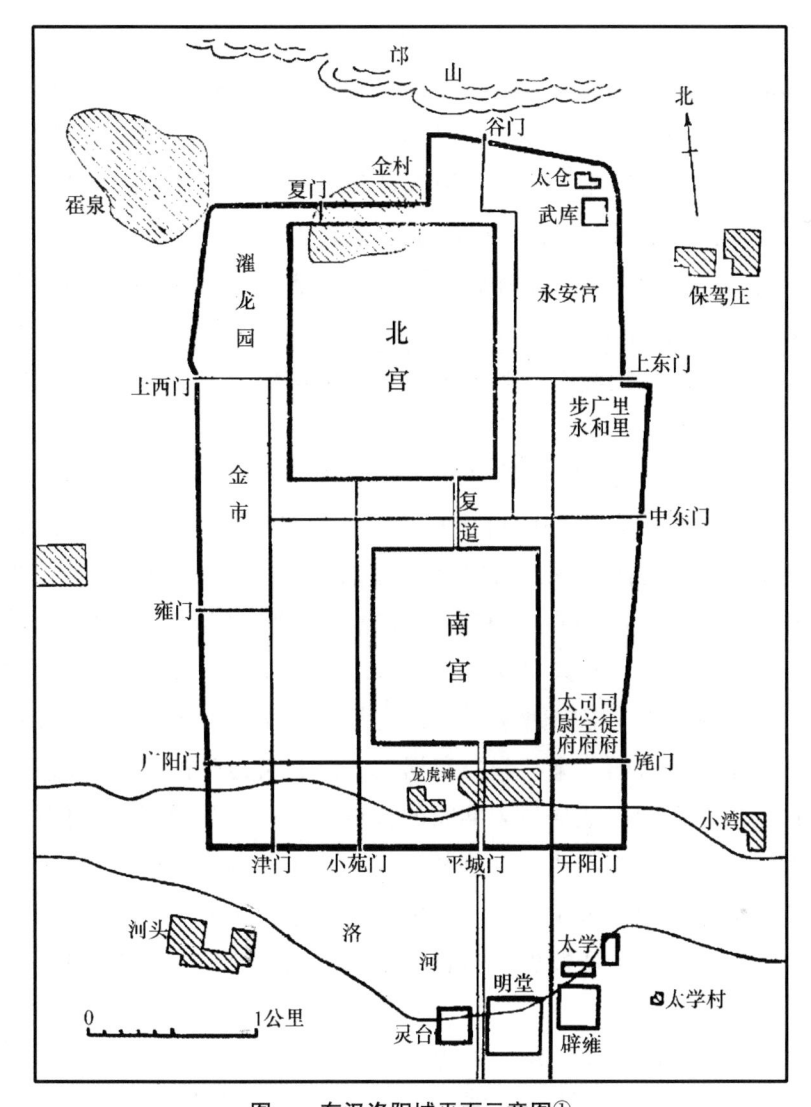

图一　东汉洛阳城平面示意图①

多的南郊，② 光武帝中元元年始建的礼制建筑明堂、辟雍、灵台巍峨耸立，其中辟雍的北边便是全国最高学府太学。东汉太学始建于光武

---

① 引自王仲殊《汉代考古学概说》，中华书局1984年版，第18页。
② 杨宽指出，洛阳郭区分布在东、西、南三面，其中南郭是一个人口众多、比较繁华的郭区。参见《中国古代都城制度史研究》，上海人民出版社2016年版，第145—155页。

帝建武五年,在其中陆续起博士舍、内外讲堂,四方学士荟萃,讲学、辩论,学术气氛极为浓郁。距太学和三雍不远,是洛阳三大市场之一的"南市",①这里集中了五湖四海的商品,人来人往,热闹非凡。儒生们往往流连于书肆,阅读各类书籍;而"四夷蕃客"则忙着贩卖珠宝、金银、香料、牲畜等奇珍异物。②

　　南郊一侧的平城门外洛水上有浮桥,③越过浮桥直通皇城内有南北向大道,连接南宫和北宫两大宫殿群。其中北宫的主殿为德阳殿,是天子正月初一接受百官朝贺的场所。据蔡质《汉仪》记载,德阳殿可容纳万人,"陛高二丈,皆文石作坛。激沼水于殿下。画屋朱梁,玉阶金柱,刻镂作宫掖之好,厕以青翡翠"④,殿前的朱雀阙高耸入云,从四十多里外就可望见。班固曾赞叹明帝时"皇城之内,宫室光明,阙庭神丽"⑤,可以想见当时的盛景。上东门内的步广里、永和里等达官贵人居住区,同样一派富丽堂皇。《拾遗记》曾记载光武帝郭皇后之弟郭况家"错杂宝以饰台榭,悬明珠于梁栋间,光彩射目,昼视如星,夜望如月"⑥,其他人家亦当与之相似。

　　王充就在这样一座"异方杂居""天下四会"的伟大都城开始了自己的新生活。他在洛阳期间的首要任务,自然是进行专门的经学学习,或在太学之内,或在太学之外跟从班彪之类的名儒大家。因此,王充思想的最主要的底色依然是儒家。王充很可能把学经的重心继续放在此前所读的《论语》和《尚书》上。《论衡》对《论

---

① 杨宽指出南郭有南市。参见《中国古代都城制度史研究》,第154页。
② 关于洛阳与"四夷蕃客"的联系,参见王子今《东汉洛阳的国际化市场》,《中原文化研究》2018年第1期;尤学工《论东汉时期洛阳作为丝绸之路起点的可能性和现实性——兼与王世平先生商榷》,《洛阳工学院学报》(社会科学版)2000年第1期;王静《汉代蛮夷邸论考》,《史学月刊》2000年第3期。
③ 杨宽指出,南郭洛水浮桥不止一座,津门外也有一座。参见《中国古代都城制度史研究》,第155页。
④ 《后汉书》志第五《礼仪中·朝会》,第3131页。
⑤ (汉)班固:《两都赋》,(清)严可均辑,许振生审订:《全后汉文》,商务印书馆1999年版,第240页。
⑥ (晋)王嘉撰,(梁)萧绮录,齐治平校注:《拾遗记校注》卷6《前汉下后汉》,中华书局1981年版,第150页。

第二章　王充的生平与《论衡》的创作

语》《尚书》征引极多，分别为 170 余条和 83 条，远超他经，或能说明问题。① 此外，如前所述，在当时虽有不少拘泥一经的儒生，但亦有很多人兼通数经，王充便属于后者。《后汉书·王充传》描述王充在洛阳期间"博览而不守章句"；多年后王充撰写《论衡》，讨论了诸多经学话题，对其中不合情理者多所质疑，在此过程中对《易》《诗》《书》《礼》《春秋》都有引用，② 且兼采今古文，③ 这在很大程度上当得益于洛阳时期的学习。不过，或许也是由于重博览而不重专精，王充在以"通一经"为主要标准的太学生考试中未能脱颖而出，而只能日后返乡由基层属吏入仕。④

王充不仅遍览群经，亦广泛阅读各类著作。当然，这与前述洛阳繁荣的商业、文化环境是分不开的。《后汉书》本传记载王充在洛阳时"常游洛阳市肆，阅所卖书，一见辄能诵忆，遂博通众流百家之言"，《论衡·自纪篇》中，王充也提到自己在学经的同时，"所读文书，亦日博多"。所谓"文书""众流百家之言"，就是《论衡》中常常提到的"传书"。⑤ 战国以来，人们相信唯有圣人才可"造作"，包括进行原创性的写作，其作品即为"经"，而其他人的写作，都只是传述圣人意志，故称为"传"。西汉儒家获得独尊地位后，《诗》《书》《礼》《乐》《易》《春秋》垄断了"经"的地位，"传"则成为五经之外学者著作的统称，也就是《汉书·艺文志》中的诸子、诗赋、兵书、数术、方技五略，加上六艺略中的解经之传。我们在第

---

① 岳宗伟：《〈论衡〉引书研究》，第 39 页。
② 岳宗伟：《〈论衡〉引书研究》，第 202—277 页。
③ 岳宗伟：《〈论衡〉引书研究》，第 43 页。
④ 太学生须每年考课，择优授予官职。东汉以来，僧多粥少的局面使得很多太学生不能通过考试直接得官，往往须返乡等待地方长官的察举或征辟。宋人徐天麟《东汉会要》指出："东京入仕之途虽不一，然由儒科而进者，其选亦甚难。故才智之士，多由郡吏而入仕。"王充亦属于这种情况。
⑤ 传书与经书的直观区别在于，经书书于二尺四寸简，而传书多书于一尺左右简，因此传书又称"短书""尺书"，《谢短篇》云"二尺四寸，圣人文语，朝夕讲习，义类所及，故可务知。汉事未载于经，名为尺籍短书"，即为其证。《论衡》中，还有"传""记""书""书传""传记""文书"等名称，皆为传之别名。

一章曾分析过，两汉之交卓荦之士大多注重博通，如扬雄、桓谭、班固等人，都是遍习群经且兼通诸子的。王充日后也指出："自孔子以下，至汉之际，有才能之称者，非有饱食终日无所用心也，不说五经则读书传。书传文大，难以备之。卜卦占射凶吉，皆文、武之道。"（《论衡·别通篇》）由此，博览群书、追求博通，其实是王充对时代风气的"预流"。不那么喜欢王充的徐复观也指出，"在这一点上，我们应当肯定他在学术史上的地位"①。

从《论衡》引书情况看，王充所读的传书主要有四类。一类为传经、解经之传，称为经传，如《韩诗外传》、《春秋》三传等；一类为诸子抒发个人意志的自由创作，如先秦儒墨道法各家著作，以及汉代陆贾《新语》、刘安《淮南子》、董仲舒《春秋繁露》、司马迁《太史公书》、刘向《说苑》、扬雄《法言》、桓谭《新论》等；一类则为卜卦占射凶吉等数术方技书，如《山海经》《图宅术》《移徙法》；最后一类则为谶记纬书，如《河图》《洛书》及《五经》《论语》之纬。② 传书与《五经》一起，构成了王充的主要知识来源，当然，其中的一些故事、说法，尤其是带有神秘色彩的故事、说法，也成为《论衡》的批判对象；同时，传书对于王充的思想观念亦产生重要影响。其中，《新论》对王充启发最大，它的作者桓谭，也成为王充最为敬仰的汉代学者。

建武三十二年（56年），30岁的王充在洛阳或许听到了桓谭去世的消息，这位一生以求真为念的儒者，因在光武面前"极言谶之非经"几近丧命，在被贬为六安郡丞的路上，怏怏不乐，染病而死。③ 他对世间种种"奇怪虚诞之事"的论定，深深影响了王充的学术取向。可以说，王充终其一生都以桓谭为模仿和赶超的对象，"疾虚妄"的《论衡》，很大程度上也是向桓谭致敬。

此外值得注意的是，建武年间，时任司徒掾的班彪在洛阳写作

---

① 徐复观：《两汉思想史》（二），第537页。
② 参见岳宗伟《〈论衡〉引书研究》，第278—331页。
③ 参见范晔《后汉书》卷40《班彪冯衍列传》。

第二章　王充的生平与《论衡》的创作

《续太史公书》，亦即日后班固写作《汉书》的蓝本。王充显然是读过此书的。他曾指出"班叔皮续《太史公书》百篇以上，记事详悉，义浅（浃）理备，观读之者以为甲，而太史公乙"（《超奇篇》），在《论衡》中，王充亦多次引用《续太史公书》。从该书写成，到王充引用，时间相隔极短，可见王充应是该书的早期读者之一，这也说明他与班氏父子很可能有所来往，因而才能获此殊荣。

除了班氏父子，在洛阳期间，王充应当与其他学者亦有交际。他在《论衡》中，曾经提及不少同时代人，如东番邹伯奇，临淮袁太伯、袁文术，会稽吴君高、周长生，广陵陈子回、颜方，陈留庞少都，颍川张仲师，右扶风蔡伯偕，东成令董仲绶等。这些人均不见于其他史料，在当时并非显赫人物，且其中除了吴君高、周长生，其他人与王充也不是同乡，王充得以知晓其人，很可能是在洛阳游学时结下的渊源。

王充在洛阳一直逗留到明帝即位。袁山松《后汉书》王充本传载"充幼聪明，诣太学，观天子临辟雍，作《六儒论》"[①]，此处的"天子"，便是指新登基的明帝刘庄。这是一位雅好儒学、致力于礼乐复兴的皇帝。光武帝中元元年初建礼制建筑"三雍"，即前言明堂、灵台、辟雍，尚未来得及进行诸多礼制实践；明帝即位后，开始亲行其礼：永平二年（59 年）正月，于明堂祭祀光武帝，登灵台；同年三月，临辟雍，行大射礼；同年九月，临辟雍，行养老礼。[②] 范晔在《后汉书·儒林列传》中曾经不无感怀地追忆当年盛况："天子始冠通天，衣日月，备法物之驾，盛清道之仪，坐明堂而朝群后，登灵台以望云物，袒割辟雍之上，尊养三老五更。飨射礼毕，帝正坐自讲，诸儒执经问难于前，冠带缙绅之人，圜桥门而观听者盖亿万计。"[③] 此时 32 岁的王充，或许就是桥门旁"亿万"观听者中的一员，那礼乐煌煌、庄严宏大的气魄，那接受四方来朝的汉家天子，给他留下了终身难以磨灭的印象。王充所作的《六儒论》，今已不传，

[①] 周天游辑注：《八家后汉书辑注》，第 666 页。
[②] 参见范晔《后汉书》卷 2《显宗孝明帝纪》。
[③] 《后汉书》卷 79 上《儒林列传上》，第 2545—2546 页。

不过，在《论衡》中，我们可以看到他以《齐世》《宣汉》一组文章热情颂扬汉朝的伟大，这当与他曾亲眼目睹汉家威仪不无关系。

不仅如此，洛阳的一切，对王充的影响都是巨大的。一个贾贩的儿子、来自边地的穷学生，凭借着过人的才智与惊人的勤奋，在这里完成了自身的蜕变。洛阳的经历，开阔了王充的学术视野，丰富了他的知识和思想来源，也强化了他对儒家文化秩序的认同。在之后的人生中，王充与很多儒者一样，自觉承担起传播儒家礼义、教化民众的使命。同时，对中原的向往和追求、对重新回到洛阳的渴望，也自此萦绕他的一生。

第三节 仕宦生涯

王充何时结束在洛阳的游学，史料无考。前言王充32岁时尚在洛阳"观天子临辟雍"，且《论衡·状留篇》称"计学问之日，固已尽年之半矣"，可见他的求学生涯是颇为漫长的。① 根据《后汉书·王充传》的记载，王充学成不久便返回家乡"屏居教授"。兴办私学在东汉时期非常普遍，张鹤泉指出，当时人兴办私学除了受重视经学的风气影响外，更有一些人希望借此造成社会影响，作为仕途之敲门砖；②《后汉书·儒林传》对出外游学之后归乡讲授并进而入仕之人也多有记载。③ 因此，客观来说王充归乡教授一事是可

---

① 东汉后期顺帝、灵帝、献帝时，不少太学生甚至超过60岁，如顺帝阳嘉二年，"除京师耆儒年六十以上四十八人补郎、舍人及诸王国郎"（《后汉书·孝顺孝冲孝质帝纪》）；灵帝熹平五年，"试太学生年六十以上百余人，除郎中、太子舍人至王家郎、郡国文学吏"（《后汉书·孝灵帝纪》）；献帝初平四年，"九月甲午，试儒生四十余人，上第赐位郎中，次太子舍人，下第者罢之。诏曰：'孔子叹"学之不讲"，不讲则所识日忘。今耆儒年逾六十，去离本土，营求粮资，不得专业。结童入学，白首空归，长委农野，永绝荣望，朕甚愍焉。其依科罢者，听为太子舍人。'"（《后汉书·孝献帝纪》）。

② 张鹤泉：《东汉时代的私学》，《史学集刊》1993年第1期。

③ 如会稽籍官员顾奉之师程曾、会稽学者赵晔之师杜抚以及任安、杨仁等人，都是游学太学后还家讲授，进而被官府任用。

第二章　王充的生平与《论衡》的创作

以成立的,① 且很可能是为此后进入仕途做准备。不过,这段经历可能比较短暂,社会影响也不大,是以王充自己从未提及。

如同当时不少会稽士人一样,王充入仕是从会稽郡辖县的县吏开始做起,② 他曾经自述:"在县位至掾功曹,在都尉府位亦掾功曹,在太守为列掾五官功曹行事,入州为从事。"(《论衡·自纪篇》)关于"入州为从事",他还补充过一些细节:"充以元和三年徙家辟【难】,诣扬州部丹阳、九江、庐江。后入为治中,材小任大,职在刺割,笔札之思,历年寝废。章和二年,罢州家居。"(《自纪篇》)范晔《后汉书》本传对王充从政经历的描述是"仕郡为功曹,以数谏争不合去。……刺史董勤辟为从事,转治中,自免还家",所言与王充自述基本相符。因此,可知在元和三年(86年)之前,王充主要担任郡县属吏,掾功曹是他在县廷和都尉府所担任的最高职务,在郡府的最高职务则是"列掾五官功曹行事";但在郡吏任上,王充因与太守理念不合而离职。元和三年,王充重新被辟除为州从事,又于两年后的章和二年(88年)主动离职。这是王充仕宦生涯的主要内容。

下面,我们具体来看王充的历任职务。

县掾功曹属于县吏,就秩次论,《汉书·百官公卿表》言:"县令、长,皆秦官,掌治其县。万户以上为令,秩千石至六百石。减万户为长,秩五百石至三百石。皆有丞、尉,秩四百石至二百石,是为长吏。百石以下有斗食、佐史之秩,是为少吏。"③《百官公卿表》虽主要就西汉而言,但很多情况在东汉初依然延续。根据表中所记叙的情况,县掾功曹应为百石以下的少吏。两汉郡县如公府一般,皆设诸

---

① 徐复观曾根据《论衡》文句对王充"屏居教授"一事提出质疑,周桂钿反驳有力,参见周桂钿《王充评传》,第105—107页。
② 周桂钿曾就王充任职地点提出"陈留""颍川"两种猜测,不确。根据史料,西汉中期以来,郡县长官回避本籍,但其自行任免的属吏皆从当地人中挑选,前人所言已详,不赘。因此,王充在被州刺史辟除之前,一直任职于家乡会稽郡及下属县,与同时代很多会稽士人相同。
③ 《汉书》卷19上《百官公卿表上》,第742页。

曹作为办事机构，各曹主要负责人称掾、史，《后汉书·百官志一》本注引《汉书音义》曰"正曰掾，副曰属"①，掾功曹即为功曹掾，是功曹的主要负责人。从职责看，功曹主管同级属吏的任用、推荐、赏罚，《后汉书·百官志五》"（郡）皆置诸曹掾史"下本注曰："功曹史，主选署功劳。"② 王充曾自述道："常言人长，希言人短。专荐未达，解已进者过。及所不善，亦弗誉；有过不解，亦弗复陷。能释人之大过，亦悲夫人之细非。"（《自纪篇》）应当就是陈述自己作为功曹的职责。本职工作之外，功曹还可在特殊情况下代长吏行事，职总内外、统领各曹。因此，功曹实为郡县各级政府中地位最高的属吏，史书多称之为"右职"，或"豪吏""纲纪"，王充在《论衡·遭虎篇》中称"功曹众吏之率"，"功曹之官，相国是也"，亦为其证。

都尉府掾功曹为都尉府属吏。汉代大郡都尉与郡守同为两千石，其属吏组成与秩次亦类同。《汉旧仪》云"郡国百石，两千石调"③，也就是说，除了丞、长史由朝廷任命外，诸曹属吏皆由都尉、郡守自行辟除；反过来，由两千石自行辟除的诸曹属吏，秩次多为百石。《后汉书·百官志一》"（太尉）掾史属"下本注亦言："或曰，汉初掾史辟，皆上言之，故有秩比命士。其所不言，则为百石属。其后皆自辟除，故通为百石云。"④ 由此，都尉府掾功曹应当亦为百石，其职责地位与郡县功曹相似，主管同级属吏的任用、推荐、赏罚工作，地位颇高。

郡府"列掾五官功曹行事"，黄晖解释道："'列掾五官'，犹言列为五官掾也。'功曹行事'，盖即署功曹事。"⑤ 也就是说，王充在郡府实任五官掾，署功曹事，秩百石。五官掾无具体所掌，《后汉

---

① 《后汉书》志第24《百官一·太尉》，第3559页。
② 《后汉书》志第28《百官五·州郡》，第3621页。
③ （汉）卫宏：《汉旧仪二卷补遗二卷》，（清）孙星衍等辑，周天游点校：《汉官六种》，中华书局1990年版，第82页。
④ 《后汉书》志第24《百官一·太尉》，第3558—3559页。
⑤ 黄晖：《论衡校释》，第1379页。

第二章 王充的生平与《论衡》的创作

书·百官志五》"(郡)皆置诸曹掾史"下本注言："有五官掾，署功曹及诸曹事。"①当功曹或其他曹缺任，五官掾即可主其事，这便是王充任五官掾得以"功曹行事"的原因。另外，东汉时五官掾常主祭祠，从而列于诸吏之首，②如东汉延熹六年南阳郡桐柏淮源庙碑碑文列举春秋祭祀淮神之官属，便以五官掾为首。③王充在《论衡·谢短篇》里批评文吏"自谓知官事，晓簿书"却不能通晓其意，曾举出一连串"官事"质问文吏，其中有祠社稷、先农、灵星以及岁终逐疫等祭祀活动；而在《乱龙》《解除》《祀义》《祭意》等篇中，王充也详细论述过对雩祭、社稷、灵星、岁终逐疫的看法。由其论述可见，不少祭祀活动在当时是官府事宜的一部分，王充对它们颇为了解，或许与他曾任五官掾有关。严耕望指出，汉碑中称郡吏之升迁多曰历经曹掾史、主簿、督邮、五官掾、功曹，④因此五官掾在郡府中的地位仅次于功曹，也属于郡之右职。

州从事为刺史属吏之称，又称"从事史"，根据《后汉书·百官志四》《后汉书·百官志五》，"从事史"包括治中、别驾、诸部从事等，秩皆百石，司隶与外十二州从事史员职略同，为12人左右。王充"入州为从事"时，先"诣扬州部丹阳、九江、庐江"（《自纪篇》），其职当为部郡国从事。《后汉书·百官志四》"(司隶)从事史"下本注云："部郡国从事，每郡国各一人，主督促文书，察举非法，皆州自辟除，故通为百石云。"⑤其后王充"入为治中"，任治中从事。治中从事在司隶称功曹从事，《后汉书·百官志四》本注云功曹从事"主州选署及众事"⑥，因此治中从事当亦主选署事，相当于

---

① 《后汉书》志第28《百官五·州郡》，第3621页。
② 见安作璋、熊铁基《秦汉官制史稿》，第104页。
③ 《桐柏淮源庙碑》："春侍祠官属五官掾章陵刘䜣、功曹史安众刘瑷、主薄蔡阳乐茂、户曹史宛任巽，秋五官掾新□梁懿、功曹史郾周谦、主薄安众邓嶷、主记史宛赵旻、户曹史宛谢综。"参见（宋）洪适《隶释·隶续》卷2，中华书局1985年影印本，第31页。
④ 严耕望：《秦汉地方行政制度》，台北："中研院"历史语言研究所1997年版，第117页。
⑤ 《后汉书》志第27《百官四·司隶校尉》，第3614页。
⑥ 《后汉书》志第27《百官四·司隶校尉》，第3614页。

郡县的功曹，为州属吏中地位最高者。严耕望指出，仕州者多由主簿、部郡从事而治中、别驾，① 王充的经历便是如此。

章太炎曾指出"一郡之吏，无虑千人"②，据尹湾汉墓所出《集簿》（YM6D1正）记载，成帝元延时东海郡有"吏员二千二百三人"③，据《后汉书·百官志五》刘昭注引《汉官》，河南尹有员吏九百二十七人，④ 则东汉初中原大郡员吏达千人大致可信。会稽郡地处边地，不及中原发达，但根据《后汉书·陆续传》，东汉初会稽郡掾史也已达到五百人以上。因此，王充由县吏升任都尉府掾功曹、郡五官掾、州从事等右职，已近乎千里挑一，邓红称之为地方上"一人之下万人之上"的"土皇帝"⑤，其言虽过，却也表明王充在地方官署实有一定的地位。

但王充并不满足于担任地方属吏。廖伯源曾指出，汉代仕进可分为两个阶段，其一是仕为属吏，如地方之州、郡、县属吏以及中央之公卿府属吏；其二是仕为朝廷命官，即中央、地方各官署之长吏以及其他由朝廷任命之官员。⑥ 属吏与朝官大致以二百石为界，二百石像一道鸿沟、关卡，跨越过去，便可青云直上。⑦ 如严耕望所言："处散则补三署诸郎，任职则除尚书侍郎、诸卿令佐。既习律令威仪中都故事，则出补令长，敷政百里。三年考绩，或直迁刺史、守、相。或再入京师，处闲散则为大夫、议郎，讽议左右；秉机枢，则任尚书、诸校、中郎将等职。然后出补守相，宰制千里。守相高

---

① 严耕望：《秦汉地方行政制度》，第309页。
② 章太炎：《检论》卷7《通法》，上海人民出版社编，朱维铮点校：《章太炎全集·〈訄书〉初刻本、〈訄书〉重订本、检论》》，上海人民出版社2014年版，第556页。
③ 连云港市博物馆等编：《尹湾汉墓简牍》，中华书局1997年版，第77页。
④ 《后汉书》志第28《百官五·州郡》，第3622页。
⑤ 邓红：《王充新八论》，第21页。
⑥ 参见廖伯源《汉代仕进制度新考》，《简牍与制度——尹湾汉墓简牍官文书考证》，广西师范大学出版社2005年版，第3页。
⑦ 日本有学者称此鸿沟为"二百石之关"。纸屋正和曰："众所周知，汉代在百石以下小吏和二百石以上官吏之间，横有一道非经察举不能逾越的森严关卡。"参见《前汉时期县长吏任用形态的变迁》，刘俊文主编《日本中青年学者论中国史（上古秦汉卷）》，上海古籍出版社1995年版，第512页。

第二章　王充的生平与《论衡》的创作

第，擢任九卿，亦有超至三公者。"① 汉代多有由地方属吏跃迁至公卿者，如王充同郡的包咸、钟离意、郑弘、谢夷吾等人，皆自地方属吏升至二千石以上，实现了层级的迁跃。从《论衡》中可以看出，王充所向往的，也是越过二百石之关，成为秩次、地位更高的朝官。

然而终其仕宦生涯，王充都没能离开会稽一带，进入他所向往的朝堂。是什么阻碍了王充的晋升呢？这里，我们先要分析一下地方属吏想要跨越"二百石之关"可行的途径。由文献可见，最主要的途径当属察举，尤其是州郡岁举孝廉、茂才，东汉光武帝、明帝、章帝、和帝四朝50%以上的会稽籍朝官，都是举孝廉为郎而进身的。② 其次是皇帝征召，多与上书自荐、私人举荐相结合。另外，廖伯源根据尹湾汉墓《东海郡下辖长吏名籍》，提出属吏亦可通过积累功劳、考课绩优直接"以功迁"为秩次较低的朝官，③ 不过该简主要反映了西汉成帝时情况，王充时代是否仍然适用，尚不确定。④

从《论衡》来看，王充最在意的即为察举，或曰"乡举里选"。《程材篇》中，他比较儒生文吏，称儒生往往"陋于选举，佚于朝庭⑤"，《定贤篇》中，他指出"朝庭选举皆归善"不可谓贤，"夫著见而人所知者举多，幽隐人所不识者荐少……选举多少，未可以知实。或德高而举之少，或才下而荐之多"，而《效力》《状留》二篇中，他反复强调贤儒鸿才"不能自举"，又半是埋怨半是请求地希望郡守（"将"）举荐，这些应当都是基于王充的亲身经历。可见，王充当经历过不少选举的场合，并对这一进身途径寄予厚望，因而才会

---

① 严耕望：《秦汉地方行政制度》，第333页。
② 笔者根据各家《后汉书》及《会稽郡故书杂集》，统计东汉光武、明、章、和时期会稽籍朝廷命官共15人，包括陆闳、包咸、钟离意、谢夷吾、盛吉、郑弘、沈丰、许武、董昆、顾奉、公孙松、许荆、包福、陆稠、陆逢，其中包咸、钟离意、谢夷吾、郑弘、许武、董昆、顾奉、公孙松迁为朝廷命官的途径为举孝廉。
③ 廖伯源：《汉代仕进制度新考》，《简牍与制度——尹湾汉墓简牍官文书考证》，第35页。
④ 阎步克指出，西汉时功劳就是官吏选拔升迁的重要条件，但对秀孝察举科目也开始强调功劳，主要是始于东汉初年。参见《士大夫政治演生史稿》，第403页。如此一来，东汉举孝廉本就以"功劳"为标准之一，似乎不需另有属吏直接"以功迁"为朝官一途。
⑤ "朝庭"即郡府，参见严耕望《秦汉地方行政制度》，第77页。

对自己频频落选产生强烈的情绪。

由上所述,王充仕途不顺,很大程度是陷落在察举这一环节。关于东汉时察举的标准,光武帝诏书曾提到"四科取士":"一曰德行高妙,志节清白;二曰学通行修,经中博士;三曰明达法令,足以决疑,能案章覆问,文中御史;四曰刚毅多略,遭事不惑,明足以决,才任三辅令:皆有孝悌廉公之行。自今以后,审四科辟召。"① 以上四科,可以总结为德行、学识(包括经学和文法)、能力,这些都是针对个人内在素质而言的。与此同时,个人素质之外的长吏爱憎、家世出身、乡里口碑亦对选举有较大影响。② 王充之未被察举,当从内外两方面考虑。

首先,王充具备良好德行。范晔《后汉书》形容王充"少孤,乡里称孝";③ 王充形容自己"勉以行操为基,耻以材能为名"(《自纪篇》),"在乡里,慕蘧伯玉之节;在朝廷,贪史子鱼之行"(《自纪篇》);《论衡》的《率性》《非韩》《程材》《状留》等篇章,亦展示出王充注重修身守节、为人清重、不趋炎附势的高尚情操。不过,王充的这些道德品质并没有为他积累足够的名气。一方面,王充为官经历中没有合适的契机展现其品德,《定贤篇》中,他指出父兄缺乏慈爱、上级昏庸悖逆,个人的孝悌、忠义才能充分彰显,即个人的美好品质往往需要外在环境的恶劣来彰显,而如果不存在恶劣的外在环境,则衬托不出个人品德之高尚,这里的例子很可能来自王充的真实生活经验。另一方面,在东汉,由于察举、征辟必采名誉,人们为了彰显自身道德品质,往往采取非常行为,如清人赵翼所言,"凡可以得名者,必全力赴之,好为苟难,遂成风俗"④,《后汉书·

---

① 《后汉书》志第24《百官一·太尉》,第3559页。
② 关于东汉世家豪族影响选举,前人之述备矣。关于私人爱憎,安作璋曾指出,选用人才的大权掌握在皇帝及高官等少数人手中,往往出现任人唯亲、唯财、唯势及个人好恶的情况。参见《秦汉官制史稿》,第357页。关于乡里评论,东晋次曾经专门分析"乡论"对于掾吏任用和选举孝廉的重要影响。参见《后汉的选举与地方社会》,刘俊文主编《日本中青年学者论中国史(上古秦汉卷)》,第589—593页。
③ 《后汉书》卷49《王充王符仲长统列传》,第1629页。
④ (清)赵翼著,王树民校证:《廿二史札记校证》卷5《东汉尚名节》,中华书局1984年版,第102—104页。

第二章 王充的生平与《论衡》的创作

独行列传》便集中记载了当时偏行一介而成名立方者,而王充本身"不好徼名于世"(《自纪篇》),"不肯自彰"(《自纪篇》),不愿为出名而刻意表现,如此自然也就难以获得名声。王充在《定贤篇》中提出,"大贤寡可名之节,小贤多可称之行",考虑到《定贤篇》全篇都在论证像王充一样的士人才是真正的"贤人",这里的"大贤"应当包括王充在内,可见在当时的评价体系下,王充虽有"节"但并不"可名",缺乏具备传播力、影响力的道德事迹,要想凭借品德得到荐举,并无太大优势。

就学识而言,王充自幼聪颖,且曾游学京师、受业太学、师事班彪,可以说才华出众。但需要注意的是,王充的学术取向重博通不重专精。《后汉书·王充传》描述王充"博览而不守章句""遂博通众流百家之言"[①],从《论衡》中王充所讨论的话题,也可看出他不仅博通五经,且兼及诸子,思想与知识非常丰富庞杂。王充自己也一直以儒生中的"通人"自诩,对于专经之儒很是鄙薄。博学多识,在魏晋南北朝时期是评价士人的重要指标,然而,东汉前中期对于儒生的期待,依然以"专经""明章句"为主流,如前面所言和帝时,徐防上书建议博士及甲乙策试"宜从其家章句",顺帝时,左雄议改察举之制,提出"儒者试经学,文吏试章奏"的考试机制,其奏皆获准。如此一来,王充虽具有相较专经之儒更为完备系统的知识体系,却不符合当时所看重的学识标准,因而很难脱颖而出。

就行政能力而言,身为儒生的王充,能够立足礼义,对地方长吏进行道德规谏。王充在建初孟年曾就禁奢侈、禁酒之事两次上奏郡守:"建初孟年,中州颇歉,颍川、汝南民流四散。圣主忧怀,诏书数至。《论衡》之人,奏记郡守,宜禁奢侈,以备困乏。言不纳用,退题记草,名曰《备乏》。酒縻五谷,生起盗贼,沉湎饮酒,盗贼不

---

① 《后汉书》卷49《王充王符仲长统列传》,第1629—1630页。

绝，奏记郡守，禁民酒。退题记草，名曰《禁酒》。"（《对作篇》）这两次进言被特别记载于《论衡》中，应当反映了王充较为得意的为政举措。① 相较道德规谏，王充在具体事务的处理上略逊一筹。根据《论衡·自纪篇》的记载，有人曾经直接批评过王充"材未练于事，力未尽于职"，王充对此指控并未予以否认；在《程材篇》中，王充称儒生"所能不能任剧"，儒生是王充所认可的身份，故王充本身可能也存在实务能力不足的问题。然而，东汉初年政治形态存在"吏化"倾向，② 特别看重官吏的实务能力，"功劳"作为实务能力的直接体现，③ 成为官吏进身的关键凭借。对于不擅长实务的王充而言，建功立业并非易事。他曾在《论衡》中多次指出不能仅凭功劳来判定一个人是否有才智、有能力，如《答佞篇》云"功之不可以效贤，犹名之不可实也……无效，未可为佞也"，《定贤篇》更是花大篇幅讨论"功赏不可以效贤"。这些论述极像是王充为自己的辩护，说明王充的功劳很可能并不突出，在"乡举里选，必累功劳"④的选拔机制下，这同样影响了其晋升。

从外部的家世出身、长吏爱憎、乡里口碑来看，王充也不占优势。首先，王充自述出身于"细族孤门"，他曾回忆他人对自己家族的评价："宗祖无淑懿之基，文墨无篇籍之遗……吾子何祖？其先不载。"（《自纪篇》）不过需要注意的是，东汉初的会稽郡与南阳、汝南、陈留等中原大郡相比，世族化程度尚浅，选举尚未被豪族世家把

---

① 然而，王充的进言没有被纳用而施行，为他赢得名声和功绩，反而可能导致了他的离职，《后汉书·王充传》说他"仕郡为功曹"时，"以数谏争不合去"，大概便是指上述建初孟年之事。沈钦韩《后汉书疏证》在范《书》王充本传"以数谏争不合去"下，援引了《论衡·对作篇》关于《备乏》《禁酒》文句，可见沈钦韩亦认为范《书》所载王充在郡吏任上"以数谏争不合去"，当与建初孟年王充上奏郡守之事有关。参见（清）沈钦韩《后汉书疏证》，上海古籍出版社2006年版，第101页。

② 参见阎步克《士大夫政治演生史稿》，第366页。

③ 《程材篇》言："文吏理烦，身役于职，职判功立，将尊其能。"属吏之功，如廖伯源所言，盖指辅助长吏治理一方，忠于职守，效绩显著，考课时名列前茅。参见《汉代仕进制度新考》，《简牍与制度——尹湾汉墓简牍官文书考证》，第21、32页。

④ 《后汉书》卷3《肃宗孝章帝纪》，第133页。

第二章　王充的生平与《论衡》的创作

控，如与王充同时的郑弘、陆续皆出身世家大族，但郑弘的初始职务是乡啬夫，陆续的初始职务是郡户曹史，皆非郡县右职，说明守令在召署时，并未过多考虑他们的家族背景。[①] 因此"细族孤门"的家庭出身对王充进身可能影响并不太大。但长吏好恶与乡里名声，很可能确实阻碍了王充的升迁。并且，王充本身的性格问题可能加剧了这种阻碍。

王充曾叙述自己儿时的经历，"侪伦好掩雀、捕蝉、戏钱、林熙，充独不肯"（《自纪篇》），儿时便显露的不合群的性格，加之以超凡的才华和游学太学的经历，使王充为人清高。面对长吏，他遵循礼仪，很少自我表现，也不曾刻意讨好迎合。《自纪篇》中，他描述自己"才高而不尚苟作，口辩而不好谈对，非其人，终日不言"，"众会乎坐，不问不言；赐见君将，不及不对"，"不好徼名于世，不为利害见将"，展现出一副不食人间烟火的清高形象；此外，他在《程材篇》中形容高志妙操之人"耻降意损崇，以称媚取进"，《状留篇》云贤儒"纯特方正，无员锐之操"，"遵礼蹈绳，修身守节，在下不汲汲"，其实也都是王充自身的写照。王充如此行事，若非遇到慧眼识珠的伯乐，很难被发现，进而被提拔。

至于乡里口碑名声，本就是当时影响选举的重要因素，而由王充所述，会稽郡守对属吏的察举，又往往征求其他属吏的意见，因此才会有《定贤篇》所谓"以朝庭选举皆归善"，"著见而人所知者举多，幽隐人所不识者荐少"，"或德高而举之少，或才下而荐之多"等情况。王充与同僚的关系并不和睦，作为儒生，面对以文吏为主的同僚，王充充满优越感，看不惯他们无才无德却一味钻营的做法，根本不愿与之来往，他曾经自述"充为人清重，游必择友，不好苟

[①] 邢义田曾统计东汉家世背景可考的265位孝廉，其中会稽郡有孝廉16位，大部分来自无仕宦背景的家族，参见《天下一家：皇帝、官僚与社会》，第318—319页。

交。所友位虽微卑,年虽幼稚,行苟离俗,必与之友。好杰友雅徒,不泛结俗材"(《自纪篇》),这种态度定会引起"俗材"们的愤恨,从而不遗余力地毁谤中伤王充。《自纪篇》中,王充提到自己的经历,"俗材因其微过,蜚条陷之","良材奇文,无罪见陷";《累害篇》中,他总结君子在乡里、朝廷常遭遇"三累三害";《定贤篇》中,他感慨"广交多徒,求索众心者,人爱而称之;清直不容乡党,志洁不交非徒,失众心者,人憎而毁之";而在《非韩》《答佞》《言毒》等篇中,他极其详尽地描绘了奸人、佞人、小人的行径,若非自己亲身经历过他人的构陷,很难将这些行径描述得如此清晰具体。众口铄金,王充"陋于选举,佚于朝庭",也就不足为怪了。

由此可见,王充虽德才兼备,但在当时的官吏选拔标准之下,其内在素质难以有效彰显,加之个人性格与官场不合,难以获得举主和同僚的主观认可,仕途不顺是可以预料的。

值得一提的是,对察举之路失望后,王充也尝试过其他途径。章帝即位后,年近六旬的王充曾经撰写过一系列歌颂文章,希望以此直接获得章帝的征召。根据范晔、谢承《后汉书》,章帝时同郡谢夷吾亦曾上书推荐王充,称"充之天才,非学所加,虽前世孟轲、孙卿,近汉扬雄、刘向、司马迁,不能过也"[1]。如果记载属实,那么这两件事,应当是有关联的。[2] 根据范晔《后汉书》,章帝听从了谢夷吾的推荐,特别下诏以公车征召王充,然而,王充却"病不行"。王充是否真的因身体原因而未能成行,现已无法求证。[3] 但仅就结果来

---

[1] 周天游辑注:《八家后汉书辑注》,第76页。
[2] 参见孙如琦《王充溢美章帝原因辨析》,《杭州大学学报》(哲学社会科学版)1994年第3期。
[3] 关于这一事件真假的讨论,参见徐复观《两汉思想史》(二),第519—525页;周桂钿《王充评传》,第107—112页。不过,三国时虞翻曾形容王充为"征士",即征召不就之士。虞翻与王充为同郡,相隔时间不远,应当听到过乡里流传的王充事迹,所言大概率是可信的。孙如琦则指出,王充最终未能成行,和章帝去世或者谢夷吾被贬有关。参见《王充溢美章帝原因辨析》,《杭州大学学报》(哲学社会科学版)1994年第3期。

说，他失去了最后一次也可能是唯一一次成为朝官的机会，他的仕途也伴着未尽的遗憾自此画上了句号。

仕途经历对王充的影响是巨大的。可以说，王充主要的追求、希望、痛苦的来源，皆在于此。至于他后来据以成名的文章著作，在大部分时间其实是退而求其次的选择。

第四节　著作明世

王充的著作活动主要是入仕之后展开的，一共写就了《讥俗节义》（简称《讥俗》）、《政务》、《论衡》、《养性》四书：①

> 充升擢在位之时，众人蚁附；废退穷居，旧故叛去。志俗人之寡恩，故闲居作《讥俗节义》十二篇。冀俗人观书而自觉，故直露其文，集以俗言。
>
> 充既疾俗情，作《讥俗》之书；又闵人君之政，徒欲治人，不得其宜，不晓其务，愁精苦思，不睹所趋，故作《政务》之书。又伤伪书俗文多不实诚，故为《论衡》之书。
>
> 历数冉冉，庚辛域际，虽惧终徂，愚犹沛沛，乃作《养性》之书凡十六篇。养气自守，适食则酒，闭明塞聪，爱精自保，适辅服药引导，庶冀性命可延，斯须不老。既晚无还，垂书示后。（《论衡·自纪篇》）

这四本书，除《论衡》外，其余三本皆已不传，资料不详。根据《自纪篇》的描述，写作顺序大致是《讥俗》《政务》《论衡》

---

① 此外，尚有《备乏》《禁酒》二文，袁山松《后汉书》载王充在洛阳期间还曾"观天子临辟雍，作《六儒论》"。

《养性》，不过，具体的写作过程可能存在重合。①

我们重点来看《论衡》。关于《论衡》作年，前人讨论较多，如本书绪论提到的，大致存在两种意见。一是胡适以及之后黄晖、钟肇鹏等人，主要依据《讲瑞篇》中"此论草于永平之初……至元和、章和之际，孝章耀德，天下和洽，嘉瑞、奇物同时俱应，凤皇、骐驎连出重见，盛于五帝之时。此篇已成，故不得载"，认为王充在明帝永平初已属草《论衡》，时辍时作，直到章帝末、和帝永元年间才最后完成，前后历经三十年；二是蒋祖怡和邵毅平，依据《太平御览》所引《论衡·自纪篇》佚文"《论衡》造于永平末，定于建初之年"，认为《论衡》主要作于明帝永平末年至章帝建初中的十余年间。不过，根据各篇的思想旨趣、篇中出现的时间信息以及篇章间相互提及情况，学者们公认《论衡》大部分为章帝时所作，且今本篇目基本按写作时间先后排列。②

笔者对此共识亦无异议，只想补充两点意见：

第一，王充自己曾描述《论衡》的写作状态"世书俗说，多所不安，幽处独居，考论实虚"（《自纪篇》），《后汉书》王充本传的描述则是"以为俗儒守文，多失其真，乃闭门潜思，绝庆吊之礼，户牖墙壁各置刀笔，箸《论衡》八十五篇"，其中"幽处独居""闭门潜思，绝庆吊之礼"等形容，指示了王充写作《论衡》时，主要处于赋闲在家的状态。王充在《自纪篇》中曾经提到自己"仕数黜斥"，而其中有明确记载的两次，一次是在郡五官掾任上时，与郡守意见相左，"数谏争不合去"，王充入仕大致在明帝永平初年（60年前后），经县功曹、都尉府功曹升至郡五官掾，其间起起落落，

---

① 关于王充四部著作具体写作时间的讨论，参见邵毅平《论衡研究》，第108—131页。

② 黄晖认为："各篇的先后排列，大致保存本来面目。据今本各篇的排列与全书理论的体系，及篇中所载的史事的先后，并相符合，可以为证。"参见《论衡校释》，《自序》，第7页。钟肇鹏认为："论衡各篇次序大抵与完成先后次序相符。"参见《王充年谱》，第78页。邵毅平在总结前人基础上，对《论衡》篇目排列内在联系有详细考察，参见《论衡研究》，第42—68页。

第二章 王充的生平与《论衡》的创作

历时不会太短,故此次离职可能在明帝永平末年(75年前后)之后;紧接着章帝元和三年(86年),赋闲的王充被重新起用为州从事,但又于两年后的章帝章和二年(88年),也是章帝在位最后一年"自免还家",此后直到去世未再任职。考虑到《论衡》中不少地方称章帝为"今上",称明帝为"孝明",故王充应当是在第一次赋闲期间集中精力撰写了《论衡》,时当章帝在位。不过,章帝章和二年(88年)从州从事任上离职后,王充"道穷望绝",直到和帝永元中"病卒于家",未担任任何职务,这段时间,王充虽年老体弱,但仍写作了《养性》一书,故有可能亦撰写了《论衡》部分篇章,包括最后的《自纪篇》,并对全书进行了修改补充。① 另外,《论衡·讲瑞篇》言"此论草于永平之初",那么,《论衡》有些篇章亦可能完成于王充于郡功曹任上离职之前,是他在工作间隙创作的,后来收入《论衡》。

第二,《论衡》篇目基本按写作时间先后排列,我们由此可以了解王充思想的总体发展过程。但那些没有明确时间信息,也没有被其他篇章提及的篇章,写作时间的判定比较困难。有些篇章,可能是王充在同一时期、同一心境下创作的,却在后来因内容需要被安插进不同的位置,反过来,有些篇章内容相似、位置相邻,却是出于不同的创作动机。这就要求我们在把握王充的思想时,需要从篇章本身去分析,而非单纯依据它们在书中的排列顺序。

《论衡》全书现存85篇(其中《招致》一篇有目无篇),20余万字。在《论衡》中,王充对各种书面记载与口头流传的故事、说法,进行了繁复的考证。黄晖、钟肇鹏与邵毅平都曾对《论衡》篇目依内容进行分组,现分别整理如表二至表四所示。

---

① 特别是《讲瑞篇》,为这一时期修改的代表。该篇言"至元和、章和之际,孝章耀德,天下和洽,嘉瑞、奇物同时俱应,凤皇、骐驎连出重见,盛于五帝之时。此篇已成,故不得载"。显然是在章帝元和年间之前就已写成,但此段又称呼章帝为"孝章",可见是和帝时期添补的。

表二　　　　　　黄晖《论衡校释》对《论衡》篇目的分组①

组别	主题	子主题	篇目
一（14篇）	性命	（一）性命说依据的理论	物势
		（二）说性	本性、率性
		（三）说命	初禀、无形、偶会、命禄、气寿、命义、逢遇、累害、幸偶、吉验
		（四）性、命在骨法上的表征	骨相
二（21篇）	天人关系	（一）天人关系依据的理论	自然
		（二）评儒家阴阳灾异天人感应诸说违天道自然之义	寒温、谴告、变动、招致、感类
		（三）论当时灾异变动	明雩、顺鼓、乱龙、遭虎、商虫
		（四）论当时瑞应	治期、齐世、讲瑞、指瑞、是应、宣汉、恢国、验符、须颂、佚文
三（16篇）	人鬼关系及禁忌	（一）人鬼关系	论死、死伪、纪妖、订鬼、言毒、薄葬、祀义、祭意
		（二）当时禁忌	四讳、䜁时、讥日、卜筮、辨祟、难岁、诘术、解除
四（24篇）	论书传中关于感应之说违自然之义和虚妄之言	（一）书传中关于天人感应说	变虚、异虚、感虚、福虚、祸虚、龙虚、雷虚
		（二）书传中虚妄之言	奇怪、书虚、道虚、语增、儒增、艺增、问孔、非韩、刺孟、谈天、说日、实知、知实、定贤、正说、书解、案书
五（8篇）	程量贤佞材知		答佞、程材、量知、谢短、效力、别通、超奇、状留
六（2篇）	自序和自传		对作、自纪

---

① 参见黄晖《论衡校释·自序》，第1—5页。

第二章　王充的生平与《论衡》的创作

表三　　　钟肇鹏《王充年谱》对《论衡》篇目的分组[①]

组别	主题	篇目
一（13篇）	定命论	逢遇、累害、命禄、气寿、幸偶、命义、无形、率性、吉验、偶会、骨相、初禀、本性
二（2篇）	人和万物皆自然而生	物势、奇怪
三（12篇）	虚妄不实之言	书虚、变虚、异虚、感虚、福虚、祸虚、龙虚、雷虚、道虚、语增、儒增、艺增
四（3篇）	孔子、孟子、荀子	问孔、非韩、刺孟
五（2篇）	日月星辰	谈天、说日
六（8篇）	衡量人才	答佞、程材、量知、谢短、效力、别通、超奇、状留
七（9篇）	汉代灾变	寒温、谴告、变动、招致、明雩、顺鼓、乱龙、遭虎、商虫
八（4篇）	汉代瑞应	讲瑞、指瑞、是应、治期
九（2篇）	天人感应的理论依据	自然、感类
十（6篇）	称颂汉代	齐世、宣汉、恢国、验符、须颂、佚文
十一（4篇）	人死不为鬼	论死、死伪、纪妖、订鬼
十二（12篇）	迷信忌讳	言毒、薄葬、四讳、䜋时、讥日、卜筮、辨祟、难岁、诘术、解除、祀义、祭意
十三（3篇）	认识论	实知、知实、定贤
十四（4篇）	批评汉世儒者和汉代著作	正说、书解、案书、对作
十五（1篇）	自传	自纪

表四　　　邵毅平《论衡研究》对《论衡》篇目的分组[②]

组别	主题	篇目
一（15篇）	性命问题	逢遇、累害、命禄、气寿、幸偶、命义、无形、率性、吉验、偶会、骨相、初禀、本性、物势、奇怪

[①] 参见钟肇鹏《王充年谱》，第75—93页。
[②] 参见邵毅平《论衡研究》，第42—68页。

续表

组别	主题	篇目
二（17篇）	虚妄之言	书虚、变虚、异虚、感虚、福虚、祸虚、龙虚、雷虚、道虚、语增、儒增、艺增、问孔、非韩、刺孟、谈天、说日
三（8篇）	人才问题	答佞、程材、量知、谢短、效力、别通、超奇、状留
四（15篇）	天人感应	寒温、遣告、变动、招致、明雩、顺鼓、乱龙、遭虎、商虫、讲瑞、指瑞、是应、治期、自然、感类
五（6篇）	称颂汉德	齐世、宣汉、恢国、验符、须颂、佚文
六（16篇）	迷信陋俗	论死、死伪、纪妖、订鬼、言毒、薄葬、四讳、䜛时、讥日、卜筮、辨祟、难岁、诘术、解除、祀义、祭意
七（8篇）	补充前文	实知、知实、定贤、正说、书解、案书、对作、自纪

可以看出，《论衡》中几个成系统的重要主题，包括命、天人感应、鬼神、人才。王充在讨论这些主题时，多采用论辩体，书中的有些内容，甚至可能就是王充与他人在现实中辩论的记录。① 因此，通过《论衡》，不仅可以了解王充所关注的内容，亦可对当时学术、社会、政治、宗教领域的重要议题有所认识。

至于具体如何判断这些议题的虚实真伪，王充总的方法论是"论则考之以心，效之以事"（《对作篇》），即一方面在心中对事物做理性逻辑思考、判断，另一方面以具体现象、事件为真实例证来验证。其中，他所提出的不少论据来自对各类书籍、典故的征引，如《率性篇》论证人性可塑造，即以阖庐、勾践手下兵士在君主感召下违背贪生怕死的本性、甘愿赴汤蹈火为例证；《齐世篇》论证上古三代

---

① 关于汉代经学论难及论难文对王充《论衡》的影响，见程苏东《"不为章句"的"贵文章者"——经学史视域下的东汉文章学》，《文学遗产》2024年第1期。

第二章　王充的生平与《论衡》的创作

并不优于当世,举出传书所载夏商周世代更替亦经历了由忠到敬、文的盛衰循环。这些例证多为王充阅览所得,应与前述洛阳时期的广泛学习不无关系。

王充还非常重视以事实例子验证观点正确与否。其中,身临其境、眼见耳闻的直接经验,在他看来尤具可靠性。《实知篇》强调,"须任耳目以定情实","如无闻见,则无所状"。《论衡》中的很多例证,都来自王充的亲身实践。如对于当时民间盛行的"雷为天怒"的观点,王充表示异议,他通过实际调查研究,认为雷的形成与火有关,并举出了五项例证,包括遭雷击而死之人,头发、皮肤焦灼,尸体有火气;打雷时往往有电火光;雷击时,房屋、草木常被烧焦等。此外,对于部分传书中关于"天雨谷""会稽鸟田"等记载,王充亦通过实地考察,指出二者皆属于自然现象,"天雨谷"并非天有意降下谷实,而是成熟的谷子遇疾风而起,风衰则谷坠,"会稽鸟田"也并非会稽一带鸟兽有意助人耕作,而是来会稽越冬的候鸟蹈履民田、喙食草粮,其状若耕田,以此反驳时人诉诸神秘主义的解释。

有时无法找到直接的例证,王充则采用推类、类比的方法。《论衡》中多次出现"推此以论"的形容。不过,正如蒲慕州指出的,中国古代思想者的逻辑推论,常常是一厢情愿式的推论,王充也不例外。如在论证雷电隆隆之声并非"天怒之音"时,他指出:"天地相与,夫妇也,其即民父母也。子有过,父怒,笞之致死,而母不哭乎？今天怒杀人,地宜哭之。独闻天之怒,不闻地之哭。如地不能哭,则天亦不能怒。"(《雷虚篇》)诸如此类的说法既无法证明又很难反对。王充方法论的这一特点是无须讳言的。

根据《论衡·自纪篇》的记述,王充的晚年是在贫苦之中度过的。由于失去了主要经济来源,他"贫无供养,志不娱快",在完成《论衡》以及《养性》之后不久,便因病去世了。王充予以全部寄托、希望借以"不朽"的著作,《讥俗节义》《政务》《养性》三书皆亡佚,只有《论衡》例外,不仅被《隋书·经籍志》著录,更于北宋庆历五年(1045年)由杨文昌刊刻了第一个刻本,自此《论

81

衡》得以刻本的形式世代保存，流传至今。而在刻本出现之前的近千年时间里，《论衡》一直是靠写本流传的，刻本流传易而写本流传难，卷帙浩繁的《论衡》能够完整地保存下来，实属不易。① 除了《论衡》本身的价值加成外，会稽士人对于《论衡》的保护、传播和推广，功不可没。

如前所述，东汉早期，会稽郡已出现了士人群体，在东汉地域意识颇为浓厚的背景下，② 会稽士人之间亦建立起基于同乡的身份认同，常常互通声气。即便如王充这样不善交际之人，也在《论衡》中数次提到同乡周长生、吴君高，并对他们的著作予以赞赏。反过来，王充的著作应当也能被其他会稽士人阅读。《论衡·自纪篇》中，王充曾一一反驳当时关于《论衡》的批评，包括"形露易观""违诡于俗""不能纯美""不类前人""文重"等，这些批评，很像是来自读者的真实评价。这说明王充在世时，《论衡》已在当地士人中有小范围的传播。

根据葛洪《抱朴子》、袁山松《后汉书》的说法，王充作《论衡》，"中土未有传者"，东汉末蔡邕避难入吴、王朗任会稽太守时，两人先后得《论衡》，将之带回中原，《论衡》才开始于中原传播。③ 那么，《论衡》从问世以来到东汉末，一直是在王充家乡会稽一带流传。近百年的时间里，《论衡》得以不绝如缕，与会稽士人的努力是分不开的，而《论衡》得以传播到中原，应当也有他们的功劳。不同于王充的当世人，后世会稽士人对于这位前辈，不吝赞美之词。王

---

① 参见邵毅平《论衡研究》，第145页。
② 关于东汉地域意识的讨论，参见邢义田《天下一家：皇帝、官僚与社会》，第320—321页。
③ 《太平御览》引《抱朴子》言："王充作《论衡》，北方都未有得之者。蔡伯喈尝到江东，得之，叹其文高，度越诸子。及还中国，诸儒觉其谈论更远，嫌得异书。或搜求至隐处，果得《论衡》，捉取数卷，将去，伯喈曰：'惟我与尔共之，勿广也。'"参见李昉、李穆、徐铉等编《太平御览》卷602，四部丛刊三编景宋本，第3611页a。袁山松《后汉书》言："充所作《论衡》，中土未有传者，蔡邕入吴始得之，恒秘玩以为谈助。其后王朗为会稽太守，又得其书，及还许下，时人称其才进。或曰：'不见异人，当得异书。'问之，果以《论衡》之益，由是遂见传焉。"参见周天游辑注《八家后汉书辑注》，第666页。

第二章　王充的生平与《论衡》的创作

朗担任会稽太守时，时任功曹的会稽余姚人虞翻称誉王充道："有道山阴赵晔，征士上虞王充，各洪才渊懿，学究道原，著书垂藻，络绎百篇。释经传之宿疑，解当世之槃结。或上穷阴阳之奥秘，下据人情之归极。"① 虞翻的推荐，对王朗重视并阅读《论衡》，当起到一定作用。三国时吴武陵太守、会稽山阴人谢承，在其撰写的《后汉书》中，援引谢夷吾上书章帝荐王充之词："充之天才，非学所加，虽前世孟轲、孙卿，近汉扬雄、刘向、司马迁，不能过也。"② 这何尝不是谢承自己对王充的赞誉！正是在家乡士人的积极推动下，王充得以凭借《论衡》扬名后世，获得不朽的荣光。这对一心渴望离开会稽、进入中央的王充而言，或许也是意料之外的事。

第五节　双重导向的《论衡》

《论衡》的宗旨，王充自己曾多次提及：

> 《论衡》篇以十数，亦一言也，曰："疾虚妄。"（《佚文篇》）
> 《论衡》者，所以铨轻重之言，立真伪之平……尽思极心，以讥世俗。（《对作篇》）
> 《论衡》细说微论，解释世俗之疑，辩照是非之理，使后进晓见然否之分。（《对作篇》）
> 《论衡》九《虚》、三《增》，所以使俗务实诚也；《论死》《订鬼》，所以使俗薄丧葬也。（《对作篇》）
> 《论衡》实事疾妄。（《对作篇》）

总的来说，《论衡》的宗旨在于"疾虚妄""务实诚"，通过对

---

① （晋）虞预：《会稽典录》，鲁迅编：《会稽郡故书杂集》，第58页。
② 周天游辑注：《八家后汉书辑注》，第76页。

众多事类的解释、辨析、订正，使人们明晰实虚、是非、然否、真伪。其中，对"虚妄"的批判显得尤为重要。"虚妄"一词在王充之前未曾有人使用，"虚"，取空、无之意，《素问·调经论》言"有者为实，无者为虚"[①]，妄，《说文》释之为"乱"[②]，这里王充可能更多采用了扬雄的说法，"无验而言之谓妄"[③]。因此，"虚妄"，即为虚假无验。

作为一名中下层官吏、地方知识分子，王充在当时并无太大影响力，却写就了这样一本以疾虚妄为宗旨的批判之书，引发生前身后诸多争论，他的目的何在？王充自己曾作出解释：

> 是故《论衡》之造也，起众书并失实，虚妄之言胜真美也。故虚妄之语不黜，则华文不见息；华文放流，则实事不见用……卫骖乘者越职而呼车，恻怛发心，恐上之危也。夫论说者闵世忧俗，与卫骖乘者同一心矣。……人君遭弊，改教于上；人臣愚（遇）惑，作论于下。【下】实得，则上教从矣。冀悟迷惑之心，使知虚实之分。实虚之分定，而华伪之文灭；华伪之文灭，则纯诚之化日以孳矣。（《对作篇》）

可见，王充希望通过论定实虚、是非、然否、真伪，灭华伪之文，广纯诚之化。概括而言，王充作《论衡》，意在教化民众，以达到风俗美善的效果。

王充的这一主张其来有自。汉代是一个极其注重风俗的时代，汉儒认为风俗与政治密切相关，风俗美善才能成就王道。故而需要运用政令及教化的手段，改易民众不同的风俗，使之咸归于正。东汉学者

---

① （清）姚止庵：《素问经注节解》卷2《调经论》，人民卫生出版社1963年版，第121页。
② （汉）许慎撰，（宋）徐铉校定：《说文解字》，第263页。
③ 汪荣宝撰，陈仲夫点校：《法言义疏》卷5《问神》，第159页。

应劭指出:"为政之要,辨风正俗,最其上也。"① 可谓两汉具有代表性的意见。因此,公卿大夫的职责在于"总方略,壹统类,广教化,美风俗"②,地方长吏须以"化元元,移风易俗"③ 为己任。而不同层次的儒家士人,亦当通过不同的形式改良风俗,此即荀子所谓"儒者在本朝则美政,在下位则美俗"④。

王充便是风俗政教观的积极践行者。他说:"贤人之在世也,进则尽忠宣化,以明朝廷;退则称论贬说,以觉失俗。"(《对作篇》)从《论衡》的写作而言,无论是范晔"释物类同异,正时俗嫌疑"⑤的评价,还是王充"解释世俗之疑"(《对作篇》)"闵世忧俗"(《对作篇》)的自述,都显示了此书在很大程度上即为移风易俗而著。

具体来看,《论衡》中有颇多针对择日、相宅、解除、讳妇人乳子等民间信仰、习俗的批评,是为风俗批评无疑。此外,汉代部分观念如"死人有知""成仙不死""鬼神降祸福",直接或间接导向了厚葬、求仙、淫祀等"恶俗",影响社会风气、国计民生,从儒家的角度看,有必要予以纠正。王充对它们的批判,亦属于教化行为。但王充批判的对象还有一部分为"不实之言",也就是虚假的知识,如"邹衍谓今天下为一州,四海之外有若天下者九州"(《对作篇》),"《淮南书》言共工与颛顼争为天子,不胜,怒而触不周之山,使天柱折,地维绝"(《对作篇》),"尧时十日并出,尧上射九日。鲁阳战而日暮,援戈麾日,日为郄还"(《对作篇》),它们对公序良俗的影响似乎很有限。王充为何认为对它们的批判也是在践行教化、辨风正俗呢?

一方面,从风俗的定义而言,龚鹏程指出:"一个社会在政治经济文化伦理态度等各个方面,综合表现出它的风气习惯,称为风俗。"⑥ 根据这一定义,各类学说、思想、观念乃至传闻等知识,都

---

① (汉)应劭撰,王利器校注:《风俗通义校注》序,第8页。
② 《汉书》卷6《武帝纪》,第166页。
③ 《汉书》卷6《武帝纪》,第167页。
④ (清)王先谦撰,沈啸寰、王星贤整理:《荀子集解》卷4《儒效篇》,第120页。
⑤ 《后汉书》卷49《王充王符仲长统列传·王充》,第1629页。
⑥ 龚鹏程:《汉代思潮》,第41页。

属于风俗的一部分。如扬雄曾言:"谆言败俗,谆好败则,姑息败德。"① 汪荣宝注解:"谆训妄言,引伸为凡妄之称。"② 也就是说,言论的真伪、虚实与风俗息息相关。东汉学者应劭在《风俗通义》序中亦指出:"至于俗间行语,众所共传,积非习贯,莫能原察。……私惧后进,益以迷昧,聊以不才,举尔所知,方以类聚,凡一十卷,谓之风俗通义。"③ 其书将历史观、流俗传说、人物评论、民间信仰等内容皆归于"风俗"之列。知识既为风俗之重要组成,对知识的辨正自然属于移风易俗的手段。从这个意义上讲,王充之前扬雄、桓谭追求真实知识,同样有移风易俗的用意在,王充所为乃赓续扬、桓二人的做法。

另一方面,就移风易俗方式而言,须先确定一个风俗良好的标准,要求整个社会认同并实践这一个标准,故移风易俗,又称作整齐风俗、齐一风俗。④ 一般而言,风俗要体现"仁""义""忠""孝"等儒家伦理道德,才可称为"美""善""雅""正"。而在王充看来,事物的是非、实虚、真伪、然否,同样具有价值内涵。真、实、诚代表"善",虚、妄、伪代表"恶"。换言之,王充认为"真实"也属于道德品质。《对作篇》中,他说"圣人作经,贤者传记,匡济薄俗,驱民使之归实诚也。案《六略》之书,万三千篇,增善消恶,割截横拓,驱役游慢,期便道善,归正道焉","驱民归实诚"的目的是"增善消恶""道善归正",可见实诚即为"善",即为"正";他又说"《论衡》之造也,起众书并失实,虚妄之言胜真美也",可见真即为"美",而在先秦两汉的语境中,美又与善同义,⑤ 因此,在王充看来,真、善、美是统一的。对真实的弘扬、对虚假的贬抑,本身就能增善消恶,就能化民成俗。那些论定虚实、真伪、是非、然

---

① 汪荣宝撰,陈仲夫点校:《法言义疏》卷6《问明》,第193页。
② 汪荣宝撰,陈仲夫点校:《法言义疏》卷6《问明》,第193页。
③ (汉)应劭撰,王利器校注:《风俗通义校注》序,第4页。
④ 参见龚鹏程《汉代思潮》,第49页。
⑤ 不少古代文学研究者,如郭绍虞、李泽厚、施昌东、敏泽、张少康、韩湖初、王慧玉,都提出王充具有"真美"的思想。在先秦两汉的语境中,美往往用以形容品德。

第二章 王充的生平与《论衡》的创作

否的文章著作，都在做着教化的努力。王充高度赞扬孔子的《春秋》，即源于《春秋》褒贬是非颇为得实；他在近世文人中最为欣赏桓谭，也是因为桓谭之《新论》讨论世间事，能够明辨是非然否，使得虚妄之言、伪饰之辞皆无所隐藏。王充的《论衡》，便希望踵《春秋》与《新论》之后尘，以真实来教化民众，达到风俗美善的境界。

王充有教化的意识，并不稀奇。他身为儒生，又曾赴京师洛阳游学，自然深受儒家教化观念影响，相信礼义教化可以令民众崇善弃恶，成就一个风俗美善的理想社会；并且如其他儒生一样，他认为忧世济民是儒者义不容辞的使命。在《论衡》中，王充多次强调儒者、圣贤的职责在于教化，"今儒者之操，重礼爱义，率无礼之士，激无义之人"（《非韩篇》），"儒生奇有先王之道……先王之道，非徒农商之货也，其为长吏立功致化，非徒富多出溢之荣也"（《量知篇》），"贤人亦壮强于礼义，故能开贤，其率化民"（《效力篇》），"功立化通，圣王之务也"（《祭意篇》），"道人与贤殊科者，忧世济民于难，是以孔子栖栖，墨子遑遑。不进与孔、墨合务，而还与黄、老同操，非贤也"（《定贤篇》）。他还指出，文章著作亦应以教化为目的，"贤圣之兴文也，起事不空为，因因不妄作。作有益于化，化有补于正"（《对作篇》），"善人愿载，思勉为善；邪人恶载，力自禁裁。然则文人之笔，劝善惩恶也。……极笔墨之力，定善恶之实"（《佚文篇》），由此，他批评司马相如等赋作家之文"不能处定是非，辩然否之实，无益于弥为崇实之化"（《定贤篇》），批评周秦之际某些诸子书"皆论他事，不颂主上，无益于国，无补于化"（《佚文篇》），都是着眼于教化而言的。

不过，尽管王充宣称《论衡》为教化而作，但《论衡》中不少篇章的写作，却不仅仅出于"教化"的意图。比如，《程材》《量知》等讨论人才的文章，显然意在推销自己，《须颂》《佚文》等歌功颂德的文章，更是明显的自荐；而《逢遇》《累害》等讨论命的绝对力量的文章，则是为了说明自己仕途不顺的原因。可以看出，这些篇章的创作，主要都是围绕王充本人的利害得失，反映的并非化民成俗的济世情怀，而是专注于个人荣华富贵的世俗心愿。

王充在自述时，曾形容自己"性恬澹，不贪富贵"（《自纪篇》），但从《论衡》全书来看，他对富贵的渴望是显而易见的。《刺孟篇》云："夫富贵者，人之所欲也，不以其道得之，不居也。故君子之于爵禄也，有所辞，有所不辞。岂以己不贪富贵之故，而以距逆宜当受之赐乎？"《答佞篇》云："富贵皆人所欲也，虽有君子之行，犹有饥渴之情。"《定贤篇》云："富贵，人情所贪；高官大位，人之所欲乐，去之而隐，生不遭遇，志气不得也。"他又将富贵的取得与仕宦挂钩，认为唯有"修身行道，仕得爵禄"（《问孔篇》）才能富贵，因此，王充对于仕宦成功有着近乎狂热的追求，将之视为人生价值的终极所在。在晚年回顾人生时，王充虽然表现得云淡风轻，反复强调自己对于仕途进退并不在乎，"位不进，亦不怀恨"，"得官不欣，失位不恨。处逸乐而欲不放，居贫苦而志不倦"，"为上所知，拔擢越次，不慕高官。不为上所知，贬黜抑屈，不患下位"，"忧德之不丰，不患爵之不尊；耻名之不白，不恶位之不迁"，"时进意不为丰，时退志不为亏。不嫌亏以求盈，不违险以趋平；不鬻智以干禄，不辞爵以吊名；不贪进以自明，不恶退以怨人"（《自纪篇》），但单就他不断重申自己的不在乎，就可看出他是相当在乎乃至耿耿于怀的。直到生命将尽的时候，他仍在感叹"仕路隔绝，志穷无如"（《自纪篇》），失望与落寞溢于言表。

此外，从王充对待家乡会稽的态度上，也可看出他对富贵的执着。身为会稽人，王充对于会稽似乎并无太多好感。他不仅曾对与会稽相关的大禹、伍子胥信仰予以奚落和攻击，更指出南方的环境使得楚、越之人中更容易产生逸夫小人。王充对于会稽的态度，在地域意识颇为浓厚的东汉，是比较反常的，也与他对中原——尤其是洛阳——的热情形成对比。王充向章帝自荐时，曾提到"《论衡》之人，在古荒流之地，其远非徒门庭也。……使至台阁之下，蹈班、贾之迹，论功德之实，不失毫厘之微"（《须颂篇》）；而此前在恳求郡守举荐自己时，他也说过"珍物产于四远，幽辽之地，未可言无奇

第二章 王充的生平与《论衡》的创作

人也"(《超奇篇》),可见,会稽人的身份对于向往中原的王充而言,更像是一种阻碍和累赘而非荣耀。在当时,中原就意味着高官厚禄,因此,王充对于家乡与中原的不同态度,或许也是"嫌贫爱富"心理的一种映射。

王充对功名利禄的追求,很容易让人想到第一章所论述的"俗儒"。我们有理由相信,曾赴洛阳游学、接受过高等教育、又回到会稽并长期沉沦下僚的王充,便属于他们中的一员。[①] 从王充对富贵的向往可以看出,他本身的性格是颇为功利的,而长期担任地方属吏,一方面处于相对较低的社会地位和阶层,加剧了他对改善自身处境的渴望,另一方面与世俗之人频繁接触,也加强了他的功利思想。甚至《论衡》针对的相当一部分读者,就是像他一样的俗儒或者俗人。我们看到,《论衡》中讨论的很多问题,都是极为世俗的,如龚鹏程所言,"他的批判,其实只是与世俗在一齐讨论那些世俗事务、世俗价值,并争论有关这些世俗事务与价值的世俗解释而已"[②],这应当是由王充本身的身份地位导致的。

由此,作为俗儒的王充,既有"俗"的一面,亦有"儒"的一面,既有专注个人利益的世俗愿望,亦有超越一己得失的"济世"情怀。《论衡》便在二者的共同作用下诞生。"济世"与"利己"的双重导向,贯穿了《论衡》的始终,也是此书之所以时时自相矛盾的根本原因。我们接下来对《论衡》中命、天人感应、鬼神、人才四个主题进行具体分析时,也将专注于挖掘王充在学理讨论背后的心理活动。

当然,王充自己不会承认《论衡》的写作有利己的意图。正如本节开头所言,在《对作篇》中,王充反复声称《论衡》为教化而作,这是部分真实的。但是,我们也必须承认在以"济世"为导向的教化用意之外,王充写作《论衡》亦有其他动机。而这些隐秘的心思,更能凸显出王充作为一个鲜活的"人"的品格。

[①] 龚鹏程称王充身份近于"士庶人",并着重分析王充对儒家思想的"世俗化"。参见《汉代思潮》,第197—239页。

[②] 龚鹏程:《汉代思潮》,第218页。

第三章

论　命

　　古代社会的先民，对于无法控制的人生际遇，如生老病死、富贵贫贱，往往归之于命。命运（fate）的观念因而为诸多古老民族所共有。古埃及孟菲斯城的主神普塔（Ptah）有命运之神的职能，按"公正和秩序"分配人的命运。古希腊神话中，有命运三女神克洛托（Clotho）、拉切西斯（Lachesis）、阿特洛波斯（Atropos），最小的克洛托掌管未来和纺织生命之线，二姐拉切西斯负责决定生命之线的长短，最年长的阿特洛波斯掌管死亡，负责切断生命之线。古希腊哲学家赫拉克利特（Herakleitos，约前544—前483年）从纯自然的角度，用必然性和"逻各斯"（logos）来解释命运，认为命运就是必然性，命运的本质就是贯穿宇宙实体的逻各斯。古罗马斯多葛学派（Stoicism）则宣称命运即神，神即命运，斯多葛学派代表之一塞涅卡（Seneca，前4年—65年）在给友人的信中写道："我们应当认定，一切发生的事情都是注定要发生的，所以不要去抱怨自然。人只能忍受无法驾驭的东西，只能毫无怨言地服从神。"[①]

---

① 刘文荣主编：《经典作家谈命与命运》，周伯诚翻译，文汇出版社2016年版，第10页。

第三章　论命

在中国古代，类似对"命运"的信仰同样广泛存在于社会各个阶层。单就知识阶层而言，先秦时期，人力所难以影响、把握的"命"，一直是诸多思想家萦绕于心的重要问题，① 孔子、孟子、庄子、荀子、韩非子等，皆有关于命的思考。孔子曾言："道之将行也与？命也。道之将废也与？命也。公伯寮其如命何！"② 面对重病的学生伯牛，孔子亦曾言："亡之，命矣夫！斯人也而有斯疾也！斯人也而有斯疾也！"③ 子夏言："商闻之矣，死生有命，富贵在天。"④ 这应当是转述孔子之言。可见，在孔子看来，人的寿与夭、道的行与否，都是命决定的，而命是由人外力量——天决定的。⑤

孟子的意见与孔子相似："舜、禹、益相去久远，其子之贤不肖，皆天也，非人之所能为也。莫之为而为者，天也；莫之致而至者，命也。"⑥ 也就是说，世上很多事情取决于天或命，非人力所能影响。

庄子同样发觉了命的玄妙、不受人力影响："长于水而安于水，性也；不知吾所以然而然，命也。"⑦ 他倾向于从自然的角度去理解命，"死生存亡，穷达贫富，贤与不肖毁誉，饥渴寒暑，是事之变，命之行也；日夜相代乎前，而知不能规乎其始者也"⑧，"死生，命也，其有夜旦之常，天也"⑨。在庄子看来，人生中的各种际遇，死生、存亡、穷达、贫富、贤与不肖，都是命的一部分，而命的运行如同日夜相代，属于自然规律。因此，如同其他无法改变的自然规律一样，命也

---

① 蒲慕州指出，先秦文献中的"命"，除了表示"命令"及"生命"之外，主要都指向"命运"之义。参见 Poo Mu-Chou, "How to Steer through Life: Negotiating Fate in the Daybook", in Christopher Lupke ed., *The Magnitude of Ming: Command, Allotment, and Fate in Chinese Culture*, Honolulu: University of Hawaii Press, 2005, p. 109。
② 《论语》卷7《宪问》，（宋）朱熹：《四书章句集注》，第159页。
③ 《论语》卷3《雍也》，（宋）朱熹：《四书章句集注》，第87页。
④ 《论语》卷12《颜渊》，（宋）朱熹：《四书章句集注》，第135页。
⑤ 关于命以及人与天的关系，可参阅 Michael Puett, "Following the Command of Heaven: the Notion of Ming in Early China", in Christopher Lupke ed., *The Magnitude of Ming: Command, Allotment, and Fate in Chinese Culture*, pp. 49–70。
⑥ 《孟子》卷9《万章上》，（宋）朱熹：《四书章句集注》，第314页。
⑦ 陈鼓应注释：《庄子今注今译》外篇《达生》，第523页。
⑧ 陈鼓应注释：《庄子今注今译》内篇《德充符》，第172页。
⑨ 陈鼓应注释：《庄子今注今译》内篇《大宗师》，第195页。

是无法改变的:"性不可易,命不可变,时不可止,道不可壅。"①

韩非子、荀子、吕氏门客也都指出命决定人生各项际遇,对此,人不能自主。韩非子言:"夫智,性也;寿,命也。性命者,非所学于人也,而以人之所不能为说人,此世之所以谓之为狂也。"②荀子云:"夫贤不肖者,材也;为不为者,人也;遇不遇者,时也;死生者,命也。"③《吕氏春秋》载:"命也者,不知所以然而然者也,人事智巧以举错者不得与焉。"④

可见,先秦诸学者,普遍相信有一个人力不可及的"命",左右着人的生死、吉凶、祸福等生活各方面。这一信仰,一直延续至王充,并在王充笔下得到系统阐发和总结。傅斯年曾将先秦时期关于命运的理论细分为命定论、命正论、俟命论、命运论、非命论五种类型,⑤为研究者提供了一个讨论的框架,但由于王充思想较为复杂,为保险起见,我们将之笼统称为"命论"。

邓红认为,命论在王充的思想世界中占有至关重要的地位,《论衡》以命论开头,关于"命"的讨论贯穿全书,"命"实为王充思想的本体和依据。⑥邓氏之言是否准确暂且不论,王充对"命"极为重视当是确凿无疑的。接下来,我们就从"命"的基本结构入手,分析王充的命论。

第一节　命的基本结构

何谓"命"?王充笔下,"命"是一个庞大复杂的体系,包含不

---

① 陈鼓应注释:《庄子今注今译》外篇《天运》,第419页。
② (清)王先谦撰,钟哲点校:《韩非子集解》卷19《显学》,中华书局1998年版,第462页。
③ (清)王先谦撰,沈啸寰、王星贤整理:《荀子集解》卷20《宥坐篇》,第508—509页。
④ 许维遹撰,梁运华整理:《吕氏春秋集释》卷20《恃君览·知分》,中华书局2009年版,第556页。
⑤ 傅斯年:《性命古训辨证》,广西师范大学出版社2006年版,第102—105页。
⑥ 邓红:《王充新八论》,第60—111页。

同层次、类别的概念。

一 天、气、性、命

"命"的体系的起点，在于天所施行之气。所谓"气"，《论衡》中又称"精气""元气"，是一种"抽象的泛指生命本源的东西"[1]。王充以为万物皆由天自然而然地施气所生，[2] 天的施气完全是随意、偶然的，由此，万物禀受何种气、气的多少厚薄，也都是随意、偶然的，这就导致了万物的种类、外形、性、命，由所禀气的不同而产生了不同："俱禀元气，或独为人，或为禽兽。并为人，或贵或贱，或贫或富。富或累金，贫或乞食；贵至封侯，贱至奴仆。非天禀施有左右也，人物受性有厚薄也。"（《幸偶篇》）也就是说，为人为兽、贵贱贫富，在禀受天气的那一刻便已注定了，无论此后如何努力都无法更改。这是王充"命"论构建的基础和前提。

人禀气形成最主要的两方面特征，即"性"和"命"。王充以为，性和命是同时禀得的："人生受性，则受命矣。性命俱禀，同时并得，非先禀性，后乃受命也。"（《初禀篇》）我们先来看"性"。

王充所谓"性"，主要包括"体质之性"和"道德之性"两种，前者侧重生理层面，后者侧重心理层面。[3] 其中体质之性主要由禀气厚薄决定，并与命——尤其是寿命——密切相关，禀气厚者，体质之性坚强、寿命长；反之则性软弱、寿命短。因此，有时王充将"性"与"命"相提并论，称"命则性也"（《命义篇》），"用气为性，性成命定"（《无形篇》），都是针对体质之性而言。

---

[1] 邵毅平：《论衡研究》，第293页。
[2] 王充指出，气来自天，但具体施气者为父母。因此他一方面讲天施气，另一方面又讲"父母施气"（《命义篇》）。
[3] 除了体质之性和道德之性的分类法，王充还曾依据当时的"三命说"，提出"三性说"："此谓三命。亦有三性：有正，有随，有遭。"（《命义篇》）三性说包含了部分体质之性和道德之性的内容，使王充的人性论更加复杂。不过，王充仅在一处提到此说，可见并非王充人性论的重点。

王充讨论更多的还是道德之性,① 这也是儒家"人性论"的主要方向。王充以为,道德之性同样源自人所禀之气,由气的特质决定了性的善恶程度。因此,就像体质之性有强有弱一样,道德之性也是有善有恶、驳杂不一的。王充指出孟子性善说、荀子性恶说、告子性无善恶说以及扬雄性善恶混说,都是不全面的,唯有世硕、宓子贱、漆雕开、公孙尼子所持性有善有恶说,可谓得实。在性有善恶的基础上,王充进一步将性分为上中下三等:上等为极善,下等为极恶,中等为善恶不分明。极善极恶之人属于少数,这类人禀纯善纯恶之气,"受纯壹之质"(《本性篇》),因而难以改性;其他大部分人都禀气驳杂、善恶兼具,因而有转变的可能。

转变的关键在于圣人君子的礼义教化。《率性篇》云:"凡人君父,审观臣子之性,善则养育劝率,无令近恶;近恶则辅保禁防,令渐于善。善渐于恶,恶化于善,成为性行。""人之性,善可变为恶,恶可变为善,犹此类也。彼蓬之性不直,纱之质不黑,麻扶缁染,使之直黑。夫人之性犹蓬纱也,在所渐染而善恶变矣。"可见,王充相信哪怕人先天禀受恶性(非极恶之性),也可通过后天的教化与学习转恶为善;道德的最终实现,不独受先天禀性影响,亦与后天教育相关。这里,王充以为道德之性可通过人力改变,并反复强调教化的作用,这是其幽深阴暗的"命"的体系中的一线阳光、一抹亮色。连一向轻视王充的徐复观也承认,"正赖有此一突出,使我们可以承认他的思想家的地位"②。

然而,即使王充肯定了道德的后天可变性,在"命"的理论笼罩下,王充导人向善的努力也会大打折扣。这是因为,在王充的思想中,性的善恶与命的吉凶是不相关联的,如《命义篇》所言:"夫性与命异,或性善而命凶,或性恶而命吉。操行善恶者,性也;祸福吉凶者,命也。或行善而得祸,是性善而命凶,或行恶而得福,是性恶

---

① 《论衡》中专论"性"的《率性篇》《本性篇》,都是谈善恶之性。
② 徐复观:《两汉思想史》(二),第585页。

而命吉也。"如此一来，人们虽然可以通过后天的教育、学习获得善性，却无法通过修行向善而改变命运。接下来，我们就具体谈谈王充对"命"的认识。

二 命的必然与偶然

对命的信仰在历史上并不稀奇，王充是信徒之一。他认为，"自王公逮庶人，圣贤及下愚，凡有首目之类，含血之属，莫不有命。"（《命禄篇》）邵毅平曾总结道："王充所谓的'命'，类似于今天所说的'宿命'或'命运'之类的东西，是一种在人出生之前就已决定了的、任何人为努力都无法加以改变的、左右人生各个方面的支配性力量，实际上是人对影响人类生活的自己努力之外的各种力量和因素的一个集中表现。"[1] 这一总结颇为到位。在《论衡》中，命的力量渗透到人的生死、穷达、祸福、贵贱、贫富等诸多领域："穷达有时，遭遇有命。"（《祸虚篇》）"人之于世，祸福有命。"（《辨祟篇》）"人之死生，竟自有命。"（《辨祟篇》）"天下人民，夭寿贵贱，皆有禄命；操行吉凶，皆有衰盛。"（《解除篇》）命总管人生各项际遇，因此王充又称之为"吉凶之主"（《偶会篇》）。这里的吉凶，也就是上述生死、穷达、祸福、贵贱、贫富的总和。

与对性的认识相同，王充认为人的命也在禀气时形成，"凡人受命，在父母施气之时，已得吉凶矣"（《命义篇》）。"命"一旦禀得，便无法更改，才能高低、操行善恶，都不能有所影响。《命禄篇》云："禄命有贫富，知不能丰杀；性命有贵贱，才不能进退。""贵贱在命，不在智愚；贫富在禄，不在顽慧。"《命义篇》云："富贵贫贱皆在初禀之时，不在长大之后随操行而至也。""命吉之人，虽不行善，未必无福；凶命之人，虽勉操行，未必无祸。"如此一来，王充彻底斩断了人的能力、品德与"命"的联系，也彻底阻绝了人掌握

---

[1] 邵毅平：《论衡研究》，第297—298页。

自身命运的可能,从而导向了一种"漂泊无根的人生"①。也正是因此,王充对于儒家"三命说"②中的"随命说",即"戮力操行而吉福至,纵情施欲而凶祸到"(《命义篇》),不得不予以严厉批评,因为随命说对人的自主性的强调,恰恰是王充所反对的。王充还认为,不仅人自身的力量无法改变命运,借助人之外所谓鬼神或天的力量同样行不通,如在《顺鼓篇》中,他就指出,将死之人"祷请求福,终不能愈;变操易行,终不能救"。由此,王充进一步对鬼神信仰和天人理论提出了批评。

王充在强调命定的同时,认为命的具体实现往往要通过"偶然事件"。《偶会篇》中,王充列举了诸多这样的"偶然事件",比如对于"子胥伏剑,屈原自沉,子兰、宰嚭诬谗,吴、楚之君冤杀之"之事,他指出:"偶二子命当绝,子兰、宰嚭适为谗,而怀王、夫差适信奸也。君适不明,臣适为谗,二子之命,偶自不长,二偶三合,似若有之,其实自然,非他为也。"对于"仕宦进退迁徙",他指出:"时适当退,君用谗口;时适当起,贤人荐己。故仕且得官也,君子辅善;且失位也,小人毁奇。"也就是说,人们生活的一切际遇,都是偶会巧合之下发生的,在王充看来,偶然就代表着自然,代表着没有其他主体(人、天、鬼、神等)特意操纵。他声称:"命,吉凶之主也,自然之道,适偶之数,非有他气旁物厌胜感动使之然也。"(《偶会篇》)由此,王充将命视为自然之道的体现,反对一切目的、意志对命的干预。

不过,王充所谓"偶然",并非纯粹不可预料的偶然,而是以命的必然为基础的"偶然"。命凶之人必遇祸,命吉之人必得福,只是

---

① 徐复观:《两汉思想史》(二),第582页。
② 《命义篇》:"《传》曰:'说命有三:一曰正命,二曰随命,三曰遭命。'正命,谓本禀之自得吉也。性然骨善,故不假操行以求福而吉自至,故曰正命。随命者,戮力操行而吉福至,纵情施欲而凶祸到,故曰随命。遭命者,行善得恶,非所冀望,逢遭于外而得凶祸,故曰遭命。"关于"三命说",参见吕宗力《从比较视角看先秦至南北朝神灵监督下的善恶报应信仰》,《社会科学战线》2016年第12期。

何时何地、遇到何种祸福不确定而已。① 如钟肇鹏所言："命有所定，这是必然的。至于发生此事的各种条件，则是非必然的。"② 可以说，这种"偶然"仍然处于命的势力范围之内，看似"偶然"，实则必然，与后文将要讨论的命之外的"遭遇幸偶"，是有区别的。

另外，王充所言必然之命，却又是偶然形成的。天施气自然，人能禀得何种之命，完全看运气。因此，命又是建立于偶然之上的必然，或者说，是自然形成的必然。由此可见，王充的"命"，是一个源于偶然，具有必然性，又最终通过"偶然"实现的复杂结构，命的偶然说明人无法控制，命的必然说明人无法改变，这就是自然之道，也是王充对于命的基本认识。

三　命的种类

在命的必然与偶然基础上，王充讨论了不同种类的命。

首先，人的命可分为寿命和禄命。所谓寿命，即"死生寿夭之命"；所谓禄命，即"贵贱贫富之命"。可以说，寿命和禄命概括了人生际遇的两大方面，是人命的基本组成。

王充认为，寿命可分为"所当触值之命"和"彊弱寿夭之命"两种。其中"所当触值之命"，也就是遭遇强死、凶死等非自然死亡之命，其命终结于"兵烧压溺"等外部因素，没有固定的期限；"彊弱寿夭之命"，指自然死亡之命，其命终结于疾病等身体内部因素，以一百岁为正常期限，具体期限因各人禀气不同而上下波动。在《命义篇》中，王充指出："正命者，至百而死。随命者，五十而死。遭命者，初禀气时遭凶恶也，谓妊娠之时遭得恶（物）也，或遭雷雨之变，长大夭死。"这里的"正命"和"遭命"，大致可与上文

---

① 王充在《偶会篇》中曾指出："军功之侯，必斩兵死之头；富家之商，必夺贫室之财。削土免侯，罢退令相，罪法明白，禄秩适极。故厉气所中，必加命短之人；凶岁所著，必饥虚耗之家矣。"《初禀篇》云："吉人举事，无不利者。人徒不召而至，瑞物不招而来，黯然谐合，若或使之。出门闻告（吉），顾眄见善，自然道也。文王当兴，赤雀适来；鱼跃乌飞，武王偶见，非天使雀至、白鱼来也，吉物动飞，而圣遇也。"其实都强调了偶然背后的必然。

② 钟肇鹏：《王充年谱》，第77页。

"彊弱寿夭之命"和"所当触值之命"相对应。① 需要注意的是，"所当触值之命"（或《命义篇》王充所谓"遭命"），是因为母亲怀孕之时遭遇恶物、变动，导致胎儿长大之后非自然死亡，这说明命在初禀之时已经注定了，兵烧压溺只是触发凶死的外部因素。因此，"所当触值之命"依然源于命的必然性，命主所遭遇的"兵烧压溺"，属于前面所言基于命的必然性的"偶然"事件，与外在于命的遭遇幸偶不同。

王充讨论更多的是寿命中的"彊弱寿夭之命"。这是源于所禀之气、未遭遇恶物或变动而自然形成的生命长度，只以禀气厚薄作为唯一决定因素，禀气厚则身体强壮、寿命长；反之则体弱命短。王充以为，正常的生命长度应当是百岁，未达到百岁，都是因为禀气不足。如《气寿篇》所云："始生而死，未产而伤，禀之薄弱也；渥彊之人，不（必）卒其寿。若夫无所遭遇，虚居困劣，短气而死，此禀之薄，用之竭也。此与始生而死，未产而伤，一命也，皆由禀气不足，不自致于百也。"由于禀气厚薄乃是先天注定的，因此如同形体不可变化一样，生命长度也不可增减，王充以此对方士鼓吹的"成仙得道"、长生不死予以批判。

关于禄命，相对来说内容比较零散。我们看《命禄篇》中一段话：

> 命当贫贱，虽富贵之，犹涉祸患，（失其富贵）矣；命当富贵，虽贫贱之，犹逢福善，（离其贫贱）矣。故命贵从贱地自达，命贱从富位自危。故夫富贵若有神助，贫贱若有鬼祸。命贵之人，俱学独达，并仕独迁；命富之人，俱求独得，并为独成。贫贱反此，难达，难迁，（难得，）难成；获过受罪，疾病亡遗，失其富贵，贫贱矣。是故才高行厚，未必（可）保其必富贵；智寡德薄，未可信其必贫贱。或时才高行厚，命恶，废而不进；

---

① 其中"正命"与"彊弱寿夭之命"不完全一致。在王充看来，正命指的是"彊弱寿夭之命"中禀气足而达到百岁之命。《气寿篇》云："百岁之命，是其正也。不能满百者，虽非正，犹为命也。"

第三章　论命

> 知寡德薄，命善，兴而超踰。故夫临事知愚，操行清浊，性与才也；仕宦贵贱，治产贫富，命与时也。命则不可勉，时则不可力，知者归之于天，故坦荡恬忽，虽其贫贱。

这段话表达了以下几个观点：第一，禄命是先天注定的，无论初始条件如何，后天一定会实现。在《初禀篇》中，王充也指出"人生性命当富贵者，初禀自然之气，养育长大，富贵之命效矣"。第二，禄命的实现往往与"时"密切相关。在《命禄篇》《逢遇篇》《祸虚篇》中，王充都将"时"与"命"（这里指禄命）并举。所谓"时"，与命相似，是一种人力无法控制却又对人生起支配作用的力量。"时"与"命"的关系，后文会详细论述。第三，贵贱贫富，只取决于命与时，与才智德行无关。因此，不必对成功抱有执念，而应保持一份"坦荡恬忽"的心态，坦然面对生活。这是仕途不顺的王充的自我宽慰，也是王充言"命"的主要用意所在。王充关于禄命的思想，大致都包含于这三点当中。

在以寿命、禄命为基本组成的人命之外，还有代表国家之命的"国命"凌驾于其上。王充认为，国家与个人一样，都有注定的"命"，且国命比人命对个人的影响更强烈。他以《春秋》记载的"宋、卫、陈、郑同日并灾"为例，指出哪怕一个人命善禄盛，遇到国家层面的灾难，也难逃厄运，因此，在不同种类命的序列中，"国命胜人命，寿命胜禄命"（《命义篇》）。"国命"观念进一步加剧了命的外在不可控性，也进一步显示了人面对命运的渺小无力，从而使得王充"命"的体系愈发灰暗压抑。

另外，"国命"观念也为王充批判汉儒天人感应灾异论提供了武器。《治期篇》云："教之行废，国之安危，皆在命时，非人力也。……国当衰乱，贤圣不能盛；时当治，恶人不能乱。世之治乱，在时不在政；国之安危，在数不在教。贤不贤之君，明不明之政，无能损益。"国家的治乱兴衰有固定的期数，皆命时所致，与人力无关，贤君可能遇到当乱之世，昏君也可能遇到当盛之国，因此，不应根据国家状况来推断君主的德行才智，尤其不应根据"危乱之变至"而指责君主"为政不得其道"。显然，这里王充意在以"国命"为君主解围，以此向君主表忠心，背后其实蕴藏着求进的动机，我们在第四章还会详述。

寿命、禄命、人命、国命，是王充对"命"的细类划分，大多时候，王充所言"命"还是指人命，有时融合了寿命、禄命二者，有时单指其一，需要根据具体情景而定。

接下来，我们再来看几个与命相关但外在于命的重要概念，它们的存在，使"命"的体系更趋完整。

四　与命相关的概念

《论衡》中与命相关的概念，首先是"时"。

在先秦两汉人观念中，时往往融合了自然、社会和神圣三重属性。首先，时的基本义是"天时"，如吴国盛所言，这是指"天象、气象和物候等自然环境构成的情景、形势"[1]。其次，根据天人相关的思维，天时所代表的宇宙场对人事有制约作用，或积极、或消极，从而使得时带有了特定的社会意义，产生了"农时""时令"等观念。最后，基于天文观测和神秘信仰，人们认为天时的运转遵循固定的、不断循环的周期，如《汉书·天文志》言"天运三十岁一小变，百年中变，五百年大变"[2]，因此，人事也随之呈现周期性盛衰循环，如孟子言"五百年必有王者兴"[3]，谷永上书成帝言"陛下承八世之功业，当阳数之标季，涉三七之节纪，遭无妄之卦运，直百六之灾厄"[4]，至此，时成为宇宙中某种神秘的、不以人的意志为转移的、主导自然与社会的力量和趋势。正是在包含自然、社会、神圣三重意义的基础上，时与命常常并举，且在很多情况下可以通用。

---

[1] 吴国盛：《时间的观念》，北京大学出版社2006年版，第33—34页。
[2] 《汉书》卷26《天文志》，第1300页。
[3] 《孟子》卷4《公孙丑下》，（宋）朱熹：《四书章句集注》，第252页。
[4] 《汉书》卷85《谷永杜邺传·谷永》，第3468页。

第三章　论命

　　如同"命"分为"国命""人命"一样,《论衡》中的"时"也存在两种情况。①

　　一是对国家而言的时。《明雩篇》云:"湛之时,人君未必沈溺也;旱之时,未必亢阳也。人君为政,前后若一,然而一湛一旱,时气也。"《治期篇》云:"年岁水旱,五谷不成,非政所致,时数然也。""教之行废,国之安危,皆在命时,非人力也。""国当衰乱,贤圣不能盛;时当治,恶人不能乱。世之治乱,在时不在政;国之安危,在数不在教。"这部分内容主要与国命以及天人感应理论相关。

　　二是对个人而言的时。《逢遇篇》云:"贤不贤,才也;遇不遇,时也。"《命禄篇》云:"临事知愚,操行清浊,性与才也;仕宦贵贱,治产贫富,命与时也。"《祸虚篇》云:"凡人穷达祸福之至,大之则命,小之则时。……案古人君臣困穷,后得达通,未必初有恶,天祸其前;卒有善,神祐其后也。一身之行,一行之操,结发终死,前后无异;然一成一败,一进一退,一穷一通,一全一坏,遭遇适然,命时当也。"如果说,国家层面的时,体现的是情境、形势在广阔尺度的运转;那么个人层面的时,其实反映了这种广阔尺度的运转如何与个人的生命进程相结合,并以时机的方式呈现。天时运转,导致社会大环境不断变动,国家政策、君主喜好、朝廷氛围乃至战与和、治与乱,皆起伏不定,从而为不同人创造了不同的条件和机遇,若遇上有利的时机,竖子可成名;遇不到有利时机,贤人也会埋没。因此,人的成败、进退、穷通,与时机密不可分。有的人成功,只因本身命好又遇到有利时机,与他的才能、品德无关。比如,俱为圣贤,虞舜、太公能够实现抱负,许由、伯夷却不能如愿,这是因为许由、伯夷没有赶上好的时代;再如范雎封侯、蔡泽拜卿,也并非因为二人德行美善,而是恰好赶上"命禄贵富善至之时"(《命禄篇》)。

---

　　① 《论衡》中,国家、个人层面的"时"有时合而为一。《偶会篇》云:"命当贵,时适平;期当乱,禄遭衰。治乱成败之时,与人兴衰吉凶适相遭遇。"《异虚篇》云:"或时吉而不凶,故殷朝不亡,高宗寿长。"《治期篇》云:"夫命穷病困之不可治,犹夫乱民之不可安也;药气之愈病,犹教导之安民也。皆有命时,不可令勉力也。"

然而，时的运转与命的走向一样，皆非人所能控制，连孔孟那样的圣贤，也未获善命利时助其成功，而只能慨叹"时命当自然也"（《偶会篇》）。由此，时的存在，进一步加剧了人生的漂浮不可控性，也为王充"命"的体系增添了一道浓重的阴影。

除了"时"，《论衡》中与命相关的概念，还有"遭""遇""幸""偶"。《命义篇》中，王充对四者皆予以定义。"遭"指"遭逢非常之变"；"遇"指"遇其主而用"；"幸"指"所遭触得善恶"，实际上涵盖了"幸"与"不幸"两种类型，是"遭逢非常之变"之后产生的不同结果；"偶"指"事君（有偶）"，实际上包括"偶"与"不偶"两种类型，"以道事君，君善其言，遂用其身，偶也；行与主乖，退而远，不偶也"，是"遇其主而用"之后产生的不同结果。可以说，王充所谓遭、遇、幸、偶，代表生命中的偶然事件及其结果。但与前文所言基于命的必然性的"偶然"不同，遭、遇、幸、偶都存在于命的控制范围之外；换言之，遭、遇、幸、偶并非由"命"决定。邵毅平认为，遭、遇、幸、偶更多地取决于时，[①]这也是不准确的。前文提到，就个人而言，时是外部情景、形势、环境所提供的时机；而遭、遇、幸、偶中，只有"遇"与之相关，其他三者与之并无多少瓜葛。更何况，王充在《命义篇》中，已经明确将命、时二者与遭遇幸偶区别开来。下面，我们具体来看。

《命义篇》的结尾部分，是王充对"命"的体系的最终总结。首先言"人有命，有禄，有遭遇，有幸偶"，接着解释了命、禄的含义："命者，贫富贵贱也；禄者，盛衰兴废也。以命当富贵，遭当盛之禄，常安不危；以命当贫贱，遇当衰之禄，则祸殃乃至，常苦不乐。"徐复观认为，此处"禄"即指"时"，[②]笔者是认同的。从字面上看，将"禄"替换为"时"完全讲得通，也符合时的含义；而王充在本篇开头亦曾言"人命有长短，时有盛衰，衰则疾病，被灾

[①] 邵毅平：《论衡研究》，第315—317页。
[②] 徐复观：《两汉思想史》（二），第576页。

蒙祸之验也","时有盛衰"与"禄者,盛衰兴废"相对应,可见"时"与"禄"是同义的。因此,《命义篇》结尾所言"命禄""命善禄盛"等,其中的"禄"皆可理解为"时"。

王充认为,遭遇幸偶作用于命善禄(时)盛之人时,结果如何,取决于命、时与遭遇幸偶的力量对比。若命、时的力量强,则可化险为夷;若遭遇幸偶的力量强,则不能免祸。当然,这里的遭遇幸偶专指负面的结果。[1] 由此,王充总结道:"遭、遇、幸、偶,或与命禄并,或与命(禄)离。遭遇幸偶,遂以成完;遭遇不幸偶,遂以败伤,是与命(禄)并者也。中不遂成,善转为恶,若是与命禄离者也。"可见,遭、遇、幸、偶是独立于命、时之外对人生造成影响的又一重力量,人生也因为它们的存在而变得更加艰难了。

至此,王充"命"的体系终于彻底构建完成:"人之在世,有吉凶之性命,有盛衰之祸福(禄),重以遭遇幸偶之逢。"(《命义篇》)命、时、遭遇幸偶,构成了人生的三重屏障。想要突破屏障,获得顺利的人生,真是难上加难。因此,王充才会感叹:"获从生死而卒其善恶之行,得其胸中之志,希矣!"(《命义篇》)

五 知命的途径

对于命,人们只能被动接受而无法主动掌握,不过,王充相信命是可知的,知命的途径有多种。

首先是依据骨相。王充以为,人禀气受命,命会通过身体表征显露出来,即所谓"命在于身形"(《骨相篇》)。[2] 由此,可以根据一

---

[1] 《命义篇》中,王充曾列举诸多例子,如关于遭逢之祸:"晏子所遭,可谓大矣,直兵指胸,白(曲)刃加颈,蹈死亡之地,当剑戟之锋,执死得生还。命善禄盛,遭逢之祸不能害也。历阳之都,长平之坑,其中必有善命盛禄之人,一宿同填而死,遭逢之祸大,命善禄盛不能却也。譬犹水火相更也,水盛胜火,火盛胜水。"关于不遇之祸:"虽有善命盛禄,不遇知己之主,不得效验。"关于不幸之祸:"无罪见拘,不幸也。执拘未久,蒙令得出,命善禄盛,夭灾之祸不能伤也。"关于不偶之祸:"行与主乖,退而远之,不偶也。退远未久,上官录召,命善禄盛,不偶之害不能留也。"故王充所谓"遭逢幸偶",主要是从负面的角度而言。

[2] 《骨相篇》中,王充还指出,不仅命有骨法,性亦有骨法。因此,王充以为性与命皆可通过骨相得知。

个人的长相察知其命："是故知命之人，见富贵于贫贱，睹贫贱于富贵。案骨节之法，察皮肤之理，以审人之性命，无不应者。""故知命之工，察骨体之证，睹富贵贫贱，犹人见盘盂之器，知所用也。""禀气于天，立形于地，察在地之形，以知在天之命，莫不得其实也。"（《骨相篇》）显然，民间流传已久的看相算命便与此相关，而所谓"知命之人""知命之工"，大概也属于巫卜术士一类。

其次是依据异象。① 王充指出，吉人贵命往往有吉瑞祯祥相随，比如尧、高祖刘邦、光武帝刘秀出生时，皆有祥瑞出现："'野出感龙'，及'蛟龙居上'，或尧、高祖受富贵之命，龙为吉物，遭加其上，吉祥之瑞、受命之证也。光武皇帝产于济阳宫，凤凰集于地，嘉禾生于屋。圣人之生，奇鸟吉物之为瑞应。"（《奇怪篇》）因此，凭借祥瑞亦可预判一个人生禀贵命。

王充所言由骨相、异象知命，尤其预知富贵之命，其实都是根据马后炮式的记载，这些记载往往是某人扬名立万、飞黄腾达之后，自己或他人对其经历、特征的刻意神化。至于普通人之命如何探知，王充未能举出相关例证。不过，这并没有影响他对骨相、异象可指示命运的信任。这种信任，根植于"人各有命""命自前定"的观念，根植于王充对"命"的信仰。

我们在本节已经讨论了王充"命"的信仰的主要内容。至于这种信仰从何而来，又在王充的思想世界中占据怎样的地位，将是下面两节所要讨论的内容。

第二节　王充命论的由来

王充的命论结构多样、内容庞杂，并非凭空而来。除了大量列举

---

① 王充认为异象还可预示命的走向，吉凶祸福来临之前，往往会有相应的征兆，由此，通过分析异象可以预知祸福，这反映的是较为原始的"预兆式"关联思维，多见于巫术、数术传统中，第四章将详述。

第三章　论命

经传中记载的与命相关的事迹，以及当时人们口耳相传的故事之外，在《命禄篇》中，王充曾经引述不同人关于命的见解：

> 孔子曰："死生有命，富贵在天。"鲁平公欲见孟子，嬖人臧仓毁孟子而止。孟子曰："天也！"孔子、圣人，孟子、贤者，诲人安道，不失是非，称言命者，有命审也。《淮南书》曰："仁鄙在时不在行，利害在命不在智。"贾生曰："天不可与期，道不可与谋，迟速有命，焉识其时？"高祖击黥布，为流矢所中，疾甚。吕后迎良医，医曰："可治。"高祖骂之曰："吾以布衣提三尺剑取天下，此非天命乎！命乃在天，虽扁鹊何益？"韩信与帝论兵，谓高祖曰："陛下所谓天授，非智力所得。"扬子云曰："遇不遇，命也。"太史公曰："富贵不违贫贱，贫贱不违富贵。"是谓从富贵为贫贱，从贫贱为富贵也。

由引文可见，王充大致将这些信命者分为两类，一类是以孔子、孟子为代表的儒家圣贤；另一类是汉朝时人，包括淮南王门客、贾谊、司马迁、扬雄等士人，以及汉高祖、韩信等王侯将相。西汉开国君臣多出自布衣，与士人文化层次有别，但王充却将高祖、韩信之言穿插在淮南王、贾谊与扬雄、司马迁的言语之间，可见王充并未着意区分士人与王侯，而是将他们一并作为时人的代表，或可统称为"世俗"（The populace），即包括部分上层社会人士和知识分子在内的"众人"。[①] 因此，上述引言，可以说分别代表了"儒家"和"世俗"关于命的看法。[②]

[①] 蒲慕州在界定"民间信仰"（popular beliefs）时提到，popular 一词含有"通俗、为众人所分享"的意思。因此"民间"所包含的群体不一定限制为一般百姓，因为上层人士与知识分子也可以是众人的一部分，而民间信仰的信奉者与他所在的政治经济社会地位的高下也许没有必然的联系。参见蒲慕州《追寻一己之福：中国古代的信仰世界》，第10页。《论衡》中王充所言"世俗"，亦是一个涵盖范围颇广的群体。

[②] 汉代正宗儒学其实已经混杂了不少民间小传统的成分，因此知识阶层和世俗关于命的观念其实有部分重合。本节仍将之区分开来，主要是依据"命"的信仰背后宇宙观的不同。

作为地方士人，王充长期担任基层属吏，有机会接触包括命的信仰在内的各种世俗信仰；而儒学教育及游学京师的经历，亦为他接受儒家命论奠定了基础。《论衡》一书中所讨论的诸多故事、说法、观念，王充不是冠以"世俗之议"，就是称作"儒者之言"，世俗与儒者，本就是《论衡》内容的两大主要来源。下面，我们具体来看儒家和世俗命运观念及王充对它们的吸收。

一　儒家关于命的看法

前面提到，王充所引信命的士人中，大部分是儒家士人；持有命论的知识阶层中，确以儒家势力为最大。由前面引文可见，先秦时期，儒家孔子、孟子、荀子都有诸多关于命的言论；主张无命论的墨家就专以《非命》批判儒家对命的笃信；王充在《命义篇》中也曾指出"墨家之论，以为人死无命；儒家之议，以为人死有命"，直接视儒墨二家为有命论、无命论的代表。而汉代混杂了阴阳学说乃至谶纬的正统儒学，关于"命"的理论只增不减。东汉正统儒学法典《白虎通义》有《寿命》篇，载"三命说"："有寿命以保度，有遭命以遇暴，有随命以应行。"[①] 这是当时正统儒学关于命的认识的总结。

儒家虽信命，却并没有否定个人努力尤其是道德修为对命的作用。如傅斯年所言，儒家关于命的思想之核心，在于调和"命正论"与"命定论"的"俟命论"。"命正论"认为，"天眷无常，依人之行事以降祸福"[②]；"命定论"认为，"天命为固定，不可改易"[③]。儒家以为命由天降，天具有道德属性，因此天降于人的吉凶祸福从根本上是以善恶得失为依据的；但现实生活中又往往有善无善报、恶无恶报的例子，显示出人力所无法左右的神秘力量对人生的影响。由此，

[①] （清）陈立撰，吴泽虞点校：《白虎通疏证》卷8《寿命》，中华书局1994年版，第391页。

[②] 傅斯年：《性命古训辨证》，第103页。

[③] 傅斯年：《性命古训辨证》，第102页。

第三章　论命

儒家折中了命定论与命正论，提出俟命论，以为上天之意大体福善而祸淫，只是有时会有偏差，出现祸福之报与善恶不符的情况，因此，人们只需将自己力所能及之事做好，等待上天的最终安排；换言之，即把握命中可控的部分，而不强求不可控的部分。这种观点，孔子已有发端，如《论语·宪问》强调"不怨天，不尤人"①，孟子则进一步推明："夭寿不贰，修身以俟之，所以立命也。……莫非命也，顺受其正。是故知命者，不立乎岩墙之下。尽其道而死者，正命也。桎梏死者，非正命也。"② 荀子亦言："自知者不怨人，知命者不怨天。"③《礼记·中庸》言："君子居易以俟命，小人行险以侥幸。"④而被王充称为"儒书"的《淮南子》中，也有类似表述："知己者不怨人，知命者不怨天。福由己发，祸由己生。"⑤ 可见，在儒家看来，人生的主体性很大程度仍把握在自己手中，善行在正常情况下能够获得相应的福报。如此一来，儒生对于道德的自信往往转化为对于人生的坦然，呈现出乐观向上的态度。

自诩为儒生的王充，自然受到儒家"信命"传统影响。在《论衡》中，王充对于儒家命运观念的吸收，主要体现在对孔孟等儒家人物相关言论的引用或化用。不过，在征引的过程中，他并非全盘接受儒家观点。有些句子脱离了原有语境。如《论语·颜渊》中的"死生有命，富贵在天"，本是子夏引孔子之言以安慰司马牛之语，其意在于说明，生物学意义上的兄弟，是命中注定而无法改变的；但人可以通过修行道德，使四海之人皆爱敬之如兄弟。如朱熹所言，"既安于命，又当修其在己者"⑥。同样，在《论语·宪问》《孟子·梁惠王下》所载"公伯寮诉子路"和"臧仓谗孟子"事件中，无论孔子还是孟子，虽将道之行废、遇与不遇归于天命，但同时展现出对

---

① 《论语》卷7《宪问》，（宋）朱熹：《四书章句集注》，第158页。
② 《孟子》卷13《尽心上》，（宋）朱熹：《四书章句集注》，第356—357页。
③ （清）王先谦撰，沈啸寰、王星贤整理：《荀子集解》卷2《荣辱篇》，第58页。
④ （清）朱彬撰：《礼记训纂》卷31《中庸》，中华书局1996年版，第774页。
⑤ 何宁：《淮南子集释》卷10《缪称训》，第756页。
⑥ （宋）朱熹：《四书章句集注》，第135页。

于自身道德的绝对自信；《荀子·宥坐篇》对于"孔子厄于陈、蔡"故事的转述，在肯定时命对于个人际遇的主导的同时，也强调个人主观努力的作用。然而，王充在引述上述言论时，只取儒家士人承认命的部分，以论证"有命审也"，却省略了他们对于人事尤其是道德修为的关注。

其次，王充曲解了儒家的部分论述。比如孔子对小人之侥幸的论述，孟子对于"在我者"和"在外者"的区别以及"正命"和"非正命"的区别，其本意皆在突出道德和人格完善的重要性，强调个人在道德上应负的责任。而王充却另辟蹊径，挖掘出这些言论中所牵涉的"不同人不同命"的问题，认为人有幸有不幸，有人求而能得，有人求而不得，有人无德而受宠，有人却无端为倒塌的岩墙所压，由此，孔孟言论在王充笔下，反而成为命运强大力量的证明。这种曲解，也产生于王充对于儒家命论相关概念的吸收上。比如儒家强调的"俟命"，本指尽己所能而等待天命之至，即"尽人事听天命"。王充在《论衡》中也谈到俟命，但完全是从命定不可变更的角度去理解："信命者，则可幽居俟时，不须劳精苦形求索之也，犹珠玉之在山泽，不求贵价于人，人自贵之。"（《命禄篇》）因为命是注定的，所以人不需要有任何动作，只需被动等待吉凶祸福的降临即可，这就将"俟命"概念中"尽人事"的部分完全抹杀了。

最后，王充在吸收儒家某些言论的同时，又以之为论据对另一些观点进行了批评。比如对于汉代儒家的"三命说"①，王充认同"本禀之自得吉"的"正命"说和"行善得恶"的"遭命"说，尤其对于"遭命"，王充非常重视。在《论衡》中，他将遭命又称作"所当触值之命"，指出"兵烧压溺，遭以所禀为命，未必有审期也"（《气寿篇》），并在不同的篇章中频繁举例讨论。基于对遭命的认同，王

---

① 《白虎通义·寿命》："命有三科，以记验：有寿命以保度，有遭命以遇暴，有随命以应行。"

充在《刺孟篇》中对孟子关于"正命""非正命"的说法予以批评，认为孟子一味强调正命，没有看到人还有行善而遭祸的"触值之命"即"遭命"，而后者才更具普遍性。此外，王充还在《问孔篇》中，以孔子所言"死生有命，富贵在天"为证据，攻击孔子"天厌之"的赌咒和"赐不受命"的论断，以孔子评论颜回"不幸短命死矣"的说法攻击其"天丧予"的悲叹。上述例证都说明，王充的命论在吸收儒家命论的基础上，产生了与之不同的理论走向。

王充只吸收了儒家肯定"命"的力量的言论，而抛开了强调人的道德主体性的部分。不仅如此，他在《论衡》首篇《逢遇》的开头就指出："操行有常贤，仕宦无常遇。……才高行洁，不可保以必尊贵；能薄操浊，不可保以必卑贱。"也就是说，王充认为一个人的道德操守对于他能否取得仕宦成功没有任何影响。在接下来的数篇文章中，这一立场始终不变，并且由仕途进一步扩大到人生其他领域。《累害篇》："修身正行，不能来福；战栗戒慎，不能避祸。"《幸偶篇》："俱行道德，祸福不均；并为仁义，利害不同。"王充完全斩断了个人道德修养与吉凶祸福的因果关系，否定了人凭借砥砺自身道德获得好运的可能，从而也就消解了儒家命论的核心关怀。

二 民间关于命的看法

除了儒家传统，命的信仰亦兴盛于民间，且产生了不同的分支和流派。

首先是对司命的崇拜。[1] 司命为掌握人生死寿夭的神灵，是一种具象化的命运之神，与前述古埃及普塔神、古希腊命运三女神功能相

---

[1] 关于司命信仰，前人多有研究。就近年论文而言，如贾艳红《略论古代民间的司命神信仰》，《三明高等专科学校学报》2003年第1期；晏昌贵《楚简所见诸司神考》，《江汉论坛》2006年第9期；焦海燕《先秦两汉时期司命神的文化考察》，《温州大学学报》2010年第1期；储晓军《唐前司命信仰的演变——兼谈人为宗教对民间神祇的吸收与改造》，《宗教学研究》2010年第3期；王煜《南京江宁上坊谢家山出土"天乙"滑石猪与司命信仰——也谈玉石猪手握的丧葬意义》，《东南文化》2017年第6期；孙伟杰《"籍系星宿，命在天曹"：道教星辰司命信仰研究》，《湖南大学学报》2018年第1期。限于篇幅，本书对于司命信仰不详细展开。

似。司命信仰自先秦时期便颇具影响力;① 进入秦汉，司命信仰广为流行，官方与民间都有针对司命的祭祀活动。

据《史记·封禅书》《汉书·郊祀志》，汉高祖平定天下后于长安广立不同地区的祠官，其中晋巫、秦巫的祠祀对象包含司命；汉武帝时，也曾以司命、大禁为太一之佐，一并置祠祭祀。值得注意的是，高祖、武帝之宗教心态本与大众相似，二人所主导的官方祭祀多吸取民间因素，司命得以列为官祀，其实变相证明了该信仰在民间的风行。

直接描述民间信奉司命的材料也有不少。如应劭《风俗通义》载："今民间独祀司命耳，刻木长尺二寸为人像，行者檐箧中，居者别作小屋。齐地大尊重之，汝南余郡亦多有，皆祠以腊，率以春秋之月。"② 纬书《春秋佐助期》言："司命神，名为灭党，长八尺，小鼻，望羊，多髭，臞瘦，通于命运期度。"③《礼记·祭法》郑玄注言："今时民家或春秋祠司命、行神、山神、门灶在旁，是必春祠司命，秋祠厉也，或者合而祠之。"④ 出土文献如东汉建初四年"序宁祷券"简、⑤ 东汉建和元年与熹平二年朱书陶瓶镇墓文中，⑥ 都载有对包括司命在内的地下神灵的祭祀祝祷。

针对司命神的祭祀广泛存在，说明民众相信命由鬼神决定，而求媚于神则可以获得健康、平安等福祉。背后潜藏的信念是命运是能够被改变、被影响的。

---

① 《周礼·春官·大宗伯》《礼记·祭法》《楚辞·九歌》《管子·法法》《庄子·至乐》《韩非子·喻老》都有关于司命的记录；出土文献与器物中，洹子孟姜青铜壶铭文，天水放马滩秦简《日书》墓主记以及望山、包山楚简中，亦有司命的踪迹。
② （汉）应劭撰，王利器校注：《风俗通义校注》卷8《祀典》，第384页。
③ ［日］安居香山、中村璋八辑：《纬书集成》（中），河北人民出版社1994年版，第820页。
④ （清）朱彬撰：《礼记训纂》卷23《祭法》，第698页。
⑤ 参见杨华《序宁祷券集释》，《古礼新研》，商务印书馆2012年版，第497页。
⑥ 陕西省文物管理委员会：《长安县三里村东汉墓葬发掘简报》，《文物参考资料》1958年第7期；陈直：《汉张叔敬朱书陶瓶与张角黄巾教的关系》，《文史考古论丛》，天津古籍出版社1988年版，第391页。

第三章 论命

民间关于命的信仰，还包括时日信仰。人们相信年月日时有其内在的吉凶规律，在不同的时日进行不同的活动会影响人的祸福。马王堆帛书胎产书人字图、睡虎地秦简日书甲种生子篇与人字篇，都有根据出生时日对未来命运的预测（见图二、图三）。① 秦汉时期大量存在的"日书"，本身就是指导人们选择恰当时日安排衣食住行各项事务的手册。虽然与生子相关的时日选择，似乎显示了出生时日可以先天决定人的命运，但这并不影响人们依然希望在日常生活中趋吉避凶。由此，如蒲慕州所言，日书使用者的心态亦并非完全的命定论，他们相信人对于自己的命运仍有某种自主性。因为一切吉凶之事都与时日相互对应，且这种对应关系可以为人所知，一个人靠着遵循《日书》的指示选对时日，就有获得理想人生的可能。② 甚至可以说，

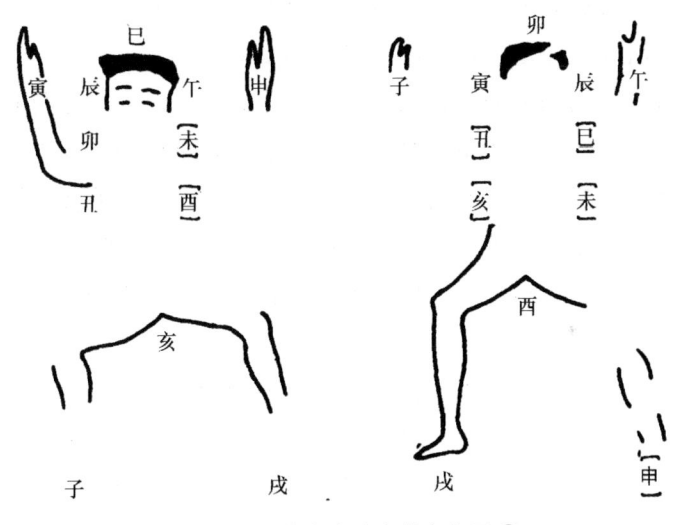

图二　马王堆帛书胎产书人字图 ③

---

① 周一谋、萧佐桃：《马王堆医书考注》，天津科学技术出版社1988年版，第345—346页；睡虎地秦墓竹简整理小组编《睡虎地秦墓竹简》，文物出版社1990年版，第202—206页。睡虎地秦简日书乙种亦有"生"篇，与甲种的生子篇略有出入，见睡虎地秦墓竹简整理小组编《睡虎地秦墓竹简》，第251—254页。

② 蒲慕州：《睡虎地秦简日书的世界》，《"中研院"历史语言研究所集刊》1993年第4分，第636页。

③ 引自周一谋、萧佐桃《马王堆医书考注》，第345页。

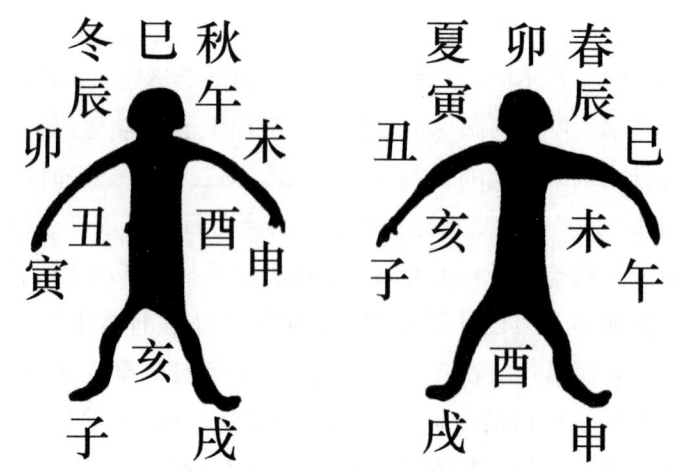

图三 睡虎地秦简日书甲种人字篇①

时日信仰主要就是建立在个人对于命运的自主性之上的，因为若人力完全无法改变命运，也就没有择日的必要了。

与时日论相关的另一种信仰是星命论，这是说，出生时日不同导致星象不同，而不同的星象会给人的命运带来不同影响。由此，时日的吉凶让位于星象的吉凶而作用于人。星命论在汉代亦较为流行，如范晔《后汉书》称世人以为光武帝麾下的邓禹等中兴二十八将上应二十八宿，《风俗通义》《列仙传》称东方朔为"太白星精""岁星精"，等等。

另外，前文提到儒家经传、谶纬中关于骨相的记载，很大程度上也是来源于民间看相算命技术，体现了小传统对大传统的影响。

对于与命相关的种类繁多的民间信仰，王充同样有所吸收。他推崇星命论，对此有过专门论述：

> 至于富贵所禀，犹性所禀之气，得众星之精。众星在天，天有其象，得富贵象则富贵，得贫贱象则贫贱，故曰"在天"。在天如何？天有百官，有众星，天施气而众星布精，天所施气，众

---

① 引自睡虎地秦墓竹简整理小组编《睡虎地秦墓竹简》，第206页。

第三章 论命

星之气在其中矣。人禀气而生，舍气而长，得贵则贵，得贱则贱。贵或秩有高下，富或赀有多少，皆星位尊卑小大之所授也。故天有百官，天有众星，地有万民、五帝、三王之精。天有王梁、造父，人亦有之，禀受其气，故巧于御。（《命义篇》）

王充以为人禀天所施之气而有命，人所禀受的天气中包含了众星之气，故人的命运会受到出生时所值星宿的影响，"得富贵象则富贵，得贫贱象则贫贱"。这当是受到世俗观念影响而形成的认识。

此外，王充对于世俗信奉的骨相、祥瑞、占卜也予以认可，在《骨相》《吉验》《初禀》《指瑞》《卜筮》等篇中，他列举了大量由骨相、祥瑞、占卜预知命运而应验的事例。王充认为，人的相貌、自然现象和占卜吉凶，都是命运的征兆，它们自然地展示早已注定的命运，不受任何目的、意志的影响："人命禀于天，则有表候见于体"（《骨相篇》），"凡人禀贵命于天，必有吉验见于地"（《吉验篇》），"龟兆蓍数，常有吉凶，吉人卜筮与吉相遇，凶人与凶相逢"（《指瑞篇》）。换言之，命运通过不同渠道，以不同形式表现出来，人们只能通过骨相、祥瑞、占卜结果等探知命运，而不能以任何手段对命运有所作为。

另外，对于汉代世俗颇为流行的时日信仰，尤其是时日对命运的影响，王充则全无采纳，反而针对时人不举正月、五月子的习俗批评道："正与二月何殊？五与六月何异？而谓之凶也？"（《四讳篇》）他也未曾讨论过司命信仰，并且对于这种有意志、有目的的人外力量，他一般都持否定态度。可见，王充对于世俗命论的吸收亦是有选择的。

大致来说，王充赞同的星命、骨相、吉验、卜筮等信仰，充当着命运的传声筒，人只能通过它们被动了解、接受命运，无法进行干预；而对于肯定人的自主权的时日、司命信仰，王充基本持忽视或否定的态度，说明他对于以技术手段改变命运的做法从根本上不予采纳，从而也消解了世俗命论的根本支柱。

三　王充命论的最终形成

儒家和世俗的命论，其实是两种不同宇宙观的局部显现。儒家所主张的是一个道德的宇宙，道德是事物运行的根本原则。在这个道德的宇宙中，善恶是招致祸福的最关键因素，虽然偶有偏差，但大体上福祸与善恶是相对应的。因此，在个人生命方面，儒家虽然承认命运的力量存在，但又认同《左传》"祸福无门，唯人所召"的说法，强调个人对于生命所负担的责任。[1] 概言之，在儒家的世界观中，命运的作用远比不上道德的作用显著，后者才是包括社会人生在内的整个世界得以运行的基础。

相比儒者，世俗信奉的是一个"规则化"的宇宙，各种神圣而神秘的规则规定着事物的运行。在规则化的宇宙中，背离或顺应规则进行操作是招致祸福的关键。司马谈《论六家要旨》中曾引述阴阳家之言："夫阴阳四时、八位、十二度、二十四节各有教令，顺之者昌，逆之者不死则亡。"[2] 具体到个人命运方面，不同于儒家对道德的强调，世俗相信人可以通过符合规则的操作——比如选择恰当的时日进行活动，或者对司命之神举行虔敬的祭祀——来把握命运的走向。也就是说，在世俗看来，命运也并非一座密不透风的墙，人所要做的，就是以恰当的操作或技术手段来顺应规则，从而趋吉避祸。正是基于这种实用主义的心态，我们可以看到日书中不同的择日系统并存，如王充在《论衡·讥日篇》中所批评的，"世俗既信岁时，而又信日"；而民间祠祀的鬼神也成千上万，今天一些地区依然有"见神磕头，见庙烧香"的情景。这些都说明，人们希望通过"多重保险"，确保自己获得幸福美满的人生。世俗的世界观所反映的原

---

[1] 如《孟子·公孙丑上》言"祸福无不自己求之者"；《新语·思务》称"善恶不空出，祸福不妄作，唯心之所向、志之所行而已"；《韩诗外传》卷5言"祸福自己出也"；《说苑·敬慎》言"存亡祸福，其要在身"，同书《谈丛》又言"祸福非从地中出，非从天上来，己生之"。

[2] 《史记》卷130《太史公自序》，第3290页。

则,或可称之为"符合规则的操作"原则。

儒家和世俗的世界观中,无论强调道德还是操作,因果律是存在的,人的行为是有意义的,反映到各自的命运观念上,都化作一种乐观积极的精神内核。然而,王充的命论只吸收了儒家和世俗言命存在的部分,并将之无限放大,而完全抽离了儒家和世俗强调人的能动性、自主性,以把握命运的内核,无论这种把握是通过道德修为还是技术手段。王充指出:"命,吉凶之主也,自然之道,适偶之数,非有他气旁物厌胜感动使之然也。"(《偶会篇》)命运的主宰就是命运本身,而非外物。他的命论,可以说是一种"极端命定论"了。

不少学者已经指出,王充对命的认识可能与他的遭遇有关。①《论衡》中关于"命"的十几篇文章,以《逢遇》《累害》《命禄》开头,这三篇文章全都基于王充的仕宦经历,可见王充在写作"命"的系列文章时,脑海中首先想到的的确是自己的遭遇。王充的整个命论,其实就是围绕着自身仕途不顺的经历展开的,其所言性命问题,主要就是关系到一个人在官僚体系内部是否显达的禄命问题。② 王充自诩道德、才华过人,却沉沦下僚,始终未受赏识而飞黄腾达。对此,他难以跳脱出时代,批判汉代大一统专制政权下仕进制度的不合理,而只能将不遇归之于命。这应当是其命定论形成的根本原因。

此外,王充命定论的形成,也可能与他对道家思想的借鉴有关。王充在《论衡》中虽然极少引用道家人物关于命的论述,③ 但对于道家的"自然"思想,他颇为赞赏。道家所谓"自然",指没有其他因素干预而自然而然、自己如此,这一原则适用于自然界、社会与个人

---

① 参见徐复观《两汉思想史》(二),第525—527页;邵毅平《论衡研究》,第320—322页。
② 龚鹏程:《汉代思潮》,第204页。
③ 《命禄篇》中,王充曾引《淮南子》"仁鄙在时不在行,利害在命不在智",但《淮南子》成于众手,兼具儒道二家色彩,且王充在《论衡》中常称之为"儒书",如《道虚篇》中王充列举黄帝、淮南王、卢敖、项曼都、文挚等道人故事,称它们为"儒书"所言,而这些故事皆出自《淮南子》。

等不同领域。① 王充认为，"自然"是当时存在的关于世界运行的解释中最符合实际的一种，用今天的术语来讲，就是最"科学"，在《论衡》中，他曾多次引述"自然"思想作为观点的论据。道家的"自然"进入人生领域，就表现为"命"。王充即将命视为"自然之道"，称"命自然也"（《偶会篇》）、"时命当自然也"（《偶会篇》）、"命期自然"（《治期篇》），这或许是受到庄子等道家人物影响，更可能是在道家"自然"思想影响下自然推导出的结果。

综上，王充怀才不遇、沉沦下僚的经历，使他对于行为与结果之间的因果关系丧失了信心，不再相信道德、才能出众者会获得福报；对道家"自然"思想的吸收，又使他进一步坚信命运中没有因果律，一切际遇都是自然而然、自己如此的，是不可阻挡的必然而客观的规律使然。儒家与世俗对命的认识，只是更加坚定了他对命的信仰，同时为他言命提供了素材与思路上的支持罢了。

第三节 命与王充的自我辩护

杨庆堃（C. K. Yang）曾经指出，儒家"天命"观念可以赐予自信的人以力量，予失败者以一种平静放弃的态度，帮助他们减轻失利的打击。② 其实，但凡言"命""时"者，大都怀有这样的心态。西汉以来，从贾谊《鵩鸟赋》到东方朔《答客难》，从扬雄《解嘲》到班固《答宾戏》，士人怀才不遇的自伤之作，皆通过将不幸际遇诉诸"命""时"来自我安慰。王充亦是如此。

对于王充而言，信命首先可以使自己在面对仕途不顺的现实时获得心理上的平衡。命的力量太过强大且无法左右，因此人的成败是自己无法控制的，也与个人努力无关，如此一来，事业未成也就不那

---

① 刘笑敢曾将先秦至东汉的"自然"分为外在自然、内在自然、社会自然三类。见刘笑敢《"自然"的蜕变：从〈老子〉到〈论衡〉》，《哲学研究》2020年第10期。
② 杨庆堃：《中国社会中的宗教》，范丽珠译，四川人民出版社2016年版，第208页。

第三章 论命

么令人难以接受了。王充曾明确以信命的姿态对待仕宦进退，流露出一种豁达洒脱："时适当退，君用谗口；时适当起，贤人荐己。故仕且得官也，君子辅善；且失位也，小人毁奇。公伯寮愬子路于季孙，孔子称命；鲁人臧仓逸孟子于平公，孟子言天。道未当行，与逸相遇；天未与己，恶人用口。故孔子称命，不怨公伯寮；孟子言天，不尤臧仓，诚知时命当自然也。"（《偶会篇》）而在全书末尾的《自纪篇》中，他亦通过将得失归之于命，表现出宠辱不惊、去留无意的超然与淡泊："孔子称命，孟子言天，吉凶安危，不在于人。昔人见之，故归之于命，委之于时，浩然恬忽，无所怨尤。福至不谓己所得，祸到不谓己所为。故时进意不为丰，时退志不为亏。不嫌亏以求盈，不违险以趋平；不鬻智以干禄，不辞爵以吊名；不贪进以自明，不恶退以怨人。"可见，命的理论给了王充的自尊心一个合适的归宿，使他在遭遇仕途失利后，能够排遣愤懑、获得安慰，进而平静地面对生活。从这个意义上讲，命论对于王充的心理建设功莫大焉。

除了自我安抚，命论还能帮助王充回击他人对自己道德才智的质疑。当时一些人认为，人的道德才智与事业成就呈正向关系，才高德丰，一定会取得高官厚禄；反过来，仕途不顺则说明自身才德不足。在《论衡》中，这样的言论并不少见：

> 世俗之议曰："贤人可遇，不遇，亦自其咎也：生不希世准主，观鉴治内，调能定说，审词（伺）际会。能进有补赡主，何不遇之有？今则不然，作（进）无益之能，纳无补之说，以夏进炉，以冬奏扇，为所不欲得之事，献所不欲闻之语，其不遇祸，幸矣，何福祐之有乎？"（《逢遇篇》）

> 身完全者谓之洁，被毁谤者谓之辱，官升进者谓之善，位废退者谓之恶。（《累害篇》）

> 世俗见人节行高，则曰："贤哲如此，何不贵？"见人谋虑深，则曰："辩慧如此，何不富？"（《命禄篇》）

> 世之论事者，以才高（者）当为将相，能下者宜为农商。

见智能之士，官位不至，怪而訾之曰："是必毁于行操。"行操之士，亦怪毁之曰："是必乏于才智。"（《命禄篇》）

王充对于这种唯结果论的观点深恶痛绝，他指出"今俗人既不能定遇不遇之论，又就遇而誉之，因不遇而毁之，是据见效，案成事，不能量操审才能也"（《逢遇篇》）。

在王充看来，仕宦成功与否，首先取决于外部环境，比如长吏喜好、乡里口碑；仕宦不成功，主要源于外部环境阻碍。他曾将朝廷、乡里阻碍个人进身的因素，总结为"三累""三害"，称"凡人仕宦有稽留不进，行节有毁伤不全，罪过有累积不除，声名有暗昧不明，才非下，行非悖也，又知非昏，策非昧也，逢遭外祸，累害之也"（《累害篇》）。他认为，外部环境是个人无法控制的，也不受个人素质影响，外部环境的好坏，只与命、时有关，或者说，它们本身就是命、时的体现。

此外，如第二章所述，当时选官尤重实际能力，能力主要体现为功劳，因而功劳成为进身的重要凭借。然而，在王充看来，功劳的建立亦只与命、时相关。《定贤篇》中，他指出"阴阳和、百姓安者，时也。时和，不肖遭其安；不和，虽圣逢其危"。《治期篇》中，他指出"吏百石以上，若升食以下，居位治民，为政布教，教行与止，民治与乱，皆有命焉。或才高行洁，居位职废；或智浅操污，治民而立。上古之黜陟幽明，考功，据有功而加赏，案无功而施罚。是考命而长禄，非实才而厚能也"。《答佞篇》中，他指出"若夫阴阳调和，风雨时适，五谷丰熟，盗贼衰息，人举廉让，家行道德之功，命禄贵美，术数所致，非道德之所成也"。因此，功劳亦是个人无法控制的。

既然高官厚禄的实现，非个人所能控制，那么决定一个人是否能够飞黄腾达的，只有命和时，才智与道德根本无法施加影响；而既然成就与才德无关，自然也不能凭借财富地位来判断才德高下。显然，王充这是以命论为自己辩护，说明仕途不顺、沉沦下僚，都与王充本

第三章 论命

身的才智、道德无关,而是命自然发展的结果。

需要指出的是,在王充的命论体系中,有一个明显的问题:他一方面认为性可变,人可以通过后天的学习、教育转恶为善;另一方面又秉持绝对的命定论,认为人的一切努力包括良好的道德修为,都不能对一生的吉凶祸福产生任何影响。既然如此,那么人的道德努力意义何在?是非善恶等约束人行为的道德标准又有何存在的价值?

有学者认为,王充在《论衡》中树立了一类道德高尚而命运多舛的贤者形象,他们并不看重世俗所关心的富贵、长寿等"好命",而希望通过撰写有补于世的文章来教化民众、成就自我、实现个体价值。[1] 这一主张颇有新意,但亦存在问题。首先,王充本身对于富贵名利乃至养生长寿其实是很重视的,《论衡》中多见例证,本书中亦有提及,不赘。其次,王充提到"贤者命困",多数时候是以贤者为例说明命的力量无比强大,即便圣贤之人也难以幸免,并不是提倡贤者应当坚守操行,哪怕因此命运不济。最后,王充对文章著作的强调客观上为突破命运的限制指明了道路,为个人的道德努力寻找到出口,但他并非是有意这样做的。事实上,王充自己未必真正意识到"道德努力"与"命定"之间的龃龉。

龚鹏程曾指出,王充立论务在胜人,有时忽略前后逻辑一致性,表现出"随事各主一说"的特点。[2] 我们认为,王充对道德以及教育、教化的重视承继了儒家的基本主张;认为成败为命定,与努力无关,则是基于自身经历,尤其针对现实中人们"以成败论英雄"的质疑,为自己所做的辩护。王充自己并没有发觉二者之间存在的不和谐,而为此作出有意的理论突破,他只是就事论事地谈论这两个问题。包括后文对人才的讨论所体现出的王充对仕宦成功的心愿与追求,亦与命定的主张相矛盾。这确是王充理论体系的一贯特点,也反映了中国古代思想者逻辑推论所存在的一种普遍情况。

---

[1] 参见王尔《命定之下的个体修为:王充"贤者命困"论旨趣探微》,《安徽大学学报》(哲学社会科学版)2022年第6期。
[2] 龚鹏程:《汉代思潮》,第211页。

王充的命论虽是以个人遭遇为出发点，但命的体系建立起来之后，他转而以之为武器，投入与虚妄的战斗中。关于这一点，前辈学者亦有所留意。邓红认为，王充"以命论对不符合自己观点的思想及迷信进行了批评"[1]；邵毅平、祝瑞开认为，王充主要以命论批判天人感应论；[2] 冯友兰、金春峰指出，王充命论意在破解"福善祸淫说"；[3]法国学者马克提出，王充以命论阐发自己对占卜术的意见。[4] 上述观察皆有一定道理，但多失之一隅，或过于简略。其实，王充已经给出了线索："命，吉凶之主也，自然之道，适偶之数，非有他气旁物厌胜感动使之然也。"其命论的针对对象，为"旁物厌胜"与"他气感动"，前者指向数术信仰，后者指向天人感应，这就是王充以命论所批判的两类主要的"虚妄"，也是我们在接下来两章中将要讨论的内容。

---

[1] 邓红：《王充新八论》，第56页。但邓氏的列举很简略，且分类亦模糊。
[2] 邵毅平：《论衡研究》，第325页；祝瑞开：《两汉思想史》，上海古籍出版社1989年版，第318页。
[3] 冯友兰：《中国哲学史》，商务印书馆2011年版，第98页；金春峰：《汉代思想史》，第284页。
[4] ［法］马克：《王充思想中的命运与占卜》，法国汉学丛书编辑委员会编：《古罗马和秦汉中国——风马牛不相及乎》，中华书局2011年版，第284页。

第四章
论天人感应

天人关系是中国传统学术史上又一重要问题。历史上对天人关系的认识，大体分为天人相关、天人相分两派，又以前者为主流。所谓天人相关，即相信人类社会与自然界之间存在联系，这种认识，是原始思维中关联性思维发展的必然结果。至于天人之间的联系具体为何、怎样实现，亦存在不同的观点，其中影响较大的一种观点是"天人感应"，也就是说，人类行为会引发天的反应，进而对人类产生影响。

战国时期，天人感应思想已广泛存在于各学派；进入汉代，董仲舒等汉儒对天人感应思想加以系统化，并注入了儒家核心价值，形成了儒家特有的天人感应理论。本章将对汉儒的天人感应理论稍作介绍，并着重分析王充的自然主义立场以及进身的愿望，如何使他对天人感应基本原理、灾异论与祥瑞论等问题，形成了与汉儒不同的认识。

第一节　天人感应基本原理

一　天人感应思想与理论

《论衡》中不少篇章转述了当时文献记载或口头流传的天人感应相关事迹。如《变虚篇》载宋景公三善言三徙火星；《异虚篇》载殷高宗时桑穀先生后亡；《雷虚篇》载祭祀时使用不洁净的食物会引发天怒，遭雷击杀。《感虚篇》所载事迹尤多，现列之于下：

《传书》言："武王伐纣，渡孟津，阳侯之波，逆流而击，疾风晦冥，人马不见。于是武王左操黄钺，右执白旄，瞋目而麾之曰：'余在，天下谁敢害吾意者！'于是风霁波罢。"①

《传书》言："鲁襄（阳）公与韩战，战酣，日暮，公援戈而麾之，日为之反三舍。"②

《传书》言："荆轲为燕太子谋刺秦王，白虹贯日。卫先生为秦画长平之事，太白蚀昴。"此言精【诚】感天，天为变动也。③

《传书》言："燕太子丹朝于秦，不得去，从秦王求归。秦王执留之，与之誓曰：'使日再中，天雨粟，令乌白头，马生角，厨门木象生肉足，乃得归。'当此之时，天地祐之，日为再中，天雨粟，乌白头，马生角，厨门木象生肉足。秦王以为圣，乃归之。"④

《传书》言："杞梁氏之妻向城而哭，城为之崩。"此言杞梁从军不还，其妻痛之，向城而哭，至诚悲痛，精气动城，故城为之崩也。⑤

---

① 本《淮南子·览冥训》。参见黄晖《论衡校释》，第 268 页。
② 本《淮南子·览冥训》。参见黄晖《论衡校释》，第 270 页。
③ 本《史记·鲁仲连邹阳列传》。参见黄晖《论衡校释》，第 273 页。
④ 据黄晖说，盖本《燕丹子》。参见黄晖《论衡校释》，第 275 页。
⑤ 盖本刘向《说苑·善说》。参见黄晖《论衡校释》，第 277 页。

第四章 论天人感应

《传书》言:"邹衍无罪,见拘于燕,当夏五月,仰天而叹,天为陨霜。"此与杞梁之妻哭而崩城,无以异也。①

《传书》言:"师旷奏《白雪》之曲,而神物下降,风雨暴至,平公因之癃病,晋国赤地。"或言:"师旷《清角》之曲,一奏之,有云从西北起;再奏之,大风至,大雨随之,裂帷幕,破俎豆,堕廊瓦。坐者散走,平公恐惧,伏乎廊室。晋国大旱,赤地三年,平公癃病。"②

《传书》言:"汤遭七年旱,以身祷于桑林,自责以六过,天乃雨。"或言五年。"祷辞曰:'余一人有罪,无及万夫;万夫有罪,在余一人。天(无)以一人之不敏,使上帝鬼神伤民之命。'于是剪其发,丽其手,自以为牲,用祈福于上帝。上帝甚说,时雨乃至。"③

《传书》言:"仓颉作书,天雨粟,鬼夜哭。"此言文章兴而乱渐见,故其妖变致天雨粟、鬼夜哭也。④

《传书》言:"梁山崩,壅河,三日不流,晋君忧之。晋伯宗以辇者之言,令景公素缟而哭之,河水为之流通。"⑤

上述事迹,来源于《韩非子》《吕氏春秋》《淮南子》《韩诗外传》《史记》《新序》《说苑》等诸子史传,就内容看,它们都反映了天与人之间的呼应,因此黄晖称之为"书传中关于天人感应说违自然之义和虚妄之言"⑥。这些事迹的主要特征如下:

第一,以一个有意志的"人格神"式的天为前提。天由人的行为激起反应,表现为人力所不能控制的奇异现象发生,如日再中、五月陨霜、马生角等。从这个意义上讲,天相当于世俗信仰中"鬼神"

---

① 本《后汉书》引《淮南子》佚文。参见黄晖《论衡校释》,第279页。
② 本《淮南子·览冥训》《韩非子·十过》。参见黄晖《论衡校释》,第282—283页。
③ 本《吕氏春秋·顺民》。参见黄晖《论衡校释》,第289页。
④ 本《淮南子·本经训》。参见黄晖《论衡校释》,第291页。
⑤ 本《春秋谷梁传·成公五年》。参见黄晖《论衡校释》,第298页。
⑥ 黄晖:《论衡校释·自序》,第4页。

的角色。比如专论"天地报其德"的《福虚篇》,引述宋人父子因行善积德而先盲后视、得以避难的故事,言"此修善积行神报之效也""神使之盲""神报佑人","天"与"神"近乎同义。这种"宗教之天""神灵之天"的观念,自西周之前便已存在,颇为古老。此外,从上述事迹,尚不能看出天已完全具备道德属性,如鲁阳公援戈而日为之反、仓颉作书而天雨粟鬼夜哭,天的反应似乎并不是以道德得失为标准的。

第二,人在与天的关系中具有一定主动权。无论鲁阳公援戈而日为之反,还是邹衍仰天叹而天为陨霜,都是人先主动发出行为,引起天的反应,可见人对天具有相当大的影响,甚至可以说主导了天的走向。这与春秋以来人本主义的兴起、民神易位的转变不无关系。徐复观以为,董仲舒之前以天为人格神的观念中,只存在天对人的影响,而人类行为断不会影响到天,只有在董仲舒这里,天和人互相影响,居于平等的地位。[①] 然而上述事迹显然已经开始强调人对天的影响,徐氏的说法失之偏颇。

前面提到,论及上述天人感应事迹的"传书",包括《韩非子》《吕氏春秋》《淮南子》《韩诗外传》《史记》《新序》《说苑》,尤以《淮南子》记载为多,可见天人感应思想至少战国时就在各学派中广泛存在;同时,因传书为世俗知识重要来源,其故事往往流传于大众之间,可以推测,战国以来天人感应思想在民间应也具有一定的影响力,"雷为天怒"的观念或可为证。这种天人感应思想,尚处于较为原始的阶段,如徐复观所说,属于"由感情、传统而来的'虚说'"[②],不足以形成天的哲学。[③] 在此基础上,以董仲舒为首的汉儒对原始天人感应思想加以补充完善,形成了庞大而精巧的天人感应理论体系。

[①] 徐复观:《两汉思想史》(二),第370页。
[②] 徐复观:《两汉思想史》(二),第345页。
[③] 余英时指出,春秋末期以来新兴各学派对"天""天人关系"已有了不同于此前的新的建构,出现了建立在"道""气"不相离的新宇宙论预设上的"新天人合一"思想。参见《论天人之际:中国古代思想起源试探》,台北:联经出版事业股份有限公司2014年版,第17—70页。

第四章　论天人感应

王充除了对前述传书中散见的天人感应事迹予以关注，更以《寒温》《谴告》等十数篇集中讨论了当时成体系的天人感应理论。对于这些理论的来源，王充或言"儒者"，或言"政事之家""变复之家""说灾异之家""说灾变之家"，这一方面证实了天人感应理论在汉代主要为儒者所宣扬，另一方面也显示了汉儒深受巫卜术士影响。

汉儒所构建的天人感应理论，建立在原始天人感应思想的基础上，主要作用于政治领域，视人君为感应的主要参与者，人君的行为引发天的反应，体现为灾异和祥瑞的形式。天人感应的具体实现机制有二：一种是人格化的天直接主导现象发生，这里汉儒继承了原始的宗教、神灵之天的观念，最突出的体现是认为天依据道德标准，以灾异为谴告，警示人君的失政。另一种则是人事与现象之间依据"气类相感"①原理，产生以气为中介的机械感应。如陆贾所言："恶政生恶气，恶气生灾异。蝮虫之类，随气而生；虹蜺之属，因政而见。治道失于下，则天文度于上；恶政流于民，则螟虫生于野。贤君智则知随变而改，缘类而试思之，于□□□变。"②从表面看，前者基于人格化的天的意志，后者基于气的规律，一为"故为"，二为"自然"，似乎存在矛盾，很多前辈学者也都注意到这

---

① "气类相感"原理，自战国时期便已开始流传。如《易传·文言·乾卦》："九五曰：'飞龙在天，利见大人。'何谓也？子曰：'同声相应，同气相求。水流湿，火就燥，云从龙，风从虎，圣人作而万物睹。本乎天者亲上，本乎地者亲下，则各从其类也。'"《荀子·劝学》："施薪若一，火就燥也，平地若一，水就湿也。草木畴生，禽兽群焉，物各从其类也。"如果说，战国时期的"气类相感"，还只是对自然的观察与经验总结，进入汉代之后，"气类相感"则由自然现象扩展到祸福、治乱等人事，且融入了道德价值判断，频繁出现于《吕氏春秋》《淮南子》的论述中，如《吕氏春秋·恃君览·召类》："类同相召，气同则合，声比则应。故鼓宫而宫应，鼓角而角动；以龙致雨，以形逐影。祸福之所自来，众人以为命，焉不知其所由。故国乱非独乱，有必召寇。独乱未必亡也，召寇则无以存矣。"《淮南子·天文训》："物类相动，本标相应，故阳燧见日，则燃而为火；方诸见月，则津而为水。虎啸而谷风至，龙举而景云属。麒麟斗而日月食，鲸鱼死而彗星出，蚕珥丝而商弦绝，贲星坠而勃海决。人主之情，上通于天，故诛暴则多飘风，枉法令则多虫螟，杀不辜则国赤地，令不收则多淫雨。"而经过陆贾等汉儒之手，"气类相感"已成为"自然规律"的名义下传达儒家价值观的工具，主要应用于政治领域，用以解释特异现象、监督君主行为。

② 王利器：《新语校注》卷下《明诫》，中华书局1986年版，第155页。

济世与利己

一点;① 但如果仔细分析,在经过汉儒改造后,气类相感原理已经融入了价值判断,前引陆贾所言"恶政""恶气"与"灾异"之间的呼应,就是将"恶"作为触发感应的条件之一,在今天看来,这显然也充满超自然的神秘色彩。由此,无论天人感应是基于天的意志还是基于气类相感原理,在儒家的语境中,其实都具有超自然属性,只不过前者更明显,后者更隐蔽罢了。而"天"的意志与"气"的感应,最终都以善恶得失作为依据,从这个意义上看,"天""气"仅仅是外在形式,② 儒家道德伦理才是关键。

另外,汉儒天人感应理论进一步强调了人的地位。他们不仅认为"天地之性人为贵"③,更提出"唯人独能偶天地"④。人既能与天地并列,则其行为可以引起自然界的变化。如徐复观所言,这些话反映了天人之间互相影响、互相决定,而人决定天的意义更重,⑤ 是对原始天人感应思想中人的主观能动性的发扬。前面已经提到,汉儒所言与天相感应的"人",主要指人君,如《论衡·寒温篇》中"说寒温者"言"唯人君动气,众庶不能"。汉儒对人尤其是人君地位的强调,使天人之间产生感应更加合理可信;同时也宣告了君主不可推卸的责任。

对于古老的天人感应思想及其基础上发展而来的天人感应理论,王充与汉儒的认识不尽相同,首先体现在他对于天和人的认识上面。下面,我们具体来看。

---

① 如徐复观指出,以气为基本构造的天和宗教哲学的天存在矛盾,参见《两汉思想史》(二),第369—371页;冯友兰称天人感应两种思路,一为目的论的,一为机械论的,见冯友兰《中国哲学简史》,涂又光译,北京大学出版社2013年版,第131页;金春峰更是将之称为天人感应的神学说法与非神学说法,见氏著《汉代思想史》,第138—141页。

② 比如董仲舒对天的意志的推崇,是希望借助宗教的力量增强震慑力;而刘向、刘歆等儒者偏好气类相感原理,是希望借助更加客观、合理的论说方式增强可信度。

③ 参见《孝经·圣治》《汉书·五行志下之上》《汉书·董仲舒传》《汉书·隽疏于薛平彭传》《汉书·宣元六王传》《汉书·王莽传中》《白虎通义·诛伐》《孔丛子·连丛子下》《越绝书·外传枕中》。

④ 苏舆著,钟哲点校:《春秋繁露义证》,中华书局1992年版,第354页。

⑤ 徐复观:《两汉思想史》(二),第370页。

二 王充的天人观

对于天，王充注意到了当时观念中宗教之天与自然之天的不同，曾经提出问题："天神邪？苍苍之天也？"（《雷虚篇》）虽然他自己并没有给出明确答案，但由《论衡》全书看，王充显然是从自然的角度去理解天的。这就引出了第二个问题："天者，气邪？体也？"（《谈天篇》）对于这个问题，王充的答案很明确："如气乎，云烟无异，安得柱而折之？女娲以石补之，是体也。"（《谈天篇》）[①]

王充所谓"天为体"，乃视天为物理上"有形体、有坚度的体质之体"[②]，从而将"天"限定于单一实体，而非广义的自然界，这种具象思维，颇影响了他对天人关系的认识。之所以强调天为"体"，一是为了说明天人异体、不能相知；二是为了说明天人相远、不能相知。不过，王充也并非以天为铁板一块似的"体"，他指出，"天地，含气之自然也"（《谈天篇》），"人生于天，何嫌天无气"（《谈天篇》），也就是说，天本质上是含气而非气的一种实体，[③] 从而为天"施气生物"的功能留下了空间。

王充认为，天最主要的特征是"自然无为"：

> 自然无为，天之道也。（《初禀篇》）
> 夫天道自然，自然无为。（《寒温篇》）
> 夫天道，自然也，无为。（《谴告篇》）
> 春观万物之生，秋观其成，天地为之乎？物自然也？如谓天地为之，为之宜用手，天地安得万万千千手，并为万万千千物乎？诸物在天地之间也，犹子在母腹中也。母怀子气，十月而生，鼻口耳目，发肤毛理，血脉脂腴，骨节爪齿，自然成腹中乎？母为之也？（《自然篇》）

[①] 在《谈天篇》《变虚篇》《道虚篇》《祀义篇》，王充也曾明确指出"天为体"。
[②] 参见徐复观《两汉思想史》（二），第560页。
[③] 汪高鑫：《论王充对天人感应论的批判》，第21页。

> 天道无为，故春不为生，而夏不为长，秋不为成，冬不为藏。阳气自出，物自生长；阴气自起，物自成藏。汲井决陂，灌溉园田，物亦生长。霈然而雨，物之茎叶根垓（荄）莫不洽濡。（《自然篇》）
>
> 天道称自然无为。（《卜筮篇》）

王充以天道为"自然无为"，显然是采用了黄老道家的主张，他自己也承认，"黄、老之家，论说天道，得其实矣"（《谴告篇》），"从道不随事，虽违儒家之说，合黄、老之义也"（《自然篇》）。前文论及，王充主要以儒者自诩，为何此时似乎成为黄老道家的信徒？这当然与他通人的身份有关。毕竟，他所敬仰的通人扬雄、桓谭，也都兼通道家思想。不过，王充很多时候其实并非真心赞同道家的理念，更多是以之为论说的武器。比如《自然篇》依据道家标准，以自然无为为"至德"，因而将黄帝、老子捧得极高；但在《定贤篇》中，王充又称"不进与孔、墨合务，而还与黄、老同操，非贤也"，明显对黄、老的避世无为予以否定，结合王充本人对政治的热衷、对儒家礼义的推崇，这种对道家立场的怀疑乃至反对应当才是他的常态。

在王充看来，天道自然无为，突出表现在天生万物的过程中：

> 天地合气，物偶自生矣。（《物势篇》）
> 天地，夫妇也，天施气于地以生物。（《奇怪篇》）
> 天之行也，施气自然也，施气则物自生，非故施气以生物也。（《说日篇》）
> 天地合气，万物自生，犹夫妇合气，子自生矣。（《自然篇》）
> 天者，普施气万物之中。（《自然篇》）
> 天之动行也，施气也，体动气乃出，物乃生矣。由人动气也，体动气乃出，子亦生也。夫人之施气也，非欲以生子，气施而子自生矣。天动不欲以生物，而物自生，此则自然也。施气不

欲为物,而物自为,此则无为也。(《自然篇》)

儒家说夫妇之道,取法于天地。知夫妇法天地,不知推夫妇之道,以论天地之性,可谓惑矣。天覆于上,地偃于下,下气蒸上,上气降下,万物自生其中间矣。当其生也,天不须复与也,由子在母怀中,父不能知也。物自生,子自成,天地父母,何与知哉?(《自然篇》)

从上述引文可见,王充认为万物皆为天施气所生,所谓"天地合气",主要是天先"施气于地"而与之合,地只是天气的承受者。[①] 天地相合生万物的思想并非王充的独创,《庄子·达生》:"天地者,万物之父母也,合则成体,散则成始。"[②]《荀子·礼论》:"天地合而万物生,阴阳接而变化起,性伪合而天下治。"[③]《吕氏春秋·有始览》:"天地合和,生之大经也。"[④] 王充的贡献在于,一是引入"气"作为天地相合的媒介,二是将天地合气生万物与夫妇合气生子类比,一方面强调天与地、天地与万物之间类似夫妇、父母子女的伦理关系,另一方面也借以说明天地生物非特意为之,而是"气施子生",自然而然。

由"天地不故生物",王充进一步提出"天地不故生人":"天地合气,人偶自生也;犹夫妇合气,子则自生也。夫妇合气,非当时欲得生子,情欲动而合,合而生子矣。且夫妇不故生子,以知天地不故生人也。"(《物势篇》)这一主张,可谓对当时儒者宣扬的"天地故生人"说构成了直接威胁。

天地不故生人,因而人生天地间与他物无异。虽然王充受时代影响,在《论衡》中也多次提到"天地之性人为贵"[⑤] "人为倮虫之

---

① 徐复观:《两汉思想史》(二),第562页。
② 陈鼓应注释:《庄子今注今译》外篇《达生》,第500页。
③ (清)王先谦撰,沈啸寰、王星贤整理:《荀子集解》卷13《礼论篇》,第356页。
④ 许维遹撰,梁运华整理:《吕氏春秋集释》卷13《有始览》,第276页。
⑤ 参见《无形》《奇怪》《龙虚》《量知》《别通》《状留》《辨祟》《商虫》诸篇。

长"①，但他强调的是人为万物中之杰出者，本质上仍属于"物"，与他物不存在本质上的差别。《商虫篇》中有一段极有趣的论述，最能充分体现王充对人与物的态度：

> 倮虫三百，人为之长。由此言之，人亦虫也。人食虫所食，虫亦食人所食，俱为虫而相食物，何为怪之？设虫有知，亦将非人曰："女食天之所生，吾亦食之，谓我为变，不自谓为灾。"

正因人与万物皆为天地父母所生子女，故在面对广大天地时处于同等渺小弱势的地位（这也是王充屡屡将人比作蝼蚁、虮虱的原因），所受天地的待遇也应是平等的："父母于子，恩德一也，岂为贵贤加意，贱愚不察乎？"（《雷虚篇》）虽然王充只是基于自然主义的立场，力求客观讨论天人关系，但他对人的特殊性的否定，也使得春秋以来人本主义所激发的自尊自重自强自立的进取精神，在一定程度上被消解了。

三　王充对天人感应基本原理的批判

基于以上对天与人的认识，王充认为，天人之间无法产生感应，具体来讲，即"人不能以行感天，天亦不随行而应人"（《明雩篇》）。

首先，"人不能以行感天"。最主要的依据是人与天形体、距离相差悬殊，因而无论人的声音、心志还是气息都无法上达天听。

就声音而言，如针对宋景公三善言三徙火星的事迹，王充指出："人坐楼台之上，察地之蝼蚁，尚不见其体，安能闻其声？何则？蝼蚁之体细，不若人形大，声音孔气，不能达也。今天之崇高，非直楼台，人体比于天，非若蝼蚁于人也。谓天闻人言，随善恶为吉凶，误矣。"（《变虚篇》）

---

① 参见《龙虚》《商虫》二篇。

第四章 论天人感应

就心志而言，如针对"荆轲之谋、卫先生之画，感动皇天，故白虹贯日、太白蚀昴"的说法，王充指出："夫以箸撞钟，以筭击鼓，不能鸣者，所用撞击之者小也。今人之形不过七尺，以七尺形中精神，欲有所为，虽积锐意，犹箸撞钟、筭击鼓也，安能动天？精非不诚，所用动者小也。"（《感虚篇》）

王充亦注意到汉儒往往以"气"作为天人感应的媒介，但王充既已视天为单一实体而非广义自然界，故认为"气"的流动与声音、心志同样要考虑距离远近和形体大小的影响："以七尺之细形，形中之微气，不过与一鼎之蒸火同，从下地上变皇天，何其高也？"（《变虚篇》）如此一来，天人之间气类相感的机制在王充这里便不适用了。

除了在物理方面强调人之渺小与天之高大，二者"音气不通"（《明雩篇》）以外，王充还从伦理入手，认为人生于天，二者地位悬殊，"天为人物主"（《变动篇》），"天本而人末"（《变动篇》），因而只可能"天动物"，不可能"物动天"。

上述论证，从实际操作层面否定了天人感应的可行性。

其次，"天亦不随行而应人"。这是因为天道自然无为，不为故作。前面提到，王充认为天地不故生人，亦不故生万物，由此天的一切行为都不是有目的、有意志的，因而也不会特意对人的行为作出回应，否则就是违背自然无为的天道。王充对于儒者所宣扬的以灾异现象为失政警示的灾异天谴说尤为反感，他指出天谴说"损皇天之德，使自然无为转为人事"（《谴告篇》），这依然是依据道家标准，以自然无为为"至德"而作出的判断。[①] 在其他地方，王充更一针见血地指出了天谴说背后的心理机制："六经之文，圣人之语，动言'天'者，欲化无道，惧愚者。之（欲）言非独吾心，亦天意也。及其言天，犹以人心，非谓上天苍苍之体也。"（《谴告篇》）也就是说，儒家经典中凡言"天"处，其实是代天立言，表达圣人自己的意志，

---

① 王充以道家"自然"思想反对天谴说，详见《谴告篇》《自然篇》。

借用上天的名义，只是为了增强可信度和说服力，以神道设教，从而"化无道，惧愚者"。"谴告"的真正发出者其实是人，与天无关。如此一来，以天为有目的、有意志的人格神的理论在王充这里亦难以为继了。

上述论证，从理论层面否定了天人感应的有效性。

王充对天人感应基本原理的批判，一定程度上破除了其超自然的神秘色彩，可以说颇具现代科学精神。不过，王充的批判仍有不彻底的地方。

第一，王充虽然认为人至渺小而难以与天产生感应，但并没有否认天人相关。王充曾多次指出"天人同道"，[①] 并多次引用《易·乾卦·文言》"夫大人者，与天地合其德，与日月合其明，与四时合其序，与鬼神合其吉凶，先天而天弗违，后天而奉天时"[②]，易传此言是他言"天人同道"的主要依据。至于天人之间的联系是如何建立的，并不是王充关注的重点。需要注意，王充所理解的"大人"，并非君主，而是圣贤。也就是说，只有圣贤可能与天产生联系，故可通过圣贤来了解天意："夫大人之德，则天德也；贤者之言，则天言也。……上天之心，在圣人之胸，及其谴告，在圣人之口。"（《谴告篇》）如此，圣贤便成为世间真正的权威。王充一向以圣贤自诩，可以推测，其言很大程度是为了宣扬自己，强调自己的话语权。

第二，如金春峰曾指出的，王充虽然否认人格化的天及其对人事有目的有意志的响应，但对于气类相感原理，王充是认同的。[③] 这里需要注意的是，王充不曾从广义自然界的角度去看待天，而是将天视

[①] 参见《奇怪篇》《变虚篇》《谴告篇》。

[②] （清）李道平撰，潘雨廷点校：《周易集解纂疏》卷1《乾》，中华书局1994年版，第64—65页。

[③] 如《偶会篇》："月毁于天，螺消于渊。风从虎，云从龙。同类通气，性相感动。"《感虚篇》："云（雨与）龙相应，龙乘云雨而行，物类相致，非有为也。"《龙虚篇》："雷（云）龙同类，感气相致。"《说日篇》："日月毁于天，螺蚌泪于渊，同气审矣。"《寒温篇》："夫比寒温于风云，齐喜怒于龙虎，同气共类，动相招致，可矣。虎啸之时，风从谷中起；龙兴之时，云起百里内。"《顺鼓篇》："月毁于天，螺、坊舀缺，同类明矣。"《乱龙篇》："夫东风至酒湛溢。（按酒味酸，从东方木也。其味酸，故酒湛溢也。）鲸鱼死，彗星出。天道自然，非人事也。"

为单一实体，故他理解的气类相感只是发生于万事万物之间，与天无关。与其他儒者一样，王充相信气类相感可以发生于异常现象与人事治乱之间，即所谓"瑞以应善，灾以应恶"（《讲瑞篇》）。在王充看来，这也是自然而然的。可见，王充继承了儒者所主张的道德化的气类相感原理，视善恶得失为触发感应的条件。这就为他之后以"政治之灾"解释灾异提供了重要依据。

第二节　灾异论与祥瑞论

一　灾异论

灾异论和祥瑞论为汉代天人感应理论的主要表现形式，二者内容较多，因此分别讨论。这里先来看灾异论。

郑玄言："非常曰异，害物曰灾。"[①] 如此，"异"指非常现象，与"妖""怪"同义，《汉书·五行志》所载的日月薄蚀、动物畸形、四时反常等皆属此类；"灾"则指水旱、蝗虫、地震等给人造成直接损害的灾难。[②] 在实际应用时，古人往往灾异连用，不作区分。

基于天人相关的思想，人们在尝试对灾异作解释时，产生了两种认识：一是以灾异为征兆，预示将要发生的事；二是以灾异为结果，是由已经发生的事引起的。[③] 以灾异为预兆的思维方式，可谓顺势思维，《左传》中便已多见记载，[④] 在其他民族中

[①] 《毛诗·小雅·正月》孔颖达正义引郑玄《驳五经异义》及《洪范五行传注》语。见蒋鹏翔《阮刻毛诗注疏》（5），西泠印社出版社2013年版，第1557页。
[②] 参见陈侃理《儒学、数术与政治——灾异的政治文化史》，第1页。
[③] 陈侃理称为"凶兆"和"咎征"两种灾异观念，分别对应"预言式"与"回溯式"两种解说模式。参见《儒学、数术与政治——灾异的政治文化史》，第175—189页。
[④] 如《左传·昭公七年》："夏四月甲辰朔，日有食之。晋侯问于士文伯曰：'谁将当日食？'对曰：'鲁、卫恶之。卫大，鲁小。'公曰：'何故？'对曰：'去卫地如鲁地，于是有灾，鲁实受之。其大咎其卫君乎！鲁将上卿。'公曰：'《诗》所谓"彼日而食，于何不臧"者，何也？'对曰：'不善政之谓也。国无政，不用善，则自取谪于日月之灾，故政不可不慎也。务三而已：一曰择人，二曰因民，三曰从时。'"

同样存在。① 这种认识往往结合了客观规律与神秘联想，将人视为自然现象的被动接受者。以灾异为人事结果的思维方式，属于中国特有的一种逆向思维，亦起源于先秦，② 而主要为汉儒所宣扬，他们提出人的行为在先，不当行为引发灾异，因而主张追究人的责任，类似一种问责制。如前所述，这种认识强调人在与天的关系中具有一定主导权，其实是春秋以来人神易位、人本主义发展的产物。

王充所针对的灾异论，主要便是这种结果式灾异论，即认为灾异是不当行为引发的结果，具体到汉代的语境中，不当行为主要指统治者的失政。前文提到，汉儒天人感应理论中，感应的具体实现机制有两种，因此灾异论亦有两种形式，一是以灾异为天针对失政有意降下的谴告，如王充引儒者言："论灾异（者），谓古之人君为政失道，天用灾异谴告之也。"（《谴告篇》）二是以灾异为失政引起的机械感应，即陆贾所言"恶政生恶气，恶气生灾异"③，显然，这两种灾异论形式分别以天的意志和气类相感原理为实现机制，可称之为灾异天谴说和灾异气感说。④

在汉儒的灾异论中，某种灾异究竟当与何种失政行为相对应？如果说在董仲舒时代，解说还较为主观灵活，那么在西汉末之后经过刘向、刘歆父子的努力，基本上形成以《春秋》《尚书》《周易》为三大支柱的较为完善的灾异分类体系，⑤ 灾异与失政的对应有了相对固定的格套。⑥

---

① 参见［英］约翰·布罗《历史的历史：从远古到20世纪的历史书写》，黄煜文译，广西师范大学出版社2012年版，第166页。
② 亦多见于《左传》。如庄公十四年："初，内蛇与外蛇斗于郑南门中，内蛇死。六年而厉公入。公闻之，问于申繻曰：'犹有妖乎？'对曰：'人之所忌，其气焰以取之。妖由人兴也。人无衅焉，妖不自作。人弃常，则妖兴，故有妖。'"宣公十五年："天反时为灾，地反物为妖，民反德为乱。乱则妖灾生。"
③ 王利器：《新语校注》卷下《明诫》，第155页。
④ 陈侃理分别称为"天谴论"和"感应论"。参见《儒学、数术与政治——灾异的政治文化史》，第9页。
⑤ 参见陈侃理《儒学、数术与政治——灾异的政治文化史》，第117—118页。
⑥ 关于寒温应喜怒赏罚失当，参见《论衡》中《雷虚篇》《感虚篇》《谴告篇》。关于虎灾、虫灾应吏治不当，孙正军指出"猛虎渡河"和"飞蝗出境"为中古良吏书写的两种代表模式，反过来猛虎和蝗虫也即对应失政。可见，至少寒温、虎灾、虫灾与失政举措的对应，在王充的时代已成为儒者共识。参见孙正军《中古良吏书写的两种模式》，《历史研究》2014年第3期。

第四章 论天人感应

以《论衡》所载为例，这些格套包括以寒温失调应人君喜怒赏罚不当、① 以旸雨失调应人君沉湎亢阳、② 以虎灾应功曹为奸、③ 以虫灾应部吏贪狼侵渔。④

灾异皆为失政所致，则应对亦需从政治入手，通过修德改政来消除灾异。司马迁曾指出，针对灾异，"太上修德，其次修政，其次修救，其次修禳，正下无之"⑤；《论衡》亦载"若夫寒温失和，风雨不时，政事之家，谓之失误所致，可以善政贤行变而复也"（《变虚篇》），说明直到东汉前期，修德改政依然是应对灾异的首要措施。

以上即汉儒灾异论的主要内容。现在，我们来看王充对灾异的认识。

首先，王充认为灾异为自然现象，遵循自然规律，既不是天有意为之，亦不以人的意志为转移。在此基础上，王充着眼于灾异与人事的关系，总结出两类灾异：

> 夫灾变大抵有二：有政治之灾，有无妄之变……德酆政得，灾犹至者，无妄也；德衰政失，变应来者，政治也。（《明雩篇》）

其中"政治之灾"提出灾异应政而至，其实与汉儒灾异论中的"灾异气感说"相同，即以气类相感原理为灾异的发生机制，"恶政生恶气，恶气生灾异"。在王充看来，依据气类相感原理而发生的灾异，是符合自然之道的。也正是在这种情况下，他才认为灾异与失政

---

① 《寒温篇》："说寒温者曰：人君喜则温，怒则寒。何则？喜怒发于胸中，然后行出于外，外成赏罚。赏罚，喜怒之效，故寒温渥盛，雕物伤人。"
② 《明雩篇》："变复之家，以久雨为湛，久旸为旱，旱应亢阳，湛应沈溺。"
③ 《遭虎篇》："变复之家，谓虎食人者，功曹为奸所致也。其意以为功曹、众吏之率，虎亦诸禽之雄也。功曹为奸，采渔于吏，故虎食人，以象其意。"
④ 《商虫篇》："变复之家，谓虫食谷者，部吏所致也。贪则（狼）侵渔，故虫食谷。身黑头赤，则谓武官；头黑身赤，则谓文官。"
⑤ 《史记》卷27《天官书》，第1351页。

是相关联的，并认同修德改政的必要。

不过，出于某些原因，王充对政治之灾讨论较少，更多的讨论留给了无妄之变。所谓无妄之变，即意外降临的灾异。比如，尧、汤为圣王，却依然遇到水旱之灾，这显然不是失政所致，无法用应政的政治之灾来解释。为什么圣王也会遇到灾异呢？王充认为，这是因为有些灾异的出现是依照自然的历数，有固定的"期"或"时"，比如日食周期大致是42个月，月食周期是5个月或6个月；灾异的周期是固定的，具体应验在何朝何代，则具有偶然性，与该时期的人事状况无关。在此基础上，对于儒者以为应政的寒温、旸雨、虎灾、虫灾四种灾异，王充都从"无妄之变"的角度一一予以新的解释：

论寒温："寒温自有时，不合变复之家。"（《感虚篇》）"寒温，天地节气，非人所为，明矣。"（《寒温篇》）

论旸雨水旱："案《易·无妄》之应，水旱之至，自有期节，百灾万变，殆同一曲。"（《寒温篇》）"人君为政，前后若一，然而一湛一旱，时气也。《范蠡计然》曰：'太岁在子（于）水，毁；金，穰；木，饥；火，旱。'夫如是，水旱饥穰，有岁运也。"（《明雩篇》）"不祭，沛然自雨；不求，旷然自旸。夫如是，天之旸雨，自有时也。"（《明雩篇》）"水旱灾害之甚者也，而二圣逢之，岂二圣政之所致哉？天地历数当然也。"（《治期篇》）"年岁水旱，五谷不成，非政所致，时数然也。"（《治期篇》）

论虎灾："夫虎出有时，犹龙见有期也。阴物以冬见，阳虫以夏出。出应其气，气动其类。参、伐以冬出，心、尾以夏见。参、伐则虎星，心、尾则龙象。象出而物见，气至而类动，天地之性也。"（《遭虎篇》）

论虫灾："夫虫食谷，自有止期，犹蚕食桑，自有足时也，生出有日，死极有月，期尽变化，不常为虫。使人君不罪其吏，虫犹自亡。"（《商虫篇》）

在上述引文中，王充反复强调灾异之来自有期时，与政治无关。哪怕真的有寒温等灾异发生在赏罚不当等失政之时，王充也认为那是"外若相应,其实偶然"(《寒温篇》),是灾异与失政行为恰好发生在一起了。由此,无妄之变完全不受人事影响,灾异的发生,并非失政引起;灾异的消除,也无须改正政治行为,最多通过举行仪式,表明一种虔敬诚恳的态度,就可以了。

值得注意的是,王充所谓"无妄之变"的观点,荀子已有提到。《荀子·天论篇》:"天行有常,不为尧存,不为桀亡。……星队、木鸣,国人皆恐。曰:是何也?曰:无何也,是天地之变、阴阳之化、物之罕至者也,怪之可也,而畏之非也。夫日月之有蚀,风雨之不时,怪星之党见,是无世而不常有之。"① 荀子指出,星陨、木鸣、日月食等异象,都是因天地、阴阳运行而产生的自然现象,在任何朝代都可能出现。汉代文法吏的代表桑弘羊也将灾异解释为与人事无关的自然现象:"水旱,天之所为,饥穰,阴阳之运也,非人力。"② 前面所言黄老之学强调天道自然无为,亦为王充所赞赏。可见,王充作为通人,对于诸子百家的观点是广泛吸收的。

综上所述,"政治之灾"说,或汉儒的灾异论,视灾异为应政,换言之,灾异本身没有固定的期时,其出现与否完全由政治决定,因而只有政恶时才会出现;"无妄之变"说则认为灾异本身有固定的期时,不受政治影响,无论政善政恶都可能遇到。仔细分析可以发现,在面对同一灾异时,这两种解释其实是相斥的,选择哪一种解释,更多取决于解释者对政治的主观态度。如果解释者对政治不满,自然会选择"灾异应政"的说法;如果解释者希望维护政治,则会强调灾异为无妄而至。王充虽然对两种解释都予以采纳,但从全书来看,他更倾向于从无妄之变的角度理解灾异。比如前面所言针对寒温等灾异,哪怕的确发生在赏罚不当等失政之时,王充也将之解释为无妄之变,这种思路显然与儒家以灾异为应政的批评立场背道而驰。由此可见,王充保留"政治之灾"说,大概只是对儒家传统勉为其难的妥

---

① (清)王先谦撰,沈啸寰、王星贤整理:《荀子集解》卷11《天论篇》,第306—307页。
② 王利器校注:《盐铁论校注》卷6《水旱》,中华书局1992年版,第428页。

协，在解释具体灾异时很少使用；而"无妄之变"说，才是他真正在意的理论武器。

在以灾异为"无妄"的视野下，王充指出，汉儒将灾异与政治相联系的看法，是未能了解灾异的本质，而凭空使人君受到责难。在《明雩篇》中，他更以章帝建初年间的大旱为着眼点，指出灾异之至自有期时，与政无关，故也无须改政：

> 夫无妄之气，历世时至，当固自一，不宜改政。……建初孟季，北州连旱，牛死民乏，放流就贱。圣主宽明于上，百官共职于下，太平之明时也。政无细非，旱犹有，气间之也。圣主知之，不改政行，转谷赈赡，损酆济耗。斯见之审明，所以救赴之者得宜也。鲁文公间岁大旱，臧文仲曰："修城郭，贬食省用，务啬劝分。"文仲知非政，故徒修备，不改政治。变复之家，见变辄归于政，不揆政之无非；见异惧惑，变易操行。以不宜改而变，祇取灾焉。（《明雩篇》）

除此之外，王充在其他篇章亦曾提及建初灾事，并将之形容为"无妄之灾"：

> 建初孟年，无妄气至，岁之疾疫也，比旱不雨，牛死民流，可谓剧矣。皇帝敦德，俊乂在官，第五司空，股肱国维，转谷振赡，民不乏饿，天下慕德，虽危不乱。民饥于谷，饱于道德，身流在道，心回乡内，以故道路无盗贼之迹，深幽迥绝无劫夺之奸。以危为宁，以困为通，五帝三王，孰能堪斯哉？（《恢国篇》）

> 建初孟年，无妄气至，圣世之期也。皇帝执（敦）德，救备其灾，故《顺鼓》《明雩》，为汉应变。（《须颂篇》）

第四章　论天人感应

可以看出，王充对章帝时大旱的解释，有很强的回护之意。① 这也正是"无妄之灾"说最主要的用途：为当下政治辩护。

而顺着无妄之灾的思路再进一步，灾异出现在何朝何代具有偶然性，与政治得失无关，那么，国家是否会遇到灾异，只能归之于命时。在《治期篇》中，王充指出，国家与人一样，兴旺昌盛、衰落废败皆有定数，赶上"世扰俗乱、灾害不绝"，乃至破国灭嗣，并不说明德衰政失，只是命时如此，无论贤君、昏君在位，都不能有所损益：

> 教之行废，国之安危，皆在命时，非人力也。
>
> 兴昌非德所能成，然则衰废非德所能败也。昌衰兴废，皆天时也。
>
> 国当衰乱，贤圣不能盛；时当治，恶人不能乱。世之治乱，在时不在政；国之安危，在数不在教。
>
> 夫贤人有被病而早死，恶人有完强而老寿，人之病死，不在操行为恶也。然则国之乱亡，不在政之是非。
>
> 祸变不足以明恶，福瑞不足以表善。

---

① 承港中大历史系张晓宇教授启发，笔者认为建初灾事，可能对王充产生了较大影响。前面所言王充任郡吏时曾因建初大旱上奏郡守，建议禁奢侈、备困乏，其建议与朝廷的应对行为相当一致，《后汉书·五行志》刘昭注引孔丛曰"侍御史孔丰请如成汤省畋散积，减损衣食，天子从之"，王充在《明雩》《恢国》《须颂》中也多次提到章帝及大臣第五伦等面对旱灾采取了"转谷赈赡""损鄘济耗"的方式，并赞扬他们"救赴得宜"。这似乎也是王充在为自己"宜禁奢侈，以备困乏"的进言辩护，强调自己的正确性。由此，王充很可能真的因为进言之事而获罪于上，进而去官，因此对此事一直耿耿于怀。另外，正因为王充的意见与朝廷的行为一致，却不仅"言不纳用"，反遭去官离职之祸，这使得王充格外愤愤不平，一方面对共事者更为厌恶、对地方的环境更觉格格不入、对中央朝廷更加向往；另一方面，可能也催生了他的宿命论观点，即才智、道德高尚者不一定会在仕途等方面获得好结果。另外，王充的灾异论以"无妄之灾"为主要观点，他尤其将建初灾事作为"无妄之灾"的代表，一再强调当时为"太平之明时"，灾害的发生与章帝政治无关，而是无法控制的"偶然"，可能是因为王充就此事向郡守进言时，曾遭受过政治攻击（如被冠以"借灾异诋毁当朝"的罪名），并产生畏惧心理，故反复表明自己拥护当朝的政治立场，进而避祸。近年李浩对汉章帝朝自然灾害与王充灾异学说之关系论述甚详，参见氏著《汉章帝朝自然灾害与王充对"灾异谴告"学说的重构》，《学术交流》2021年第12期。

济世与利己

> 谷之贵贱不在丰耗，国之治乱不在善恶。

由此，君主对国家的治理责任更是完全被开脱了。徐复观等前辈学者批评王充"对专制政治放恣"[①]，便是由于王充过于强调命时而非君主本身的道德对国家的影响。

最后值得一提的是，除了应政之灾与无妄之变，王充对灾异还有另一重认识。在不少篇章中他都曾指出，灾异的出现，预示着人将死、国将亡；或者说，人将死、国将亡，必有灾异先出作为预兆：

> 国且亡，身且死，袄气见于天，容色见于面。（《变虚篇》）
> 夫朝之当亡，犹人当死。人欲死，怪出；国欲亡，期尽。……善恶同实：善祥出，国必兴；恶祥见，朝必亡。（《异虚篇》）
> 天地之道，人将亡，凶亦出；国将亡，妖亦见。犹人且吉，吉祥至；国且昌，昌瑞到矣。故夫瑞应妖祥，其实一也。（《订鬼篇》）

从中可见，王充其实也继承了古老的以灾异为人事预兆的预兆式灾异论。陈侃理曾经指出，视灾异为预兆主要属于灾异论的数术传统；儒者受数术影响，其灾异论中有时亦有预言成分，但一般属于事后诸葛亮式的解说，用以往人事的预言和应验推说天意，以为当世镜鉴。王充对预兆式灾异论的接受，似乎并没有其他儒者那种道德训诫的意图，也不具备数术家推占当下灾异预兆以趋福避祸的目的，而是纯粹将之作为印证命定论的工具。他认为，命运是注定的，灾异一旦出现，衰亡必将随之而至，无论巫术救禳还是修德改政都无法阻止。这种态度，其实显示了对"命"的力量的绝对推崇。

---

① 徐复观：《两汉思想史》（二），第573页。

二　祥瑞论

汉代的祥瑞论相较灾异论更为简单直接，灾异论意在批评，祥瑞论则意在颂扬。

所谓祥瑞，包括凤凰、麒麟、甘露、嘉禾等时人以为吉祥之物。汉儒认为，太平之世、圣人在位方能招致祥瑞。如《论衡》所载："儒者论太平瑞应，皆言气物卓异，朱草、醴泉、翔凤（风）、甘露、景星、嘉禾、蓂脯、蓂荚、屈轶之属；又言山出车，泽出舟（马），男女异路，市无二价，耕者让畔，行者让路，颁白不提挈，关梁不闭，道无虏掠，风不鸣条，雨不破块，五日一风，十日一雨；其盛茂者，致黄龙、骐驎、凤皇。"（《是应篇》）从这个意义上说，汉儒以祥瑞为应政，亦体现了"结果式"思维。

汉代出现祥瑞较多的时期，包括武帝、宣帝、王莽，以及王充所经历的光武、明帝、章帝朝。赵翼《廿二史札记》"两汉多凤凰"条已指出，这些祥瑞的出现，很可能是君主"本喜符瑞"，而"臣下遂附会其事"，[①] 以歌功颂德。王充亦看出这一点，并在《指瑞篇》《是应篇》中对汉儒的祥瑞论进行了批评。

《指瑞篇》批评儒者"说圣太隆"，指出凤凰、麒麟的出现是自然而然的。当时儒者认为凤凰、骐驎为仁圣之物，有道则来，无道则隐。王充则主要从凤凰、麒麟"有知""故为"方面进行反驳，并进而指出，凤凰、麒麟为"常有之物"，何时出现、与谁相遇，都是偶然：

> 驎至无所为来，常有之物也，行迈鲁泽之中，而鲁国见其物，遭获之也。
>
> 生与圣王同时，行与治平相遇，世间谓之圣王之瑞，为圣来矣。

---

① （清）赵翼著，王树民校证：《廿二史札记校证》，第64页。

> 物生为瑞，人生为圣，同时俱然，时其长大，相逢遇矣。衰世亦有和气，和气时生圣人。圣人生于衰世，衰世亦时有凤、骐也。孔子生于周之末世，骐𬴊见于鲁之西泽；光武皇帝生于成、哀之际，凤皇集于济阳之地。圣人圣物生于盛、衰世。圣王遭（出，圣物遭见），见圣物，犹吉命之人逢吉祥之类也，其实相遇，非相为出也。
>
> 夫凤、骐之来，与白鱼、赤乌之至，无以异也。鱼遭自跃，王舟逢之；火偶为乌，王仰见之。非鱼闻武王之德，而入其舟；乌知周家当起，集于王屋也。谓凤、骐为圣王来，是谓鱼乌为武王至也。
>
> 夫吉凶之物见于王朝，若入民家，犹孔甲遭雨入民室也。孔甲不知其将生子，为之故到，谓凤皇诸瑞有知，应吉而至，误矣。

从中可见，王充虽然意在反驳瑞祥"有知""故为"，但他指出祥瑞只是偶然与圣人（圣王）、治世相遇，其实相当于说明祥瑞的出现与政治状况、人君治理不存在必然联系，从而变相否定了祥瑞应政的说法。①

《是应篇》批评儒者"溢美过实"，提出有的祥瑞并不存在。王充着力攻击了"蓂脯""蓂荚""屈轶"三种祥瑞。依儒者的说法，蓂脯、蓂荚、屈轶三种植物分别可以寒凉食物、纪日、辨别奸佞。对于三者，王充皆从自然主义的角度将之还原为自然的植物。值得注意的是，针对"屈轶指佞人"的说法，王充特别点出了其背后"神事立化"的用意。所谓"神事立化"，即"神道设教"，是儒者借用大众普遍信从的超自然信仰来达到道德教化的目的。王充认为，圣人通过神化屈轶，言其能指佞人，可以使得"百官臣子怀奸心者，则各

---

① 第三章"知命的途径"表明，王充亦曾从预兆的角度理解祥瑞，反映了命定论的思想。

变性易操，为忠正之行"，这就如同儒者言一角之羊觟䚦能触罪人一样，只是一种教化的手段。这一洞察，与他对灾异天谴说的认识一样，都触碰到儒者天人理论的本质。

王充虽然着力从客观角度看待祥瑞，努力将之还原为自然现象，但在另外一些地方，他却又赞同祥瑞应政。比如《讲瑞篇》主要讲凤凰、麒麟常与普通鸟兽混杂，难以分辨何为真正的祥瑞，既然如此，当朝所谓"凤凰麒麟"，究竟是不是真祥瑞呢？《讲瑞篇》篇末便收录了相关问答：

> 或问曰："《讲瑞》谓凤皇、骐驎难知，世瑞不能别。今孝章之所致凤皇、骐驎，不可得知乎？"曰：《五鸟》之记："四方中央皆有大鸟，其出，众鸟皆从，小大毛色类凤皇。"实难知也。故夫世瑞不能别。别之如何？以政治、时王之德。不（夫）及唐、虞之时，其凤皇、骐驎，目不亲见，然而唐、虞之瑞，必真是者，尧之德明也。孝宣比尧、舜，天下太平，万里慕化，仁道施行，鸟兽仁者，感动而来，瑞物小大、毛色、足翼必不同类。以政治之得失，主之明暗，准况众瑞，无非真者。事或难知而易晓，其此之谓也。又以甘露验之。甘露，和气所生也。露无故而甘，和气独已至矣。和气至，甘露降，德洽而众瑞凑。案永平以来，讫于章和，甘露常降，故知众瑞皆是，而凤凰、骐驎皆真也。

在这段有趣的对话中，王充指出，"以政治、时王之德"可以辨别凤凰、麒麟是否为真。宣帝时的政治与尧舜类似，"天下太平，万里慕化，仁道施行"，因而完全能够感动鸟兽、招致祥瑞，明帝、章帝朝同样如此，由此判断章帝时凤凰、麒麟等祥瑞都是真实的。很明显，这里王充为了回护当朝统治，不惜自我否定，承认凤凰、麒麟为应政而至，肯定祥瑞与政治之间的联系。而在此后《齐世》《宣汉》等六篇颂汉文章中，他更是完全推翻自己，宣称"皇瑞比见，其出不空，必有象为，随德是应"（《验符篇》），以汉代祥瑞众多为依据，论证汉德超越前代；更以明、章朝祥瑞尤多为证，歌颂当世之政治清明。王充批评儒者论祥瑞"说圣太隆""溢美过实"，本是站在学理的角度，但他自己在有些时候同样选择了以祥瑞颂扬政治，不乏溢美之词，个中缘由值得深思。

第三节　王充的批判与"为汉平说"

汉儒的灾异论、祥瑞论，与政治密不可分。汉儒提出，灾异、祥瑞都应政而生，善政致祥瑞，恶政致灾异，而"天"——无论是人格神的天还是广义的自然之天——只是担当一个执行者的角色，天的权威完全为道德服务。如此一来，表面上以天为最高主宰，实际上却是以道德为最高主宰的。前文多次提到，汉儒此举可谓"神道设教"，是以天的名义宣扬儒家价值，为道统在政治生活中谋求一席之地。

灾异论、祥瑞论中，汉儒格外重视灾异论，萧公权《中国政治思想史》对汉儒灾异论的政治意图，有精当的总结："汉儒惩秦专制之失，略袭其旨，欲以灾异符命戒惧人主，使之自敛，不复为纵恣专横之事。此盖图以天权限制君权，藉防君主专制之流弊。"[①] 可见，汉儒重视灾异论，是基于它的政治批评功能，并希望以灾异论来制约君主权力，防止其无限膨胀。灾异论发挥到极致，甚至可以向君主施加压力。西汉后期，儒家理想主义者对社会政治予以全面的批评，就曾以灾异论为重要武器。比如京房曾经对汉元帝言："春秋纪二百四十二年灾异，以视万世之君。今陛下即位已来，日月失明，星辰逆行，山崩泉涌，地震石陨，夏霜冬雷，春雕秋荣，陨霜不杀，水旱螟虫，民人饥疫，盗贼不禁，刑人满市，春秋所记灾异尽备。陛下视今

[①] 萧公权：《中国政治思想史》，第197页。

为治邪,乱邪?"元帝也只好承认:"亦极乱耳。尚何道!"①

祥瑞论也可用于政治批评。如王充在《宣汉篇》中提到的,儒者曾以汉代无凤鸟、河图等祥瑞,批评汉朝"未有太平",这应当同样是西汉后期理想主义儒生的做法,通过对祥瑞论进行反向应用,来批评政治。不过,祥瑞论更主要的作用还是歌功颂德。与西汉后期理想主义者形成鲜明对比的东汉初现实主义士人,就熟谙此道。王充《须颂篇》记载,"明帝永平中,神雀群集,孝明诏上《(神)爵颂》,班固、贾逵、杨终、傅毅、侯讽五颂金玉,孝明览焉",②诸文虽已不传,但可以推测,其内容当是以神雀为祥瑞歌颂明帝功德的。

儒生灾异论、祥瑞论在政治上的应用,于此可见一斑。

对于汉儒的灾异论、祥瑞论,王充从学理上是不认可的。王充的自然主义立场,使他相信灾异、祥瑞都是自然现象,与人事并无关系,偶尔出现灾异与恶政、祥瑞与善政同时发生的情况,仅仅是巧合而已。从学理的角度看,王充立足于天文知识,斩断灾异、祥瑞与人事的联系,是更加理性、科学的认识;从政治的角度看,将灾异与恶政分割开来,在一定程度上可以为君主"松绑",使之免于自责,但将祥瑞与善政分割,也使君主的圣明无从体现。

王充毕竟无法摆脱政治的影响。对于儒者以灾异论"神道设教"的苦心,他不是不明白,不然也不会有"六经之文,圣人之语,动言'天'者,欲化无道,惧愚者"(《谴告篇》)这样清醒冷静的看法。然而他明知儒者的用意,却还是主张灾异为"无妄",与人事不相关联,进而对儒者灾异论大加批判,说明他就是有意要斩断政治得失与灾异之间的道德联系,为君主解除精神威胁和心理负担。另外,他又在《齐世》《宣汉》等篇目中承认祥瑞"随德是应",肯定祥瑞与政治之间的联系,完全推翻了自己对祥瑞的自然主义认识,他甚至还如班固、贾逵等人一般,多次强调明章时期祥瑞众多,以为政治清

---

① 《汉书》卷75《眭两夏侯京翼李传·京房》,第3162页。
② 此事亦见范晔《后汉书·贾逵传》记载。

明之证。换言之，在当世政治面前，王充将自己关于灾异、祥瑞的理论，有利于统治的，继续保留，不利于统治的，进行修改，从而使学理服务于政治。正因如此，他才在《须颂篇》中毫不客气地称自己的多篇文章是"为汉平说"：

> 古今圣王不绝，则其符瑞亦宜累属。符瑞之出，不同于前，或时已有，世无以知，故有《讲瑞》。俗儒好长古而短今，言瑞则渥前而薄后，《是应》实而定之，汉不为少……谷熟岁平，圣王因缘以立功化，故《治期》之篇，为汉激发。治有期，乱有时，能以乱为治者优。优者有之。建初孟年，无妄气至，圣世之期也。皇帝执（敦）德，救备其灾，故《顺鼓》、《明雩》，为汉应变。是故灾变之至，或在圣世，时旱祸湛，为汉论灾。是故《春秋》为汉制法，《论衡》为汉平说。

对于自己回护当下政治的行为，王充曾强调，这是臣子应尽的义务，"臣子当褒君父，于义较矣"（《须颂篇》），但他远在江湖，又身处卑位，我们不能不怀疑，他不遗余力地为当朝辩护，更多是出于个人利益诉求。前文论及，东汉初的儒者，具有更多现实态度，且当现实主义态度与追求个人利益相结合时，常呈现出向政治主动求媚的姿态。王充正是如此。作为一名深受现实主义精神影响却又长期沉沦下僚的地方士人，王充有强烈的进身的渴望，在写作天人感应这组文章之前，王充曾借对人才的讨论，多次请求郡守举荐作为人才的自己。天长日久，他大概对郡守举荐一事丧失了信心，转而决定直接自荐。在这种情况下，君主成为王充进身路上主要的依靠。金春峰在论及汉代思想时，曾将王充作为寒门细族知识分子代表，指出寒门细族对豪强贵族仇恨与不满，却对皇权充满幻想与依赖，因此往往拥护皇权、反对豪强。[1] 王充在讨论当世灾异祥瑞时，完全以上意为准则，

---

[1] 金春峰：《汉代思想史》，第468页。

第四章　论天人感应

或可证明他确有此种心态。

当然，对于王充向皇权妥协的行为，还有其他的解释。比如蒋祖怡等前辈学者所主张的"避祸说"，认为王充颂汉是惧怕因批判主流"天人感应"思想而获罪，以此自保。不过，正如邵毅平所指出的，避祸与进身，在王充是一体两面之事。并且，相比其他时候，在写作论天人感应的文章前后，王充进身的渴望可能是格外强烈的。第二章提到，《论衡》篇章的排列顺序与写作时间大体一致，在论天人感应这组文章之前，是《程材》《量知》等讨论人才的文章，王充在文中强调自己作为人才的优势，多次请求郡守举荐；在论天人感应诸文之后，是《齐世》《宣汉》等歌功颂德之文，王充在文中不仅极力宣扬汉代的伟大，更大胆向君主自荐。这说明王充在撰写这两组文章时，都迫切希望进身朝廷；而天人感应一组文章的写作时间位于二者之间，我们有理由相信，王充在写作这一组文章时，求进的迫切心情是同样存在的。把握住王充"为汉平说"以求进身的出发点，也就能理解他在论天人感应时诸多自相矛盾的表现了。

第五章

论 鬼 神

中国古代的鬼神信仰源远流长。今天在《汉语大字典》中，鬼的第一义为人死后离开形体而存在的精灵，① 神的第一义为天地万物的创造者、主宰者及一切精神。② 其实，早期中国的鬼字除了指死者的灵魂外，有时也指代神的精神乃至其他非人类的精怪。③ 相关例子很多，如《墨子·明鬼》言："古之今之为鬼，非他也，有天鬼，亦有山水鬼神者，亦有人死而为鬼者。"④ 屈原《九歌》中的"山鬼"即山神。睡虎地秦简《日书·诘篇》中"鬼"指向有着各种来源出处的有害灵体。因此，有学者认为"鬼"的本义是一个通用词语，泛指人类、神祇甚至动物的精神或灵魂。⑤ 可见，早期文献中的"鬼"和"神"都可指向多种灵性存在，二者组成的复合词"鬼神"，更一直被用作包含人鬼、天神、地祇在内的各类"灵"的总称。鬼神信仰，亦即以鬼神等非人主体为人外力量（extra-human

---

① 汉语大字典编辑委员会：《汉语大字典》，第4427页。
② 汉语大字典编辑委员会：《汉语大字典》，第2392页。
③ 蒲慕州：《早期中国的鬼》，黄咨玄译，新星出版社2023年版，第13、31、37页。
④ 吴毓江撰，孙启治点校：《墨子校注》卷8《明鬼下》，第343页。
⑤ 蒲慕州：《早期中国的鬼》，黄咨玄译，第32页。

power）来源、围绕鬼神而产生的一系列观念和行为。

王充在《论衡》中以大量篇幅对当时的鬼神信仰进行讨论，集中批判了"人死为鬼，有知，能害人"观念及相关厚葬、祭祀行为。对于基于仙人信仰的求仙问道，以及生活中的各类禁忌，王充亦加以批评，这也是本章将要探究的几个主要问题。

需要注意的是，对鬼神的关注并不仅仅出现于古代中国。在埃及、美索不达米亚、古希腊、罗马以及其他文明中，基于鬼神信仰和习俗构成了其各自文化和社会的重要组成部分。甚至可以说，人类宗教史在某种程度上是人类与鬼神等超自然力量之间长期斗争的历史。对这些力量的怀疑和批判也是宗教发展不可或缺的一部分。因此，理解王充的观点，不仅有助于阐明中国古代宗教的特性，而且也是理解人类宗教广阔图景的一个关键案例研究。

第一节　人死为鬼

一　鬼与妖

春秋战国时期，儒家思想中的鬼神观与流行于一般人间的鬼神观已有较大差距，前者认为鬼神是人无法以感官去接触的一种抽象性存在，如《礼记·中庸》中孔子所言："鬼神之为德，其盛矣乎！视之而弗见，听之而弗闻，体物而不可遗。使天下之人齐明盛服，以承祭祀，洋洋乎！如在其上，如在其左右。"[1] 甚至具备与人一样的知觉意识，可以影响人的吉凶祸福[2]，后者则认为鬼神是有形可见的一种存在，甚至具备与人一样的知觉意识，可以影响人的吉凶祸福，因此，儒家士人对鬼神主要采取存而不论、敬而远之的态度，而一般人却对鬼神充满具体的想象和畏惧。

---

[1]（清）朱彬撰：《礼记训纂》卷31《中庸》，第774页。
[2] 蒲慕州：《追寻一己之福：中国古代的信仰世界》，第59页。

需要补充的是，以鬼神为抽象存在的观念非儒家所独有；尤其涉及鬼神与人之生死的关系，在子产提出"魂魄说"后①，从战国到秦汉时期，相当一批知识分子——无论儒家、道家——逐渐形成了一套成体系的关于生死、鬼神、魂魄、形神（或形气）、阴阳、天地的看法。② 粗略地讲，即以魂、精神（或精气）、阳气为一类，属天；以魄、形体、阴气为一类，属地。二者结合生成人，人死后则魄、形体、阴气归于地，魂、精神（或精气）、阳气归于天，称为鬼神。③在这一体系中，人之生死被予以"自然主义"的解释，人死所成之人鬼，作为鬼神的一种，亦为抽象精微而弗见弗闻的存在。与之相对，持具象鬼神观者，往往认为"人死为鬼，有知，能害人"（《论死篇》）。王充的批判，便是在关于人鬼的两种对立看法之下展开的。

首先，王充继承了抽象鬼神观以及对生死的自然主义解释。在《论死篇》中，他指出："鬼神，荒忽不见之名也。人死精神升天，骸骨归土，故谓之鬼【神】。鬼者，归也；神者，荒忽无形者也。或说：鬼神，阴阳之名也。阴气逆物而归，故谓之鬼；阳气导物而生，故谓之神。神者，伸也，申复无已，终而复始。人用神气生，其死复归神气。阴阳称鬼神，人死亦称鬼神。"可见，王充同样采用形神、天地、阴阳等概念来解释生死，对于人死所化的鬼神，也同样以之为恍惚无形的存在。《论衡》中的"鬼神"或"神"④，绝大多数指此恍惚无形之存在，除了上述引文，另有《解除篇》"神，荒忽无形，

---

① "魂魄说"，载《左传·昭公七年》："及子产适晋，赵景子问焉，曰：'伯有犹能为鬼乎？'子产曰：'能。人生始化曰魄，既生魄，阳曰魂，用物精多，则魂魄强，是以有精爽，至于神明，匹夫匹妇强死，其魂魄犹能冯依于人，以为淫厉，况良霄。我先君穆公之胄，子良之孙，子耳之子，敝邑之卿，从政三世矣，郑虽无腆，抑谚曰，蕞尔国，而三世执其政柄，其用物也弘矣，其取精也多矣，其族又大，所冯厚矣，而强死，能为鬼，不亦宜乎？'"

② 参见周桂钿《王充评传》，第321—322页。

③ 相关文献颇多，如《管子·内业》《列子·天瑞》《礼记·郊特牲》《礼记·檀弓》《礼记·祭意》《礼记·礼运》《大戴礼记·曾子天圆》《淮南子·精神训》。

④ 《论衡》中，王充往往以"鬼神"称呼包括人鬼在内的恍惚无形抽象的存在，以"鬼"称呼世人心目中有形、有知、具有一定危害的存在。蒲慕州曾指出，鬼一词单独出现时通常具有否定意义，但当它与神一词连同出现，含义通常是中性的。这在《论衡》中能得到一定印证。参见蒲慕州《早期中国的鬼》，黄咨玄译，第3页。

第五章 论鬼神

出入无门,故谓之神",《知实篇》"神者,眇茫恍惚无形之实",《龙虚篇》"天地之间,恍惚无形,寒暑风雨之气乃为神",《雷虚篇》"神者,恍惚无形,出入无门,上下无垠(垠),故谓之神",等等。

因为人死后成为恍惚无形、深奥莫测的鬼神,故对与之相关的死后世界并不予以过多关注,王充称"死人暗昧,与人殊途,其实荒忽,难得深知"(《薄葬篇》),整部《论衡》对于死后世界都未加讨论,便是这一态度的直接表现。

在自然主义生死观基础上,王充进一步论证"人死不为鬼,无知,不能害人"。他立足于形神关系,分别攻击死人有形、死人有知、死人能害人三个方面。王充指出,人死之后形体枯朽、精气消散,因而不可能再具形体;即便精气尚存,没有形体作为依附,也难以有知、害人。因此,所谓"人死为鬼,有知,能害人"是虚妄的。

前面提到,形神关系为自然主义生死观的重要内容,[①] 王充所反复强调的精气对形体的依附,上承战国末期荀子所言"形具而神生"[②],近受同时代学者桓谭影响,而后者的影响尤为显著。桓谭曾以火光与蜡烛类比精神与形体的关系:"精神居形体,犹火之然烛矣……烛无,火亦不能独行于虚空,又不能后然其他。她,犹人之耆老,齿堕发白,肌肉枯腊,而精神弗为之能润泽,内外周遍,则气索而死,如火烛之俱尽矣。"[③] 王充不仅继承了这种精神依赖形体的观点,且一并继承了烛火之喻,足见受桓谭影响之深。

另外,王充认为鬼神是如烟云般恍惚无形的,因而凡是有形、可见的存在都不是鬼神,他指出"如有形,不得谓之神"(《雷虚篇》),曾因"雷公有形"而否认雷公为神。人死后即加入鬼神的行列,成为恍惚无形的存在,那么世人所见的有形之鬼,就不是真正的鬼神,也就和死人不存在联系。王充称"朽则消亡,荒忽不见,故谓之鬼神。

[①] 讨论较多者如《庄子·天地》《荀子·天论》《淮南子·原道》及严遵《老子指归》、司马谈《论六家要旨》。综合来看,道家学者对形神关系更为关注。

[②] (清)王先谦撰,沈啸寰、王星贤整理:《荀子集解》卷11《天论篇》,第302页。

[③] (汉)桓谭撰,朱谦之校辑:《新辑本桓谭新论》卷8《祛蔽篇》,第32页。

人见鬼神之形，故非死人之精也"（《论死篇》）便是基于这一推断。

世人所见的有形之鬼既非"死人之精"，那么它究竟是什么呢？王充以为，有形之鬼其实是妖的一种。在王充看来，异常现象即为妖，经传所载怪异之事，如赵简子梦帝所、刘邦斩白蛇、张良遇黄石公，"皆妖祥之气"（《纪妖篇》）。妖分为不同种类，如以童谣为代表的言之妖，以枯骨夜哭为代表的声之妖，以巫者为代表的人之妖，而世人所见之鬼则是"妖气象人之形"，也是妖的一种。王充指出，妖的本质是气，是"太阳之气"；阴气主为骨肉，阳气主为精神，阴阳气具，方能精神骨肉牢固而常见不灭，但太阳之气，独阳而无阴，因而只能为象，不能成体，且恍惚动荡，不能长存。由此，呈现人、物形象的妖气，也就是世人所能看见之鬼，其实仅为虚象而非实体，它们的出现往往有预示未来的作用，与祥瑞、灾异本质相似：

> 天地之间，祸福之至，皆有兆象，有渐不卒然，有象不猥来。天地之道，人将亡，凶亦出；国将亡，妖亦见。犹人且吉，吉祥至；国且昌，昌瑞到矣。故夫瑞应妖祥，其实一也。而世独谓鬼者不在妖祥之中，谓鬼犹神而能害人，不通妖祥之道，不睹物气之变也。国将亡，妖见，其亡非妖也。人将死，鬼来，其死非鬼也。亡国者，兵也；杀人者，病也。（《订鬼篇》）

这里王充特别强调了有形之鬼属于一种"妖祥"，只起预兆作用，并不能实际为害。

"妖"的概念并非王充的原创，先秦时期《左传》《荀子》等文献已将反常、怪异之现象称为"妖"，[①] 而在汉代天人感应、阴阳灾

[①] 《左传·庄公十四年》："初，内蛇与外蛇斗于郑南门中，内蛇死。六年而厉公入。公闻之，问于申繻曰：'犹有妖乎？'对曰：'人之所忌，其气焰以取之。妖由人兴也。人无衅焉，妖不自作。人弃常，则妖兴，故有妖。'"《荀子·大略》："口能言之，身能行之，国宝也。口不能言，身能行之，国器也。口能言之，身不能行，国用也。口言善，身行恶，国妖也。治国者敬其宝，爱其器，任其用，除其妖。"

异的语境中,"服妖""鸡妖"等妖祥更被刘向、京房、夏侯胜等人反复论及,以为人事之应,尤以《汉书·五行志》记载为详。[①] 王充的独特之处在于借用阴阳、形神的概念,尝试对"妖"的本质进行自然主义的解释,将之归为"太阳之气"。太阳之气属于自然之气,而有形之鬼作为妖之一种,其本质亦为自然之气,其出现亦遵循自然规律。在王充的解释下,有形之鬼的主观意识性被剥夺,"超自然"因而成为"自然",成为可以被理解和说明的现象;有形之鬼与人事吉凶祸福的联系,也不再是受意识控制的,而是作为"天地之道"自然而然发生的。

综上,王充一方面立足抽象鬼神观及与之相关的自然主义生死观,否定"人死为鬼,有知,能害人";另一方面,利用"妖"的概念,对一般观念中有形可见之鬼进行自然主义的解释。其中前者直接影响到王充对当时丧葬、祭祀、卜筮等行为的态度;后者则更多与王充对天人感应的讨论相关。

二 鬼与丧葬

在以《论死》《死伪》《纪妖》《订鬼》四篇详细论证"人死不为鬼,无知,不能害人"后,王充接着进入现实议题。首先是当时的丧葬行为。他曾明确表示:"《论死》《订鬼》,所以使俗薄丧葬也。""今著《论死》及《死伪》之篇,明【人】死无知,不能为鬼,冀观览者将一晓解约葬,更为节俭。"(《对作篇》)可见,对薄葬的提倡是王充讨论生死、鬼神的主要落脚点之一。汉代厚葬风气盛行,文献、考古证据颇为丰富,前人论述已详,这里仅以《论衡》记载为例:

> 闵死独葬,魂孤无副,丘墓闭藏,谷物乏匮,故作偶人以侍尸柩,多藏食物以歆精魂。积浸流至,或破家尽业,以充死棺;

[①] 有些学者如桓谭等则将之称为"变""怪",无论名称如何,都是指反常现象。

> 杀人以殉葬，以快生意。……是以世俗轻愚信祸福者，畏死（鬼）不惧义，重死不顾生，竭财以事神，空家以送终。（《薄葬篇》）

厚葬行为对时人生活造成极大影响，乃至"破家尽业"，在其他文献中亦可得到印证。两汉厚葬之风的形成，蒲慕州指出与风气奢侈、经济富裕、孝道思想及愈加具体的死后世界想象有关，① 在王充看来，最末一个因素是根本性的。对死后世界想象的基础，在于相信人死有知，因此若要杜绝厚葬，只有从明确人死无知入手，方能使人领会厚葬无益。王充指出："救漏防者，悉塞其穴，则水泄绝。穴不悉塞，水有所漏，漏则水为患害。论死不悉，则奢礼不绝，不绝则丧物索用。用索物丧，民贫耗之至，危亡之道也。"（《薄葬篇》）可见，明确人死无知，在王充看来是杜绝厚葬最彻底的方法，也是他认为此前贾谊、刘向等学者所未能做到的。

这里，有必要简单回顾一下在王充之前关于薄葬的主张。先秦时期，薄葬最主要的拥护者自然是墨家，其立足点在于厚葬无益于"富贫众寡、定危治乱"的社会需要；② 儒家对于厚葬薄葬无明确表示，虽然后人常以为孔子主张薄葬，但儒家对于丧葬的态度实为"发乎情""节乎礼"，即一面强调真情实感，一面强调符合礼制，在此基础上的丧葬行为即被认为是合理的；③ 此后《吕氏春秋·孟冬纪》下的《节丧》《安死》条从防止盗墓、不辱亲的角度倡导薄葬；④ 进入汉代，《淮南子》针对厚葬"旷日烦民而无所用""穷民

---

① 蒲慕州：《汉代薄葬论的历史背景及其意义》，《"中研院"历史语言研究所集刊》1990年第3分。

② 吴毓江撰，孙启治点校：《墨子校注》卷6《节葬下》，第262—268页。

③ 如《论语·八佾》载孔子言："礼，与其奢也，宁俭；丧，与其易也，宁戚。"《礼记·檀弓上》："子游问丧具，夫子曰：'称家之有亡。'子游曰：'有亡恶乎齐？'夫子曰：'有，毋过礼；苟亡矣，敛首足形，还葬，县棺而封，人岂有非之者哉！'"《荀子·礼论》："天子棺椁七重，诸侯五重，大夫三重，士再重。然后皆有衣衾多少厚薄之数，皆有翣菨文章之等，以敬饰之，使生死终始若一；一足以为人愿，是先王之道，忠臣孝子之极也。"

④ 许维遹撰，梁运华整理：《吕氏春秋集释》卷10《孟冬纪》，第220—229页。

第五章 论鬼神

绝业而无益于槁骨腐肉"的危害，强调"礼不过实"，实际上是对上层人士以"礼"的名义将丧葬制度发展过头的批评；① 武帝时崇尚黄老的杨王孙指出"死者无知"，以厚葬无益死者、费财害生而坚持薄葬；② 《盐铁论》中贤良文学将厚葬作为当时社会奢侈现象的一种进行批判，称"丧祭无度，伤生之蠹"，亦从侧面反映出对薄葬的要求。③ 成帝时刘向上疏谏营昌陵、延陵，立足于厚葬的社会危害，并辅以道德祸福之说，指出厚葬奢侈多致盗墓亡国之祸。④

综合来看，上述薄葬主张主要呈现两种取向，或着眼于厚葬劳民伤财的社会危害，或立足于自然主义生死观，尝试摧毁厚葬内在的信仰基础。⑤ 其中前者占大多数，后者唯见于《淮南子》和杨王孙的表述。⑥ 王充强调"人死无知不为鬼"，自然也属于第二种。蒲慕州以为这些从宇宙与生死观立论提倡薄葬者，多与道家思想有关。⑦ 从《淮南子》与杨王孙的情况来看似乎如此，不过王充在《薄葬篇》中却称"儒家……以为死人无知，不能为鬼"，不仅将"人死无知"的自然主义解释归于儒家思想，甚至整篇文章都只围绕儒、墨丧葬观念得失，未曾提及道家。究其原因，盖如前所述，自然主义生死观自先秦以来便为道家、儒家等学派所共有，且如第一章所述，汉代不少学者都注重融会贯通以博采众家之长，哪怕从《淮南子》、杨王孙的薄葬论述中，也可看出对各家思想的融合。因此，王充的自然主义生死观及基于此的薄葬主张，与其说受道家思想影响，不如说是继承了先

---

① 何宁撰：《淮南子集释》卷11《齐俗训》，第785—788页。
② 参见《汉书》卷67《杨胡朱梅云传》，第2908—2909页。班固在《汉书·杨胡朱梅云传》赞中称赞杨王孙"昔仲尼称不得中行，则思狂狷。观杨王孙之志，贤于秦始皇远矣"，从中分析，很可能班固也赞成薄葬，虽然没有明确表述。
③ 王利器校注：《盐铁论校注》卷6《散不足》，第353—356页。
④ 参见《汉书》卷36《楚元王传》，第1950—1957页。
⑤ 蒲慕州：《汉代薄葬论的历史背景及其意义》，《"中研院"历史语言研究所集刊》1990年第3分。
⑥ 刘向指出"以死者为有知，发人之墓，其害多矣；若其无知，又安用大"，仅为一模棱两可的意见，因而被王充批评"不能明""不能极论"。
⑦ 蒲慕州：《汉代薄葬论的历史背景及其意义》，《"中研院"历史语言研究所集刊》1990年第3分。

秦以来关于生死的自然主义解释。①

而王充以"人死无知"观念为儒家所有，可能是基于自身的儒家立场。王充虽如当时不少学者一样，博通众流百家之言，在今人看来其思想也很难界定为特定的一家一派，②但教育经历与时代影响使他自己仍以儒生自诩，这点在《论衡》中多有体现。同时，王充也注意到儒家虽持自然主义生死观，但其实并未真正明确"死人无知"这一点，没有提出切实论据加以证明，更未曾以此为武器反对厚葬。王充认为，阻碍儒家不能明确"人死无知"这一点的是对教化的考虑：

> 孔子非不明死生之实，其意不分别者，亦陆贾之语指也。夫言死【人】无知，则臣子倍其君父。故曰："丧祭礼废，则臣子恩泊；臣子恩泊，则倍死亡先；倍死亡先，则不孝狱多。"圣人惧开不孝之源，故不明死【人】无知之实。(《薄葬篇》)

王充对孔子心意的解释，与刘向所记载的子贡与孔子间关于人死是否无知的一段对话密切相关，在这段对话中，孔子称："吾欲言死者有知也，恐孝子顺孙妨生以送死也；欲言无知，恐不孝子孙弃不葬也。"③ 也

---

① 蒲慕州也指出，尽管主张薄葬者中一些人的言论流露出道家思想的某些特质，但从其思想背景和生平行事来看，他们本质上并非道家之徒，甚至不少人是积极有成的儒者，其思想具有多元化的面貌。参见蒲慕州《墓葬与生死：中国古代宗教之省思》，台北：联经出版事业公司1989年版，第266—268页。

② 很多学者以为王充为道家，如胡适、冯友兰、金春峰等，其主要根据即王充所主张的黄老"自然"之说及以此对天人感应的批判。但侯外庐、萧公权都曾指出，王充的天人思想近荀子，尤其《论衡·自然篇》，大类《荀子·天论》；劳思光也认为，"引黄老之说不代表采取道家立场，只是偶觉与己说相近，顺手用之，否则批判天人感应时应当多引黄老说，不当处处言常识此处突然言黄老"；周桂钿则进一步总结道"诸子百家的框框不适合王充思想体系，王充自成一家——唯求求真的唯物主义哲学家"。参见胡适《王充的论衡》，黄晖《论衡校释》，第1465—1495页；冯友兰《中国思想史》下，第63—64页；金春峰《汉代思想史》，第503—506页；侯外庐、赵纪彬、杜国庠、邱汉生《中国思想通史》（第2卷），第270页；萧公权《中国政治思想史》，第239页；劳思光《新编中国哲学史》(2)，第129页；周桂钿《王充评传》，第194页。

③ （汉）刘向著，向宗鲁校证：《说苑校证》卷18《辨物》，第474页。

就是说，儒家明知死人无知，但因重视孝道以及源于孝敬之情而制定的丧葬礼制，害怕一旦明确"人死无知"，则丧祭之礼废，臣子之恩难以维系，导致伤风败俗，才故意持模棱两可之态度。

教化的确是一个重要因素，尤其王充自身对教化亦十分重视，他推崇薄葬也是出于儒家知识分子的社会责任意识，希望能够立"薄葬省财之教"。不过，王充以为完全可以采取生前尽孝的形式来推广教化，而死后厚葬对于尽孝、补政、化民都无益。由此可见，身为儒生，王充的基本价值取向是从实际出发，不拘泥于形式，即所谓"圣人立义，有益于化，虽小弗除；无补于政，虽大弗与"（《薄葬篇》），即便厚葬有重视孝道的教化考虑，但实际上的教化作用远比不上对国计民生的危害，因而也是不值得提倡的。这是王充受实用主义影响的主要表现之一，也是王充自认为领悟了"圣心贤意"并赖以自矜自傲的一大根据。

三 鬼与祭祀

王充关注的另一问题是祭祀。汉代的祭祀范围很广，包括以官方为主导的对天地山川、日月星辰、英雄贤哲的祭祀，通行于社会各阶层的对于祖先的祭祀，以及一般民众对生活中"他神百鬼"的祭祀。[①] 自先秦以来，士人多以官方认可的天神地祇人鬼为当祭，认为针对其他鬼神的祭祀皆"不在祀典"，属于淫祀，并对其加以批判。如《礼记·曲礼下》言："非其所祭而祭之，名曰淫祀，淫祀无福。"[②] 王充虽然也注意到当时存在众多"淫祀非鬼之祭"，但不同于其他士人主要针对"淫祀"大加批评，王充批评的对象是世人祭祀以求福的心态，在这个意义上，"淫祀""非淫祀"并不存在太大差

[①] 需要注意的是，汉代官方祭祀和民间祭祀其实很多重叠，从崇拜者身份，到崇拜对象皆是如此。区别民间祭祀与官方祭祀的方法，或许只在于：第一，不在官方体系中的，为民间祭祀。第二，民间祭祀与官方祭祀目的不同，前者追求一己之福，后者着眼于国家福祉。相关讨论，参见蒲慕州《追寻一己之福：中国古代的信仰世界》，第102—116页。当然，儒家士人对于祭祀的理解与上述二者亦不尽相同，王充所持观点，即可看作知识分子意见之代表。

[②] （清）朱彬：《礼记训纂》卷2《曲礼下》，第70页。

异，因此王充并未专门区别二者，而只是就祭祀者的普遍心态加以评析：" 世信祭祀，以为祭祀者必有福，不祭祀者必有祸。是以病作卜祟，祟得修祀，祀毕意解，意解病已，执意以为祭祀之助，勉奉不绝。谓死人有知，鬼神饮食，犹相宾客，宾客悦喜，报主人恩矣。"（《祀义篇》）由引文可见，时人相信"祭祀者必有福"的前提在于相信鬼神有知，且与人一样以饮食为基本需求，而祭祀即可满足鬼神饮食需要，从而换取鬼神眷顾，得福免祸。这一假设自然属于前面所言以鬼神为具体存在的一般鬼神观，且对"人鬼"和非人之鬼同样适用。王充对于世人"信其有神为祸福"的祭祀心态颇不以为然，认为"其修祭祀，是也；信其事之，非也"（《祀义篇》），并以"鬼神能饮食"作为主要突破口展开批评。

针对祭祀对象中的人鬼，王充依据前述关于生死的自然主义思想，否定了其歆享饮食的可能："今所祭死人，死人无知，不能饮食。"（《祀义篇》）[1] 而对于非人之他神百鬼，王充则以天地、山川、五祀、风伯雨师、日月星辰为例，将之与人的骨节、血脉、肤肉、形体、精液、目、发等部位相类比，通过逐一分析后者歆享饮食的不合理性，论证天神地祇等非人之鬼不能歆享饮食。由此，无论人鬼、非人之鬼，皆不能歆享饮食，在王充看来，鬼神不能歆享饮食则无法影响人的吉凶祸福。一方面，"不能歆享，则不能神；不能神，则不能为福，亦不能为祸"（《祀义篇》），另一方面，王充认为祸福起于喜怒，而喜怒起于腹肠，"不能饮食则无腹肠，无腹肠则无用喜怒，无用喜怒则无用为祸福矣"（《祀义篇》）。如此一来，祭祀使人得福或

---

[1] 《祀义篇》中，王充从四个方面论证死人不能饮食："且夫歆者、内气也，言者、出气也。能歆则能言，犹能吸则能呼矣。如鬼神能歆，则宜言于祭祀之上。今不能言，知不能歆，一也。凡能歆者，口鼻通也。使鼻齆不通，口钳不开，则不能歆（之）矣。人之死也，口鼻腐朽，安能复歆？二也。《礼》曰：'人死也，斯恶之矣。' 与人异类，故恶之也。为尸不动，朽败灭亡，其身不与生人同，则知不与生人通矣。身不同，知不通，其饮食不与人钧矣。胡、越异类，饮食殊味。死之与生，非直胡之与越也。由此言之，死人不歆，三也。当人之卧也，置食物其旁，不能知也。觉乃知之，知乃能食。夫死，长卧不觉者也，安能知食？不能歆之，四也。"

第五章　论鬼神

免祸的可能性便不存在了。这里，王充采取的论证方式贴近百姓日常认知，或许与其地方知识分子的身份以及长期任职基层的经历有关。

在证明祭祀不能为祸福的基础上，王充反过来进一步论证祸福之至与祭祀等活动无关：

> 行尧、舜之德，天下太平，百灾消灭，虽不逐疫，疫鬼不往；行桀、纣之行，海内扰乱，百祸并起，虽日逐疫，疫鬼犹来。衰世好信鬼，愚人好求福。周之季世，信鬼修祀，以求福助。愚主心惑，不顾自行，功犹不立，治犹不定。故在人不在鬼，在德不在祀。(《解除篇》)

从引文可见，王充以为祸福吉凶与道德行为有直接关联而不受祭祀、解除影响，这是对春秋以来知识阶层的人本主义与理性主义思想的继承。[1] 汉代类似的论述多出于西汉中期之后的儒家士人，如《盐铁论·散不足》所载贤良文学："古者，德行求福，故祭祀而宽。仁义求吉，故卜筮而希。"[2] 杜邺："奉天之道，贵以诚质大得民心也。行秽祀丰，犹不蒙祐；德修荐薄，吉必大来。"[3] 刘向："夫贤圣周知，能不时日而事利；敬法令，贵功劳，不卜筮而身吉；谨仁义，顺道理，不祷祠而福。故卜数择日，洁斋戒，肥牺牲，饰珪璧，精祠祀，而终不能除悖逆之祸，以神明有知而事之，乃欲背道妄行而以祠祀求福，神明必违之矣。"[4] 桓谭："圣王治国，崇礼让，显仁义，以尊贤爱民为务，是为卜筮维寡，祭祀用稀。"[5]

可以看到，杜邺、刘向、桓谭、王充等儒家士人皆尝试将吉凶祸福与道德得失挂钩，以此淡化祭祀、卜筮等信仰活动的威力，其中心

---

[1] 参见陈来《古代思想文化的世界——春秋时期的宗教、伦理与社会思想》，生活·读书·新知三联书店2009年版。
[2] 王利器校注：《盐铁论校注》卷6《散不足》，第352页。
[3] 《汉书》卷25下《郊祀志》，第1262页。
[4] (汉)刘向著，向宗鲁校证：《说苑校证》卷20《反质》，第511—512页。
[5] (汉)桓谭撰，朱谦之校辑：《新辑本桓谭新论》卷5《见征篇》，第15页。

点即王充所言"在人不在鬼,在德不在祀"。不过,与杜邺、刘向、桓谭等人不同的是,王充一方面承认道德得失与吉凶祸福的关系,另一方面又指出吉凶之至自有命数:"国期有远近,人命有长短。如祭祀可以得福,解除可以去凶,则王者可竭天下之财,以兴延期之祀;富家翁妪,可求解除之福,以取逾世之寿。案天下人民,夭寿贵贱,皆有禄命;操行吉凶,皆有衰盛。"(《解除篇》)这与前述道德因果律显然构成了矛盾,因为祸福若为命中注定,那道德修养亦失去了意义。对于这一矛盾,王充并没有给予解决,由此也可看出其思想的多样性和复杂性。

既然"祭祀不为福,福不由祭祀"(《解除篇》),那么祭祀的意义何在?王充在大量引用《礼记·祭法》等文献考察天地、山川、社稷、五祀、灵星及宗庙等祭祀后,总结道:"祭祀之义有二:一曰报功,二曰修先。凡报功以勉力,修先以崇恩,力勉恩崇,功立化通,圣王之务也。"(《祭意篇》)也就是说,对天神地祇的祭祀意在报功,对人鬼的祭祀意在修先,以此教化人勉力、崇恩,最终起到"功立化通"的效果。这样一来,祭祀更多是为了培养道德情感、整合血缘家族体系、协调社会关系,而非求福避祸,即便从形式上需要庄严肃穆地向鬼神进献牺牲贡品,也只是一种象征性的行为,重点在于表达内心的感情,并不意味着鬼神真的会享用。

王充关于祭祀的认识,实是对先秦以来儒家祭祀观的继承。余英时曾指出,在先秦及后代,只有儒家遵从孔子"祭神如神在"的教导,发展出一种对待祭祀更为理性的观点。[1] 如荀子所言:"祭者,志意思慕之情也。忠信爱敬之至矣,礼节文貌之盛矣,苟非圣人,莫之能知也。圣人明知之,士君子安行之,官人以为守,百姓以成俗;其在君子以为人道也,其在百姓以为鬼事也。"[2] "日月食而救之,天旱而雩,卜筮然后决大事,非以为得求也,以文之也。故君子以为

---

[1] 余英时:《东汉生死观》,侯旭东等译,上海古籍出版社2005年版,第89页。
[2] (清)王先谦撰,沈啸寰、王星贤整理:《荀子集解》卷13《礼论篇》,第366页。

文，而百姓以为神。以为文则吉，以为神则凶也。"①"人道"与"鬼事"、"文"与"神"，准确形容了儒家士人与一般百姓对祭祀的不同理解，也显示出两类人对待信仰行为的不同立场。

由王充对祭祀的认识也可看出，王充虽然否定了吉凶祸福与祭祀的联系，但并没有否定祭祀存在的合理性，而是尝试予以礼义化的解释。这与他对厚葬的态度颇有差别。一方面可能因为祭祀来源古老，而厚葬行为则相对后起，也没有太多理论与实践支持；另一方面，则可能出于现实利弊考虑。厚葬虽有推广孝道的教化作用，但劳民伤财，弊大于利；而祭祀虽在社会上形成一定不良风气，但与厚葬相比，并未对国计民生造成过大的危害。从这个意义上说，王充对祭祀的承认和对厚葬的否定，其实都体现了从现实出发的价值取向。

第二节　成仙得道

汉代仙人信仰盛行，学者们已多有论述。仙人常与"神"并称为"神仙"，如黄剑华所言："从本质上看，神和仙是有区别的，神出于天生，仙属于人为修炼而成，但二者都能超越时空束缚，可以长生不死、与天地同老，还可以来去逍遥自由飞行。"② 仙人的种种特质接近于神，至少可以看作拥有人外力量的"非人"。因此，暂且将仙人信仰也视为鬼神信仰的一种。

一　仙人特征

余英时指出，对不朽的追求有两种不同来源，一是基于传统长寿渴望的"世间不朽"，二是基于求仙的"彼世不朽"。秦汉时期，帝王（尤其秦皇、汉武）依赖方士而进行的求仙活动促进了求仙的世

---

① （清）王先谦撰，沈啸寰、王星贤整理：《荀子集解》卷11《天论篇》，第309页。
② 黄剑华：《秦汉以来的鬼神信仰与仙话研究》，《地方文化研究》2016年第1期。

济世与利己

俗化、此世化，"世间不朽"与"彼世不朽"的观念逐渐合而为一："在东汉时期，神仙的观念变得与长寿及'不死'相一致；而在作者们意指形体不朽时，像'度世'这样的彼世称呼与'不死'这样的此世称呼被不加区别地使用。"① 这一点，王充《论衡》有充分体现。在《道虚篇》中，王充集中讨论了时人关于形体不朽的成仙信仰，一并使用了"成仙""得道""度世""升天""长寿""不死""不老"等不同称呼，不过，如果仔细区分的话，"成仙""得道""度世""升天"可看作同义词，都是指代"成仙"这一结果，而"长寿""不死""不老"则是对仙人特征的描述。可见，在时人眼中，成仙的核心是长生不死，《道虚篇》提到的黄帝、刘安、王子乔等皆如此，东汉字书对"仙"的解释亦基于此，如《说文解字》："僊，长生僊去。"②《释名》："老而不死曰仙。"③ 有些"得道之人"即便死，人们也以为"尸解而去，其实不死"（《道虚篇》），如武帝时方士李少君病死，"天子以为化去不死也"④。王充对仙人信仰的批判，便是针对"不死"这一核心观念展开的。

上一节已论及王充持有自然主义生死观，在这一视野下，死是必然事件：

> 有血脉之类，无有不生；生无不死。以其生，故知其死也。天地不生，故不死；阴阳不生，故不死。死者，生之效；生者，死之验也。夫有始者必有终，有终者必有始。唯无终始者，乃长生不死。人之生，其犹冰也。水凝而为冰，气积而为人。冰极一冬而释，人竟百岁而死。人可令不死，冰可令不释乎？诸学仙术，为不死之方，其必不成，犹不能使冰终不释也。（《道虚篇》）

---

① 余英时：《东汉生死观》，侯旭东等译，第38页。
② （汉）许慎撰，（宋）徐铉校定：《说文解字》，第167页。
③ （汉）刘熙：《释名》卷3《释长幼》，中华书局1985年版，第43页。
④ 《汉书》卷25上《郊祀志上》，第1217页。

第五章　论鬼神

因为人固有一死，因此所有求仙活动都注定失败。这里，可以看出王充对扬雄、桓谭思想的继承。扬雄曾经指出"有生者必有死，有始者必有终，自然之道也"①，在面对他人关于仙者的疑问时，他以圣人为例，列举伏羲、神农、黄帝、尧、舜、文王、孔子死亡的事实，认为成仙"非人之所及也"②。桓谭同样曾立足死之必然性而否定求仙："生之有长，长之有老，老之有死，若四时之代谢矣。而欲变易其性，求为异道，惑之不解者也。"③ 王充、扬雄、桓谭的理性态度，在一定程度上都基于对生死的自然主义认识。

除了否定"不死"的可能性外，王充还否定了次一等"长寿"的可能性。这与前述王充的宿命论思想有关。他认为，万物禀气而生，所受之气决定了其本性、形体、寿命，气、性、形、寿四者相互关联，只有气、性、形的变化才能导致寿的变化。这其中，形是外在可见的，因而可以作为一个主要判断指标，形变则寿变，形不变则寿不变。在《无形篇》中，王充具体论证了人的形体是不能变化的，形不可变，故命不可加，指望修道以益寿延年乃至获得无限生命，自然更是无法实现的。

另外，毛羽、羽翼作为仙人常见形象组成部分，往往被视为仙人另一重要特征。而王充基于宿命论，也驳斥了"人生羽翼"的可能性。

王充曾描述时人"画仙人之形，为之作翼"（《雷虚篇》），"图仙人之形，体生毛，臂变为翼，行于云"（《无形篇》），现今考古出土的汉画像石、画像砖中，仙人多生有羽翼（见图四），可见以为仙人有翼的观念在当时颇为流行。④ 这种观念主要来自对升天的

---

① 汪荣宝撰，陈仲夫点校：《法言义疏》卷12《君子》，第521页。
② 汪荣宝撰，陈仲夫点校：《法言义疏》卷12《君子》，第517页。
③ （汉）桓谭撰，朱谦之校辑：《新辑本桓谭新论》卷8《祛蔽篇》，第34页。
④ 如《山海经·西山经》载："英招之神，虎文鸟翼。帝江之神，六足四翼。"仲长统《昌言》载："得道者生六翮于臂，长毛羽于腹，飞无阶之苍天，度无穷之世俗。"魏文帝《乐府折杨柳行》云："上有两仙童，不饮亦不食。与我一丸药，光辉生五色。服药四五天，身体生羽翼。轻举乘浮云，倏忽行万里。浏览观四海，芒芒非所识。"

想象。①

图四　山东沂南汉画墓门东立柱画像（局部），
画正中为东王公，肩生双翼②

升天是成仙的最高层次，葛洪《抱朴子内篇·论仙》引《仙经》

---

①　关于"升仙"的问题，很多学者从对马王堆帛画的分析入手进行讨论，比较经典的如 Michael Loewe, *Ways to Paradise: The Chinese Quest for Immortality*, London: George Allen & Unwin, 1979。此外，汪悦进、郭珏亦有专文，参见 Eugene Yuejin Wang, "Ascend to Heaven or Stay in the Tomb? Paintings in Mawangdui Tomb 1 and the Virtual Ritual of Revival in Second-Century B. C. E. China"; Jue Guo, "Concepts of Death and the Afterlife Reflected in Newly Discovered Tomb Objects and Texts from Han China", in Amy Olberding and Philip J. Ivanhoe eds., *Mortality in Traditional Chinese Thought*, Albany: State University of New York Press, 2011, pp. 37 – 84, pp. 85 – 115。

②　摘自中国画像石全集编辑委员会编《中国画像石全集》第 1 卷《山东汉画像石》，山东美术出版社 2000 年版，第 134 页；图版说明第 59 页。

将仙人分为三等，上士升天，为天仙；中士游于名山，为地仙；下士先死而后蜕变成仙，为尸解仙。① 王充也曾在否定淮南王刘安举家升天的说法时指出，"吞药养性，能令人无病，不能寿之为仙，为仙体轻气强，犹未能升天，令见轻强之验，亦无毛羽之效，何用升天？"（《道虚篇》）认为升天是比一般的成仙更高的境界。同时，这段话也显示了在王充看来升天的凭借，即生有"毛羽"或"翼"。他质疑，"人无毛羽，何用飞升？"（《道虚篇》）而除了以"不言其身生羽翼，空言升天"攻击刘安升天之事，他还以此攻击卢敖、曼都的相关传说："卢敖言若士者有翼，言乃可信。今不言有翼，何以升云？""能升之物，皆有羽翼……见曼都之身有羽翼乎，言乃可信；身无羽翼，言虚妄也。"（《道虚篇》）则生有羽翼其实被王充看作升天乃至成仙的必要条件。

然而，在王充的宿命论视野下，万物之性、形早已注定且不可变动，在此基础上，人能生羽翼之事不攻自破。人不能生羽翼，则不能升天，不能升天，则成仙得道的真实性大打折扣。由此，王充以"羽翼"为切入点，对仙人信仰再次予以打击。

二 成仙途径

在仙人特征之外，王充批判的另一大方面是成仙途径，即方士们宣扬的"求仙术"。在《道虚篇》中，他一一列举并否定了恬淡无欲、辟谷不食、食气、导气养性、服食药物五种修炼方法，其中关于"恬淡无欲"一项，他指出："夫恬淡少欲，孰与鸟兽？鸟兽亦老而死。鸟兽含情欲，有与人相类者矣，未足以言。草木之生何情欲？而春生秋死乎？夫草木无欲，寿不逾岁；人多情欲，寿至于百。此无情欲者反夭，有情欲者寿也。"这让人想起此前刘向与桓谭之间的对话："刘子骏信方士虚言，为神仙可学。尝问言：'人诚能抑嗜欲，阖耳

---

① （晋）葛洪著，顾久译注：《抱朴子内篇全译》卷2《论仙》，贵州人民出版社1995年版，第43页。

目，可不衰竭乎？'"余见其庭下有大榆树，久老剥折，指谓曰：'彼树无情欲可忍，无耳目可阖，然犹枯槁朽蠹；人虽欲爱养，何能使之不衰？'"①可见，王充与桓谭所代表的一类儒生与刘向所代表的儒生，在对待求仙一事上是颇有分歧的。

值得注意的还有"服食药物"一项。这里，王充批评服食药物"延年度世，世无其效"（《道虚篇》），但却认同服食药物可以轻身益气、令人无病，实际上，王充自己也在晚年采取了服药导引等手段以养生，还专门撰写了《养性》一书。《自纪篇》言："乃作《养性》之书凡十六篇。养气自守，适食则酒，闭明塞聪，爱精自保，适辅服药引导，庶冀性命可延，斯须不老。"《后汉书》王充本传亦记载："年渐七十，志力衰耗，乃造养性书十六篇，裁节嗜欲，颐神自守。"

余英时曾指出汉代士人虽对形体成仙尚持狐疑，但普遍接受"长寿说"，并热衷于养生，桓谭、王充，皆在其列；而士人采用的服药、导引等养生方法，与求仙术在很大程度上是相似的。② 不过具体考察的话，无论桓谭还是王充，其养生更多是希望恢复人应有的正寿，桓谭曾指出，太平之时，人民生活幸福，寿皆至百，后世衰薄，嫁娶不时，勤劳过度，因此血气不足，多中道夭折。③ 王充也认为百岁之寿是人的正常寿命，养生所做的只是"令身轻气长，复其本性"（《道虚篇》），从而延缓死亡的到来，但并不能从无生有，凭空使人多出额外的年岁以至成仙度世。由此，他在《自纪篇》里虽表达了对"性命可延，斯须不老"的愿望，但很快恢复理性、直面现实，感叹道："惟人性命，长短有期，人亦虫物，生死一时。年历但记，孰使留之？犹入黄泉，消为土灰。命以不延，吁叹悲哉！"这种理性态度，显然与求仙的心态是迥然不同的。

---

① （汉）桓谭撰，朱谦之校辑：《新辑本桓谭新论》卷8《祛蔽篇》，第37页。
② 余英时：《东汉生死观》，侯旭东等译，第50—58页。
③ （汉）桓谭撰，朱谦之校辑：《新辑本桓谭新论》卷8《祛弊篇》，第32—33页。

第五章 论鬼神

三 道术与求仙

秦汉时期,仙人信仰最主要的鼓吹者和宣扬者是方士或神仙家,即王充笔下的"道人""术人""道术之士"[1]。这一群体自战国时就服务于各国诸侯寻仙问药以求不死的意图,秦始皇、汉武帝时,两位帝王空前浓郁的求仙热情使方士的影响力迅速扩张,正如成帝时谷永所追述的:

> 秦始皇初并天下,甘心于神仙之道,遣徐福、韩终之属多赍童男童女入海求神采药,因逃不还,天下怨恨。汉兴,新垣平、齐人少翁、公孙卿、栾大等,皆以仙人、黄冶、祭祠、事鬼使物、入海求神采药贵幸,赏赐累千金。大尤尊盛,至妻公主,爵位重絫,震动海内。元鼎、元封之际,燕齐之间方士瞋目扼掔,言有神仙祭祀致福之术者以万数。[2]

方士多以其"方"得幸,这里的"方",陈槃以为即"方书""方说"之简称:"云何方书、方说?方,即法、即术、即道、即伎、即数、即艺、即略,故其书说或曰'法',或曰'术',或曰'术学',或曰'法术',或曰'伎术',或曰'方伎',或曰'道',或曰'数',或曰'数术',或曰'方术',或曰'方略',或曰'道艺',或曰'术艺'。"[3] 其论可谓详矣。概括而言,"方"即《汉书·艺文志》中的方技和数术,尤以前者为主。以武帝身边方士为例,李少君以祠竈、谷道、却老方见上,言"祠竈皆可致物,致物而丹沙可化为黄金,黄金成以为饮食器则益寿,益寿而海中蓬莱仙者乃可见之,以封禅则不死"[4],少君病死后武帝尚以为尸解成仙,令黄锤史

---

[1] 方士与道家关系复杂,详见余英时《东汉生死观》,侯旭东等译,第52—53页脚注;卢云《汉晋文化地理》,陕西人民教育出版社1991年版,第152—159页;陈槃《战国秦汉间方士考论》,《古谶纬研讨及其书录解题》,上海古籍出版社2010年版,第183、201—204页。
[2] 《汉书》卷25下《郊祀志下》,第1260页。
[3] 陈槃:《战国秦汉间方士考论》,《古谶纬研讨及其书录解题》,第179—181页。
[4] 《汉书》卷25上《郊祀志上》,第1216页。

宽舒受其方；少翁以方见上，能致鬼神，但日久方衰，神不至，遂被诛；栾大因乐成侯求见言方，自言其师有方，"黄金可成，而河决可塞，不死之药可得，仙人可致也"①，后亦因方尽被诛。这些"方"多与仙药相关，但亦有"致鬼神"等怪诞之术，《论衡·道虚篇》记载了时人以为"道人"文挚能"入水不濡，入火不燋"，"道人"东方朔"善达（逢）占卜射覆，为怪奇之戏"，都属于此类怪诞之术。

随着求仙的世俗化，方士之"方"愈发以此世为对象，内容日益驳杂。在一些儒家知识分子看来，方士以方术谋利，扰乱社会、破坏稳定，如谷永曾上书成帝提出批评，认为方士的求仙问道与卜祀鬼神等皆为"左道"，为害颇大；与王充同时的班固，也立足于社会教化，批评神仙家专营怪诞之伎俩，不利于教化。② 作为儒生的王充，与谷永、班固一样视求仙为方士奸邪之术，其批判亦主要出于教化目的，与前述对厚葬、祭祀的批判一致。

值得注意的是，并不是所有儒生都对仙人信仰持批判态度。前述曾与桓谭讨论成仙问题的刘向，便是神仙信仰的拥趸。刘向出身刘氏宗亲，宣帝时受《谷梁春秋》，讲论五经于石渠，成帝时又奉诏整理五经秘书，时人称之"明经有行"③；但从其他方面，我们也可清楚地看到方术对刘向的影响。刘向父亲刘德修黄老术，宣帝复兴神仙方术之事，求淮南王《枕中鸿宝苑秘书》，该书恰好为刘德治淮南狱时所得，刘向幼而读诵，颇为熟习，并主动献上。可见，刘向自幼便对神仙方术有所钻研，这很可能是受其父影响；《列仙传》一书旧题刘向撰，汇辑上古至秦汉神仙事迹，虽然后世学者多认为此书为魏晋时人托名刘向而作，④ 但单从托名刘向而非其他人来看，也可证明刘

---

① 《汉书》卷25上《郊祀志上》，第1223页。
② 《汉书》卷30《艺文志》，第1780页。
③ 《汉书》卷36《楚元王传·刘向》，第1929页。
④ 参见（清）永瑢、纪昀主编，周仁等整理《四库全书总目提要》卷146《子部五十六·道家类》，海南出版社1999年版，第753页。

第五章 论鬼神

向本人对神仙之事是颇为热衷的。王充《道虚篇》所批判的关于成仙得道的记载，有的出自"世俗"，有的出自"儒书"，很多"儒书"具体所指已难以考定，其中或许便有《列仙传》一类托名儒者之书。王充的批判对象，应当也包含了如刘向一般信仰神仙的儒生。

另外，王充对求仙的批判，或许还与会稽郡内逐渐发展的仙隐文化有关。在第二章关于会稽的部分，我们提到会稽郡地处边缘、远离朝廷，加之境内有会稽山之险阻，在一定程度上使该地成为人们避难乃至避世之所。《列仙传》曾收录会稽人朱仲：

> 朱仲者，会稽人也，常于会稽市上贩珠。汉高后时，下书募三寸珠。仲读购书笑曰："直值汝矣。"赍三寸珠诣阙上书。珠好过度，即赐五百金。鲁元公主复私以七百金，从仲购珠。仲献四寸珠，送置于阙即去。下书会稽征聘，不知所在。景帝时，复来献三寸珠数十枚，辄去，不知所之云。[1]

由其献珠事迹以及被收入《列仙传》的事实可见，朱仲即便不是仙人，也是近乎仙人的存在。除了朱仲之外，《列仙传》还记载东方朔于宣帝时弃官位以避乱世，后来到会稽，卖药于五湖。[2] 东方朔与仙人信仰的关系，前文已有涉及，虽然他卖药五湖的真实性值得怀疑，但人们以会稽为东方朔之归宿，也可证明会稽与仙人的独特联系。类似的还有《汉书·杨胡朱梅云传》对梅福的记载，梅福为九江寿春人，西汉末年多次上书讥切王氏，平帝元始年间王莽专政，"福一朝弃妻子，去九江，至今传以为仙。其后，人有见福于会稽者，变名姓，为吴市门卒"[3]，同样显示了成仙之人对会稽的青睐。会稽亦颇吸引隐士，自秦代至王充时，文献记载隐居于此的便有黄

---

[1] 滕修展等注译：《列仙传神仙传注译》，百花文艺出版社1996年版，第77页。
[2] 滕修展等注译：《列仙传神仙传注译》，第87页。
[3] 《汉书》卷67《杨胡朱梅云传·梅福》，第2927页。

公、严光、梁鸿，①而隐士作为避世之人，自来与仙人关系密切。由此，王充对仙人信仰的批判，更有了有的放矢的意味。

第三节 避讳禁忌

一 两类禁忌

《论衡·辨祟篇》中有这样一段形容："世俗信祸祟，以为人之疾病死亡，及更患被罪，戮辱懽笑，皆有所犯。起功、移徙、祭祀、丧葬、行作、入官、嫁娶不择吉日，不避岁、月，触鬼逢神，忌时相害。故发病生祸，絓法入罪，至于死亡，殚家灭门，皆不重慎，犯触忌讳之所致也。"可见当时人们生老病死、衣食住行的方方面面，皆有可能"触鬼逢神"，故而形成种种禁忌。

对于禁忌的理解，学者不尽相同，比较经典的如弗雷泽所言"消极的巫术"："积极的巫术或法术说：'这样做就会发生什么什么事'；而消极的巫术或禁忌则说：'别这样做，以免发生什么什么事'。积极的巫术或法术的目的在于获得一个希望得到的结果，而消极的巫术或禁忌的目的则在于要避免不希望得到的结果。"②这里弗雷泽在给出定义的同时，也点明了禁忌的宗教性和负向性两大特点。

20世纪末，金泽《宗教禁忌》一书在前人研究基础上，总结了禁忌的四项基本特征：第一，以宗教信仰（对人外力量的信仰）和宗教情感为基础；第二，属于否定性的行为规范；第三，具有致命的、神秘的危险，任何违背禁忌的行为都会受到强制性的惩罚，其中危险和惩罚有些可以明确来源于某神灵，有些说不清道不明，但都与

---

① 黄公事迹，参见鲁迅编《会稽郡故书杂集》，第59—60页；严光、梁鸿事迹，参见《后汉书》卷83《逸民传》，第2763—2764、2765—2768页。

② ［英］詹·乔·弗雷泽：《金枝：巫术与宗教之研究》，徐育新等译，中国民间文艺出版社1987年版，第31页。

第五章 论鬼神

超自然世界相关;第四,违反禁忌的言行及其结果具有传染性,解除的方法一般为具有超人能力的巫师进行禳解、净化仪式。① 金氏对禁忌的理解是目前较为全面的,笔者在后文中亦将以此说为主要依据。

回到王充《论衡》。《论衡》中多篇文章对时人生活中的种种禁忌进行了批判。总的来说,王充批判的禁忌可分为两大类。一类以"俗有大讳四"为代表,集中见于《四讳篇》:

> 一曰讳西益宅。西益宅谓之不祥,不祥必有死亡。相惧以此,故世莫敢西益宅。
>
> 二曰讳被刑为徒不上丘墓。但知不可,不能知其不可之意。问其禁之者,不能知其讳;受禁行者,亦不要(晓)其忌。连相放效,至或于被刑,父母死,不送葬;若至墓侧,不敢临葬;甚失至于不行吊伤(丧),见佗人之柩。
>
> 三曰讳妇人乳子,以为不吉。将举吉事,入山林,远行,度川泽者,皆不与之交通。乳子之家,亦忌恶之,丘墓庐道畔,逾月乃入,恶之甚也。
>
> 四曰讳举正月、五月子。以为正月、五月子杀父与母,不得【举也】。

此外,《四讳篇》结尾还列举了"世讳作豆酱恶闻雷""【世】讳厉刀井上""毋承屋檐而坐""毋反悬冠""毋偃寝""毋以箸相受""毋相代扫"几项"曲俗微小之讳",与上述"四大讳"皆属一类。这类禁忌较为古老、原始,如"西益宅"之讳"所从来者远矣"(《四讳篇》),春秋末年鲁哀公时即已存在;② 而"讳举正月、五月

---

① 金泽:《宗教禁忌》,社会科学文献出版社1998年版,第19—24页。
② 《论衡·四讳篇》引传书:"鲁哀公欲西益宅,史争,以为不祥。哀公作色而怒,左右数谏而弗听,以问其傅宰质睢曰:'吾欲西益宅,史以为不祥,何如?'宰质睢曰:'天下有三不祥,西益宅不与焉。'哀公大说。有顷,复问曰:'何谓三不祥?'对曰:'不行礼义,一不祥也;嗜欲无止,二不祥也;不听规谏,三不祥也。'哀公缪然深惟,慨然自反,遂不(西)益宅。"《论衡》所引"传书",应即为《淮南子》,其《人间训》文句与《论衡》所引略同。

171

子"之说也在战国孟尝君身上有所反映。① 尤其值得注意的是,关于"妇人乳子"的忌讳,崔寔《四民月令》对此亦有论述:"八月,筮择月节后良日,祠岁时常所奉尊神。前期七日,举家毋到丧家及产乳家。"② 将产乳家与丧家并举,真可谓"恶之甚也"。《四讳篇》中还提到产妇需于自家屋舍之外"丘墓庐道畔"某场所分娩,王充以为该风俗仅流行于江南;不过,应劭《风俗通义》载两则故事,其中颍川、汝南的富家之妇、太守掾妇和屠户之妇皆于"乳舍"分娩,③ 则东汉时期对分娩的避讳及隔离产妇现象在江南江北当是普遍存在的。

这种关于分娩的禁忌,也广泛见于人类学家对其他原始民族的记录,④ 足见其起源之古老。范热内普将分娩禁忌视为过渡礼仪的一种,即个人面对令自己社会身份发生重大变化的事件时,需经历分离—边缘(阈限)—聚合的过渡,方可进入人生新阶段。在有些地方,隔离从怀孕阶段便开始了:"女人一旦怀孕,她便被置于隔离状态,或是因为她被视为不洁和危险,或是因为怀孕本身使她在生理和

---

① 《四讳篇》载:"昔齐相田婴贱妾有子,名之曰文。文以五月生。婴告其母:'勿举也。'其母窃举生之。及长,其母因兄弟而见其子文于婴。婴怒曰:'吾令女去此子,而敢生之,何也?'文顿首,因曰:'君所以不举五月子者,何故?'婴曰:'五月子者,长至户,将不利其父母。'文曰:'人生受命于天乎?将受命于户邪?'婴嘿然。文曰:'必受命于天,君何忧焉?如受命于户,即高其户,谁能至者?'婴善其言,曰:'子休矣!'其后使文主家待宾客,宾客日进,名闻诸侯。"事又见《史记·孟尝君列传》。
② (汉)崔寔著,石声汉校注:《四民月令校注》,中华书局1965年版,第60页。
③ 参见(汉)应劭撰,王利器校注《风俗通义校注·佚文》,第590页。
④ 如弗雷泽记载:"在塔希提岛上,妇女分娩以后要住在圣洁地方的临时小屋里隔离半个月或三个星期,在此期间,她们不得自己进用饮食,必须由别人喂食。另外,这期间如果任何人接触了婴儿,也必须像母亲一样遵守那些限制,直到母亲举行'满月'仪式之后。同样,在阿拉斯加附近的卡迪亚克岛上,临产的妇女无论什么季节,都得住进用芦苇搭起的简陋茅舍,在那里养下孩子住满二十天。在此期间,她被认为是最不洁净,谁也不接近她,她吃的食物都是用棍子挑着送给她的。布赖布赖印第安人认为妇女分娩的污染亵渎比月经来潮更为严重。妇女感觉快要临盆时,便告诉自己的丈夫,丈夫赶忙在偏僻无人的地方为她搭起一所小屋,让她一人独自居住,除了她母亲和另外一位妇人外,不得同任何人说话。待她分娩以后,由巫医为她禳除不洁,在她身上吹气,还放上随便一个什么小动物。"参见[英]詹·乔·弗雷泽《金枝:巫术与宗教之研究》,徐育新等译,第313页。范热内普《过渡礼仪》亦有记载,参见[法]范热内普《过渡礼仪》,张举义译,商务印书馆2012年版,第47—54页。

第五章　论鬼神

社会方面处于不正常状态。这一点已广为人知，将她视为病人或陌生人反倒变得最自然不过。"[1] 王充所描述的分娩禁忌，很大程度上也源自这种视孕妇为"不正常"的原始心理。

这类原始禁忌来源古老，代代相传之后，时人对于它们成立的原因多语焉不详，显示出日久成俗的习惯性。王充就曾针对"西益宅"之讳提出疑问："诸工技之家，说吉凶之占，皆有事状。宅家言治宅犯凶神，移徙言忌岁月，祭祀言触血忌，丧葬言犯刚柔，皆有鬼神凶恶之禁。人不忌避，有病死之祸。至于西益宅何害而谓之不祥？不祥之祸，何以为败？"（《四讳篇》）也就是说，诸"工技之家"所言禁忌皆有其成立的合理性，具体而言，皆有凶神、岁月等"鬼神"被触犯而加害于人；但对于西益宅，人们却不知其因何为害，属于金泽所言"说不清道不明"的禁忌。同样，对于"刑徒不上丘墓"，人们也"但知不可，不能知其不可之意"（《四讳篇》）。人们对于这类禁忌的不明所以，一方面印证了它们起源之古老，另一方面也使之与王充批判的第二类禁忌，即"工技之家"所言禁忌区别开来。

所谓"工技之家"，显然为四民中"工"的范畴，这里专指手工业者中从事数术"说吉凶"之人。《史记·日者列传》载武帝时问择日娶妇，会聚了五行家、堪舆家、建除家、丛辰家、历家、天人家、太一家，这七家便属于"工技之家"的一部分。《论衡》中提到的"移徙之家""五行之家""五音之家"亦属此类。陈槃以为"工技之家"即方士，[2] 前言方士兼掌数术、方技而以方技（尤其求仙）为主，而王充所言工技之家皆以数术为业，少见习神仙方技者，因此二者当略有区别。工技之家所言禁忌，集中见于《调时》《讥日》《辨祟》《难岁》《诘术》五篇，其中《诘术篇》讲住宅的禁忌：

　　图宅术曰：宅有八术，以六甲之名，数而第之，第定名立，

---

[1] ［法］范热内普：《过渡礼仪》，张举文译，第46—47页。
[2] 陈槃：《战国秦汉间方士考论》，《古谶纬研讨及其书录解题》，第189—190页。

官商殊别。宅有五音,姓有五声。宅不宜其姓,姓与宅相贼,则疾病死亡,犯罪遇祸。

图宅术曰:"商家门不宜南向,征家门不宜北向。"则商金,南方火也;征火,北方水也。水胜火,火贼金,五行之气不相得,故五姓之宅,门有宜向。向得其宜,富贵吉昌;向失其宜,贫贱衰耗。

《难岁篇》讲与太岁有关的移徙禁忌:

《移徙法》曰:"徙抵太岁,凶;负太岁,亦凶。"抵太岁名曰岁下,负太岁名曰岁破,故皆凶也。假令太岁在甲子,天下之人皆不得南北徙,起宅嫁娶亦皆避之。其移东西,若徙四维,相之如者,皆吉。何者?不与太岁相触,亦不抵太岁之冲也。

《䂥时篇》讲与太岁、月建有关的动土修造禁忌:

世俗起土兴功,岁、月有所食,所食之地,必有死者。假令太岁在子,岁食于酉,正月建寅,月食于巳,子、寅地兴功,则酉、巳之家见食矣。见食之家,作起厌胜,以五行之物,悬金木水火。假令岁、月食西家,西家悬金;岁、月食东家,东家悬炭。设祭祀以除其凶,或空亡徙以辟其殃。连相仿效,皆谓之然。

《讥日篇》列举了丧葬、祭祀、沐浴、裁衣、起宅盖屋、学书的择日禁忌:

葬历曰:"葬避九空、地臽,及日之刚柔,月之奇耦。"日吉无害,刚柔相得,奇耦相应,乃为吉良。不合此历,转为凶恶。

祭祀之历,亦有吉凶。假令血忌、月杀之日固凶,以杀牲设祭,必有患祸。

沐书曰:"子日沐,令人爱之;卯日沐,令人白头。"

第五章 论鬼神

> 裁衣有书，书有吉凶。凶日制衣则有祸，吉日则有福。
> 工伎之书，起宅盖屋必择日。
> 又学书【者】讳丙日，云仓颉以丙日死也。

可以看出，这些禁忌与此前"四大讳"之类的禁忌有明显不同。后者只是偶然的、孤立的现象；前者则具有连续性和规律性，或者说，更像是某些"规则"的一部分。比如图宅术"商家门不宜南向，征家门不宜北向"，反映关于五行的规则；移徙法"徙抵太岁，凶；负太岁，亦凶"，反映关于方位的规则；葬历"葬避九空、地臽，及日之刚柔，月之奇耦"，反映关于干支的规则；而图宅术、移徙法及包括葬历在内的日禁之书，① 便是对规则的总结。如果禁忌是规则的一部分，那么其成立的原因与规则成立的原因自然是一致的。因此，如前所述，对于这类禁忌，人们能够明确它们之所以成立，是因为"忌岁月""触血忌"或"犯刚柔"，"岁月""血忌""刚柔"，都代表了不同的规则。②

规则的作用在于引导人们趋吉避祸，因而规则存在本身意味着世界是可以被理解和掌控的，是有序的，这种有序性，与战国中期以来，阴阳家之流以阴阳、五行等抽象概念，对万事万物进行分类组合、重新建构密切相关。当万物按照五行分为五音、五声、五色、五

---

① 与择日禁忌有关的"日禁之书"，也就是我们常说的"日书"。20 世纪以来的考古发现中，秦汉日书多有出土，著名者如天水放马滩秦简日书、云梦睡虎地秦简日书、武威磨咀子汉简日书等。以睡虎地秦简日书为例，其内容可分为两部分，一是以时日为纲、选择之事为目，王充所引"辰日不哭，哭有重丧。戊、己死者，复尸有随"（《辨祟篇》）即属此类；二是以具体选择之事为纲、吉凶之日为目，王充描述的关于丧葬、祭祀、起功等事项选择即属此类。参见李零《中国方术考》，东方出版社 2000 年版，第 197—216 页；蒲慕州《睡虎地秦简日书的世界》，第 625—675 页。

② 有一些禁忌最初的形成可能与某些事件相关，如王充列举的"学书【者】讳丙日"，依据是"仓颉以丙日死"，"礼不以子、卯举乐"，依据是"殷、夏以子、卯日亡"（《讥日篇》）；与之类似，睡虎地秦简日书（甲种）载"田亳主以乙巳死，杜主以乙酉死，雨币（师）以辛未死，田大人以癸亥死"（参见睡虎地秦墓竹简整理小组编《睡虎地秦墓竹简》，第 368 页），虽然没有点明相关禁忌具体为何，但可以推测，禁忌的形成当基于田亳主、杜主、雨师、田大人的死亡；不过大部分禁忌最终融入了各类规则构建的框架中，作为规则的一部分而存在。

感、五味、五脏等类目,当五行进一步与四时、八方、十干、十二支(或十二辰)、十二月等相互配合,一切事物现象都处于既定的框架结构中,整体性的规则才更容易产生和运行。司马谈在《论六家要旨》中谈阴阳家,"夫阴阳四时、八位、十二度、二十四节各有教令,顺之者昌,逆之者不死则亡,未必然也,故曰'使人拘而多畏'"①,阴阳家正与工技之人关系紧密。因此,相较原始、古老的"四讳",工技之家所言禁忌当较为晚出,且主要立足于整体性、秩序性的宇宙观,②是更为复杂的思维活动下的产物。

需要注意的是工技之家所言禁忌与鬼神的关系。这些禁忌虽是五行、干支、方位等规则的一部分,但人们往往将抽象的规则形象化为具体的鬼神,典型例子如《难岁篇》《调时篇》所言移徙禁忌和动土修造禁忌,本是基于太岁、北斗的运行方位规则,但人们却将这些规则形象化为太岁之神、月建之神,以为违反规则、触犯禁忌便会遭到岁、月之神的惩罚。王充亦曾指出"堪舆历,历上诸神非一"(《讥日篇》),③说明还有另外一些择日禁忌与鬼神相关。如孔家坡日书《死》篇即显示,时人认为人们在某些地支日生病,不是基于干支本身的吉凶,而是由于触犯了该地支所值之神。④ 有学者指出,时人之所以将五行、干支等视作鬼神,是因为数术之学甚为复杂,对

---

① 《史记》卷130《太史公自序》,第3290页。
② 蒲慕州称之为"机械性宇宙观",参见《睡虎地秦简日书的世界》,第662—666页。
③ 堪舆在当时指"天地",主要内容是占卜日辰吉凶,与后世专指风水有别。《淮南子·天文训》:"太阴所居辰为厌日,厌日不可以举百事,堪舆徐行,雄以音知雌,故为奇辰。"《史记·日者列传》:"孝武帝时,聚会占家问之,某日可取妇乎?五行家曰可,堪舆家曰不可,建除家曰不吉,丛辰家曰大凶,历家曰小凶,天人家曰小吉,太一家曰大吉。辩讼不决,以状闻。"《汉书·扬雄传》,扬雄《甘泉赋》:"属堪舆以壁垒兮,梢夔魖而抶獝狂。"颜师古注:"张晏曰:'堪舆,天地总名也。'孟康曰:'堪舆,神名,造图宅书者。'……堪舆,张说是也。"《文选·扬雄〈甘泉赋〉》李善注引汉许慎曰:"堪,天道也;舆,地道也。"《汉书·艺文志》数术略五行类有《堪舆金匮》。汉末应劭《风俗通义》提到:"《堪舆》书云:上朔会客必有斗争。"《后汉书·循吏列传·王景》:"初,景以为六经所载,皆有卜筮,作事举止,质于蓍龟,而众书错糅,吉凶相反,乃参纪众家数术文书,冢宅禁忌,堪舆日相之属,适于事用者,集为大衍玄基云。"可见,堪舆历即以日禁之书为主。
④ 湖北省文物考古研究所、随州市考古队编:《随州孔家坡汉墓简牍》,文物出版社2006年版,第172页。

第五章 论鬼神

一般人而言，将禁忌以鬼神来解释更易理解。[1] 因此，工技之家所言禁忌虽然总体上属于抽象性规则的一部分，但在具体的表现上，却经常与鬼神纠缠不清。在王充笔下，时人称这类禁忌为"鬼神凶恶之禁"，以为违反禁忌会"触鬼逢神"，班固《汉书·艺文志》形容阴阳家流于工技之家后"牵于禁忌，泥于小数，舍人事而任鬼神"[2]，盖皆基于此。

二 人道与鬼事

对上述古老禁忌与工技之家所言禁忌，王充皆予以批判。

首先，王充立足经典与经验常识，详细论证禁忌不能影响吉凶祸福。其中值得注意的是，他在论证过程中常以吏事作比，如讨论与太岁相关的移徙禁忌时，将太岁类比为长吏，称："太岁之意，犹长吏之心也。长吏在涂，人行触车马，干其吏从，长吏怒之，岂独抱器载物，去宅徙居触犯之者，而乃责之哉？""若长吏之南北行，人从东如西，四维相之如（者），犹抵触之。"（《难岁篇》）而在讨论住宅禁忌时，他亦以府廷吏舍为例。这一方面说明，王充任职基层的经历为其写作提供了诸多素材；另一方面，王充以吏事作比，潜在假设是读者能够理解吏事，这表明当时行政体制已经深入民众的日常生活。

在正面论证禁忌不能影响吉凶的同时，王充亦以《辨祟篇》从反面论证吉凶之至与是否遵守禁忌无关，而是命中注定的。这自然也是基于他的宿命论：

> 孔子曰："死生有命，富贵在天。"苟有时日，诚有祸祟，圣人何惜不言？何畏不说？案古图籍，仕者安危，千君万臣，其得失吉凶，官位高下，位禄降升，各有差品。家人治产，贫富息

---

[1] 刘增贵：《禁忌——秦汉信仰的一个侧面》，《新史学》2007年第4期。
[2] 《汉书》卷30《艺文志》，第1735页。

耗，寿命长短，各有远近。非高大尊贵举事以吉日，下小卑贱以凶时也。以此论之，则亦知祸福死生，不在遭逢吉祥、触犯凶忌也。然则人之生也，精气育也；人之死者，命穷绝也。人之生，未必得吉逢喜；其死，独何为谓之犯凶触忌？以孔子证之，以死生论之，则亦知夫百祸千凶，非动作之所致也。孔子圣人，知府也；死生，大事也；大事，道效也。孔子云："死生有命，富贵在天。"众文微言不能夺，俗人愚夫不能易，明矣。

在王充看来，"命"是决定吉凶的唯一因素，因此无论禁忌还是前述祭祀、解除等活动，乃至人的道德行为，都不能影响吉凶。

在打破禁忌与吉凶的联系之后，王充试图说明禁忌的成立是基于"礼义"，比如针对"四讳"中的"西益宅"，他解释道：

实说其义，"不祥"者，义理之禁，非吉凶之忌也。夫西方，长老之地，尊者之位也。尊长在西，卑幼在东。尊长，主也；卑幼，助也。主少而助多，尊无二上，卑有百下也。西益主（宅），益主不增助，二上不百下也，于义不善，故谓不祥。不祥者，不宜也。于义不宜，未有凶也。何以明之？夫墓，死人所藏；田，人所饮食；宅，人所居处。三者于人，吉凶宜等。西益宅不祥，西益墓与田，不言不祥。夫墓，死人所居，因忽不慎。田，非人所处，不设尊卑。宅者，长幼所共，加慎致意者，何可不之讳？义详于宅，略于墓与田也。（《四讳篇》）

也就是说，之所以避讳"西益宅"，是因为西方为尊者之位，扩张西边的房屋，在礼节上是不敬的，而"宅"又是人伦礼义集中体现的地方，需要格外注意礼节，因此才会有这种说法。与此类似，"四讳"中的"刑徒不上丘墓"其实是刑徒不参与墓上祭祀，原因是孝子以为身体残损惭负先人，且刑残之人不符合祭祀斋戒洁清的要求；"讳忌产子"是出于使人自洁清的考虑，因为洁净才能心思清明，而后行为得体；而与"四讳"同类的"世讳作豆酱恶闻雷""讳厉刀井上"等诸多小讳，都意在勉人为善，并无鬼神之害、凶丑之祸。

工技之家所言禁忌，王充对于其中一些也赋予"礼义化"的解读，比如择日禁忌中"学书【者】讳丙日""礼不以子、卯举乐"，盛行的说法是"仓颉以丙日死""殷、夏以子、卯日亡"，王充并没有像一般人那样从鬼神信仰的角度去理解，而是以为"重先王之亡日，凄怆感动，不忍以举事也"（《讥日篇》）；对于择日禁忌中的刚日、柔日，王充也援引礼书，[①]以为"刚柔以慎内外，不论吉凶以为祸福"（《讥日篇》）。由此，王充认为其他诸多禁忌的成立可能同样基于礼义，它们是"义理之禁"而非"吉凶之忌"，只不过是假托了"吉凶"的形式使人戒慎恐惧，以增强自身信服力。这一解释很可能是受到《淮南子》的影响。《淮南子·泛论训》提到："夫见不可布于海内，闻不可明于百姓，是故鬼神禨祥而为之立禁，总形推类，而为之变象。"并对世俗所流行的"葬死人者裘不可以藏""相戏以刃者太祖斮其肘""枕户橉而卧者鬼神跖其首"等禁忌进行了礼义化的解释，如称"裘不可以藏"是因为裘为难得贵贾之物，无益于死者，而足以养生，指出这些禁忌皆为圣人为规范民众行为而创造的，乃"借鬼神之威以声其教"。[②]王充的观点显然与之相类。

总而言之，王充对于禁忌与世俗的理解不同，世俗主要立足信仰，希望通过遵循禁忌来趋利避害，追求一己之福；王充却着眼于禁忌的社会功能，将之视为"礼"的变相体现以及圣人"神道设教"的结果，认为禁忌的最终目的在于社会教化。这与他对祭祀的看法类似，都是从儒家礼义的角度去理解信仰行为。因此，虽然王充批判世俗关于禁忌能致吉凶的观点，但并没有从根本上否定禁忌存在的合理性。

[①] 《礼记·曲礼上》《礼记·表记》皆言："外事以刚日，内事以柔日。"
[②] 何宁：《淮南子集释》卷13《泛论训》，第981—987页。

第四节　儒者王充与移风易俗

　　王充批判的鬼神信仰，主要流行于民间，或曰"世俗"。在讨论"人死为鬼"、丧葬、祭祀、成仙得道、禁忌避讳相关问题时，王充频繁使用"世俗""世""俗""世人""俗人"等称谓来形容这些信仰的受众，如《论死篇》："世谓死人为鬼，有知，能害人。"《薄葬篇》："是以世俗轻愚信祸福者，畏死不惧义，重死不顾生，竭财以事神，空家以送终。"《祀义篇》："世信祭祀，以为祭祀者必有福，不祭祀者必有祸。"《祭意篇》："世间淫祀非鬼之祭，信其有神为祸福矣。"《卜筮篇》："俗信卜筮，谓卜者问天，筮者问地，蓍神龟灵，兆数报应，故舍人议而就卜筮，违可否而信吉凶。"《道虚篇》："世见长寿之人，学道为仙，踰百不死，共谓之仙矣。"《四讳篇》："俗有大讳四。"《䜺时篇》："世俗起土兴功，岁、月有所食，所食之地，必有死者。"《讥日篇》："世俗既信岁时，而又信日。举事若病、死、灾、患，大则谓之犯触岁、月，小则谓之不避日禁。"《辨祟篇》："世俗信祸祟，以为人之疾病死亡，及更患被罪，戮辱懂笑，皆有所犯。"

　　一般而言，"世俗"在指代人时，世指当世，强调特定时间段中的多数、整体，俗则强调层次低，尤其指因没有接受良好教育而导致行为、思想层次低。不过，王充笔下的"世俗"含义并不固定，有时以一般民众为主；有时以文化层次较低的知识分子为主（往往也处于社会下层，王充所谓"俗儒""俗士"）；有时既包括一般民众又包括下层知识分子，甚至还包括文化层次较高的知识分子。王充在论及鬼神信仰时所言"世俗"，应当是以一般民众为主的，根据前文可以看出，这部分人在对待鬼神、生死、祭祀、求仙、禁忌诸事时，往往与以儒家士人为代表的知识阶层采取截然不同的态度，显示出"鬼事"与"人道"、"神"与"文"的区别。王充也注意到了这点，

第五章　论鬼神

在《难岁篇》中，他对时人生活中禁忌弥漫的现象痛心疾首："吉凶之书，伐经典义；工伎之说，凌儒雅之论。"在《辨祟篇》中，他以宿命论攻击禁忌避讳，引孔子之言"死生有命，富贵在天"，认为"众文微言不能夺，俗人愚夫不能易"。如此种种，都表现了世俗与儒者在面对鬼神信仰时的某种对立。

不过需要注意的是，世俗与儒者之间的"对立"并不是绝对的，显著的例子如前述刘向，虽属于儒者，却对仙人信仰怀有极大热情；此外，如同"世俗"的含义并不固定一样，"儒者"的含义在王充笔下亦颇具弹性，其边界和范围时有伸缩，因此，所谓"世俗与儒者的对立"，只是此处为行文方便采取的大而化之的说法。

由上可知，王充对于人死为鬼、成仙得道、禁忌避讳等鬼神信仰的批判，其实都属于以儒家士人为代表的知识分子对民间风俗的改良行为。关于汉代知识分子与民间风俗的关系，学者余英时、蒲慕州、龚鹏程等论述已详。[1] 如余英时所言，风俗信仰之事不可能用政治强力来加以禁绝，知识分子所能做的不过是禁止其中对人民生活极端有害的部分；[2] 蒲慕州亦认为，知识分子批评或改革民间信仰时，基本上是以物质面或实际面为主要的考虑。[3] 也就是说，知识分子对民间风俗、信仰的评判和改造，往往以社会影响为着眼点，这一点对于王充同样适用。比如针对劳民伤财的厚葬行为，王充坚决予以否定；而对于危害相对较小的祭祀活动和禁忌避讳，则承认其存在的合理性，并尝试予以礼义化的解释，使之折中于儒家教化。

不过，与其他知识分子不同的是，王充在关注社会影响的同时，也有意识地对鬼神信仰据以成立的内在宗教因素进行分析和批判，尤其体现在他对生死的自然主义解释，以及对众多鬼神超自然属性的否定。这种分析和批判，目的在于从根本上动摇信仰成立的基础，

---

[1] 参见余英时《士与中国文化》，第129—217页；蒲慕州《追寻一己之福：中国古代的信仰世界》，第197—230页；龚鹏程《汉代思潮》，第38—55页。
[2] 余英时：《士与中国文化》，第197页。
[3] 蒲慕州：《追寻一己之福：中国古代的信仰世界》，第214页。

这是王充比其他知识分子走得更远的一步。

此外，王充之前的儒家士人如谷永、杜邺、刘向、扬雄、桓谭等对鬼神信仰的批判，很大程度上是针对巫卜方士群体，体现了儒家为维护自身政治利益而对其他信仰（所谓"异端"）的排斥。正如谷永上书成帝时所言："诸背仁义之正道，不遵五经之法言，而盛称奇怪鬼神，广崇祭祀之方，求报无福之祠，及言世有仙人，服食不终之药，揽兴轻举，登遐倒景，览观县圃，浮游蓬莱，耕耘五德，朝种暮获，与山石无极，黄冶变化，坚冰淖溺，化色五仓之术者，皆奸人惑众，挟左道，怀诈伪，以欺罔世主。"① 汉代统治者对于鬼神仙道普遍较有兴趣，因而重用巫卜方士，方士与儒生实际常常处于竞争关系，尤其在朝堂之上，双方都希望争取到统治者的赏识。而上述儒家士人皆有任职朝廷的经历，他们对鬼神信仰的攻击，也就带有了打击政敌的政治目的。相比之下，作为地方士人的王充少了这一层考虑，他的批判更多地针对鬼神信仰的受众，即世俗之人，而非巫卜方士等鬼神信仰的宣扬者（虽然二者在有些情况下可以等同）。这或许是因为相较后者，前者在王充的生活中更为常见，因而成为他的主要目标群体。

王充与其他儒家士人对待鬼神信仰的另一点不同在于，一般儒家士人多继承春秋战国以来的人本主义和理性主义思想，削弱鬼神的力量而强调人的力量，突出体现在将吉凶祸福与人的道德得失挂钩，而淡化祭祀、卜筮、禁忌避讳等与鬼神相关的信仰活动的作用，从而塑造一个道德化的宇宙。王充虽然也宣称"在人不在鬼，在德不在祀"，但他更多的是将原本属于鬼神的力量赋予"命"，以命为最终的人外力量来源："命，吉凶之主也，自然之道，适偶之数，非有他气旁物厌胜感动使之然也。"王充对"命"的推崇胜过了对人的德行的推崇，可谓偏离了儒家传统。不仅如此，命定论和道德论在根本上是不相容的，在命定论的视野下，人的一切努力都不能对吉凶祸

---

① 《汉书》卷25下《郊祀志》，第1260页。

福产生任何影响,由此,命定论的成立已经消解了道德修为的意义所在,而王充却既提倡道德,又强调命的作用,这也显示出其思想的内在矛盾。

王充对鬼神信仰的批判,很大程度上基于他任职地方的经历,在现实中,他很有可能也如第五伦等循吏一般,对会稽的某些信仰活动予以切实的禁绝或改造,以推动中原文化秩序、生活方式的传播。虽然如龚鹏程所言,王充对待鬼神信仰等问题,是切身关心的,一点儿也不淡漠;虽然面对具体的信仰时,王充与其他儒者的处理方式也存在一定差异,但抛开内容和方式,王充对鬼神信仰的讨论,根本出发点在于教化民众、移风易俗,而不曾有为自己谋利的心思。因此,无论鬼神信仰这个主题多么"世俗",这都是最能体现王充的济世情怀和儒者身份的一个主题。也正是通过对鬼神信仰的讨论,能够看出王充具有儒的胸怀,并非徐复观所言一味矜才负气的"乡曲之士"。

第六章

论 人 才

关于人才的讨论，历来与士人本身的进退俯仰息息相关。《论衡》中，王充对儒生、文吏、通人、文儒、圣人、贤人等不同群体以及古今具体人物皆有论述，这是《论衡》全书与王充经历最为相关的一个主题。

虽然在《论衡》中经常批评儒生所言的各种虚妄，但王充总体而言还是将自己视为儒生群体的一员。在王充讨论的各类人才中，出现频率最高的也是儒生。然而儒生——尤其是汉代的儒生，并非一个可以清晰界定的群体。戴梅可（Michael Nylan）提出，汉代文献中的"儒"，至少有三重意义：一是古典学家，掌握古代典籍和礼乐。二是孔子的追随者，信奉以"仁"为主的道德。三是政府官员，又称"士"。[1] 针对汉儒身份界定上的困境，程艾蓝（Anne Cheng）指出，可以通过观察自命为儒的群体对自己的身份认同是源于和何种人群

---

[1] Michael Nylan, "A Problematic Model: The Han 'Orthodox Synthesis', Then and Now", in Kai-wing Chow, On-cho Ng, and John B. Henderson eds., *Imagining Boundaries: Changing Confucian Doctrines, Texts, and Hermeneutics*, Albany: State University of New York Press, 1999, pp. 18 – 19.

第六章　论人才

的对立，来了解他们自身的特征。[1] 这一方法是可行的。战国时期，荀子在《儒效篇》中曾将当时的人分为"俗人""俗儒""雅儒""大儒"，后三者皆属于儒生群体，与之相对立的则是"俗人"。可见，儒生首先要将自己与"俗人"相区分。在荀子的定义中，俗人"不学问，无正义，以富利为隆"[2]，故俗与儒的首要区别在于没有接受过"学问"，导致知识与道德上的缺陷。这里的"学问"是从儒家角度而言的，主要指以"经艺"为中心的古典教育。可见，儒的身份认同来自与"俗"的对立，并以接受过经艺之学为主要特征。王充继承了荀子的认识，在《超奇篇》中，他将时人分为俗人、儒生、通人、文人、鸿儒，并以是否"能说一经"作为区分俗人和包括儒生、通人、文人、鸿儒在内的儒生群体的标准。《定贤篇》中，他亦指出"儒者，学之所为也。儒者学；学，儒矣"，将"学"，也就是经艺之学作为儒生的身份标志。

经艺的学习，造就了儒生在才智和道德层面的优势。王充指出，儒生"学问日多，简练其性，雕琢其材也。故夫学者所以反情治性，尽材成德也"（《量知篇》），性与材（或作才），分别代表先天的道德禀赋与智性能力，《本性篇》言"故夫临事知愚，操行清浊，性与才也"，"人性有善有恶，犹人才有高有下也，高不可下，下不可高"，是为其例。如前所述，王充以为先天的性与材需要经过学问的简练雕琢，才可以"尽材成德"，发展成为真正的道德与才智。换言之，先天的性与材并非决定性的，后天的教育依然可发挥作用。《率性篇》中，王充即指出人性虽有善有恶，但其恶者可"教告率勉，使之为善"[3]。"性"既可变，与之一体同构的"材"或"才"亦当可变。

---

[1] Anne Cheng, "What Did It Mean to Be a Ru in Han Times?", *Asia Major*, Vol. 14, No. 2, 2001, p. 103.
[2] （清）王先谦撰，沈啸寰、王星贤整理：《荀子集解》卷4《儒效篇》，第137页。
[3] 徐复观以为，王充在人性论上的折中态度是其宿命论的突破，"正赖有此一突出，使我们可以承认他的思想家的地位"。参见《两汉思想史》（二），第584—585页。

由此，《论衡》中的"才"，兼有两重含义：一是才质、才性，属于先天资质；二是才能、才智，属于在先天资质基础上，经过后天努力，最终展现出来的智慧和能力。[①] 结合全书而言，《论衡》中的"才"大多情况下指向后天形成的智慧和能力。在表示这一含义时，王充在单音词"才"之外，还会使用双音词"才知""才智""才能""才力"，以及四字短语"才下知浅""才高智深"等。

如前所述，王充认为真正的道德和才智，皆是通过经艺等学问成就的。其中，才智与学问、知识的关系，王充论述尤多，如"人才有高下，知物由学。学之乃知，不问不识"，"智能之士，不学不成，不问不知"（《实知篇》）。他还以木材、丝帛、骨象玉石为例，指出"人之学问，知能成就，犹骨象玉石，切瑳琢磨也"，"本质不能相过，学业积聚，超逾多矣"（《量知篇》），都强调后天教育对于才智发展的重要性。可见，王充所谓才智、才能，主要建立在通过学习掌握知识、拥有智慧的基础上，如《效力篇》所言，"才力不相如，则其知思（惠）不相及也"，两个人外在才智的高下，反映的是内在知识水平的高低，这是我们认识王充所谓"才智"的重要前提。

作为儒生的王充，在对儒者与其他群体进行外部比较，以及对儒生不同种类进行内部衡量时，即分别强调了道德与才智这两个不同的层面。

第一节 儒生与文吏

在《论衡》中，王充专门讨论了儒生和文吏，这两大群体是汉朝政府人员的主要组成，也是就任于地方政府的王充日常工作最常

[①] 才质、才性是由"草木之初"义引申而来，《说文·才部》言"才，草木之初也"，清徐灏《说文解字注笺·才部》引李阳冰说："凡木阴阳、刚柔、长短、小大、曲直，其才不同而用各有宜，谓之才。其不中用者谓之不才。引之则凡人物之才质皆谓之才。"才的才能、才智义更为常见，如《淮南子·主术》："任人之才，难以至治。"高诱注："才，智也。"

接触的人群。"文吏"，即《汉书·兒宽传》所言"文史法律之吏"①，"文史"指文书记事，法律指法令律文。文吏接受过文书、法律培训而具有基本行政技能，②但多未接受过古典教育，也不谙礼义道德。从这个意义上，文吏可谓广义上的"俗人"的代表。西汉史料中多见文吏与儒生对举的情况，③可见二者之间始终存在权力斗争，到王充的时代，依然如此。

一　儒生胜文吏

在《程材篇》中，王充为我们展示了世俗对于儒生和文吏的看法："世俗常高文吏，贱下儒生"，"论者多谓儒生不及彼文吏"，"诋訾儒生以为浅短，称誉文吏谓之深长"，"儒生有阙，俗共短之；文吏有过，俗不敢訾。归非于儒生，付是于文吏也"。王充指出，世俗之所以如此，是因为当时文吏更容易得到地方长吏的重用，地位高于儒生；尤其在地方察举时，长吏往往取"文无害"之文吏，儒生却"陋于选举，佚于朝庭"（《程材篇》）。面对长吏的偏好，不少有意仕途之人皆"用吏为绳表"（《程材篇》）：

> 世俗学问者，不肯竟经明学、深知古今，急欲成一家章句。义理略具，同超（趋）学史书，读律讽令，治作情奏，习对向，滑习跪拜，家成室就，召署辄能。徇今不顾古，趋仇不存志，竞进不案礼，废经不念学。是以古经废而不修，旧学暗而不明，儒

---

① 《汉书》卷58《公孙弘卜式兒宽传·兒宽》，第2628页。
② 传世文献与出土文献中皆有关于文吏培养的记录。《说文解字·叙》引《尉律》言："学僮十七已上始试，讽籀书九千字，乃得为吏；又以八体试之，郡移太史，并课最者以为尚书史。"睡虎地秦简《秦律十八种·内史杂》言："非史子也，毋敢学学室。"阎步克指出，秦之"史子"即汉之"学僮"，即吏员的学徒弟子，"学室"则是培养文吏的学校。参见（汉）许慎撰，（宋）徐铉校定《说文解字》，第315页；睡虎地秦墓竹简整理小组编《睡虎地秦墓竹简》，第63页；阎步克《士大夫政治演生史稿》，第213页。
③ 如《汉书·元帝纪》："（元帝为太子时）见宣帝所用多文法吏，以刑名绳下，大臣杨恽、盖宽饶等坐刺讥辞语为罪而诛，尝侍燕从容言：'陛下持刑太深，宜用儒生。'"《汉书·何武传》："（武）疾朋党，问文吏必于儒者，问儒者必于文吏，以相参检。"

者寂于空室，文吏哗于朝堂。材能之士，随世驱驰；节操之人，守隘屏窜。(《程材篇》)

王充所言现象，其实是东汉初政治形态"吏化"的体现。阎步克指出，王莽复古改制失败后，光武帝、明帝着手恢复被新政破坏了的专制官僚体制的理性行政传统，不仅"法理严察""严猛为政"，且"吏治刻深""尤任文法"，风气一直影响到章帝时。① 因此，这一时期，文吏群体颇为活跃，尚书台这样的中枢机要之所几乎为文吏所占据，地方察举也以文吏居多，《后汉书·第五伦传》称"郡国所举，类多辨职俗吏"②，王充所描述的会稽郡情况，更是直接证据。

作为儒生的王充，面对世俗的非议，对文吏、儒生群体进行了详尽的辨析。他首先对二者的能力进行了比较，指出"儒生、文吏皆有材智，非文吏材高而儒生智下也"(《程材篇》)。文吏的能力在于"优事理乱"，而儒生的能力则在于"轨德立化"：

夫文吏能破坚理烦，不能守身，身则亦不能辅将。儒生不习于职，长于匡救；将相倾侧，谏难不惧。案世间能建蹇蹇之节，成三谏之议，令将检身自敕，不敢邪曲者，率多儒生。阿意苟取容幸，将欲放失，低嘿不言者，率多文吏。(《程材篇》)

由此，他总结道："文吏以事胜，以忠负；儒生以节优，以职劣。二者长短，各有所宜。"(《程材篇》)儒生、文吏之能力之所以"长短各有所宜"，归根到底是二者"所习之业"不同，儒生习经艺，得圣人之操；文吏习文法，得笔墨之能。所学既然不同，所能自然不同，儒生长于道德，文吏长于事务，故其宜也。相应地，当分别选取事务能力与道德水平对儒生和文吏进行衡量时，自然会呈现不同的

---

① 阎步克：《士大夫政治演生史稿》，第368页。
② 《后汉书》卷41《第五钟离宋寒列传·第五伦》，第1400页。

第六章 论人才

结果。而郡国守相,应根据自身需求各有所取:"取儒生者,必轨德立化者也;取文吏者,必优事理乱者也。"(《程材篇》)可以说,王充的这一评价是颇为公允的。阎步克指出,在东汉儒、法合流加剧的前提下,王充的推论大不同于西汉儒生对文吏的一味单纯谴责,而隐然有王霸兼综之意,[1] 所言甚是。

然而,如前所述,当时选官格外看重实际行政能力,此正为文吏所长而儒生所短者,因此在选举升迁时,儒生往往不及文吏、处于劣势。[2] 作为儒生,王充自然希望这一群体能够获取更多利益,由此必须进一步证明儒生的价值。王充既已承认儒生文吏皆有能力,那么现在便需要衡量何种能力更有价值。前文已述,儒生学礼义,能"轨德立化";文吏学文法,能"优事理乱"。王充以为,礼义为道、为本,而文法为事、为末:

> 儒生所学者,道也;文吏所学者,事也。……事末于道。儒生治本,文吏理末,道本与事末比,定尊卑之高下,可得程矣。(《程材篇》)

> 夫文吏之学,学治文书也,当与木土之匠同科,安得程于儒生哉?……其巧习者,亦先学之,人不贵者也,小贱之能,非尊大之职也。无经艺之本,有笔墨之末,大道未足,而小伎过多。(《量知篇》)

所谓礼义为道、为本,显然是儒家的思想。既然道义、事务重要性不同,儒生与文吏对于政治的贡献也就存在差别。王充对儒生的"轨德立化"大加颂扬,他甚至指出,如果能务"轨德立化"的"忠

---

[1] 阎步克:《士大夫政治演生史稿》,第382页。阎步克以为王充、桓谭都有儒法合流的思想。

[2] 如王充所言,"文吏理烦,身役于职,职判功立,将尊其能。儒生栗栗,不能当剧;将有烦疑,不能效力。力无益于时,则官不及其身也","选举取常故,案吏取无害。儒生无阀阅,所能不能任剧,故陋于选举,佚于朝庭。"(《程材篇》)

良之业",即便"疏拙于事",也"无损于高"。反之,对于文吏的"优事理乱",王充则轻描淡写地形容为"有似于贫人负官重责,贫无以偿,则身为官作,责乃毕竟"(《量知篇》),并转而对文吏道德节操上的不足大加挞伐。

基于儒家的价值判断,王充最终得出结论:"儒生颇愈文吏"(《谢短篇》)。他称那些表用文吏、不重儒生的长吏"惑蔽暗昧",并指出如果有道德上的追求,自然会发现"文吏瓦石,儒生珠玉也"(《程材篇》)。而东海相宗叔庠、陈留太守陈子瑀,则因显用儒生,被王充所推崇。

王充关于儒生与文吏的论述,在汉代政治史上有其渊源。西汉儒生对文吏多有抨击,如贾谊:"夫移风易俗,使天下回心而乡道,类非俗吏之所能为也。俗吏之所务,在于刀笔筐箧,而不知大体。"[①] 董仲舒:"独任执法之吏治民,毋乃任刑之意与?"[②] 盐铁会议上的贤良文学:"今之所谓良吏者,文察则以祸其民,强力则以厉其下,不本法之所由生,而专己之残心,文诛假法,以陷不辜,累无罪,以子及父,以弟及兄,一人有罪,州里惊骇,十家奔亡,若痈疽之相浣,色淫之相连,一节动而百枝摇。"[③] 匡衡:"今俗吏之治,皆不本礼让,而上克暴,或忮害好陷人于罪,贪财而慕势,故犯法者众,奸邪不止,虽严刑峻法,犹不为变。此非其天性,有由然也。"[④] 可以看出,相对此前的儒者而言,王充称"儒生、文吏皆有材智","世之将相各有所取",对儒生、文吏的认识趋于客观;但他又强调儒生胜文吏,可见在现实中,出于自身利益的考虑和求进的愿望,他又必须选择儒家价值立场,回到儒生对文吏的批评传统中。

需要注意的是,在东汉前期选官尤重功劳的背景下,儒生文吏化程度大大加深,已是不可逆转的趋势。当时的不少儒生,都是兼习经

---

① 《汉书》卷48《贾谊传》,第2245页。
② 《汉书》卷56《董仲舒传》,第2502页。
③ 王利器校注:《盐铁论校注》卷10《申韩》,第580页。
④ 《汉书》卷81《匡张孔马传·匡衡》,第3334页。

术文法的。① 前引王充所言"义理略具,同超(趋)学史书,读律讽令"的世俗学问者,即为其例。他们取得仕宦成功,其实并不困难。因此,王充所言儒生的窘境,实有夸张的成分。或者说,王充所言更多代表了那些如他一样因不达政务而仕途不畅的儒生。第二章已经指出,王充本身就是不习于事务的,《论衡》中所描述的那些不习事务的儒生形象,都有他本人的影子。为儒生正名,其实也是王充为自己所做的申诉。

二 儒生的层级

面对文吏,王充将自己归于儒生,以儒生的立场进行论说。而汉代儒生内部亦有所分化,比如前述文吏化的儒生,便已不同于传统儒生。王充则将当时的儒生划分为儒生、通人、文人、鸿儒四类,"能说一经者为儒生,博览古今者为通人,采掇传书以上书奏记者为文人,能精思著文连结篇章者为鸿儒"(《超奇篇》),并且对不同儒生的层次进行了排序:"儒生过俗人,通人胜儒生,文人逾通人,鸿儒超文人。"

"能说一经"的儒生,属于当时儒生群体中的主流,在《书解篇》中,王充又将这类说经之儒称作"世儒"。说经之儒以五经为业,恪守师法、章句,在经书之外几无所知,王充辛辣地讽刺他们为"目盲、耳聋、鼻痈者"(《别通篇》),将之视为儒生序列中最低的一级。儒生之上是通人,也就是"博通之人"。相对于只通一经的儒生,通人不仅五经皆通,且博览五经之外的诸子之书、百家之言,对古今行事了然于胸。通人之上是文人、鸿儒,即以"著书表文"为能的儒生,相较博闻强识的通人,文人、鸿儒能够将广博的知识切实转化为文章著作并发挥作用,属于比通人更为难得的人才。文人、鸿儒亦有层次的高下,文人所能一为撰写奏记等单篇文章(即"表

---

① 阎步克:《士大夫政治演生史稿》,第399—400页。陈苏镇:《〈春秋〉与"汉道"——两汉政治与政治文化研究》,中华书局2011年版,第470—472页。

文"），一为联结众篇而成书（即"著书"），后者比前者更见功力；[①]而在联结篇章的基础上，有独特见解且文思深邃者，便是文人乃至整个儒生群体中最超绝的鸿儒了。需要注意的是，因文人、鸿儒皆以著作为能，有些时候，王充也将他们统称为"文儒"，[②]如《书解篇》即言"著作者为文儒"。

王充在论述儒生的各个层级后，总结道"才相超乘，皆有品差"（《超奇篇》），可见他对儒生层级的划分依据，主要在于才智，换言之，儒生、通人、文儒（即文人、鸿儒）的差距，主要源于才智高低而非道德优劣。这与他主要以道德来评判儒生与文吏之高下有所不同。

此前学者也曾对儒生进行划分，如孔子告诫子夏"女为君子儒，无为小人儒"[③]，荀子也曾提出"有俗人者，有俗儒者，有雅儒者，有大儒者"[④]，从"君子""小人""俗""雅"的说法来看，孔子、荀子对儒生的划分，即便不是偏重道德的角度，至少也是兼顾道德和才智的。然而，上述王充对儒生的划分，几乎不见道德的影响。

另一个证据在于王充对"俗儒"的理解。"俗儒"虽未列于王充所言儒生层级序列中，但王充在《论衡》中亦不时提到这一群体。在第一章中，我们曾列举先秦文献对于俗儒的描述，传统对"俗儒"的理解，大多集中于道德或价值层面。但王充《论衡》中的"俗儒"，与传统颇为不同：

> 韩子非儒，谓之无益有损，盖谓俗儒无行操，举措不重礼，以儒名而俗行，以实学而伪说，贪官尊荣，故不足贵。（《非韩篇》）

[①] 关于文人、鸿儒的高下之别，见《论衡·超奇篇》："或能陈得失，奏便宜，言应经传，文如星月。其高第若谷子云、唐子高者，说书于牍奏之上，不能连结篇章。或抽列古今，纪著行事，若司马子长、刘子政之徒，累积篇第，文以万数，其过子云、子高远矣。"

[②] 于迎春指出，"文人"与"鸿儒"可视为"文儒"内部的细分。参见《汉代文人与文学观念的演进》，东方出版社1997年版，第143页。

[③] 《论语》卷3《雍也》，（宋）朱熹：《四书章句集注》，第88页。

[④] （清）王先谦撰，沈啸寰、王星贤整理：《荀子集解》卷4《儒效篇》，第137页。

第六章　论人才

　　论不实事考验，信浮淫之语，不遇去齐，有不豫之色，非孟子之贤效，与俗儒无殊之验也。（《刺孟篇》）

　　国德溢炽，莫有宣褒，使圣国大汉有庸庸之名，咎在俗儒不实论也。（《须颂篇》）

　　俗儒好长古而短今，言瑞则渥前而薄后，《是应》实而定之，汉不为少。（《须颂篇》）

　　有神灵，问天地，俗儒所言也。（《卜筮篇》）

　　或说曰："孔子更选二十九篇，二十九篇独有法也。"盖俗儒之说也，未必传记之明也。（《正说篇》）

　　今俗儒说之："春者岁之始，秋者其终也。《春秋》之经，可以奉始养终，故号为《春秋》。"（《正说篇》）

　　上述引文，除了《非韩篇》中的"俗儒"与传统用法意近，其他几条中的"俗儒"，具备"不实事考验""信浮淫之语""不实论""有神灵、问天地"等特征，这些特征都指向其知识的浅薄愚昧，与道德优劣不相关涉。可见，王充对俗儒的着眼点，也在于学识才智而非道德。

　　由此，相比于先秦以来"道德型的儒生"，王充更像是"知识型的儒生"。王充曾经赞扬曾子"士不可以不弘毅"的道德理念，并提出"曾子载于仁，而儒生载于学，所载不同，轻重均也"（《效力篇》）。曾子当然也属于儒生，或许可以认为，王充此句中的"儒生"主要指其理想化的儒生。"仁"与"学"相对，前者属于道德层面，后者属于才智、学识层面，说明王充理想化的儒生，已经以才智、学识而非道德为主要优势了。王充还提出"人有知学，则有力矣……儒生以学问为力"（《效力篇》），"'天地之性人为贵'，贵其识知也"（《别通篇》），可见，智性追求在王充心目中占有非常重要的地位，其地位甚至超过了道德追求，徐复观就直接称王充"重知识不重道德"[①]，这体现

[①] 徐复观：《两汉思想史》（二），第532—534页。

了王充对于扬雄、桓谭等前辈学者尚知思想的继承与发展。

　　当然，王充并非完全忽视人才的道德层面。如前文所述，王充在对儒生和文吏群体进行比较时，即强调"文吏少道德，而儒生多仁义"（《量知篇》），认定儒生胜文吏。除了文吏，在《非韩》《答佞》《言毒》等篇中，王充还讨论过奸人、佞人、小人，皆着眼于其道德上的缺陷。不过，相比其对才智的推崇，强调人才道德属性的内容在《论衡》中并不多；《论衡》中讨论人才的篇章，很多专以才智相关因素命名，如《程材篇》《量知篇》《别通篇》《知实篇》《实知篇》等，却没有特以"德""仁""义"等道德特征命名者，亦证明王充对二者的重视程度有别。此外，徐复观曾指出，王充唯在"自我保护"时常提到人伦道德，其他时候人伦道德的观念很薄弱。[①] 王充笔下的文吏以及佞人、小人等群体，大多未系统深入学习过五经六艺，按照本章开头的概念辨析，属于"俗人"的范畴，与儒生王充本属异类。在异类面前，人往往更有自我保护的需求。这或许可以帮助我们理解为何王充在面对文吏、佞人等群体时，才格外强调道德的意义。

三　通人与文儒

　　"通人"与"文儒"，在《论衡》所论各类人才中引人瞩目。王充之前，尚未有人如此大篇幅地讨论过这两类人群。王充对人才的判定以才智为主要标准，他将"通人"与"文儒"置于儒生序列的顶端，显然视二者为才智之士的最高形态。《论衡》中，王充最为赞赏的人物，皆属于通人、文儒；[②] 他甚至将孔子也称作"道达广博者"（《论衡·别通篇》）、"鸿笔之人"（《须颂篇》）、"周之文人"（《佚

[①] 徐复观：《两汉思想史》（二），第533页。
[②] 如"太史公汉之通人也"（《案书篇》），"董仲舒、杨子云，文之乌获也"（《效力篇》），"汉世文章之徒，陆贾、司马迁、刘子政、杨子云，其材能若奇，其称不由人"（《书解篇》），"杨家不通，卓有子云；桓氏稽可，通出君山。更禀于元，故能著文"（《自纪篇》），等等。

文篇》），以通人、文儒来界定孔子的身份。

如前所述，通人意为"博通之人"，根据《论衡》中的用例，博、通同义，偏重于博，指的是学问、知识上的丰富广泛，主要体现为知识在纵向和横向两个维度上扩展。纵向上，通人须具备丰富的历史知识，通晓"古今行事"。《论衡》中，是否能够知觉"古今"乃至论说"古今"，常被作为判断通人的重要指标之一。横向上，通人须掌握关于动植物、天文地理等具体物质世界的实用知识，王充曾专以《山海经》的创作以及董仲舒、刘向、子产、蔡墨等人的事迹为例，说明博物洽闻的重要性。

通人之所以能够具备广博的知识，主要得益于广泛阅读各类书籍。尤其和一般儒生相比，通人的突出特点即在于"博览"。实际上，"通人"的概念原本就产生于对说经之儒的反动，《论衡》中，王充对通人的论述往往都以说经之儒或曰世儒为参照。具体而言，世儒以五经为习，甚至仅通一经，通人则博览五经，旁及诸子百家之言，乃至对数术方技亦有涉猎。王充指出，"自孔子以下，至汉之际，有才能之称者，非有饱食终日无所用心也，不说五经则读书传。书传文大，难以备之。卜卦占射凶吉，皆文、武之道。"（《别通篇》）

"书传"即传书，如第二章所述，西汉儒家获得独尊地位后，"传"成为五经之外学者著作的统称。王充特别看重传书。在他看来，传书可以辅翼经书，使人晓明道术："夫一经之说，犹日明也；助以传书，犹窗牖也。百家之言，令人晓明，非徒窗牖之开、日光之照也。是故日光照室内，道术明胸中。"（《别通篇》）而传书对经书的补充，主要在于对"古今行事"的记载方面。王充指出，"五经之后，秦、汉之事，无不能知者，短也。……五经之前，至于天地始开，帝王初立者，主名为谁，儒生又不知也"（《谢短篇》），"殷、周以前，颇载六经，儒生所不能说也。秦、汉之事，儒生不见，力劣不能览也"（《效力篇》）。也就是说，经书只包括殷周的一段历史，殷以前的"古"、周以后的"今"，都不在五经的记载范围之内，如若仅学习经书，古今行事便会成为知识盲区。而传书中恰有丰富的关于古今事迹的记载，因此可补经书之弊。在《论衡》中，"百家之言"和"古今行事"常常是对举的。通人对于古今行事的掌握，主要便是阅读传书即"百家之言"的结果。

在大多数儒生只是满足于学习五经的情况下，一个人若在五经之外还能博览传书、吸收众流百家之言，必定智慧、才能过人。因此，博通本身就是才智的体现。王充强调，"才智高者，能为博矣"，"才不大者，不能博见"，"大人之胸怀非一，才高知大，故其于道术无所不包"（《别通篇》），都是试图说明通人相较普通儒生在才智上的优越。

然而，通人并非位于王充人才序列的最高层。在通人之上，还有文人、鸿儒即文儒。相较通人，文儒的显著特征在于能撰写文章，进行著述活动。如果说，博通是才智的体现比较容易理解，为何著文也和才智有关呢？这涉及中国早期的文学观念。

关于古代文学观念的演进及王充的文学观，已有学者专门论述，如中国台湾学者田凤台曾指出："文学一词，在汉以前，乃混于学术而言，及汉之时，虽有文与学，文章与文学之别；但其界域，仍互相侵。王充生于汉代，其文学观念，自难与后世相类。故《论衡》之中，其所谓文，或文章，仍涉广义之学术而言。故王充之文学观念，仍应以广义文学视之。"[①] 其言可谓得实。《论衡》中多有"论语之文""六经之文""诸子之文""传书之文"等用语，亦有"学士有文章，犹丝帛之有五色之巧也"（《量知篇》）、"化民须礼义，礼义须文章"（《效力篇》）等表述，这些"文""文章"，都兼有书籍、学问之意，说明在王充心中，文学和学术的界限是比较模糊的。正因如此，在王充看来，真正的文，无论上书奏记还是造论著说，皆以学问、知识为根底，是作者在充分吸收各种学问、知识的基础上而创作的，也就是"以知为本"（《超奇篇》）。所成之文章，自然是才智学识的体现。

---

① 田凤台：《王充思想析论》，台北：文津出版社1988年版，第115页。

第六章　论人才

关于这一点，我们还可以通过王充对文章文实关系或曰表里关系的论述加深理解。王充曾指出："有根株于下，有荣叶于上；有实核于内，有皮壳于外。文墨辞说，士之荣叶、皮壳也。实诚在胸臆，文墨着竹帛，外内表里，自相副称。意奋而笔纵，故文见而实露也。"（《超奇篇》）所谓"实"，指的便是实知、实学，在王充看来，这是文章最为核心与本质的部分，正常情况下，文辞只是实知、实学的自然反映，文实必相副，文见而实露也。反过来，通过阅读文章，亦可以了解作者本身的学识与才智。王充以文章写作作为判断才智的指标，原因即在于此。

在《论衡》中，王充对著作者或文儒的夸赞颇多，落脚点皆在于其才智的优异：

衍《传书》之意，出膏腴之辞，非俶傥之才，不能任也。（《超奇篇》）
阳成子长作《乐经》，杨子云作《太玄经》，造于助（眇）思，极窅冥之深，非庶几之才，不能成也。（《超奇篇》）
自君山以来，皆为鸿眇之才，故有嘉令之文。（《超奇篇》）
连结篇章，必大才智鸿懿之俊也。（《超奇篇》）
孝武之时，诏百官对策，董仲舒策文最善。王莽时，使郎吏上奏，刘子骏章尤美。美善不空，才高知深之验也。（《佚文篇》）
案东番邹伯奇、临淮袁太伯、袁文术、会稽吴君高、周长生之辈，位虽不至公卿，诚能知之囊橐，文雅之英雄也。（《案书篇》）

至于文儒内部的差别，从上书奏记，到连结篇章，到自出胸臆、文思深邃，正体现了对才智要求的不断提高。首先，从单篇文章到连结篇章，体现的是文的数量的增加，在文以知为本的前提下，文章多恰恰意味着知识广博、才智高超，如王充所言，"书五行之牍，书十奏之记，其才劣者，笔墨之力尤难，况乃连句结章，篇至十百哉！力独多矣！"（《效力篇》）但有的作者虽然文以万数，却缺乏独立见解，或者思想浅薄，相比之下，自出胸臆、文思深邃，需要更高的才智才能实现，因此这样的作者可谓文儒中的顶峰——"鸿儒"。《论衡》中标榜的鸿儒，包括扬雄、阳城衡（即阳成子长）、桓谭、周长生，分别以《太玄经》《乐经》《新论》《洞历》为代表著作，王充对他们极尽赞美，称他们"卓尔蹈孔子之迹，鸿茂参贰圣之才"（《超奇篇》），所关注的，皆是鸿儒高超的著文能力背后所展露出的杰出才智。

既然通人、文儒皆以才智为能，为何在儒生群体的层级中，文儒比通人还要更胜一筹呢？王充给出的答案是"凡贵通者，贵其能用之也"，"著书表文，博通所能用之者也"（《超奇篇》）。也就是说，博通本就是对文儒的内在要求，这与王充对文的知识性的强调是一致的，《论衡》中亦有"使儒生博观览，则为文儒"，"文儒怀先王之道，含百家之言"（《效力篇》）之类的论述，其中文儒具备的都是通人的特质。但在博通之外，文儒能够进一步将知识转化为文章这种创造性成果，在王充看来，这是真正使知识发挥作用的行为，也是相较博通要求更高、更为难得的一种能力。因此，他反复强调"通览者，世间比有；著文者，历世希然"，"好学勤力，博闻强识，世间多有；著书表文，论说古今，万不耐一"（《超奇篇》），其意在说明，著文相较博通而言反映了更高层次的才智。这里王充对"用"的重视，也显示了他所看重的才智并不单纯等同于广博的知识和超人的智慧，更包含了智慧作为一种能力发挥实际作用的潜在意蕴。

王充认为，在汉朝政府的主要组成群体中，文儒是最为杰出者。他在《须颂篇》中盛赞文儒为"国之舼车、采画""国之云雨"，甚至以文儒的繁盛为汉代繁盛的祥瑞。这层层铺垫、暗示，指向的当然是王充本人。显然，王充就属于文儒，或者更准确地说，属于文儒中的鸿儒。虽未明言，但他所列举的文儒乃至鸿儒的标准，无一不可形容他本人。在评论家乡会稽人物时，他也独推重严忌、吴君高、周长生，并以周长生等会稽文儒继承了文王以来的文脉而自豪："文王之文在孔子，孔子之文在仲舒，仲舒既死，岂在（周）长生之徒与？何言之卓殊，文之美丽也！"（《超奇篇》）他还有些惺惺作态地补充一句："会稽文才，岂独周长生哉？"（《超奇篇》）言下之意，自己同样为文脉的继承者。可见，"文儒"是王充最愿意认同的群体，也是他最愿意自我标榜的身份。

由此，我们看到，无论是儒生、文吏的"外部比较"，还是世儒、文儒的"内部衡量"，先强调"儒"的重要，再强调"文儒"的重要，王充的最终目的其实在于凸显作为"文儒"的自己，在于证明自己是难得一遇的人才。甚至，他还不满足"文儒"的身份，在《论衡》中进一步讨论了作为儒家理想人格典范的圣人与贤者。而对圣贤的讨论，同样与王充的自我定位息息相关。

第二节 圣人与贤者

王充对圣贤的讨论虽不及儒生、文吏集中，但在《论衡》中也不绝如缕，足以引起注意。所谓"贤"，段玉裁认为本义为多财，后引申为凡多皆曰贤，[1]《汉语大字典》则将"贤"解释为"才能、德行均好"[2]；"圣"，原意为通，有通明睿智之意，后亦泛指道德、才智杰出者，[3]《孟子·公孙丑上》载："昔者子贡问于孔子曰：'夫子圣矣乎？'孔子曰：'圣则吾不能，我学不厌而教不倦也。'子贡曰：'学不厌，智也；教不倦，仁也。仁且智，夫子既圣矣！'"故传统观念里，圣人与贤者皆为道德、才智两方面出众之人。如果说，王充对文吏、儒生的讨论，主要着眼于外在的社会身份与职业；那么，他对贤者、圣人的讨论，则更多体现了对人才内在价值的关注。

---

[1] （清）段玉裁：《说文解字注》，中华书局2013年版，第282页。
[2] 汉语大字典编辑委员会：《汉语大字典》，第3646页。
[3] 邢义田：《天下一家：皇帝、官僚与社会》，第50页。

一 圣人不神

汉代是一个崇圣的朝代。当时出现了各种"圣人名单",[①] 王充《论衡》中就提到过"十二圣"[②]"五圣十贤"[③]的说法,其中的"十二圣"包括黄帝、颛顼、帝喾、尧、舜、禹、汤、文、武、周公、皋陶、孔子。此外,《白虎通·圣人》和《汉书·古今人表》中载有两份颇具代表性的"圣人名单",所列圣人皆十四人,[④] 前者在王充"十二圣"的基础上增伏羲、神农,后者在王充"十二圣"的基础上增伏羲、神农、少昊,减皋陶。大致来说,这些汉代公认的圣人,可分为学术型、政治型两类,[⑤] 学术型唯孔子一人,政治型则包括尧、舜、禹、汤、文武、周公、皋陶等圣王及王佐。

在汉代主流思想中,圣人是高不可攀、不可企及的。如《白虎通》所言,圣人"道无所不通,明无所不照,闻声知情,与天地合德,日月合明,四时合序,鬼神合吉凶"[⑥]。人们相信,圣人拥有超凡的道德与才智,记载其言行、思想的经艺亦为万世不易之真理,甚至连创造——尤其是文章著作——的资格,也为圣人所专擅。因此,

---

[①] 据邢义田总结,《韩诗外传》言"十二圣",但只点出了十一圣之名,包括黄帝、颛顼、帝喾、尧、舜、禹、汤、文、武、周公、仲尼;刘向谓黄帝、尧、舜、禹、汤、文、武、周公、仲尼九人为明圣(《汉书·楚元王传》),另在《新苑·杂事五》中提出与《韩诗外传》相同的十一圣;王莽则列举黄帝、少昊、颛顼、帝喾、尧、舜、禹、皋陶、伊尹九人为圣人。参见《天下一家:皇帝、官僚与社会》,第68—73页。

[②] 如《骨相篇》:"传言黄帝龙颜,颛顼戴午(干),帝喾骈齿,尧眉八采,舜目重瞳,禹耳三漏,汤臂再肘,文王四乳,武王望阳,周公背偻,皋陶马口,孔子反羽。斯十二圣者,皆在帝王之位,或辅主忧世,世所共闻,儒所共说,在经传者,较著可信。"《奇怪篇》:"如圣人皆当更禀,十二圣不皆然也。黄帝、帝喾、帝颛顼、帝舜之母,何所受气?文王、武王、周公、孔子之母,何所感吞?"《讲瑞篇》:"十二圣相各不同,而欲以麐戴角则谓之骐驎,相与凤皇象合者谓之凤皇,如何?"

[③] 《异虚篇》:"龙称褒,褒姒不得不生,生则厉王不得不恶,恶则国不得不亡。(亡)征已见,虽五圣十贤相与郄之,终不能消。"

[④] 邢义田指出,前者是诸儒在白虎观议经的结果,代表了当时主要经师派别的意见;后者出自兰台令史及其后继者之手,于汉王室的立场多有体现。参见《天下一家:皇帝、官僚与社会》,第69页。

[⑤] 岳宗伟:《〈论衡〉引书研究》,第145页。

[⑥] (清)陈立撰,吴则虞点校:《白虎通疏证》卷7《圣人》,第334页。

第六章 论人才

名目众多的"圣人名单"中，得到普遍认同的圣人皆为古圣先王，虽然两汉创始之君高祖刘邦、光武帝刘秀，以及当朝的天子，往往也被称作圣人，但那主要是基于政治考虑的一种恭维。① 除此之外，无人有资格称圣，也无人敢公开以圣人自居。

当社会对圣人的推崇到了极致的时候，圣人在人们心中甚至演化成了"神"，由《论衡》所载的说法来看，圣人之"神"主要体现于四方面：第一，圣人能致神异。尤其在圣人出生时，往往有吉验瑞应，如"光武皇帝产于济阳宫，凤凰集于地，嘉禾生于屋"（《奇怪篇》），此外还有尧母"野出感龙"而生尧、高祖之母"梦与神遇"而生高祖等感生之说。第二，圣人体格卓异。圣人禀和气而生，因而气渥体彊，寿可至百。如文王九十七而薨、武王九十三而崩、周公出入百岁等。第三，圣人生有异相。王充提到的"黄帝龙颜，颛顼戴午，帝喾骈齿，尧眉八采，舜目重瞳，禹耳三漏，汤臂再肘，文王四乳，武王望阳，周公背偻，皋陶马口，孔子反羽"，在当时可谓"世所共闻，儒所共说"（《骨相篇》）。第四，圣人天赋异禀，能够"生而知之""神而先知"。如《实知篇》所言，"儒者论圣人，以为前知千岁，后知万世，有独见之明，独听之聪，事来则名，不学自知，不问自晓，故称圣，【圣】则神矣。"

与时人对圣人的"神化"不同，王充始终致力于破除圣人的神性。他虽然也承认圣人体质卓异、生有异相，但认为这是由禀受天地之气而自然形成的命所决定的，并非神迹。在此之外，王充对于圣人感生以及其他与圣人相关的神异现象，如舜禹葬而象耕鸟田、孔子葬而泗水却流，都一一予以破解。② 最主要的火力，对准的是圣人"神而先知""生而知之"的说法。王充认为，所谓"神而先知"，只是见微知著、由昭昭察冥冥而已，而所谓"生而知之"，更是不可能的："不学自知，不问自晓，古今行事，未之有也。……故智能之

---

① 参见邢义田《天下一家：皇帝、官僚与社会》，第62—63、81页。
② 基于政治考虑，对于帝王往往有祥瑞相伴，王充是认同的。详见第三章的讨论。

士，不学不成，不问不知。""人才有高下，知物由学。学之乃知，不问不识。"(《实知篇》)他进而指出"五帝、三王，皆有所师"(《实知篇》)，并在《知实篇》中援引十六条例子，证明孔子、周公等圣人皆通过学、问，然后才能知。他曾经感叹："圣人之好学也，且死不休，念在经书，不以临死之故，弃忘道艺，其为百世之圣，师法祖修，盖不虚矣！"(《别通篇》)亦从侧面表明了圣人是需要学习的。

正是从"圣人须学"的角度，王充淡化了圣人的神秘色彩，将之从"神"还原为"人"。他指出孔子不过是"诸子之中最卓者"(《本性篇》)，甚至还通过《问孔篇》揭示孔子言行、思想上的"谬误"，指出圣人不仅是人，且是会犯错的人。这在当时，可谓石破天惊之言。在王充看来，当圣人褪去了"神"的光环，其实就是道德、才智杰出之人，"仁智之人，可谓圣矣"(《知实篇》)，而前述贤者的定义亦为"才能、德行均好"，由此，"贤圣之号，仁智共之"(《知实篇》)，圣人与贤者根本就是同类。二者的区别，在于"量"，不在于"质"："以入道也，圣人疾，贤者迟；贤者才多，圣人智多。所知同业，多少异量；所道一途，步骎相过。"(《实知篇》)可见，王充在思想上已经打破了圣人与贤者的界限。

也正是在"圣人为人而非神"的基础上，王充提出成圣并非遥不可及之事。他反复强调"圣可为之""圣可学为""圣人可勉成"(《知实篇》)，又引用孔子之言"吾十有五而志于学，三十而立，四十而不惑，五十而知天命，六十而耳顺"，激动地声称"从知天命至耳顺，学就知明，成圣之验也"(《知实篇》)。一个人只要刻苦学习，不断提升自己的学识才智，即可成圣；而本就与圣人同类的贤者，成圣更是不在话下。这里，王充的观点可以看作对孟子"人皆可以为尧舜"以及荀子"涂之人可以为禹"的回归。

邢义田曾指出，成为圣人是汉儒普遍的梦想。[①] 尤其自西汉末以

[①] 邢义田：《天下一家：皇帝、官僚与社会》，第73页。

来，模仿圣人作经者有之，如刘歆作《世经》、扬雄作《太玄经》、阳城衡（字子张）作《乐经》；以圣人相标榜者有之，如桓谭、张衡比拟扬雄为孔子，杨震以"关西孔子"知名。[1] 不过，敢于直接提出"圣人可成"，王充可谓汉代第一人。岳宗伟称"王充完成了有汉以来理论层面由'学圣人'向'作圣人'的首次跨越"[2]，诚不虚也。

值得注意的是，王充在论述圣人、贤者时似乎也更关注圣贤在才智方面的表现。他专门批判所谓圣人"神而先知""生而知之"，强调圣人亦需通过学、问，才能获得知识与智慧；贤者和圣人实属同类，并非"才下不能及，智劣不能料"，通过不断提升自己的才智，"学就知明"则可成圣。这里，王充着意强调的其实主要是圣贤之间在才智上不存在本质差别。至于圣人、贤者在道德层面的差距，《论衡》中基本没有涉及。这也是王充对于才智的重视在其人才观上的重要表现之一。

二　近圣之贤

王充相信，汉代存在接近甚至等同于圣人水平的贤者。与对儒生的衡量一样，王充将评判标准投向了"文"，也就是文章著作。

前文已述，当时人们以为造作为圣人所专擅，《礼记·乐经》称"作者之谓圣，述者之谓明"[3]，"作"的范围，不仅包括礼乐制度，也包括书面作品。龚鹏程指出，这大致反映了一种"神圣性作者观"：

> 一切创造性的力量，及创造力的根源，均来自于神或者神圣的东西。人靠神的力量，才获得了这一给予……人的创造，只是

---

[1] 参见邢义田《天下一家：皇帝、官僚与社会》，第76—77页。在《超奇篇》中，王充也曾将扬雄、阳城衡称作"贰圣"，将刘向、刘歆父子与扬雄、桓谭比作文、武、周公。
[2] 岳宗伟：《〈论衡〉引书研究》，第139页。
[3] （清）朱彬：《礼记训纂》卷19《乐记》，第568页。

模仿和学习，是传述神的灵恩，而非自己在宣示、传达意念。这时的作者，相当于述者。并且，人得以通过这些作品与神沟通。①

人们相信，唯有人类社会中最杰出的成员——圣人，方能获得这种神圣的创造力，包括贤者在内的其他人，只能对圣人的创造进行传述、阐明。因此，孔子自称"述而不作"，将自己视为"文武先王之道的学习者和传述者"②；而汉儒认为"孔子作《春秋》"，又将孔子视为圣人，而自居述者地位，进行经典的传习讲授及文献的整理，这也构成了历史上儒家的基本性格。③

在"造作为圣人专擅"的观念下，圣人作品称"经"，经，常也，经艺为常道，为万世不易之理。④而贤者作品只能称为"传"，取其"传述"之意，"传"被视为"蕞残""玉屑"，时人言"蕞残满车，不成为道；玉屑满篋，不成为宝"（《书解篇》），传从性质上是无法与经相提并论的。

王充既相信圣贤同类，自然不认同当时对述与作、经与传截然区分的观念。当然，这与他自身的经历也有关。王充写作《论衡》《政务》，也是一种"作"，并因此受到过时人责难："或曰：圣人作，贤者述，以贤而作者，非也。《论衡》《政务》，可谓作者。"（《对作篇》）对此，王充先是称自己的著作并非"作"也并非"述"，而是"论"，是"述之次"。他说，"造端更为，前始未有"才称得上"作"，而《论衡》只是"就世俗之书，订其真伪，辩其实虚"，并

---

① 龚鹏程：《汉代思潮》，第61—62页。
② 龚鹏程：《汉代思潮》，第64页。
③ 龚鹏程：《汉代思潮》，第65页。
④ 与对圣人的神化一样，汉代人对经亦进行了神化，如《论衡》所引，"或说《尚书》二十九篇者，法曰斗，七宿也。四七二十八篇，其一曰斗矣，故二十九"，"或说《春秋》【十二公，法】十二月也"，"或说《春秋》二百四十二年者，上寿九十，中寿八十，下寿七十，孔子据中寿三世而作，三八二十四，故二百四十年也。又说为赤制之中数也。又说二百四十二年，人道浃，王道备"（《正说篇》），经与天地历数冥冥相合，更凸显其神圣不可冒犯。

第六章 论人才

非"造始更为，无本于前"（《对作篇》）。这是王充为了避免理论僭越的罪名而进行的辩解，也是汉代著作者惯用的自我保护手法。如司马迁作《史记》，虽以续《春秋》自任，却称自己只是"述故事，整齐其世传，非所谓作也"[1]；扬雄作《太玄经》，遭人非议，扬雄因而强调"其事则述，其书则作"[2]，称自己文辞虽是新创，但内容皆是祖述圣人之义理。王充的惧罪心理，与司马迁、扬雄是一致的，在《对作篇》中表现得也很明显。但不同于二人的是，王充在为自己辩解之后，又像有些不服气似地说："言苟有益，虽作何害？……夫不论其利害，而徒讥其造作，是则仓颉之徒有非，《世本》十五家皆受责也。故夫有益也，虽作无害也。"（《对作篇》）相比之下，这更像是王充的真实想法，在内心深处，他认为述与作之间的界限是没有意义的，创作是一件人人皆可为之事，而非圣人的特权。

而对于当时以圣人作品为"经"、贤者作品为"传"，并对经、传加以区别对待的做法，王充认为，评判作品需要关注的并非作者的身份，而是其作用——是否有益于政教，"有益"也是他认为圣贤从事著作的共同意图所在："圣人作经，艺（贤）者传记，匡济薄俗，驱民使之归实诚也。……故夫贤圣之兴文也，起事不空为，因因不妄作。作有益于化，化有补于正。"（《对作篇》）在"有益"的前提下，贤者的"传"与圣人的"经"，不存在本质区别。由此，王充不仅打破了"作"与"述"的间隔，也使有益于政教的传书，获得了与经书比肩的地位。那些撰写此类传书的贤者，也就可以与圣人比肩了。比如，王充认为孔子的《春秋》通过对真实的弘扬，起到教化民众、匡济薄俗的作用，而汉代贤者桓谭，也是以《新论》"论世间事，辩照然否"（《超奇篇》），他由此指出，"《新论》之义，与《春秋》会一也"（《案书篇》），并将桓谭称为"素丞相"，与"素王"

---

[1] 《史记》卷130《太史公自序》，第3299—3300页。
[2] 汪荣宝撰，陈仲夫点校：《法言义疏》卷5《问神》，第164页。

孔子并论。此外，在《超奇篇》中，他还将刘向、刘歆、扬雄等人拟作文、武、周公，将阳城衡、扬雄形容为"贰圣"，都是着眼于他们的著作成就而言的。

借由对他人的评价，王充的自诩之意亦呼之欲出。身为贤者的王充撰写《政务》《论衡》，也是以教化为己任，特别是"疾虚妄"的《论衡》，与孔子《春秋》、桓谭《新论》的作用几无二致。由此，他同样将自己的著作和经典并论，言"《春秋》为汉制法，《论衡》为汉平说"（《须颂篇》），称"《诗》三百，一言以蔽之，曰：'思无邪。'《论衡》篇以十数，亦一言也，曰：疾虚妄"（《佚文篇》），言下之意，自己与撰写经典的圣人亦相差无几。

在充满暗示与隐喻的《讲瑞篇》中，王充甚至已经半公开地以圣人自居了。在这篇文章中，王充将凤凰麒麟与圣人相联系，提到"凤皇，鸟之圣者也；骐骥，兽之圣者也；五帝、三王、皋陶、孔子，人之圣也"，"儒者自谓见凤皇、骐骥辄而知之，则是自谓见圣人辄而知之也"，其中隐含的假设是，凤凰、麒麟与圣人属于同类，因而识别凤凰、麒麟与识别圣人的方法是相同的。从表面上看，此篇是以"圣人难知"推论凤凰、麒麟难知，实际上则是借时人不能识别凤凰、麒麟，含蓄地批评时人不能识别圣人——这里的圣人，很大程度上指向怀才不遇的王充。前文已述，王充自视甚高却沉沦下僚，对此，他是颇为不平的。而《讲瑞篇》的撰写，原本就有隐晦地向地方长吏自荐之意。王充曾言，"此论草于永平之初"，也就是说，《讲瑞篇》撰写于明帝初即位时，[①] 明帝好文且重用文人，上行下效，在王充看来，这或许是自己进身的机会。因此《讲瑞篇》中不被识别的凤凰、麒麟，乃至不为人知的圣人，都是有所影射的。比如他批判时人仅以"群鸟附从""生有种类"判定凤凰、麒麟，很可能是基于自己的经历——王充本身即为人清重、不好苟交，且出身细族孤门，

[①] 邵毅平分析，《讲瑞篇》的写作早于《论衡》全书的创作，是后来收录进去的，这份自荐早于《须颂》《佚文》等章帝时所作自荐篇章。参见《论衡研究》，第24页。

第六章　论人才

没有显赫的家世。① 而在文末，他更充满深意地指出：

> 方今圣世，尧、舜之主，流布道化，仁圣之物，何为不生？或时以有凤皇、骐驎，乱于鹄鹊、麋鹿，世人不知。美玉隐在石中，楚王、令尹不能知，故有抱玉泣血之痛。今或时凤皇、骐驎以仁圣之性，隐于恒毛庸羽，无一角五色表之，世人不之知，犹玉在石中也。

其意已经相当明显：我王充就是隐于恒毛庸羽、乱于鹄鹊麋鹿的凤凰、麒麟，也就是埋没于世俗的圣人。他的用心，自然是希望上位者慧眼识珠，发掘人才，重用自己。这也是王充讨论各类人才的主要目的所在。

第三节　王充求仕之心的破灭

一　以文为功

王充自命为文儒、圣贤，并且格外强调自己的书面写作才能，原本是有求仕的用意。无论《程材篇》《量知篇》还是《效力篇》，无论《答佞篇》《状留篇》还是《讲瑞篇》，都流露出他对自己不为人知、不被重用的不满，以及对改变现状的渴望。在这种情况下，"能

---

① 王充反驳时人仅以"群鸟附从""生有种类"判定凤凰、麒麟的两段文字，很像是为自己辩护，相似的文字在《定贤篇》《自纪篇》中都曾出现过。《定贤篇》："以人众所归附、宾客云合者为贤乎？则夫人众所附归者，或亦广交多徒之人也，众爱而称之，则蚁附而归之矣。或尊贵而为利，或好士下客，折节俟贤。信陵、孟尝、平原、春申，食客数千，称为贤君。大将军卫青及霍去病，门无一客，称为名将。故宾客之会，在好下之君、利害之贤。或不好士，不能为轻重，则众不归而士不附也。"《自纪篇》："鸟无世凤皇，兽无种麒麟，人无祖圣贤，物无常嘉珍。才高见屈，遭时而然。士贵故孤兴，物贵故独产。……五帝不一世而起，伊、望不同家而出。千里殊迹，百载异发。士贵雅材而慎兴，不因高据以显达。母骊犊骍，无害牺牲；祖浊裔清，不妨奇人。鲧恶禹圣，叟顽舜神。伯牛寝疾，仲弓洁全。颜路庸固，回杰超伦。孔、墨祖愚，丘、翟圣贤。杨家不通，卓有子云；桓氏稽可，遹出君山。"

著文"成为他谋求政治出路的有力凭仗。

前文已述，王充非常重视才智，认为才智是与人的"力"——也就是实际能力密切相关的，而能著文在王充看来是才智的最高体现，因此文儒有经世济民的重要作用。他强调"笔能著文，则心能谋论"（《超奇篇》），"文有深指巨略，君臣治术，身不得行，口不能紲（泄），表著情心，以明己之必能为之也"（《超奇篇》），换言之，文儒之文所体现的"谋论""策略""治术"等才智，如果真正得到实施，皆可以发挥作用、造福一方。

具体而言，在地方层面，文儒可通过上书奏记为长吏解理结烦，使州郡无事；在国家层面，则如"鲁连飞书，燕将自杀"（《超奇篇》），许多历史大事由文儒促成；此外，文章还可以劝善惩恶、化民成俗，在社会中建立文化秩序："文人文章……载人之行，传人之名也。善人愿载，思勉为善；邪人恶载，力自禁裁。然则文人之笔，劝善惩恶也"（《佚文篇》）。正因如此，王充否定时人所谓"安危之际，文人不与，无能建功之验，徒能笔说之效"（《超奇篇》）的说法，强调文人能够以文为功，进行政治参与。

王充自己，正是希望凭借文章才能获得重用，在更广阔的平台上成就一番功业。他说"智能满胸之人，宜在王阙"（《效力篇》），他羡慕董仲舒、唐子高、谷子云、丁伯玉等人"建美善于圣王之庭"（《效力篇》），他感叹"蹂蹈文锦于泥涂之中，闻见之者，莫不痛心。知文锦之可惜，不知文人之当尊，不通类也"（《佚文篇》）。他一直是以成为朝官为目标的。并且，在当时，这一目标对王充而言并非遥不可及。

王充在仕，正值东汉明、章时期，虽然光武以来吏化之风不减，但明、章二帝亦雅好文章、重用文儒。当时著名的文人，有班固、贾逵、杨终、傅毅，这也是王充在《论衡》中反复提到、极尽羡慕的几人。明帝时，班固、贾逵、杨终皆除兰台令史，其中贾逵和杨终在被任命为兰台令史时一并拜为郎，班固则一段时间后迁为郎。章帝即位后，继续重用班固、贾逵、杨终等人，同时博召文学之士，傅毅便

第六章 论人才

在建初中被委任为兰台令史、拜郎中。四人均以博学能文而进身,虽然其中班固、贾逵、傅毅在一定程度上仰赖家世,但杨终是纯粹由"郡小吏"直接征诣兰台、拜校书郎,王充对杨终的进身过程描述得更为具体:"杨子山为郡上计吏,见三府为《哀牢传》不能成,归郡作上,孝明奇之,征在兰台。"(《佚文篇》)班固等四人进身的经历,给了王充以很大希望。对于实际政务并不在行的他,如果能抓住主上好文的机会,同样可以凭借自己的文学才能鱼跃龙门。王充炙热的心情,透过《论衡》的文字已呼之欲出:"孝明世好文人,并征兰台之官,文雄会聚。今上即令(命),诏求亡失,购募以金,安得不有好文之声?"(《佚文篇》)

王充理想的职务,应当就是班固、杨终等人所担任的兰台令史。① 《汉书·百官公卿表》云:"御史大夫……有两丞,秩千石。一曰中丞,在殿中兰台,掌图籍秘书,外督部刺史,内领侍御史员十五人,受公卿奏事,举劾按章。"② 可见,兰台始建于西汉,是御史中丞办事处,亦是中央藏书、校书之所。令史是汉代低级文职人员通称,兰台令史因任职于兰台而得名,为御史中丞的属官,秩百石。据《后汉书·百官志》本注,兰台令史"掌奏及印工文书"③,即"检查校对官吏的奏书及印工的文书"④,在东汉明、章二帝时,兰台令史的职能有所扩大,往往在拜、迁为郎之后点校秘书。⑤ 由于明、章好文,这一时期的兰台令史位卑职重,较易升迁为郎,如王充所说:"令史虽微,典国道藏,通人所由进,犹博士之官,儒生所由兴也。"(《别通篇》)因此,对于自诩如班固等人一样博通能文的王充而言,

---

① 关于兰台和兰台令史的研究很多。如葛立斌《兰台令史与东观校书郎》,《广东教育学院学报》2007年第6期;葛立斌《"兰台令史"渊源考》,《兰台世界》2008年第16期;葛立斌《东汉时期"兰台令史"的多重职能》,《南都学坛》(人文社会科学学报)2008年第3期;吴从祥《汉代兰台考辨》,《兰台世界》2015年第34期;韩雷、傅荣贤《两汉时期的兰台和兰台令史》,《兰台世界》2015年第22期。
② 《汉书》卷19上《百官公卿表上》,第725页。
③ 《后汉书》志第二十六《百官三·少府》,第3600页。
④ 葛立斌:《兰台令史与东观校书郎》,第69页。
⑤ 葛立斌:《兰台令史与东观校书郎》,第70—71页。

如果能成为兰台令史，实在是实现仕途突破最好的选择。

王充首先寄希望于郡守。在《效力》《别通》《超奇》《状留》等篇章中，他半是恳求半是埋怨，反复或明示或暗示郡守举荐自己：

> 故夫文力之人，助（因）有力之将，乃能以力为功。（《效力篇》）

> 文儒怀先王之道，含百家之言，其难推引，非徒任车之重也。荐致之者，罢羸无力，遂却退窜于岩穴矣。（《效力篇》）

> 文章滂沛，不遭有力之将援引荐举，亦将弃遗于衡门之下，固安得升陟圣主之庭，论说政事之务乎？（《效力篇》）

> 有人于斯，其知如京，其德如山，力重不能自称，须人乃举，而莫之助，抱其盛高之力，窜于间巷之深，何时得达？（《效力篇》）

> 智能满胸之人，宜在王阙，须三寸之舌，一尺之笔，然后自动，不能自进，进之又不能自安，须人能动，待人能安。道重知大，位地难适也。（《效力篇》）

> 故力不任强引，则有变恶折脊之祸；知不能用贤，则有伤德毁名之败。论事者不曰才大道重，上不能用，而曰不肖不能自达。自达者带绝不抗，自衔者贾贱不雠。（《效力篇》）

> 随时积功，以命得官，不晓古今，以位为贤，与文之（人）异术，安得识别通人，俟以不次乎？（《别通篇》）

> 夫鸿儒希有，而文人比然，将相长吏，安可不贵？岂徒用其才力，游文于膰胺哉？（《超奇篇》）

> 贤儒怀古今之学，负荷礼义之重，内累于胸中之知，外劬于礼义之操，不敢妄进苟取，故有稽留之难。无伯乐之友，不遭王良之将，安得驰于清明之朝，立千里之迹乎？（《状留篇》）

可以看出，这时王充尚未想过以自荐的方式求官。一方面基于节操，"不敢妄进苟取"（《状留篇》）；另一方面也迫于舆论，认为

"自衒者贾贱不雠"（《效力篇》）。不过，这种顾虑很快就打消了。因为王充逐渐意识到，相比寄希望于郡守举荐，自荐对他而言可能是更好的选择。

邵毅平曾指出，东汉明帝在位的十八年间，是中国历史上歌功颂德之风最盛的时期之一，文坛上出现了大量歌功颂德之作，①王充对此也有所描述，如"孝明之时，众瑞并至，百官臣子，不为少矣，唯班固之徒，称颂国德，可谓誉得其实矣"（《须颂篇》）；"永平中，神雀群集，孝明诏上《【神】爵颂》。百官颂上，文皆比瓦石，唯班固、贾逵、傅毅、杨终、侯讽五颂金玉，孝明览焉"（《佚文篇》）。②歌颂最为得力的当属班固，他曾一连撰写《两都赋》《东巡颂》《南巡颂》《神雀颂》《十八侯铭》《典引》诸篇，述叙汉德，并因此更获器重；贾逵也因所上《神雀颂》被明帝赏识而直接得官。这些，王充都有所耳闻，对于班固、贾逵等人不无羡慕。在利禄的诱惑下，他不再拘泥于节操和舆论，在章帝即位后，亦撰写了《齐世》《宣汉》《恢国》《验符》四篇文章，尽情歌颂汉朝的伟大与君上的杰出。

歌颂的目的是自荐。这一点，王充直言不讳。《须颂篇》中，他指出，伟大的时代、杰出的帝王，必须由鸿笔之臣"褒颂纪载"，才能万古流芳；然而汉代俗儒往往是古非今，对于自己所处的时代无褒颂之言，只有司马迁纪黄帝以至孝武，扬雄录宣帝以至哀、平，陈平仲纪光武，班孟坚颂孝明，可谓得实。而章帝即位后，尚未有褒载，唯我王充为此殚精竭虑，"故有《齐世》《宣汉》《恢国》《验符》"。王充甚至指出，不仅这四篇，《论衡》中的其他篇章如《明雩》《顺鼓》《讲瑞》《是应》，也都是在不遗余力地拥护汉朝。如此一来，王充对于汉王朝与章帝的忠心，日月可鉴；王充之于伟大的时代和杰出的帝王，实为不可或缺的人才。铺垫至此，他终于吐露了自己的愿望：

---

① 邵毅平：《汉明帝诏书与班固》，《复旦学报》（社会科学版）1985年第6期。
② 这里《论衡》记载与范晔《后汉书》不符，存疑。

从门应庭,听堂室之言,什而失九;如升堂窥室,百不失一。《论衡》之人,在古荒流之地,其远非徒门庭也。……圣者垂日月之明,处在中州,隐于百里,遥闻传授,不实。形耀不实,难论。得诏书到,计吏至,乃闻圣政。是以褒功失丘山之积,颂德遗膏腴之美。使至台阁之下,蹈班、贾之迹,论功德之实,不失毫厘之微。(《须颂篇》)

他说自己离中央太远了,因此歌颂得还不够精确,如果蒙受皇帝征召而"至台阁之下",一定能更加充分地论述汉代功德,像班固、贾逵等人一样出色。这可以说是非常明显的自荐了。

关于王充的自荐求官,有几点值得注意。首先,关于这一求官方式的可行性。黄留珠《秦汉仕进制度》将之总结为"自衒鬻",即以言语驰说自卖,[①] 可见在汉代,自荐确为仕进之一途。高祖后期至文景时期,吏民面陈渐少,一般采取上书的方式自荐,因此汉代的自荐求官往往依托于"上书拜官"制度。[②] 据《汉书·东方朔传》记载,"武帝初即位,征天下举方正贤良文学材力之士,待以不次之位,四方士多上书言得失,自衒鬻者以千数"[③];成帝时梅福上书亦曾言"孝武皇帝好忠谏,说至言,出爵不待廉茂,庆赐不须显功,天下布衣各厉志竭精以赴阙廷自衒鬻者不可胜数"[④];王充《论衡》中也提到武帝时"徐乐、主父偃上疏,征拜郎中"(《超奇篇》),则自荐求官以武帝时为盛。此后宣帝、元帝、哀帝各朝,自衒鬻者亦时有之。[⑤] 东汉时上书自荐依然存在,[⑥] 不过,黄留珠指出,由于统治者尊崇名节,自荐成为士人所鄙薄的行为,[⑦] 王充在《效力篇》提到的

[①] 黄留珠:《秦汉仕进制度》,西北大学出版社1985年版,第220—221页。
[②] 仝晰纲:《汉代的上书拜官制度》,《齐鲁学刊》1994年第4期。
[③] 《汉书》卷65《东方朔传》,第2841页。
[④] 《汉书》卷67《杨胡朱梅云传·梅福》,第2918页。
[⑤] 黄留珠:《秦汉仕进制度》,第221页。
[⑥] 仝晰纲:《汉代的上书拜官制度》,第83页。
[⑦] 黄留珠:《秦汉仕进制度》,第221页。

"自达者带绝不抗,自衒者贾贱不雠",应当就是当时舆论的反映。但即便如此,如能就此一举成功,依然不妨一试。王充写作《须颂》等篇,大概便怀有这样的心理。至于其文是否真的得以呈上,现已不得而知。

其次,王充在《须颂篇》中提及自己专为颂汉而创作了《齐世》《宣汉》《恢国》《验符》诸篇,更将《论衡》其他篇章的主旨也解释为拥护汉朝:

> 古今圣王不绝,则其符瑞亦宜累属。符瑞之出,不同于前,或时已有,世无以知,故有《讲瑞》。俗儒好长古而短今,言瑞则渥前而薄后,《是应》实而定之,汉不为少。汉有实事,儒者不称;古有虚美,诚心然之。信久远之伪,忽近今之实,斯盖三《增》、九《虚》所以成也,《能圣》《实圣》所以兴也。儒者称圣过实,稽合于汉,汉不能及。非不能及,儒者之说,使难及也。实而论之,汉更难及。谷熟岁平,圣王因缘以立功化,故《治期》之篇,为汉激发。治有期,乱有时,能以乱为治者优。优者有之。建初孟年,无妄气至,圣世之期也。皇帝执(敦)德,救备其灾,故《顺鼓》《明雩》,为汉应变。是故灾变之至,或在圣世,时旱祸湛,为汉论灾。(《须颂篇》)

其中,如果说《明雩》《顺鼓》《讲瑞》《是应》《治期》诸篇论天人感应的文章确有回护汉朝统治的意味,九《虚》三《增》则主要是学理讨论,并不涉及政治。在《对作篇》中,王充指出,"《论衡》九《虚》、三《增》,所以使俗务实诚也;《论死》《订鬼》,所以使俗薄丧葬也",这是更符合实际情况的。并且,即使是《明雩》等五篇,也并不是完全为政治服务,其中也包含部分学理讨论。因此,正如邵毅平所指出的,王充在此对《论衡》各篇重新做了符合歌功颂德目的的解释,与王充原先的本意及它们的实际情况不符。① 由此，王充在《须颂篇》中称"《春秋》为汉制法,《论衡》为汉平说"，将《论衡》全书的宗旨总结为"为汉平说"，也是基于歌功颂德的目的，是在特定的环境、心境下的托词。前文已述，王充曾自述写作《论衡》的目的在于教化民众。因此，教化民众与"为汉平说"，都在《论衡》的计划之内，甚至"为汉平说"可以看作教化民众的手段之一。如果仅据《须颂篇》中的言辞，便以为整部《论衡》的任务就在于"为汉平说"，不免过于轻率了。②

二　以文为名

王充通过自荐等方式谋求政治出路的尝试，最终是不成功的。这在很大程度上导致了王充对仕途的彻底绝望。《左传》所谓"立德""立功""立言"三不朽，最终目的都是"立名"。成就一番功业，赢得生前身后名，历来是士人的不懈追求。而当仕途阻绝后，愿望成为泡影，留名的途径便由事功全部转向著作。由此，著作本身有了意义，成为士人生命寄托与安身立命的终极所在。王充的思想，也经历了由重视事功向重视文名的转变，并体现于《论衡》中。

前文曾提到，《超奇篇》记录了时人对著书之人乏于事功的批评："浅意于华叶之言，无根核之深，不见大道体要，故立功者希。安危之际，文人不与，无能建功之验，徒能笔说之效也。"此时，王充尚有建功立业的政治野心，因此毫不迟疑地予以反驳，并列举了诸多文人以文为功的例子。而在求仕之心蹉跎之后，面对他人"深于作文，安能不浅于政治"（《书解篇》）的质疑，王充已不再争辩，只是指出"人有所优，固有所劣；人有所工，固有所拙。非劣也，志意不为也；非拙也，精诚不加也。志有所存，顾不见泰山；思有所至，有身不暇徇也"（《书解篇》），承认了自己政治上的失败，且将

---

① 邵毅平：《论衡研究》，第75页。
② 有学者认为，整部《论衡》的任务便在于"为汉平说"。参见吉新宏《边缘文人的"御用文人梦"——文人身份视野下的王充及其〈论衡〉》，第120—146页；龚鹏程《汉代思潮》，第198—201页。

第六章 论人才

这种失败解释为潜心著作无暇他顾所致。从表面上看，王充心中的天平似乎已经偏向了名山事业而非政治作为。《自纪篇》中，这一转变更为明显。时人嘲讽王充"仕数不耦，而徒著书自纪"，他回应道：

> 身与草木俱朽，声与日月并彰，行与孔子比穷，文与杨雄为双，吾荣之。身通而知困，官大而德细，于彼为荣，于我为累。偶合容说，身尊体佚，百载之后，与物俱殁，名不流于一嗣，文不遗于一札，官虽倾仓，文德不丰，非吾所臧。德汪濊而渊懿，知滂沛而盈溢，笔泷漉而雨集，言溶㳤而泉出，富材羡知，贵行尊志，体列于一世，名传于千载，乃吾所谓异也。

这是很明确地表示相较当世的显耀，他更看重通过著作流芳千古。

当关注的重点由事功转向文名后，王充的自我评价亦受到影响。此前在讨论文儒与世儒时，王充提出文儒胜于世儒，主要是基于文儒的出众才智，认为文儒能够在政治上更有所为。而《书解篇》中，他在比较文儒与世儒时，却不再提文儒是经世济国的政治人才，而着重强调了文儒从事著作可以"自用其业，自明于世"："世儒当时虽尊，不遭文儒之书，其迹不传。周公制礼乐，名垂而不灭；孔子作《春秋》，间传而不绝。周公、孔子，难以论言。汉世文章之徒，陆贾、司马迁、刘子政、杨子云，其材能若奇，其称不由人。世传《诗》家鲁申公、《书》家千乘欧阳、公孙，不遭太史公，世人不闻。夫以业自显，孰与须人乃显？夫能纪百人，孰与廑能显其名？"言下之意，如果能够凭借著作获得不朽，即使"业不讲，门无人"，没有高官厚禄，也是更值得骄傲的。

同样，在晚年撰写《定贤篇》论定圣贤时，王充否定了当时论贤的二十条标准，其中，前六条包括"仕宦得高官身富贵""事君调合寡过""朝庭选举皆归善""人众所归附、宾客云合""居位治人，得民心歌咏""居职有成功见效"，均与政治成功有关。他进而提出，贤者的判定标准是有"善心",善心的体现是"能辩然否":"然否之义定,心善之效明,虽贫贱困穷,功不成而效不立,犹为贤矣",而这种"辩然否"的能力一定要体现在著作中。换言之,贤者的标准只在于撰写论定是非然否的著作,哪怕没有其他功绩,只要撰写了这样的著作,就是贤者。可见,王充希望以著作为证据,维持住自己"圣贤"的身份设定,从而保留自己的尊严。

这种心态的转变,也影响了王充对《论衡》的评价。仕途既已无望,王充对《论衡》宗旨的叙述便不再如自荐时那般,为了逢迎上意而做符合歌功颂德目的的解释。在全书总结式的《对作篇》《自纪篇》中,他格外强调《论衡》的教化功用,并反复提及九《虚》、三《增》、《死伪》、《订鬼》等专以教化为意的篇章,而仅将"颂汉"为主题的诸篇描述为免罪的挡箭牌。他对《论衡》流露出无限的珍爱,对于当时出现的批评《论衡》的声音一一予以反驳,他希望呈现在人们面前的这本书,能够以最好的面貌流传后世——这同样也是王充对自己最后的期许。

需要注意的是,王充最终以著作为寄托,以文名为追求,只是一个失意士人的无奈之举,甚至是有些苦涩的妥协。于迎春指出,文章能够无所依傍地流传后世,而且能够传人名声于长久,这当然意味着文章本身具有相对自足、独立的性质,以及超越时空的不朽能力。但一般来说,文章著述终归不是士人安身立命的首选方式。[①] 如果能直接以事功显于世,著作仍然是次要的。从这个意义上说,王充晚年一再强调以著作留名胜于建功立业,不仅是在反驳他人,其实也是在努力说服自己,从而使自己有足够的勇气,面对日暮穷途的生命。

---

① 于迎春:《汉代文人与文学观念的演进》,第163页。

结　　论

本书主要就王充《论衡》中的命、天人感应、鬼神、人才四个主题进行了分析与讨论，希望通过这些问题，展现王充作为一名中下层地方士人的济世情怀和利己心愿。《论衡》内容庞杂，笔者并不打算呈现给读者一部面面俱到地梳理王充思想的作品，而是选择性地讨论了《论衡》中系统出现、篇幅多且与王充经历较为相关的几个问题，这样的做法，也可以使读者了解本书的困难与不足之处。

在以下篇幅中，笔者将对前面章节的结果作一概括性的总结，进而由王充和《论衡》的研究，谈一谈对思想史研究中"大小传统"理论模型的反思。

一　关于王充思想的几点结论

从时代背景来看，西汉后期到东汉初，思想界所经历的发展变化，开启了王充思想的序幕。首先是通人群体的兴起。通人指以儒学为本，但不拘泥于师法家法，而是兼通数经、旁及诸子的知识群体，其中，以扬雄、桓谭为代表的一部分通人，不仅希望通过倡导博通，扫除儒者各立门户、抱残守缺之弊，也希望借助诸子百家之学来纠正正统儒学中的某些神道化因素，恢复原始儒学的本来面貌。伴随着"通人"群体和博通之学的兴起，不少儒家士人对知识以及与知识相关的智慧、学问予以相当的重视，扬雄、桓谭等人进一步展开了对知识真实性的追求。这种倾向，在王充的思想中也很明显，体现了王充对桓谭、扬雄思想的继承。再者是现实主义的回归。王莽新政的实施是儒家理想主义的顶峰，而新政的失败使得很多儒者开始将理想与现实分隔开来，对现实政治表现出更加理性乃至实际的态度。特别值得注意的是，现实主义的倾向在一定程度上消解了儒者自身的独立性和批判性，东汉初，士人求媚于上、歌功颂德之事常见，尤其对于那些"俗儒"而言，现实精神与儒家理想之间的张力更为明显，王充作为"俗儒"的一员，其思想亦显示出这种张力。

从王充生平来看，笔者特别关注了以下几个问题。

第一，会稽、洛阳与王充的关系。王充是会稽人，又曾赴洛阳求学，这两个地方，对王充而言意义重大。会稽在汉代属于边郡，王充的时代，会稽郡已呈现出地方文化、中原文化二元并存的面貌，并产生了"中原化"的士人群体，会稽郡的这些特征，深刻影响了王充的人生轨迹和人生选择；洛阳为东汉的政治、文化、经济中心，王充在此习经、读传、交游，不仅丰富了知识、思想，也强化了对儒家文化的认同。王充后半生回到会稽担任属吏，一直渴望离开会稽、进入洛阳，洛阳与会稽，在王充心中代表了理想与现实的碰撞。

第二，王充的仕宦经历。王充的仕宦经历《后汉书》中记载非常简略，但《论衡》中有不少相关内容，依据这些内容，可以大致了解王充在地方政府所担任的职务，以及王充累仕不进的原因。王充将仕宦成功视为人生价值的终极所在，仕宦在他的思想中占有非常重要的地位，《论衡》中的很多观点、见解都与此有关。

第三，王充的经历对《论衡》创作的影响。王充身为儒生，又曾到洛阳游学，受儒家教化观念影响，有移风易俗、忧世济民之志；

结 论

但长期担任地方属吏，受世俗风气影响，又使他汲汲于谋求一己之利；两种不同的经历，导致王充写作《论衡》、批判各类虚妄，往往带有济世和利己的双重动机。

本书主体部分分别考察王充对于命、天人感应、鬼神、人才的看法，王充所谓"疾虚妄"，主要便是针对这几个主题；而王充对"虚妄"的批判背后的动机，也在这几个主题中得到充分的体现。

首先，论命。王充构建了一个庞大复杂的命的体系，涉及命的来源、命的偶然与必然、命的种类、与命相关的概念等。在他心目中，天自然地施气而生人，人禀气而形成"命"，人能禀得何种气、形成何种命，完全出于偶然；受命之后，人生际遇又必然按照既定的轨道进行；因此，对于命，人们既不能控制，亦无法改变。

王充的命论，最主要的特征是强调命对人生的绝对支配作用。不少学者已经指出，王充的命论与他坎坷的经历有关，笔者在书中，将王充的命论与儒家、民间命论作比较，发现王充的命论与儒家、民间的命论，背后具有不同的宇宙观。儒家和民间分别信奉以道德为规则和以技术为规则的宇宙，由此相信人通过道德修为或技术手段，可以一定程度把握自己的命运；而王充信奉的是一个随机的、没有规则可循的宇宙，从而彻底排除了人对自身命运的自主性和能动性。通过这种比较，更加确定王充命论的形成，主要来源于自身怀才不遇的经历。

另外，王充的命论虽然看上去非常消极，但其实并不被动，王充在很多情况下以命论为论说的武器。当时有人依据道德因果律，指出才高德丰一定会官高禄厚，反之，仕途不顺则说明才德不足。王充提出命为先天注定，与人的才智、道德无关，从而可以反驳这种唯结果论的观点，回击他人对自己才智、道德的质疑。这种自我辩护，是王充论命的根本目的。由此可见，王充对命的讨论，主要出于利己的心理，弘道济世的成分较少。

其次，论天人感应。王充主要批判了天人感应的基本理论以及与天人感应相关的灾异论、祥瑞论。他的主要观点是，"天"是含气的实体，天道自然无为，由此天与人之间不会也不可能产生感应；灾异、祥瑞皆为自然现象，遵循一定的周期，具体发生在何时具有偶然性，既不是天有意为之，亦不受人事影响，灾异不一定出现在政治黑暗时，祥瑞也不一定出现在政治清明时。

王充对天人感应的看法，尤其是对天人感应灾异论的批判，引发了学者的不同意见。马克思主义派的很多学者，认为王充否定天的意志，将灾异解释为自然现象，是符合科学的，由此盛赞王充敢于批判现实的斗争精神；而徐复观、邓红等学者，又指出王充切断政治与灾异的关系，其实是为君主解除精神负担，基于此，他们批评王充对于政治过分谄媚。笔者看来，以基于"自然"的"偶然"解释奇异现象，强调灾异、祥瑞的出现与政治无关，是符合王充的学术立场的，体现了王充身为儒者，力图以真实来教化世人的济世情怀。然而，就《论衡》全书来看，王充对于灾异的看法相对连贯，对于祥瑞的看法却前后不一，有时称祥瑞的出现是偶然，与政治无关，有时称祥瑞的出现证明汉代政治清明，与政治有关。这说明，王充讨论天人感应，不仅仅是为了教化世人，也有"为汉平说"的政治目的。

就灾异而言，将它解释为偶然，既符合王充的学术立场，又能为君主的治理开脱；就祥瑞而言，将它解释为偶然，虽然符合学术立场，却不足以彰显当朝政治的伟大，因此王充在《论衡》中往往称灾异为"无妄"，称祥瑞为"应政"，从而从两方面歌功颂德，为自己谋取政治利益。可见，王充对天人感应的讨论，既为济世，也为利己。

再次，论鬼神。王充对鬼神的讨论，主要批判了鬼神有知、成仙不死等观念，以及与之相关的厚葬、祭祀、求仙、择日、相宅等活动。王充主要是从自然的角度否定鬼神信仰中的超自然观念，尤其针对人死造成的鬼神，指出人死之后形体枯朽、精气消散，所成的鬼神，是恍惚无形、没有知觉意识的，与其他非人的鬼神一样不会降人以祸福。由此，针对鬼神的厚葬、祭祀、求仙、禁忌活动，都无法起到趋吉避凶的作用。不过，尽管王充批判了鬼神信仰的观念基础，但

结　论

他并没有彻底否定相关的信仰活动，而是对部分对社会危害不大的信仰活动，比如祭祀、禁忌行为，重新予以符合儒家价值观的解释，使之能够发挥导人向善、社会教化的功能。

鬼神信仰属于比较世俗的内容，龚鹏程指出，王充对鬼神信仰等世俗事务的讨论，反映出他本身的世俗化特征。对此，笔者认为，我们不仅要看王充讨论的内容，也要看他讨论的出发点。王充对鬼神信仰的讨论，根本出发点在于教化民众、移风易俗，而不曾有为自己谋利的心思。尤其是他对于厚葬、求仙的坚决批评，对祭祀、禁忌的重新解释，都是基于社会功能考虑，以是否有利于国计民生为标准，这充分体现了王充身为儒者的社会责任感。因此，对鬼神信仰的讨论是最能显示王充的济世情怀和儒者身份的一个主题。

最后，论人才。王充对于当时人关于儒生、文吏、文儒、世儒、圣人、贤者几类人才的看法予以辨析。对于儒生与文吏，王充以道德为标准，指出儒生胜文吏；而在儒生内部，他又以才智为标准，认为才智的终极体现是"能著文"，因此"文儒"在儒生中最为出类拔萃。对于圣人与贤者，王充破除了圣人的神性，指出圣人与贤者实际是同类；他又进而从文章著作的角度，破除了述与作、经与传之间的界限，为贤者争取到与圣人相近的地位和话语权。

此前的研究，一方面对王充的人才论关注较少，并且往往只看到王充对儒生、文吏的讨论，而忽略了王充的圣贤观；另一方面，有些学者在讨论时只关注王充对人才的看法是什么，而没有进一步探究王充为什么要评论各类人才。在笔者看来，王充对人才最主要的评判标准是文章写作才能，这正是他最引以为傲的特长，王充一再强调繁文之人为人中之杰，其实就是在变相地自夸。因此，王充论人才，根本目的在于凸显作为文儒、圣贤的自己，并希望能够凭借自己的文章写作才能获得重用，成就一番事业。王充在讨论人才之后，多次向郡守提出举荐自己的请求，甚至以文儒能够更好地歌功颂德为理由，向君主直接自荐。这些都说明，王充对人才的讨论，是完全着眼于个人得失的，体现了利己的心愿。

济世与利己

综上所述，王充的批判具有济世与利己的双重动机。

所谓"济世"，主要体现在王充以"真"为"美"，以论定是非、考辨虚实，作为一种教化手段。王充论定是非、考辨虚实的重要武器，为"自然"思想，王充所谓"自然"，即"自然而然"，指没有其他因素干预而自己如此。在《论衡》中，王充以"自然"为依据，对种种虚妄展开批判，体现了通人的学术取向。[①] 对于命、天人感应、鬼神，王充一方面以自然来解释与之相关的现象，"寒温自有时"（《感虚篇》），"水旱之至，自有期节"（《寒温篇》），"祸福之至，时也；死生之到，命也"（《辨祟篇》），否定有意志、有目的的人外力量存在。另一方面以自然攻击道德因果律和技术性规则，将原本属于鬼神、天的力量赋予"命"。王充这么做，很大程度是为了移风易俗，通过芟荑当时思想文化中的芜秽，来净化民众的精神，使"纯诚之化日以孳"（《对作篇》）。王充这种教化的意识，尤其是对各类鬼神信仰的批评，充分展示了他身为儒者的济世情怀。

所谓"利己"，主要体现在王充的讨论，常常怀有对个人利益的考虑，显示了现实主义的实用立场：论命，提出"三累""三害"，否定道德善恶与命运吉凶之关联，是以命为自己的怀才不遇作辩护，出发点和落脚点都围绕着"仕宦成功与否"这一中心；论天人感应，主要是"为汉平说"，一方面否认灾异与恶政之关联，为君主解除精神负担，另一方面却又承认祥瑞与善政之联系，强调汉代祥瑞之多远超前代，为君主歌功颂德，希望通过求媚于上争取政治机会；论人才，以文儒、圣贤自命，强调文章写作能力，更是王充求仕心愿的直接表达。无论是以命为自己的怀才不遇作辩护，否定灾异论、肯定祥瑞论来求媚于上，还是将自己描述为最杰出的人才，背后都有一份汲

[①] 王充的"自然"思想，主要受黄老道家影响。在《遣告篇》中他提到"夫天道，自然也，无为。如遣告人，是有为，非自然也。黄、老之家，论说天道，得其实矣"；《自然篇》提到，"从道不随ума，虽违儒家之说，合黄、老之义也"，可见他的"自然"观是从黄老道家对天道的解说中获得启发，进而应用到其他方面。对道家思想的吸收，与王充"博通众流百家之言"是分不开的，可以说反映了当时通人群体的学术倾向，也反映了王充对通人前辈扬雄与桓谭学术路径的继承。

汲于仕途、汲于富贵的心思，接近俗人的世俗心愿。

综上，《论衡》一书呈现出的"济世"与"利己"双重动机，是王充作为中下层地方士人真实思想的反映，充分显示了这一类知识分子的独特面貌。龚鹏程曾形容王充为"世俗化的儒生"，《论衡》中也屡屡提到"世俗"与"儒生"两大群体，这是对王充本人身份及其所属阶层的绝佳诠释。

另外需要说明的是，王充在《论衡》中之所以出现各种自相矛盾的论述，济世与利己的不同动机即个人私心与公义的冲突只是笔者尝试作出的一种解释。前文曾提到，王充在讨论不同议题时具有"随事各主一说"的特点，有时忽略前后逻辑一致性。这种情况其实不仅是王充独有的问题。在涉及关于事物本质的规律性认识时，儒者，或者任何有兴趣于思考人事或者人间道德规律的人，终是绕不开一个事实：即一个社会中，很难有一种完全被所有人接受的行为规律，也很难有一个所有人都接受的对人间世事的解释。比如，不相信有鬼神的人，通常将人世间的种种现象，或归于天，或归于命。但人们又很难把人事完全用有意志的天和不可更改的命这两个概念来解释，从《论衡》中的命论与其他议题的龃龉即可看出。一般百姓可能不用太担心这种问题，但是一旦有所谓的知识人开始思考，就会陷入一种情况：几乎没有人能够有百分百通顺的逻辑思辨能力，因而他们的想法多半是左支右绌，很难真正自圆其说。再者，个人主观因素的作用很难被排除，于是就出现了各种矛盾的想法。从这一点上说，王充的困境在中国古代思想史上是具有普遍意义的。

二 关于大小传统理论模型的反思

王充所代表的中下层士人，是一个特殊的群体。其特殊性，不仅在于本书所力图论证的他们虽身为知识分子，却思想庞杂、兼收并蓄，亦在于他们常作为沟通不同层次文化的纽带，在文化传播上具有非同寻常的意义。关于这个问题，我们需要先谈一谈文化中的"大传统"与"小传统"。

20年代中叶，美国人类学家罗伯特·雷德菲尔德（Robert Redfield）在其著作《农民社会与文化：人类学对文明的一种诠释》（*Peasant Society and Culture: An Anthropological Approach to Civilization*）一书中提出"大传统"（great tradition）与"小传统"（little tradition）的概念。所谓大传统，主要指知识精英所代表的文化，小传统则指受教育程度较低的一般民众所代表的文化。大传统与小传统，有时亦被描述为精英文化和大众文化、上层文化和下层文化、正统文化和民间文化、科层文化和世俗文化。[①]"大小传统"的分析框架自提出以来，即被人类学家、社会学家、历史学家广泛接受，并运用于有关的文化研究中。

《论衡》一书中所讨论与批判的诸多故事、说法、观念，王充不是冠以"世俗之议"，就是称作"儒者之言"，世俗与儒者，似乎很契合"一般民众"和"知识精英"的身份，而"世俗之议"与"儒者之言"，似乎也可以与小传统/大众文化与大传统/精英文化相匹配。因此，笔者在撰写本书时，亦曾考虑过以受众群体为标准，将王充讨论与批判的故事、说法、观念，划分为大众文化（世俗虚妄）与精英文化（儒者虚妄）两大类。不过，这样的划分方法很快便显现出它的问题。

首先，就边界而论，王充论及的哪些内容可以划归大众文化，哪些可以划归精英文化？如果对《论衡》全书进行检索，会发现王充所谓"世俗之议"，不仅仅局限于人死为鬼、禁忌避讳一类，甚至也包括儒者熟知的天人感应、三皇五帝、儒家人物事迹。况且《论衡》中的不少故事、说法、观念，明确为世俗与儒者所共享。如《骨相篇》记载"十二圣"，王充称"世所共闻，儒所共说，在经传者，较

[①] See Robert Readfield, *Peasant Society and Culture: An Anthropological Approach to Civilization*, Chicago: University of Chicago Press, 1956.

结　论

著可信";《儒增篇》记载"周鼎"之神异,王充称"此则世俗增其言也,儒书增其文也";《道虚篇》载神仙之事,而兼收儒书之言与世俗之议。可见,儒者与世俗是这些故事、说法、观念共同的信奉者,换言之,这些故事、说法、观念,兼行于民间与知识阶层,难以论定究竟为哪一个特定群体所占有。

其次,也是更加根本的问题——就文化主体的身份而论,王充笔下的"世俗"和"儒者"本身就很难定义。《论衡》中的"世俗",有时单称"世"或"俗",其成员包括"世人""俗人""俗吏""俗儒""俗士""世儒""世士"。王充称为"俗人""俗吏"者,主要指没有受过古典教育的人,最接近广义上的"世俗";王充称为"世儒""世士""俗儒""俗士"者,主要指接受过古典教育,但行为、文化层次依然低的人,这其中,也包括一些实际文化层次可能并不低,但因与王充意见不同,故王充以为层次低者,如《论衡》论天人感应及颂汉文章中提到的儒生;王充称为"世人"者,则指众人,甚至包括某些文化层次较高的人,他曾在批判择日禁忌与"天取龙"观念时,称"世人无愚智、贤不肖、人君布衣,皆畏惧信向,不敢抵犯"(《辨祟篇》),"世无愚智贤不肖,皆谓之然"(《龙虚篇》),可见有些智者、贤者亦处于"世人"之列。因此,王充所言"世俗",是一个边界模糊的群体。

关于儒者,一方面,汉儒方士化程度深,其知识体系从阴阳学说以及数术、方技中汲取了不少内容,在王充笔下,《淮南子》《吕氏春秋》等载有求仙问道之事的传书都被称作儒书,在讨论天人感应时,他还常将儒者与说灾异之家、变复之家、雩祭之家、月令之家等具有术士色彩的群体相提并论,可见汉儒在知识层面已经较为混杂,乃至有时难以与术士相区别;另一方面,西汉中期儒学被立为官学、成为"禄利之路"后,很多人为"取青紫"而加入儒者行列,王充曾形容一些"世俗学问者"往往迅速学成某一家章句之后便去学习文吏之事,并未具备儒生应有的道德修养。因此,当时不少儒者在思想和行为层面接近世俗。王充在《论衡》中称之为"世儒""俗儒",以为他们无节操且思想平庸,他们的存在,使得儒者群体的边界亦变得不明朗。

由笔者遇到的困难可以看出,在面对具体问题时,大小传统二分法有时因过于宏大粗犷而难以适用。一方面,大众文化与精英文化之间的边界模糊不清,尤其在前近代社会更是如此;另一方面,"大众""精英"等概念本身亦是建构的产物,在不同的时空条件下往往具有不同的含义,无法准确界定。因此,有批评者指出,应当把注意力集中在大小传统的互动而非区分上,这样的路径相较之下是更加合理的。

大小传统的互动问题,研究者亦不在少,对笔者启发较大的是彼得·伯克(Peter Burke)的《欧洲近代早期的大众文化》(*Popular Culture in Early Modern Europe*)一书。作为对雷德菲尔德理论模型的补充和修正,伯克在书中不仅指出大小传统之间的"上升""下沉"现象,更提出"有一群人位于大传统和小传统之间并充当它们之间的中介人"[1]。伯克认为,这群人具有一定识字能力,受限于经济状况或文化水平,买不起属于高雅文化的原版书或者无法理解全文,只能转而阅读作为诗歌、戏剧、小说简缩本或普及本的"小歌谣集"。小歌谣集吸收了大传统,也传播了传统民谣,这群人的文化即为"小歌谣集的文化",位于大传统与小传统之间,兼收并蓄二者的成分。伯克此处所言,主要指向小歌谣集的消费者与传播者,除此之外,小歌谣集的创作者亦属于小歌谣集的文化群体。

笔者认为,欧洲近代早期的小歌谣集,可类比于王充记载的某些"传书"。前文曾论及,传书是一个范围颇广的概念,在汉代为《五经》之外学者著作的统称,也就是《汉书·艺文志》中的诸子、诗赋、兵书、数术、方技五略,加上六艺略中的解经之传。不少传书理论水平、思想层次是相当高的;但不可否认,传书中的另外一部分,

---

[1] [英]彼得·伯克:《欧洲近代早期的大众文化》,杨豫、王海良等译,上海人民出版社2005年版,第75—76页。

结　　论

在精英文化—世俗文化的序列中更贴近世俗那一端。它们一方面作为贤者对圣人创造的经典进行传述、阐明之书，吸收了大传统；另一方面，又往往充满神话传说等世俗内容。王充曾言"世间传书诸子之语，多欲立奇造异，作惊目之论，以骇世俗之人；为谲诡之书，以著殊异之名"（《书虚篇》），可见王充也注意到许多传书内在的夸张与怪诞，并认为它们的目的是迎合世俗之人，获得广泛的流传。由此，这些传书以世俗的方式对大众展现上层文化，其实类似后世童蒙课本、家训族规、小说、选本、善书等流行读物；并且，它们在读者中的确取得了一定效果。王充在《论衡》中常将世俗流行的故事、说法、观念称作"世书俗说""世俗传言"，还曾明确指出传书与世俗观念的关系："世信虚妄之书，以为载于竹帛上者，皆贤圣所传，无不然之事，故信而是之，讽而读之。"（《书虚篇》）可见，传书在当时确已成为民间众多故事、说法、观念的重要来源，实实在在起到了文化传播的作用。

如此一来，我们需要意识到，传书的创作、阅读和传播者，也不仅包括第一章所言博览群书的通人群体，还应当包括了众多中下层知识分子，后者即属于伯克所言"大小传统的中介人"。这些人能读书识字，具有一定文化水平。他们中有接受过古典教育者（王充所谓"俗儒""俗士""世儒""世士"），水平稍高，可能主要担任创作者的角色，如杨庆堃所言，"尽管理性主义观点在儒家思想中具有更大的影响力，不过正是这些儒士写了各种夸大其实的故事，并且杜撰了很多神话故事"[1]。他们中也有未接受过古典教育而仅具备基本读写能力者（王充所谓"俗人""俗吏"），文化水平较低，可能主要作为传书的阅读者和传播者，当然，上述主要担任创作者的知识群体亦可能参与到传书的阅读、传播过程中。这些人，是上层社会与民间社会的接合点，是广义的"儒者"与广义的"世俗"重合的部分，是王充日常生活中最常接触的人群，在一定程度上说也是王充本人的同类。

---

[1] 杨庆堃：《中国社会中的宗教》，范丽珠译，第114页。

如果我们把目光进一步扩展，会看到这些中下层知识分子，不仅仅参与到"传书文化"中。毕竟，汉代大小传统的中间层除了传书文化，还有其他面相。比如汉代种种风谣、民谣、童谣，虽然采用了世俗的歌谣形式且主要流传于民间，但在思想内容上，却多与政治生活、政治事件有关，尤其在西汉、东汉后期这样政局不稳、社会动荡的时刻，风谣、民谣常与谶纬相结合，以政治预言的形式出现。这些歌谣所透露出的对政治的关切，显示它们的创作者具有一定上层文化背景，而通俗易懂、富于生活气息的语言风格，又体现了创作者对世俗文化的熟悉。吕宗力曾指出汉代歌谣的创作者身份难以辨认，可能出自平民，也可能出自知识精英，[1] 我们认为，更有可能的是出自介于二者之间的人士。再如东汉某些民间信仰需借助镇墓文、符咒等文字符号，如蒲慕州所言，它们的制作者亦当具备一定的知识，才能将文字以有意义的形式进行组合。[2] 这些人即所谓"方士"，也就是后来的道士，他们，以及《史记·日者列传》中记载的司马季主等人，也属于这类上下阶层之间的知识者，他们对于汉代民间信仰的流传、大小传统的融合，亦发挥着重要作用。

此前有学者提到循吏群体教化民众、传播大传统的事迹。循吏以郡守等地方长吏为主，仍然属于身份地位较高者，他们的文化传播，仍然颇有居高临下的意味。相比之下，中下层知识分子因社会地位较低而更贴近民间，其思想本身就包含诸多世俗的成分，如龚鹏程形容王充的那样，他们对世俗事务是切身关心式的，一点也不淡漠。[3] 相较循吏，这些人或许才是沟通不同文化传统更主要的中介人。蒲慕州曾经指出汉代具有文字能力者在社会中分布广泛，[4] 可以推测，这些具有一定知识水平的中下层知识分子，数量是相当可观的，关于他们的文化传播，无疑是一个很有意义的研究课题，从王

---

[1] 吕宗力：《汉代的谣言》，浙江大学出版社2011年版，第205页。
[2] 蒲慕州：《追寻一己之福：中国古代的信仰世界》，第200—204页。
[3] 龚鹏程：《汉代思潮》，第218页。
[4] 蒲慕州：《追寻一己之福：中国古代的信仰世界》，第198—200页。

充《论衡》的记载中，我们略略可以看到一些他们沟通不同文化的努力及成效，更深一步的讨论，远非本书的讨论范围所可涵盖，但若能由本书的讨论，引发学界对于此问题的关注，亦是一件值得欣慰的事。

附 录

《论衡》与王充的"君子思维"

思维是一种人类特有的精神活动，中国传统文化中的"君子"作为一种理想人格，融知识与技能、道德于一体，能够做到博学、审问、慎思、明辨、笃行，在思维道德方面具有仁、智、勇等品格，并形成了影响广泛的"君子思维"。"君子思维"是一种追求实现君子人格的思维形式，是对君子的本质、特征、作用、实现方式和发展规律等方面的认识过程。东汉著名思想家王充的《论衡》是中国古代重要的思辨性著作，该书以"疾虚妄"为宗旨，详细讨论了当时书面记载与口头流传的各类观点、言论、故事，提出了"考之以心，效之以事"原则，即一方面在心中对事物做逻辑思考、判断，另一方面以具体事件、现象来验证。由此，王充得以判断事物的是非真伪，对其中"虚妄"的内容加以批判，并提出更为合理的见解。王充的著述思维过程正体现了中华传统"君子思维"的突出特点。

一 敢于质疑，不囿成说

王充对于公认的权威观点并不盲从，在经过审慎思考、周密论证后，能够对其中的不实之处大胆提出疑问，表现出刚强勇毅的"君子思维"的特点与境界。

《论衡》中九《虚》三《增》12篇文章，专门针对书面与口头流传的各类虚妄说法和增饰内容进行辨析，以论定虚实。其中，《语增》《儒增》《艺增》分别针对"小人之语"——传书、"贤人之文"——儒书、"圣人之言"——经艺。如果说，对于前两者的批判还算情理之中，对于堪称"万世不易"的"经艺"的批评，则足以显示王充的勇气。汉武帝时儒学被定为官学，五经地位日益隆尊。汉代人甚至对五经进行了某种意义上的神化，如《论衡》所引，"或说《尚书》二十九篇者，法曰斗七宿也。四七二十八篇，其一曰斗矣，故二十九"，"或说《春秋》十二公，法十二月也"（《正说篇》），在时人看来，经书内容、形制与天地历数冥冥相合，更凸显其神圣不可置疑。王充却在《艺增》等篇中对《诗经》《尚书》《周易》中的夸张增饰之语予以辨正，表现出在权威面前"尤爱真理"的无畏气概。

经艺出自圣人之手，汉代人们将尧、舜、禹、汤、文、武、周公、孔子等视为圣人。王充则不仅举出关于孔子、周公言行的16条例子，说明圣人并非"生而知之"，更在《问孔》篇中对孔子部分言行予以批驳。如针对《论语》记载的"宰予昼寝"一事，王充认为孔子责骂太过："使宰我性不善，如朽木、粪土，不宜得入孔子之门，序在四科之列；使性善，孔子恶之，恶之太甚，过也。"这样的批评，不仅在当时石破天惊，甚至在王充身后仍持续引发非议。清乾隆帝在读到《论衡》中《问孔》《刺孟》篇时便大为光火，称"已有犯非圣无法之诛"。这亦从反面验证了王充敢于质疑权威的非凡魄力。

对于汉代思想界主流的"天人感应"理论，王充同样不以为然。汉代天人感应理论主要作用于政治领域，其核心思想即以君主为代表的统治阶层的善恶行为会引发天的反应，体现为灾异和祥瑞的形式。王充则坚持"天与人不相应"，认为自然现象发生有自身规律，不以人的行为为转移，《论衡》中专门有《寒温》《谴告》《变动》《明雩》《遭虎》《商虫》等多篇，对于各种自然与人事的所谓对应

——予以反驳。值得一提的是，汉儒构建的天人感应理论，一方面借上天之威对君主言行进行约束，另一方面也借上天之势凸显君主作为"天意代表"的权威。王充的做法意在割裂天与人的关系，在当时甚至可能招致政治风险，在这种情况下依旧敢于质疑主流、挑战权威，足见王充的勇气。

二　博览群书，躬身实践

《论衡》中，王充的不少论据来自对各类书籍、典故的征引，如《率性篇》论证人性可塑造时，即以阖闾、勾践手下兵士在君主感召下违背贪生怕死的本性、甘愿赴汤蹈火为例证；《齐世篇》论证上古三代并不优于当世，举出传书所载夏商周世代更替亦经历了由忠到敬、文的盛衰循环；诸如此类，不胜枚举。这些例证多为王充阅览各种书籍所得。作为东汉通人的代表，王充青年时游学京师洛阳，受业太学，师事著名学者班彪，在此期间常流连于书肆之中，广泛涉猎众流百家之言。从《论衡》征引情况看，王充所读的书籍包括儒家经典著作、传经解经之经传、诸子著作、数术方技书以及谶记纬书。可见，他卓越的思维活动建立在巨大阅读量基础之上，而古人认为学养深则胸次高，《左传》将"博物"与"君子"连用，扬雄、张衡都曾提出"耻一物不知"，博学多闻不仅仅是知识素养，更是寄寓儒家君子理想的人格修养。王充的博学，由此亦具有道德意义。

王充还非常重视以事实例子验证观点正确与否。其中，身临其境、眼见耳闻的直接经验，在王充看来尤其具有可靠性。他在《实知篇》中强调，"须任耳目以定情实"，"如无闻见，则无所状"。《论衡》中的很多例证，都是王充亲身实践所得。如对于民间盛行的"雷为天怒"的观点，王充表示异议，他通过实际调查研究，认为雷的形成与火有关，并举出了例证，包括遭雷击而死之人，头发、皮肤焦灼，尸体有火气；打雷时往往有电火光；雷击时，房屋、草木常被烧焦等。他由此得出结论：“雷为天怒”乃虚妄之言。这是很典型的以实践检验理论和观点的做法。此外，对于一些书籍中关于"天雨谷""会稽鸟田"等记载，王充亦通过实地考察，指出二者皆属于自然现象，"天雨谷"并非天有意降下谷实，而是成熟的谷子遇疾风而起，风衰则谷坠；"会稽鸟田"也并非会稽一带鸟兽有意助人耕作，而是来会稽越冬的候鸟蹈履民田、喙食草粮，其状若耕田，王充以此反驳时人诉诸神秘主义的解释。"绝知此事要躬行"，实践是王充了解事物的重要方式，为他批判错误认识、提出合理见解提供了最直接、最可靠的依据。对事实例证的强调，是王充重视实践、重视调查研究的体现，也是王充对君子"践履"传统的承续和阐扬。

三　以真为美，化民成俗

王充对各类说法、观点进行详细的论证、分析，论定是非，去伪存真，看似出于对知识的追求，其实背后亦有道德用意，体现了王充作为君子的社会责任感。

在王充看来，是非、实虚、真伪、然否，不仅是逻辑评判，更有价值内涵。真、实、诚，如同仁、义、忠、孝一般，都代表"善"，虚、妄、伪则代表"恶"。换言之，王充将"真实"看作一种道德品质。在《对作篇》中，他指出，"圣人作经，贤者传记，匡济薄俗，驱民使之归实诚也"。"案《六略》之书，万三千篇，增善消恶，割截横拓，驱役游慢，期便道善，归正道焉。""驱民归实诚"的目的是"增善消恶""道善归正"，可见实诚即为"善"，即为"正"；他强调，"是故《论衡》之造也，起众书并失实，虚妄之言胜真美也"，可见真即为"美"。而在先秦两汉的语境中，"美"又与"善"同义，因此，在王充看来，真、善、美是统一的。正因如此，面对虚妄之言胜真美、伪书俗文多不实诚的局面，王充认为这是"人间有非"，如同面对其他丑恶现象一样，他对此深感不安与激愤，必须攻之而后快。王充坚信，对虚假的贬抑、对真实的弘扬，本身就能增善消恶，就能化民成俗。那些论定虚实、真伪、是非、然否的文章著作，从某种角度来说都在做着教化的努力。王充高度赞扬孔子的《春秋》，即源于《春秋》褒贬是非颇为得实。他在近世文人中最为欣赏桓谭，也是因为桓谭之《新论》讨论世间事，能够明辨是非曲直，使得虚妄之言、伪饰之辞皆无所隐藏。王充作《论衡》，便是希望踵《春秋》与《新论》之后尘，以真实来教化民众，以达到人人讲信修睦的美善境界。这是王充辨明各类事物的根本动机，也是他写作《论衡》的根本目的所在。

综上，王充《论衡》一书卓尔不群的思辨活动贯通了博学、审问、慎思、明辨、笃行等几大环节，在思维道德方面熔铸了仁、智、勇等君子品格，充分展现了中国式"君子思维"对知识、技能与道德的融汇发展。

（本文原载《光明日报》2023年12月18日第14版，与青岛大学历史学院院长马斗成教授合作）

王充的仕宦经历及其"命论"

东汉会稽郡学者王充（27—约97年）以其著作《论衡》知名，但现存关于王充生平的史料不多。范晔《后汉书》王充本传记载非常简略，① 魏晋时期会稽山阴人谢承与陈郡阳夏人袁山松的《后汉书》中亦各有王充传记，内容与范《书》大致相同。由于材料不足，目前关于王充的研究，对王充生平问题讨论较少。② 其实，王充的《论衡》中有不少与自身经历相关的论述，这些论述不仅提供了王充生平的一手材料，且折射出王充经历与其思想的关系，可以补充史料之阙如，丰富对王充的认识。其中，王充的仕宦经历在《论衡》中记载尤多，笔者拟结合《论衡》文本及相关史料，对王充仕宦经历及其对王充思想的影响进行考察，以求教于方家。

---

① 参见《后汉书》卷49《王充王符仲长统列传》，中华书局1965年版，第1629—1630页。
② 大多数学者只是在讨论王充作品、思想时将王充生平作简要介绍。专门就王充生平问题进行论述的，主要有徐复观和周桂钿。徐氏主要对王充生平提出质疑，认为范晔《后汉书·王充传》所载"乡里称孝""受业太学师事班彪"以及"谢夷吾推荐"三事均属不实；周氏则对徐氏的论点一一反驳，证明《后汉书·王充传》和《论衡·自纪篇》所载王充生平基本可信。参见徐复观《两汉思想史》（二），九州出版社2014年版，第516—525页；周桂钿《王充评传》，福建教育出版社2015年版，第1—21页。此外，黄晖、蒋祖怡、徐敏、钟肇鹏各自撰有《王充年谱》，关注王充生平事迹的时间线索，其中钟《谱》独立成书，载事尤详。

王充的仕宦经历及其"命论"

一　王充历任职务考

根据范晔、谢承、袁山松《后汉书》的记载，王充在进入官僚体系之前，先赴京师洛阳游学。① 王充何时结束在洛阳的游学，史料无载。袁山松《后汉书》王充本传载"充幼聪明，诣太学，观天子临辟雍，作六儒论"②，考虑到王充青年时经历光武帝、明帝二帝，光武帝于中元元年初建礼制建筑"三雍"，尚未及进行礼制实践，故此处的"天子"，当指新登基的明帝。据范晔《后汉书》载，明帝于永平二年（59年）三月临辟雍，行大射礼；同年九月，临辟雍，行养老礼。若王充"观天子临辟雍"，说明在永平二年时他依然在洛阳，这一年的王充已经三十二岁。此外，在《论衡·状留篇》中，王充也曾自称"计学问之日，固已尽年之半矣"③，可见他的求学生涯确是比较漫长的。④ 因此，王充大概在中年时，才结束游学，返乡

---

①　游学洛阳这段经历王充自己未曾提及，颇引起了一些学者如徐复观的怀疑。笔者认为，王充赴洛是有可能的。会稽地处帝国边缘，东汉初尚不具备理想的学术环境，当时游学风气盛行，而洛阳作为东汉京师，是全国的文化、学术中心，集中了名儒大家，自然是各地士人的向往之地。因此，王充在完成基础学业后，赴洛追求更高层次的教育，实在情理之中。此外，王充在《论衡·自纪篇》中虽然没有提及在洛阳的经历，但《论衡》其他篇章如《率性篇》《谈天篇》《别通篇》的零星记录，可以作为王充曾在洛阳生活的证据。

②　（晋）袁山松：《后汉书》卷3《王充传》，周天游辑注：《八家后汉书辑注》，上海古籍出版社1986年版，第666页。

③　黄晖：《论衡校释》（附刘盼遂集解）卷14《状留篇》，中华书局2017年版，第723页。本书所引《论衡》文句主要出自此版本，此后引文除特殊情况，皆随文附注。

④　东汉后期顺帝、灵帝、献帝时，不少太学生甚至超过六十岁，如顺帝阳嘉二年，"除京师耆儒年六十以上四十八人补郎、舍人及诸王国郎"（《后汉书·孝顺孝冲孝质帝纪》）；灵帝熹平五年，"试太学生年六十以上百余人，除郎中、太子舍人至王家郎、郡国文学吏"（《后汉书·孝灵帝纪》）；献帝初平四年，"九月甲午，试儒生四十余人，上第赐位郎中，次太子舍人，下第者罢之。诏曰：'孔子叹"学之不讲"，不讲则所识日忘。今耆儒年逾六十，去离本土，营求粮资，不得专业。结童入学，白首空归，长委农野，永绝荣望，朕甚愍焉。其依科罢者，听为太子舍人。'"（《后汉书·孝献帝纪》）

入仕。①

如同当时不少士人一样，王充入仕是从本籍所在郡（会稽郡）的辖县县吏起步，②他曾自述："在县位至掾功曹，在都尉府位亦掾功曹，在太守为列掾五官功曹行事，入州为从事。"（《论衡·自纪篇》）关于"入州为从事"，他还补充过一些细节："充以元和三年徙家辟，诣扬州部丹阳、九江、庐江。后入为治中，材小任大，职在刺割，笔札之思，历年寝废。章和二年，罢州家居。"（《论衡·自纪篇》）范晔《后汉书》本传对王充从政经历的描述是"仕郡为功曹，以数谏争不合去。……刺史董勤辟为从事，转治中，自免还家"③，所言与王充自述基本相符。可见，在元和三年（86年）之前，王充主要担任郡县属吏，掾功曹是他在县廷和都尉府所担任的最高职务，在郡府的最高职务则是"列掾五官功曹行事"；但在郡吏任上，王充因与太守理念不合而离职。元和三年，王充重新被辟除为州从事，又于两年后的章和二年（88年）主动离职。这是王充仕宦生涯的主要内容。

接下来，我们具体看王充的历任职务，以及相应的秩次、职责、地位。

王充的第一任职务为县掾功曹。《汉书·百官公卿表》载县属吏秩次："丞、尉，秩四百石至二百石，是为长吏。百石以下有斗食、

---

① 根据《后汉书·王充传》的记载，王充学成后返回家乡，先"屏居教授"过一段时间。兴办私学在东汉时期非常普遍，张鹤泉指出，当时人兴办私学除了受重视经学的风气影响外，更有一些人希望借此造成社会影响，作为仕途之敲门砖，参见氏著《东汉时代的私学》，《史学集刊》1993年第1期。《后汉书·儒林传》对出外游学之后归乡讲授并进而入仕之人也多有记载，比如会稽籍官员顾奉之师程曾、会稽学者赵晔之师杜抚等人，都是游学太学后还乡讲授，进而被任以官职。因此，客观来说王充归乡教授一事是可以成立的，且很可能是为此后进入仕途做准备。不过，这段经历可能比较短暂，社会影响也不大，是以王充自己从未提及。

② 周桂钿曾就王充任职地点提出"陈留""颍川"两种猜测，参见周桂钿《王充评传》，第8、16页。此说不确。根据史料，西汉中期以来，郡县长官回避本籍，但其自行任免的属吏皆从当地人中挑选，前人所言已详，不赘。因此，王充在被州刺史辟除之前，一直任职于家乡会稽郡及下属县，与同时代很多会稽士人相同。

③ 《后汉书》卷49《王充王符仲长统列传》，第1629—1630页。

佐史之秩，是为少吏。"① 县掾功曹便属于百石以下的少吏。两汉郡、县二级行政部门皆设诸曹作为办事机构，各曹主要负责人称掾、史，《后汉书·百官志一》本注引《汉书音义》言"正曰掾，副曰属"②，掾功曹即为功曹掾，是功曹的主要负责人。

从职责看，无论在郡在县，功曹都主管同级属吏的任用、推荐、赏罚。《后汉书·百官志五》"（郡）皆置诸曹掾史"条下本注："功曹史，主选署功劳。"③ 王充亦曾自述道："常言人长，希言人短。专荐未达，解已进者过。及所不善，亦弗誉；有过不解，亦弗复陷。能释人之大过，亦悲夫人之细非。"（《论衡·自纪篇》）应当就是陈述自己在功曹任上的职责所在。本职工作之外，功曹还可在特殊情况下代长吏行事，职总内外、统领各曹。因此，功曹实为郡县各级政府中地位最高的属吏，史书多称之为"右职"，或"豪吏""纲纪"，王充在《论衡·遭虎篇》中称"功曹众吏之率"，"功曹之官，相国是也"，亦为其证。

王充的第二任职务是都尉府掾功曹。都尉府掾功曹为都尉府属吏，汉代大郡都尉与郡守同为两千石，都尉府属吏种类及相应的秩次与郡府属吏类同。《汉旧仪》云"郡国百石，两千石调"④，即郡国属吏皆由郡国守相自行辟除，秩次为百石。由此，都尉府掾功曹秩次亦当为百石。从职责与地位看，都尉府掾功曹与县掾功曹、郡掾功曹一样，主管同级属吏的任用、推荐、赏罚工作，地位颇高。

王充的第三任职务是郡"列掾五官功曹行事"。关于"列掾五官功曹行事"，黄晖解释道："'列掾五官'，犹言列为五官掾也。'功曹行事'，盖即署功曹事。"⑤ 即王充在郡府实任五官掾，署功曹事。

从秩次看，郡五官掾作为郡府属吏，秩次为百石。

---

① 《汉书》卷19《百官公卿表》，中华书局1962年版，第742页。
② 《后汉书》志第24《百官一》，第3559页。
③ 《后汉书》志第28《百官五》，第3621页。
④ （汉）卫宏：《汉旧仪二卷补遗二卷》，孙星衍等辑，周天游点校《汉官六种》，中华书局1990年版，第82页。
⑤ 黄晖：《论衡校释》，第1379页。

从职责看，五官掾无具体所掌，《后汉书·百官志五》"（郡）皆置诸曹掾史"下本注言："有五官掾，署功曹及诸曹事。"① 安作璋指出，署者署理也，凡官出缺或离任，以他官暂理其职务，谓之署理，有别于正式任命者。② 也就是说，当功曹或其他曹缺任，五官掾可主其事，这便是王充任五官掾而得以"功曹行事"的原因。另外，东汉时五官掾常主祭祠，从而列于诸吏之首，③ 如东汉延熹六年的南阳郡桐柏淮源庙碑文，列举该郡参与春秋祭祀之官属，便以五官掾为首。④ 王充亦有关于祭祀的论述。在《谢短篇》中，王充批评文吏"自谓知官事，晓簿书"却不能通晓其意，曾举出一连串"官事"质问文吏，其中就有不少祭祀相关内容，如"社稷，先农，灵星，何祠？岁终逐疫，何驱？使立桃象人于门户，何旨？挂芦索于户上，画虎于门阑，何放？除墙壁书画厌火丈夫，何见？"而在《乱龙》《解除》《祀义》《祭意》等篇中，王充也详细论述过对雩祭、社稷、灵星、岁终逐疫的看法。由其论述可见，不少祭祀活动在当时是官府事宜的一部分，王充对它们颇为了解，或许与他曾任五官掾有关。

从地位看，严耕望指出，汉碑中称郡吏之升迁多曰历诸曹掾史、主簿、督邮、五官掾、功曹，⑤ 因此五官掾在郡府中的地位仅次于功曹，也属于郡之右职。

王充的第四任职务是州从事。州从事为刺史属吏，又称"从事史"，根据《后汉书·百官志四》《后汉书·百官志五》，"从事史"包括治中、别驾、诸部从事等，秩皆百石，司隶与外十二州从事史员职略同。王充"入州为从事"时，先"诣杨州部丹阳、九江、庐江"，

---

① 《后汉书》志第28《百官五》，第3621页。
② 参见安作璋、熊铁基《秦汉官制史稿》，齐鲁书社2007年版，第103—104页。
③ 参见安作璋、熊铁基《秦汉官制史稿》，第104页。
④ 《桐柏淮源庙碑》："春侍祠官属五官掾章陵刘䜣、功曹史安众刘瑗、主簿蔡阳乐茂、户曹史宛任巽秋、五官掾新口梁懿、功曹史郦周谦、主簿安众邓巍、主记史宛赵旻、户曹史宛谢综。"参见（宋）洪适撰《隶释·隶续》卷2，中华书局1985年版，第31页。
⑤ 参见严耕望《秦汉地方行政制度》，台北："中研院"历史语言研究所1997年版，第117页。

其职当为部郡国从事。《后汉书·百官志四》"（司隶）从事史"下本注云："部郡国从事，每郡国各一人，主督促文书，察举非法。"① 可见，王充任此职时，主要应负责文书与察举工作。其后王充"入为治中"，任治中从事。治中从事在司隶称功曹从事，二者除名称不同外无太大差别，关于功曹从事的职责，《后汉书·百官志四》本注言"主州选署及众事"②，因此治中从事亦当在州中主管选举、总理众事，相当于郡县的功曹，为州属吏地位最高者。严耕望指出，仕州者多由主簿、部郡从事而治中、别驾，③ 王充的经历大致也遵循这一轨迹。

章太炎曾指出"一郡之吏，无虑千人"④，据尹湾汉墓所出《集簿》（YM6D1正）记载，成帝元延时东海郡有"吏员二千二百三人"⑤，据《后汉书·百官志五》刘昭注引《汉官》，河南尹有员吏九百二十七人，⑥ 则东汉初中原大郡员吏达千人大致可信。两汉会稽郡地处边地，不及中原发达，员吏数量稍少，但根据《后汉书·陆续传》，东汉初会稽郡掾史也已达到五百人以上。⑦ 由此，王充最终做到郡五官掾，后又任州从事，已经属于地方属吏的上层，近乎"千里挑一"。邓红称之为地方上"一人之下万人之上"的"土皇帝"⑧，其言虽过，却也表明了王充在地方实已具有一定的地位。

二 王充未能升任朝官之原因

王充并不满足于仅仅担任地方属吏。廖伯源曾指出，汉代仕进可

---

① 《后汉书》志第27《百官四》，第3614页。
② 《后汉书》志第27《百官四》，第3614页。
③ 参见严耕望《秦汉地方行政制度》，第309页。
④ 章太炎：《检论》卷7《通法》，上海人民出版社编、朱维铮点校：《章太炎全集》（《訄书》初刻本、《訄书》重订本、检论），上海人民出版社2014年版，第556页。
⑤ 连云港市博物馆等编：《尹湾汉墓简牍》，中华书局1997年版，第77页。
⑥ 《后汉书》志第28《百官五》，第3622页。
⑦ 《后汉书·陆续传》言"续与主簿梁宏、功曹史驷勋及掾史五百馀人诣洛阳诏狱就考"，参见《后汉书》卷81《独行列传》，第2682页。
⑧ 邓红：《王充新八论》，中国社会科学出版社2003年版，第21页。

分为两个阶段，其一是仕为属吏，如地方之州、郡、县属吏以及中央之公卿府属吏；其二是仕为朝廷命官，即中央、地方各官署之长吏以及其他由朝廷任命之官员。① 属吏与朝官大致以二百石为界，二百石像一道鸿沟、关卡，跨越过去，便可青云直上。② 严耕望曾形容官吏跃过此关之后的发展："处散则补三署诸郎，任职则除尚书侍郎、诸卿令佐。既习律令威仪中都故事，则出补令长，敷政百里。三年考绩，或直迁刺史、守、相。或再入京师，处闲散则为大夫、议郎，讽议左右；秉机枢，则任尚书、诸校、中郎将等职。然后出补守相，宰制千里。守相高第，擢任九卿，亦有超至三公者。"③ 汉代多有由地方属吏跃迁至公卿者，如王充同郡的包咸、钟离意、郑弘、谢夷吾等人，皆自地方属吏升至二千石以上，实现了层级的迁跃。王充所向往的，也是越过二百石之关，成为秩次、地位更高的朝官。

从《论衡》可以看出，王充对于高位厚禄充满渴望。《刺孟篇》云："夫富贵者，人之所欲也，不以其道得之，不居也。故君子之于爵禄也，有所辞，有所不辞。岂以己不贪富贵之故，而以距逆宜当受之赐乎？"《定贤篇》云："富贵，人情所贪，高官大位，人之所欲乐，去之而隐，生不遭遇，志气不得也。"《别通篇》中，他羡慕董仲舒、唐子高、谷子云、丁伯玉等人"建美善于圣王之庭"，《效力篇》《须颂篇》中，他更是一再表达自己对于进入中央朝廷的向往：

> 文章滂沛，不遭有力之将援引荐举，亦将弃遗于衡门之下，固安得升陟圣主之庭，论说政事之务乎？（《效力篇》）
> 智能满胸之人，宜在王阙，须三寸之舌，一尺之笔，然后自

---

① 参见廖伯源《汉代仕进制度新考》，《简牍与制度——尹湾汉墓简牍官文书考证》，广西师范大学出版社2005年版，第3页。

② 日本学者纸屋正和称此鸿沟为"二百石之关"："众所周知，汉代在百石以下小吏和二百石以上官吏之间，横有一道非经察举不能逾越的森严关卡。"参见氏著《前汉时期县长吏任用形态的变迁》，刘俊文主编：《日本中青年学者论中国史·上古秦汉卷》，上海古籍出版社1995年版，第512页。

③ 严耕望：《秦汉地方行政制度》，第333页。

动,不能自进,进之又不能自安,须人能动,待人能安。(《效力篇》)

使至台阁之下,蹈班、贾之迹,论功德之实,不失毫厘之微。(《须颂篇》)

从王充对待家乡会稽的态度上,也可看出他对升任朝官的执着。身为会稽人,王充对于会稽似乎并无太多好感。他不仅曾对与会稽相关的大禹、伍子胥信仰予以奚落和攻击,更指出南方的环境使得楚、越之人中更容易产生逸夫小人。对于自己会稽人的身份,王充也不甚满意,曾经不无埋怨地提到"《论衡》之人,在古荒流之地,其远非徒门庭也"(《论衡·须颂篇》),这是说自己离中央朝廷太远了;他还曾说道,"珍物产于四远,幽辽之地,未可言无奇人也"(《论衡·超奇篇》),这是说边远之地依然存在人才,可见,当时普遍存在的现象和看法是,中原各郡相对边郡而言,人才更为集中。由此,会稽人的身份对于王充而言,更像是一种阻碍和负累。王充对于会稽的态度,在地域意识颇为浓厚的东汉,是比较反常的,或许只能解释为他一心希望离开会稽、走向政治中心,因此才会在《论衡》字里行间流露出对家乡及家乡事物的反感。

然而终其仕宦生涯,王充都没能离开会稽一带,进入他所向往的朝堂。是什么阻碍了王充的晋升呢?这里,我们先要分析一下地方属吏想要跨越"二百石之关"可行的途径。由文献可见,最主要的途径当属察举,尤其是州郡岁举孝廉、茂才,东汉光武帝、明帝、章帝、和帝四朝50%以上的会稽籍朝官,都是举孝廉为郎而进身的。[①] 其次是皇帝征召,多与上书自荐、私人举荐相结合。另外,廖伯源根据新出土尹湾汉墓《东海郡下辖长吏名籍》,提出属吏亦可通过积累功劳、考课绩

[①] 笔者根据各家《后汉书》及《会稽郡故书杂集》,统计东汉光武、明、章、和时期会稽籍朝廷命官共15人,包括陆闳、包咸、钟离意、谢夷吾、盛吉、郑弘、沈丰、许武、董昆、顾奉、公孙松、许荆、包福、陆稠、陆逢,其中包咸、钟离意、谢夷吾、郑弘、许武、董昆、顾奉、公孙松迁为朝廷命官的途径为举孝廉。

优直接"以功迁"为秩次较低的朝官,① 不过该简主要反映了西汉成帝时的情况,这一途径在王充的时代是否仍然适用,尚不确定。②

从《论衡》来看,王充最在意的即为察举,或曰"乡举里选"。《程材篇》中,他将儒生与文吏两类群体进行比较,称儒生往往"陋于选举,佚于朝庭"③;《定贤篇》中,他指出得到推举不代表此人一定贤能,"或德高而举之少,或才下而荐之多";而《效力》《状留》二篇中,他反复强调贤儒鸿才"不能自举",又半是埋怨半是请求地希望郡守("将")举荐,这些应当都是基于王充的亲身经历。可见,王充当经历过不少选举的场合,并对这一进身途径寄予厚望,因而才会对自己频频落选产生强烈的情绪。

由上所述,王充仕途不顺,很大程度是陷落在察举这一环节。关于东汉时察举的标准,光武帝诏书曾提到"四科取士":"一曰德行高妙,志节清白;二曰学通行修,经中博士;三曰明达法令,足以决疑,能案章覆问,文中御史;四曰刚毅多略,遭事不惑,明足以决,才任三辅令;皆有孝悌廉公之行。自今以后,审四科辟召。"④ 以上四科,可以总结为德行、学识(包括经学和文法)、能力,这些都是针对个人内在素质而言的。与此同时,个人素质之外的长吏爱憎、家世出身、乡里口碑亦对选举有较大影响。⑤ 我们可以从这内外两方面来考察王充未被察举的症结所在。

先看内部的德行、学识、能力方面。首先,王充具备良好德行。

---

① 参见廖伯源《汉代仕进制度新考》,第35页。
② 阎步克指出,西汉时功劳就是官吏选拔升迁的重要条件,但对秀孝察举科目也开始强调功劳,主要是始于东汉初年。参见氏著《士大夫政治演生史稿》,北京大学出版社2015年版,第403页。如此一来,东汉举孝廉本就以"功劳"为标准之一,似乎不当另有属吏直接"以功迁"为朝官一途。
③ "朝庭"即郡府,见严耕望《秦汉地方行政制度》,第77页。
④ 《后汉书》志第24《百官一·太尉》,第3559页。
⑤ 关于东汉世家豪族影响选举,前人之述备矣。关于私人爱憎,安作璋曾指出,选用人才的大权掌握在皇帝及高官等少数人手中,往往出现任人唯亲、唯财、唯势及个人好恶的情况。参见氏著《秦汉官制史稿》,第357页。关于乡里评论,日本学者东晋次曾经专门分析"乡论"对于掾吏任用和选举孝廉的重要影响。参见氏著《后汉的选举与地方社会》,刘俊文主编:《日本中青年学者论中国史·上古秦汉卷》,第589—593页。

王充的仕宦经历及其"命论"

范晔《后汉书》形容王充"少孤，乡里称孝"[1]；王充形容自己"勉以行操为基，耻以材能为名"（《论衡·自纪篇》），"在乡里，慕蘧伯玉之节；在朝廷，贪史子鱼之行"（《论衡·自纪篇》）；《论衡》的《率性》《非韩》《程材》《状留》等篇章，亦展示出王充注重修身守节、为人清重、不趋炎附势的高尚情操。不过，王充的这些道德品质并没有为他积累足够的名气。一方面，王充为官经历中没有合适的契机展现其品德，《论衡·定贤篇》中，他指出父兄缺乏慈爱、上级昏庸悖逆，个人的孝悌、忠义才能充分彰显，即个人的美好品质往往需要外在环境的恶劣来彰显，而如果不存在恶劣的外在环境，则衬托不出个人品德之高尚，这里的例子很可能来自王充的真实生活经验。另一方面，在东汉，由于察举、征辟必采名誉，人们为了彰显自身道德品质，往往采取非常行为，如清人赵翼所言，"凡可以得名者，必全力赴之，好为苟难，遂成风俗"[2]，《后汉书·独行列传》便集中记载了当时偏行一介而成名立方者，而王充本身"不好徼名于世"（《论衡·自纪篇》），"不肯自彰"（《论衡·自纪篇》），不愿为出名而刻意表现，如此自然也就难以获得名声。王充在《定贤篇》中提出，"大贤寡可名之节，小贤多可称之行"，考虑到《定贤篇》全篇都在论证像王充一样的士人才是真正的"贤人"，这里的"大贤"应当包括王充在内，可见在当时的评价体系下，王充虽有"节"但并不"可名"，缺乏具备传播力、影响力的道德事迹，要想凭借品德得到荐举，并无太大优势。

就学识而言，王充自幼聪颖，且曾游学京师、受业太学、师事班彪，可以说才华出众。但需要注意的是，王充的学术取向重博通不重专精。《后汉书·王充传》描述王充"博览而不守章句""遂博通众流百家之言"[3]，从《论衡》中王充所讨论的话题，也可看出他不仅

---

[1] 《后汉书》卷49《王充王符仲长统列传》，第1629页。
[2] （清）赵翼著，王树民校证：《廿二史札记校证》卷5《东汉尚名节》，中华书局1984年版，第102—104页。
[3] 《后汉书》卷49《王充王符仲长统列传》，第1629—1630页。

博通五经，且兼及诸子，思想与知识非常丰富庞杂。王充自己也一直以儒生中的"通人"自诩，对于专经之儒很是鄙薄，讽刺他们为"陆沉者""盲瞽者""目盲、耳聋、鼻痈者"（《论衡·定贤篇》）。博学多识，在魏晋南北朝时期是评价士人的重要指标，然而，东汉前中期对于儒生的期待，依然以"专经""明章句"为主流，如和帝时，徐防上书建议博士及甲乙策试"宜从其家章句"，顺帝时，左雄议改察举之制，提出"儒者试经学，文吏试章奏"的考试机制，其奏皆获准。如此一来，王充虽具有相较专经之儒更为完备系统的知识体系，却不符合当时所看重的学识标准，因而很难脱颖而出。

就行政能力而言，身为儒生的王充，能够立足礼义，对地方长吏进行道德规谏。王充在建初孟年曾就禁奢侈、禁酒之事两次上奏郡守："建初孟年，中州颇歉，颍川、汝南民流四散。圣主忧怀，诏书数至。《论衡》之人，奏记郡守，宜禁奢侈，以备困乏。言不纳用，退题记草，名曰《备乏》。酒糜五谷，生起盗贼，沉湎饮酒，盗贼不绝，奏记郡守，禁民酒。退题记草，名曰《禁酒》。"（《论衡·对作篇》）这两次进言被特别记载于《论衡》中，应当反映了王充较为得意的为政举措。① 相较道德规谏，王充在具体事务的处理上略逊一筹。根据《论衡·自纪篇》的记载，有人曾经直接批评过王充"材未练于事，力未尽于职"，王充对此指控并未予以否认；在《论衡·程材篇》中，王充称儒生"所能不能任剧"，儒生是王充所认可的身份，故王充本身可能也存在实务能力不足的问题。然而，东汉初年政治形态存在"吏化"倾向，② 特别看重官吏的实务能力，"功劳"作

---

① 然而，王充的进言没有被纳用而施行，为他赢得名声和功绩，反而可能导致了他的离职，《后汉书·王充传》说他"仕郡为功曹"时，"以数谏争不合去"，大概便是指上述建初孟年之事。沈钦韩《后汉书疏证》在范《书》王充本传"以数谏争不合去"下，援引了《论衡·对作篇》关于《备乏》《禁酒》文句，可见沈钦韩亦认为范《书》所载王充在郡吏任上"以数谏争不合去"，当与建初孟年王充上奏郡守之事有关。参见（清）沈钦韩《后汉书疏证》，上海古籍出版社2006年版，第101页。

② 参见阎步克《士大夫政治演生史稿》，第366页。

为实务能力的直接体现,①成为官吏进身的关键凭借。对于不擅长实务的王充而言,建功立业并非易事。他曾在《论衡》中多次指出不能仅凭功劳来判定一个人是否有才智、有能力,如《答佞篇》云"功之不可以效贤,犹名之不可实也……无效,未可为佞也",《定贤篇》更是花大篇幅讨论"功赏不可以效贤"。这些论述极像是王充为自己的辩护,说明王充的功劳很可能并不突出,在"乡举里选,必累功劳"②的选拔机制下,这同样影响了其晋升。

从外部的家世出身、长吏爱憎、乡里口碑来看,王充也不占优势。首先,王充自述出身于"细族孤门",他曾回忆他人对自己家族的评价:"宗祖无淑懿之基,文墨无篇籍之遗……吾子何祖?其先不载。"(《论衡·自纪篇》)不过需要注意的是,东汉初的会稽郡与南阳、汝南、陈留等中原大郡相比,世族化程度尚浅,选举尚未被豪族世家把控,如与王充同时的郑弘、陆续皆出身世家大族,但郑弘的初始职务是乡啬夫,陆续的初始职务是郡户曹史,皆非郡县右职,说明守令在召署时,并未过多考虑他们的家族背景。③因此"细族孤门"的家庭出身对王充进身可能影响并不太大。但长吏好恶与乡里名声,很可能确实阻碍了王充的升迁。并且,王充本身的性格问题可能加剧了这种阻碍。

王充曾叙述自己儿时的经历,"侪伦好掩雀、捕蝉、戏钱、林熙,充独不肯"(《论衡·自纪篇》),儿时便显露的不合群的性格,加之以超凡的才华和游学太学的经历,使王充为人清高。面对长吏,他遵循礼仪,很少自我表现,也不曾刻意讨好迎合。《自纪篇》中,他描述自己"才高而不尚苟作,口辩而不好谈对,非其人,终

---

① 《程材篇》言:"文吏理烦,身役于职,职判功立,将尊其能。"属吏之功,如廖伯源所言,盖指辅助长吏治理一方,忠于职守,效绩显著,考课时名列前茅。参见氏著《汉代仕进制度新考》,第21、32页。

② 《后汉书》卷3《肃宗孝章帝纪》,第133页。

③ 邢义田曾统计东汉家世背景可考的265位孝廉,其中会稽郡有孝廉16位,大部分来自无仕宦背景的家族,参见氏著《东汉孝廉的身份背景》,《天下一家:皇帝、官僚与社会》,中华书局2011年版,第318—319页。

日不言","众会乎坐,不问不言;赐见君将,不及不对","不好徼名于世,不为利害见将",展现出一副不食人间烟火的清高形象;此外,他在《程材篇》中形容高志妙操之人"耻降意损崇,以称媚取进",《状留篇》云贤儒"纯特方正,无员锐之操","遵礼蹈绳,修身守节,在下不汲汲",其实也都是王充自身的写照。王充如此行事,若非遇到慧眼识珠的伯乐,很难被发现,进而被提拔。

至于乡里口碑名声,本就是当时影响选举的重要因素,而由王充所述,会稽郡守对属吏的察举,又往往征求其他属吏的意见,因此才会有《论衡·定贤篇》所谓"以朝庭选举皆归善","著见而人所知者举多,幽隐人所不识者荐少","或德高而举之少,或才下而荐之多"等情况。王充与同僚的关系并不和睦,作为儒生,面对以文吏为主的同僚,王充充满优越感,看不惯他们无才无德却一味钻营的做法,根本不愿与之来往,他曾经自述"充为人清重,游必择友,不好苟交。所友位虽微卑,年虽幼稚,行苟离俗,必与之友。好杰友雅徒,不泛结俗材"(《论衡·自纪篇》),这种态度定会引起"俗材"们的愤恨,从而不遗余力地毁谤中伤王充。《自纪篇》中,王充提到自己的经历,"俗材因其微过,蜚条陷之","良材奇文,无罪见陷";《累害篇》中,他总结君子在乡里、朝廷常遭遇"三累三害";《定贤篇》中,他感慨"广交多徒,求索众心者,人爱而称之;清直不容乡党,志洁不交非徒,失众心者,人憎而毁之";而在《非韩》《答佞》《言毒》等篇中,他极其详尽地描绘了奸人、佞人、小人的行径,若非自己亲身经历过他人的构陷,很难将这些行径描述得如此清晰具体。众口铄金,王充"陋于选举,佚于朝庭",也就不足为怪了。

由此可见,王充虽德才兼备,但在当时的官吏选拔标准之下,其内在素质难以有效彰显,加之个人性格与官场不合,难以获得举主和同僚的主观认可,仕途不顺是可以预料的。

值得一提的是,对察举之路失望后,王充也尝试过其他途径。章王充的仕宦经历及其"命论"

帝即位后，年近六旬的王充曾经撰写过一系列歌颂文章，希望以此直接获得章帝的征召。根据范晔、谢承《后汉书》，章帝时同郡谢夷吾亦曾上书推荐王充，称"充之天才，非学所加，虽前世孟轲、孙卿、近汉扬雄、刘向、司马迁，不能过也"①。如果记载属实，那么这两件事，应当是有关联的。② 根据范晔《后汉书》，章帝听从了谢夷吾的推荐，特别下诏以公车征召王充，③ 然而，王充却因病未能成行，④ 失去了最后一次也可能是唯一一次成为朝官的机会。王充的仕途，也由此伴着未尽的遗憾画上了句号。

三 仕宦经历对王充"命论"的影响

对高位厚禄充满渴望，对中央朝廷充满向往，将仕宦成功视为人生价值的终极所在，而自己却始终在地方属吏任上徘徊，这样的反差，势必对王充的心理、情感、思想造成巨大冲击。最主要的表现之一，就是王充关于"命"的理论的形成。

在《论衡》开篇《逢遇》至《奇怪》的十五篇中，王充描绘了这样的图景：人生中一切际遇皆由前定的命决定。"命"由天自然而然地施气于人而形成，是一个源于偶然，具有必然性，又最终通过"偶然"实现的复杂结构。人的命包括死生寿夭的寿命和富贵贫贱的禄命；人命之外，国家亦有命。对于个人而言，不同命的影响程度是"国命胜人命、寿命胜禄命"（《命义篇》）。与命相关的概念还包括

---

① （三国）谢承：《后汉书》卷3《王充传》，周天游：《八家后汉书辑注》，第76页。
② 参见孙如琦《王充溢美章帝原因辨析》，《杭州大学学报》（哲学社会科学版）1994年第3期。
③ 关于章帝是否真的征召王充的讨论，参见徐复观《两汉思想史》（二），第519—525页；周桂钿《王充评传》，第107—112页。值得注意的是，三国时虞翻曾形容王充为"征士"，即征召不就之士。虞翻与王充为同郡，相隔时间不远，应当听到过乡里流传的王充事迹，所言大概率是可信的。
④ 孙如琦指出，王充最终未能成行，更多和章帝去世或者谢夷吾被贬有关。见氏著《王充溢美章帝原因辨析》，第42页。

"时"以及代表偶然事件的"遭""遇""幸""偶",命、时、遭遇幸偶,共同构成了实现人生抱负的三重屏障。对于命,人们既无法控制又无法改变,只能通过一些异象、征兆来预测。

王充的命论结构多样、内容庞杂,并非凭空而来。儒家和世俗关于命的看法,是王充命论最主要的两个理论来源。王充对于儒家命运观念的吸收,主要体现在对孔孟等儒家人物相关言论的引用或化用,对于世俗命论的吸收则在于对星命、骨相、占卜、祥瑞等与命相关的信仰的采用。不过,王充对于二者的吸收皆存在一定偏差。

就儒家而言,儒家虽信命,但没有否定个人努力尤其是道德修为对于人生际遇的作用。傅斯年曾指出,儒家关于命的思想之核心,在于调和"命正论"与"命定论"的"俟命论",[①] 以为上天之意大体福善而祸淫,只是有时会有偏差,出现祸福之报与善恶不符的情况,人们只需做好自己力所能及之事,不断完善道德,等待上天的最终安排。可见,在儒家看来,人生的主动权很大程度上仍把握在人自己手中。然而,王充在吸收儒家命论时,只选择那些肯定"命"的力量的言论,而抛开了强调人的道德主体性的部分。比如"死生有命,富贵在天"(《论语·颜渊》),本是子夏引孔子之言以安慰司马牛之语,其意在于说明,生物学意义上的兄弟,是命中注定而无法改变的;但人可以通过修行道德,使四海之人皆爱敬之如兄弟。同样,《论语·宪问》《孟子·梁惠王下》载孔子、孟子面对小人的谗害,虽将道之行废、遇与不遇归于天命,但亦表现出对于自身道德的绝对自信。然而,王充在引述上述言论时,只取儒家士人承认命的部分,以论证"有命审也",却省略了他们对于人事尤其是道德修为的关注。不仅如此,他在《论衡》首篇《逢遇》的开头就指出:"操行有常贤,仕宦无常遇。……才高行洁,不可保以必尊贵;能薄操浊,不可保以必卑贱。"也就是说,王充认为一个人的道德操守对于他能否取得仕宦成功没有任何影响。在接下来的数篇文章中,这一立场始终

---

① 傅斯年:《性命古训辨证》,广西师范大学出版社2006年版,第102—103页。

不变，并且由仕途进一步扩大到人生其他领域。王充完全斩断了个人道德修养与吉凶祸福的因果关系，否定了人凭借砥砺自身道德获得好运的可能，从而也就消解了儒家命论的核心关怀。

就世俗而言，汉代关于命的信仰除了王充所赞许的星命、骨相、占卜、祥瑞之外，亦包括时日信仰，后者在人们生活中尤为普遍。时人相信，年月日时有其内在的吉凶规律，在不同的时日进行不同的活动会影响人的祸福。考古发现已证实，秦汉时期存在大量"日书"，指导人们选择恰当时日安排衣食住行各项事务以趋吉避凶，这说明日书使用者的心态亦非完全的命定论。如蒲慕州所言，因为一切吉凶之事都与时日相互对应，且这种对应关系可以为人所知，一个人靠着遵循《日书》的指示选对时日，就有获得理想人生的可能。[①] 甚至可以说，时日信仰恰恰是建立在个人对于命运的自主性之上的，因为若人力完全无法改变命运，也就没有择日的必要了。王充对于世俗命论借鉴得不如儒家多，但根据王充对不同信仰的选择性吸收，我们也可看出他的倾向。王充赞同的星命、骨相、吉验、卜筮等信仰，充当着命运的传声筒，人只能通过它们被动了解、接受命运，无法进行干预；而对于肯定人的自主权的时日信仰，王充基本持忽视或否定的态度，说明他对于以技术手段改变命运的做法从根本上不予采纳，从而也消解了世俗命论的根本支柱。

综上，儒家和世俗虽信命，但相信通过道德修为或恰当的技术操作，人在一定程度上可以主导自己的命运，从而为人在命运中的自主性保留了空间。然而，王充的命论只吸收了儒家和世俗言命存在的部分，并将之无限放大，而完全抽离了儒家和世俗对人的能动性、自主性的肯定。他指出："命，吉凶之主也，自然之道，适偶之数，非有他气旁物厌胜感动使之然也。"（《论衡·偶会篇》）命运的主宰就是命运本身，而非外物。他的命论，可以说是一种极端命定论。儒家和

[①] 蒲慕州：《睡虎地秦简日书的世界》，《"中研院"历史语言研究所集刊》1993年第4分。

世俗对命的认识，只是为他言命提供了素材与思路上的支持，而"命定"的核心理念应当主要源于王充本人的经历与感受。[①]

《论衡》中关于"命"的十几篇文章，以《逢遇》《累害》《命禄》开头，这三篇文章全都基于王充的仕宦经历。比如，文章中出现了不少当时人对于有才德者不被重用的质疑，《逢遇篇》："世俗之议曰：'贤人可遇，不遇，亦自其咎也：生不希世准主，观鉴治内，调能定说，审词（伺）际会。能进有补赡主，何不遇之有？'"《命禄篇》："世俗见人节行高，则曰：'贤哲如此，何不贵？'见人谋虑深，则曰：'辩慧如此，何不富？'""有才无位"正符合王充本人的遭遇。对于时人的质疑，王充皆以"命"的理论来解释，可见其"命论"首先针对的就是自己的经历，关于"命"的系列文章即围绕自身的仕途不顺而展开。如龚鹏程所言，王充所言性命问题，主要是关系到一个人在官僚体系内部是否显达的禄命问题。[②] 王充自诩道德、才华过人，比诸多在高位者更为卓异，却沉沦下僚，始终未受赏识而飞黄腾达。面对这种情况，他难以跳脱出时代，批判当时依靠个人主观推荐的察举制度之不合理，而只能像同时代贾谊、司马迁、东方朔、扬雄等士人一样，将不遇归之于命。这应当是王充形成命定论的根本原因。

在王充看来，长吏好恶、同僚关系等外部环境，对仕途影响最大："凡人仕宦有稽留不进，行节有毁伤不全，罪过有累积不除，声名有暗昧不明，才非下，行非悖也，又知非昏，策非昧也，逢遭外祸，累害之也。"（《论衡·累害篇》）这当然是合理的。但他认为，遇到怎样的长吏、怎样的同僚，都是"命""时"决定的，个人无法控制，也无法通过努力改变自身处境，这就走上了命定论的道路。

[①] 关于这一点，前人学者已有简要论述，参见［韩］金钟美（Kim Jong-Mie）《天、人和王充文学思想：以王充文学思想同天人关系思想的联系为中心》，社会科学文献出版社1994年版，第144页；徐复观《两汉思想史》（二），第526—528页；龚鹏程《汉代思潮》，商务印书馆2005年版，第204页。

[②] 龚鹏程：《汉代思潮》，第204页。

王充知道功劳对于晋升尤为关键，而他认为功劳的取得同样由命、时决定，与个人素质无关。《定贤篇》中，他指出"阴阳和、百姓安者，时也。时和，不肖遭其安；不和，虽圣逢其危"，《治期篇》中，他指出"居位治民，为政布教，教行与止，民治与乱，皆有命焉。或才高行洁，居位职废；或智浅操浇，治民而立"，《答佞篇》中，他指出"若夫阴阳调和，风雨时适，五谷丰熟，盗贼衰息，人举廉让，家行道德之功，命禄贵美，术数所致，非道德之所成也"。治理有成效、社会安宁、百姓乐业，都是由于命好，且赶上了好时机，功劳的建立在于运气，不在个人。这同样是命定论的思路。

王充将一切影响仕途的因素皆归于"命"，而完全排除了个人的主观能动性，命的力量太过强大且无法左右，因此人的成败实是自己无法控制的，如此一来，事业未成也就不再令人耿耿于怀。王充曾明确以信命的姿态对待仕宦进退，流露出豁达洒脱的心境："时适当退，君用谗口；时适当起，贤人荐己。故仕且得官也，君子辅善；且失位也，小人毁奇。……故孔子称命，不怨公伯寮；孟子言天，不尤臧仓，诚知时命当自然也。"（《论衡·偶会篇》）而在《自纪篇》中，他亦将得失归之于命，表现出宠辱不惊、去留无意的超然与淡泊："孔子称命，孟子言天，吉凶安危，不在于人。昔人见之，故归之于命，委之于时，浩然恬忽，无所怨尤。福至不谓己所得，祸到不谓己所为。"可见，命的理论使王充在面对仕途不顺的现实时，能够获得心理上的平衡。

除了自我安慰，命论还能帮助王充回击他人对自己道德才知的质疑。前文提到，当时不少人认为，人的道德才知与事业成就应当呈正向关系，才高德丰，一定会取得高官厚禄；反过来，仕途不顺则说明自身才德不足，即所谓"身完全者谓之洁，被毁谤者谓之辱，官升进者谓之善，位废退者谓之恶"（《论衡·累害篇》）。王充提出命的理论，将个人显达与否完全归于命的力量，排除了才德对于仕途的影响；而既然贵贱穷达与才德无关，自然也不能凭借贵贱穷达来判断才德高下。由此，王充以命的理论实现了对自身才华与道德的辩护。

综上所述，王充的命论与其仕宦经历密切相关。命论以王充个人遭遇为出发点，以"命由前定"为思想核心，融合了时、遭遇幸偶等概念，形成一整套复杂理论。命的理论建立起来之后，王充转而以之为武器批判其他虚假无验的观念、说法、现象，尤其是当时盛行的天人感应理论和鬼神信仰。王充曾总结道："命，吉凶之主也，自然之道，适偶之数，非有他气旁物厌胜感动使之然也。"(《论衡·偶会篇》)他相信，命是吉凶祸福的主宰，同时命也是一种自然之道、适偶之数，因此，吉凶祸福的发生是自然而然的，并非由"他气旁物厌胜感动"引起。"他气旁物厌胜感动"，也就是气之间的感动和物之间的压胜，分别对应天人感应理论和鬼神信仰。由此可见，命论对王充的其他思想亦有重要影响，是王充思想体系中的极为关键的组成部分。① 而这一关键的理论，正是仕宦经历在王充思想上所造成的直接结果。

徐复观曾指出，一个人思想的形成，常决定于四大因素：本人的气质、学问的传承与功夫的深浅、时代的背景、生平的遭遇；王充个人的遭遇，"对于他表现在《论衡》中的思想所产生的影响之大，在中国古今思想家中，实少见其比"②。这启示我们在未来的王充研究中，需要继续坚持"知人论世"的传统方法，不断挖掘《论衡》中王充生平相关内容，从而加深对王充思想的认识，还原王充作为一名富于才华而沉沦下僚的地方士人的本来面貌。

(本文原载《东方论坛》2023 年第 4 期)

---

① 邓红曾指出，"命"为王充思想的本体和依据，见氏著《王充新八论》，第 60—111 页。
② 徐复观：《两汉思想史》(二)，第 513 页。

五一广场简中的立秋案验与麦秋案验

在汉代天人感应、阴阳五行与时令思想盛行的背景下，汉代诉讼程序的诸多环节皆受之影响。近年来，大量汉简法律文书的出土，极大推进了学界对汉代诉讼程序的了解，目前出土的长沙五一广场东汉简牍，亦有不少与诉讼程序密切相关，其中部分文书体现了月令对诉讼中"案验"的影响，不仅可与传世文献对比，更能直接反映东汉时期相关诏令在地方的具体贯彻情况。本文拟就这部分文书提出浅见，以求教于方家。

一 五一广场简所见案验时间

案验，即考察验证，是汉代诉讼程序的重要组成部分。"案"通"按"，取查考、查办之意，故"案验"又称"按验"；"验"即验证。"案验"一词多见于传世文献，亦常见于秦汉出土文献，同义词有"考实""实核""实覆""考案"等。高恒曾根据西北汉简专论"案验"，指出案验即考实其事、以定处治，审判机关要对案件作出判决，必须经过案验；又认为"案验"包括"验问"和"推辟"，前者侧重讯问，后者强调查明事实。[①] 结合高说与相关传世、出土文

---

① 高恒：《秦汉简牍中法制文书辑考》，社会科学文献出版社2008年版，第312—319页。

献，笔者认为，"案验"涵盖了立案之后到断狱行刑之前整个查明案情的过程，通过讯问当事人与证人、搜索家室、勘验现场、走访乡里等方式，获取犯罪信息，这一过程中凡涉及调查验证的环节，皆属于"案验"。案验后需汇报结果，有时还需提出处理意见，以为后续断狱、行刑提供依据。而案验进行的时间，关系到诉讼程序的总体进程，值得引起关注。

长沙五一广场东汉简牍中，表明案验时间的有以下几条：

例69　CWJ1③：325－5－6木两行

　　如待自言辞，即少、鱼证。吴出，实核。立秋复处言。唯廷谒言府，骄职事惶恐，叩头死罪死罪敢言之。①

此简为册书末简。文中有"立秋复处言"一句，这里的立秋应当指孟秋七月秋初时节，不一定为立秋当天，一则案件处理难以在一日之内完成，二则汉代文献若提到具体的"立秋"一般会以"立秋日""立秋之日"称之。"处言"指处理并呈报。② 值得注意的是，

---

① 本文所引长沙五一广场东汉简文内容皆出自长沙市文物考古研究所编著《长沙五一广场东汉简牍选释》，中西书局2015年版，以及长沙市文物考古研究所等编著《长沙五一广场东汉简牍》（壹）（贰），中西书局2018年版。

② 五一广场简"处言"一词出现十五处，居延简中亦常见，多为"正处言""明正处言""明处言"，学者此前已有讨论，如籾山明认为"明处"是府要求下级机关执行下达事项的词语，"明处言"指"对案件作明确判决，并报告结果"；赵平安、罗小华认为"正处"即正确判决，"正处言"类似"正处以闻"；邬文玲认为"正处言"为"正确处理评判上报，类同正处以闻，正处上"；姚远认为"处"指处理、处罚，"言"指具文呈报，"处言是下行文书中，上级机关对下级提出要求的通行用语。在不同行文中，有时其中有具体要求有时没有，仅仅是一种套辞，与'书到言'用法和作用相似"。几种说法差别不大。参见籾山明《居延新简"驹罢劳病死"册书》，中国社会科学院简帛研究中心编《简帛研究译丛》（第2辑），湖南人民出版社1998年版，第182页；赵平安、罗小华《长沙五一广场出土J1③：285号木牍解读》，《齐鲁学刊》2013年第4期；邬文玲《长沙东牌楼东汉简牍〈光和六年自相和从书〉研究》，《南都学坛》编辑部编《汉代文化研究论文集》（第1辑），大象出版社2013年版，第374页；姚远《长沙五一广场东汉简牍释译》，王沛主编《出土文献与法律史研究》（第4辑），上海人民出版社2015年版，第265页。唐俊峰指出：若如此，"处言"或可断为"处，言"，"正处（复）言"或可断为"正处，（复）言"，文义似更清晰。可备一说。为方便起见，本文仍采用整理者的断句方式。

此处有一"复"字,五一简中多有"复言""复白"的说法,其中的"复"皆指"再""又"。如例3(CWJ1①:86木两行)"赐报,尽力实核。报到,有增异,正处复言",例47(CWJ1③:325-5-21木牍)"丞优、掾畼议请勅理讼掾㤦、史宝实核治决。会月廿五日复白"。此处的"立秋复处言",亦指立秋再次处理、汇报。

例88　CWJ1③:325-1-7木两行

| 南乡言女子周 | 二月十二日发 | |
| 复自言须立秋书 | | 有刺,不如 |

此简为标题简,左下角残缺,分三栏书写,字迹不一,各自连读。首栏两行为文书标题,第二栏为收文启封记录,第三栏文字残缺。根据标题,该简后应编联南乡关于女子周复自言的上行文书。"须立秋"为女子自言的内容,当提出了对立秋案验的要求。[1]

例89　CWJ1③:325-1-8木两行

明证邯所諝(讼)非水泉。立秋考实处言。宗叩头死罪死罪。甲子诏书:罪非殊死,且复假期。请收秋处言,不敢出十月十日。宗惶恐叩头死罪死罪敢言之。

此简为名为宗的官吏致上级机关的司法文书末尾部分。简文提到"立秋考实处言""请收秋处言""不敢出十月十日",指示了案验的时间。前已言"立秋"为孟秋七月秋季开始之时。"收秋"少见于出土文献,笔者所见传世文献中年代相近的唯两处:西汉王褒《四子讲德论》:"夫匈奴者……其末耗则弓矢鞍马,播种则抨弦掌拊,收秋则奔狐驰兔,获刈则颠倒殪仆。"[2] 宋徐天麟《西汉会要·

---

[1] "须立秋"盖为"须立秋案验"的简略,五一广场简例109"效功亭长徐丰言男子胡通不偿男子薛便为少书",亦存在简略标题的情况,与此类似。

[2] (梁)萧统编,(唐)李善注:《文选》卷51《王子渊四子讲德论》,上海古籍出版社1986年版,第2257页。

蕃夷下》宣帝地节二年（前68年）条曰："食尽，（郑）吉等且罢兵归渠犂田，收秋毕，复发兵攻车师。"①《西汉会要》该条内容出于《汉书·西域传》，后者作"秋收毕"②。从文意看，"收秋"似即"秋收"。但这两处例子均非东汉原始材料，能否作为"收秋"在东汉时的用例，尚需谨慎。从简文来看，"收秋"应当接近"十月十日"，考虑到"收"有"结束""停止"之意，③而十月初亦属秋尽冬始之时，则简文中的"收秋"或即指"秋末"。宗所援引的甲子诏书内容"罪非殊死，且复假期"④，在五一简例21（CWJ1③：291木牍）中有类似的表述"恐力未尽，且皆复假期"⑤，整理者对后者解释为"原来办案期限已到，此时又予延期"。那么，简文"立秋考实处言"或可理解为上级原本对办案期限的要求，而"请收秋处言"则是官吏宗依据甲子诏书请求多予时间处理案件，到秋末再结案上报。

与例89类似的还有新出版《长沙五一广场东汉简牍》（贰）中的一组简牍⑥：

414A 木两行 2010CWJ1③：201－23A

---

① （宋）徐天麟：《西汉会要》卷70《蕃夷下》，中华书局1957年版，第721页。
② 《汉书》卷96《西域传》，中华书局1962年版，第3922页。
③ 如《礼记·月令》"仲秋之月"下"雷始收声"，《文选》应璩《与广川长岑文瑜书》"雨垂落而复收"。（清）朱彬撰，饶钦农点校：《礼记训纂》卷6《月令》，中华书局1996年版，第229页；（南朝梁）萧统编，（唐）李善注：《文选》卷42《与广川长岑文瑜书》，第1917页。
④ "甲子诏书"，即楼劲所言"干支诏书"，其干支指诏书下达之日，而非年、月，参见楼劲《魏晋时期的干支诏书及其编纂问题》，中国魏晋南北朝史学会编《中国魏晋南北朝史学会第十届年会暨国际学术研讨会论文集》，北岳文艺出版社2011年版，第3—17页。五一简例144（CWJ1③：201－1A木牍）中"癸酉赦令"亦属此类。因此，简例89所属司法文书的年代尚不能确定。
⑤ 五一简例112"南山乡言民马忠自言不能趣会假期书"，例162"兼左部贼捕掾冯言逐捕杀人贼黄康未能得假期解书"中的"假期"亦意近。
⑥ 参见周海锋《〈长沙五一广场东汉简牍〉文书复原举隅（一）》，武汉大学简帛研究中心简帛网，http://www.bsm.org.cn/? hanjian/8009.html，2018年12月26日。《长沙五一广场东汉简牍》（壹）（贰）中还有两条内容类似，分别为128A（木两行2010CWJ1①：115A）和413（木两行2010CWJ1③：201－22）。

永初二年七月乙丑朔十九日癸未，桑乡守有秩牧、佐躬，助
佐鲔、种敢言之：廷下诏书曰：甲戌诏书：罪非殊死，且勿案
验，立秋如故。去年雨水过多，谷伤民

402+417 木两行 2010CWJ1③：201-11+201-26

饥，当案验沓召，轻微耗扰，妨夺民时，其复假期，须收秋，
毋为烦苛。书谨到。牧、躬、鲔、种惶恐叩头死罪死罪敢言之。

可以看出，首先，与例89的甲子诏书内容相似，这里的甲戌诏书亦有"罪非殊死，且勿案验"的要求，并明确提出需待立秋再行案验；其次，临湘县廷根据上年（似即永初元年）雨水过多、谷伤民饥的情况，在甲戌诏书"罪非殊死，且勿案验，立秋如故"的基础上"复假期"，进一步予以治狱官吏时间上的宽限，将案验时间延后至"收秋"，以免烦苛人民、妨碍收成。从这里也可印证前言例89"收秋"即"秋末"的说法。

例150　CWJ1③：263-21A 木两行

延平元年三月戊寅朔六日癸未，行长沙大守文书事大守丞
当谓

临湘：民自言，辞如牒，即如辞。书到，爱书听受，麦秋考
实奸诈，明分别

CWJ1③：263-21B

兼掾昆、守属襃、书佐□。

此简双面书写，A面书两行文字，B面书一行文字，为长沙郡致临湘县的下行文书册首简，根据文意，应随文附上了民"自言"爱书牒。简文开头指示文书时间当在殇帝延平元年三月（106年），关于案验时间的关键信息是"麦秋考实奸诈，明分别"。麦秋，指麦熟的季节，为孟夏四月立夏节气前后。《礼记·月令》："孟夏之月，日在毕，昏翼中，旦婺女中……是月也，以立夏……靡草死，麦秋

至。"蔡邕："百谷各以其初生为春，熟为秋。"① 方慤："麦独成于夏，故言麦秋，以于麦为秋也。"② 故简例 150 反映了延平元年时存在孟夏四月麦秋案验的情况，与前述诸简不同。

《长沙五一广场东汉简牍》（贰）中亦有简牍提到麦秋：

666+674 木两行 2010CWJ1③：263-16+263-24
闰月十五日庚辰长沙大守中部劝农督邮书掾邵待事史佑督察有案问写移
临湘书到实核正处言府关副在所会麦秋后五日如律令　闰月十六日开

此简为长沙太守中部督邮移交临湘县的下行文书，要求核实处理案件，并依据"律令"，在"麦秋后五日"分别向太守府和督邮临时在所呈报结果。与例 150 相同，这里也出现了"麦秋"作为重要节点。简文没有表明年代，但提示了"闰月十五日庚辰"这一时间线索。五一广场简已经清理的简文中，时代最早者为汉章帝章和四年（实际为汉和帝永元二年，90 年），最晚者为汉安帝永初六年（112年），③ 而根据后汉四分历，这段时间内有闰、且闰月的十五日干支为"庚辰"的，只有和帝永元十五年（103 年）的闰正月。由此，该文书的下发时间即为永元十五年（103 年）闰正月。值得注意的是，虽然长沙郡闰正月即下发文书要求案验，而规定临湘县的上报时间却为"麦秋后五日"，即前述孟夏四月，中间相隔近三个月。五一广场简所见上级部门对下级部门案验上报时间的规定，多为文书下发当月，如 105（木两行 2010CWJ1①：105-2）、600（木两行 2010CWJ1③：261-85）、例 117（木牍 2010CWJ1③：285A）中，长

---

①（清）孙希旦：《礼记集解》卷16《月令第六之二》，中华书局1989年版，第446页。
②（清）孙希旦：《礼记集解》卷16《月令第六之二》，第446页。
③ 参见长沙市文物考古研究所、清华大学出土文献研究与保护中心、中国文化遗产研究院、湖南大学岳麓书院编著《长沙五一广场东汉简牍》（壹），《前言》，中西书局2018年版，第2页。

沙郡分别要求临湘县于"会月廿日""会月十五日""会月廿日"上报，笔者未见有间隔一月以上者。相比之下，666＋674简中，郡要求县廷于三月后的"麦秋后五日"再上报案验结果，很可能与"律令"规定有关，是为刻意遵守"律令"而提出的。

综合来看，各简所述案件内容皆不详，简例150与666＋674所载为麦秋案验，其他四组简则都指示了"立秋"作为案验的标志性时间点，虽具体案验时间存在差异。麦秋与立秋，分别处于孟夏与孟秋，因此，麦秋案验与立秋案验，大致可分别对应夏季与秋季的司法实践。

以上简直接表明案验时间，五一简中另有数条内容与案验相关，虽未具体指明案验时间，但其所属文书的书写或启封日期，亦可为案验时间提供线索。

例139　CWJ1③：169A 木牍

待事掾王纯叩头死罪白。男子黄偶前贼杀男子左建，亡。与杀人宿命贼郭幽等俱

强盗女子王绥牛，发觉。纯逐捕偶、幽，偶、幽不就捕，各拔刀、戟□□□□刺击。纯格杀

偶、幽。到今年二月不处日，纯使之醴陵追逐故市亭长庆睦，不在。偶同产兄宗、宗弟禹

将二男子不处姓名，各摻（操）兵之纯门，司（伺）候纯。三月不处日，宗、禹复之纯门。今月十三日，

CWJ1③：169B

禹于纯对门李平舍欲徼杀纯。平于道中告语纯，纯使弟子便归家取刀矛自捄（救）。

禹瘦（度）平后落去，偶、禹仇怨奉公，纯孤单，妻子羸（羸）弱，恐为宗、禹所贼害，唯

明廷财（裁）省严部吏考实宗、禹，与二男子，谋议形执。纯愚戆惶恐叩头死罪死罪。

今为言，今开。　　　　　四月廿二日白

济世与利己

例25　CWJ1③：305 木牍

	兼左贼史顺、助史条白：待事掾王纯言，前格杀杀人贼黄佣、郭
	幽。今佣同产兄宗、宗弟禹于纯门外欲逐杀纯。
	教属曹令白。守丞护、兼掾英议请移书贼捕掾浩等考实奸
君追杀人贼小武陵亭部	诈。白草。
	延平元年四月廿四日辛未白

例47　CWJ1③：325-5-21 木牍

| 君教诺 | 兼辞曹史煇、助史襄白：民自言，辞如牒
教属曹分别白。案：惠前遣姊子毒、小自言，易永元十七年
中，以由从惠质钱八百。由去，易当还惠钱。属主记为移长刺部
曲平亭长寿考实，未言，两相诬。丞优、掾畼议请敕理讼
掾优、史宝实核治决。会月廿五日复白
延平元年八月廿三日戊辰白 |

264

例 48　CWJ1③：325-32 木牍

君|教|诺	左|贼 史迁、兼史脩、助史庞白。男子烝备条言：界上贼捕掾副在 部受所臧（赃）罪狼藉。 教今白。案文书，番称前盗备禾。今副将备□称，左曹谨 实问。备辞不自言，不以钱布与副，恐猾…… 条言副未有据告者。丞优、掾赐……副□□亡。
	任五人。写移书桑乡贼捕掾并等考实。□ 考……宏□□□ 所起及主名 副、任具解到。复白。白草 永初元年四月十八日 庚　　白

例 74　CWJ1③：250 木两行

桑乡贼捕掾珍言考实	诣左贼	五月廿二日丞开
女子陈谒诣府自言竟解		

例 75　CWJ1③：255 木两行

兼左部贼捕掾□言考实男子	五月廿五日丞开
周代盗刑俶玦报醴陵解书	

例 90　CWJ1③：325-1-9 木两行

都乡言考实男子	
吕斋自言解书	十月廿三日开

265

例139、25、47、48皆向上级请求考实案件，例139、25内容相关，涉及谋杀未遂，例47与例48分别涉及欠债和贪污；例74、75、90皆为考实案件后上报的解书标题简，① 例75涉及盗窃，例74、90案件内容不详。这七枚简都没有明确表明"立秋"或"麦秋"进行案验，故实际案验应与文书书写或启封时间相差不久。据此，例139、25、47、48作为向上级请求考实案件的文书，案验时间应在文书书写时间之后，四者书写日期分别为殇帝延平元年四月廿二日、延平元年四月廿四日、延平元年八月廿三日、安帝永初元年四月十八日（107年），故案验时间大致为四月下旬之后及八月下旬之后；例74、75、90作为考实案件后的上报文书，案验时间应在文书启封时间之前，三者启封日期分别为五月廿二日、五年廿五日、十月廿三日，年份未知，故案验时间大致为五月下旬之前及十月下旬之前。需要注意的是，例47虽为请求考实的上行文书，但据简文"属主记为移长刺部曲平亭长寿考实，未言"，在县丞优、掾畼议请敕理讼掾伉、史宝实核治决之前，曲平亭长寿已受命对案件进行过一次考实，然而县廷并未收到寿的调查报告，也就是说，辞曹史制作此君教木牍时，尚不知前一次案验的结果。所谓"两相诬"，大概指双方（毒、小与易）皆向官府自言，内容互相攻讦。以此推之，两次考实应不会相距太长时间，② 基本可认为都在八月下旬前后进行。综合已知信息，与前述简例69等情况类似，这些简显示的案验时间亦存在夏季（四月下旬后、五月下旬前，例139、25、48、74、75）与秋季（八月下旬后、十月下旬前，例47、90）之别。

《长沙五一广场东汉简牍》（壹）（贰）中亦有多条此类简，笔者发现的有壹简的96（木牍 2010CWJ1①：99），290（木牍2010CWJ1③：128），330（木牍 2010CWJ1③：164），367（木两行2010CWJ1③：198－4）；贰简的440（木两行2010CWJ1③：203），

---

① 关于解书的讨论，参见高智敏《论吴简许迪案中的"考实竟"与"傅前解"》，武汉大学简帛研究中心简帛网，http://www.bsm.org.cn/? sglj/7566.html，2017年6月22日。

② 此处承唐俊峰先生提醒，谨识。

459（木两行 2010CWJ1③：212），472＋505（木两行 2010CWJ1③：225－1＋254－2），576（木两行 2010CWJ1③：261－57），600（木两行 2010CWJ1③：261－85），651（木两行 2010CWJ1③：263－1），654（木两行 2010CWJ1③：263－4）。这些简牍的书写或启封时间基本都在秋季和冬季（七月至十二月），所指示的案验时间亦在这一范围内。唯二简例外：330 为向上级请求考实案件的文书，写作时间为永初元年五月廿二日，案验时间当在此之后；654 为考实案件后上报的解书，启封时间为六月二十九日，年代不详，案验时间当在此之前。这两简显示的案验时间在夏季五、六月间。可见，《长沙五一广场东汉简牍》（壹）（贰）补充的这些信息中，案验时间亦有夏季和秋冬季两分。

前已论及，五一广场出土简牍时代集中于东汉早中期和帝至安帝时期，笔者认为，简牍中"麦秋""立秋"或夏季、秋季司法实践的差别，实与这一时期和帝对案验进行时间的更改密切相关。

二 从"立秋"到"麦秋"：和帝永元改律[①]

早在先秦时，"春夏不刑""刑以秋冬"的思想便已出现，其根本考虑是保障不失农时。随着战国后期阴阳五行、天人感应理论的成型，顺时行事更被视为人事对天道的呼应。西汉以来，断狱行刑于秋冬进行已较为固定。[②] 不过，西汉虽多有秋冬断狱行刑的司法实践，但尚属不成文的传统。对司法程序执行时间的明确规定，始见于东汉

[①] "永元改律"的说法，借鉴自薛梦潇《早期月令文献与月令制度》，博士学位论文，武汉大学，2014 年。

[②] 关于两汉的刑罚时间，前人著作如沈家本《历代刑法考》、程树德《九朝律考》已对相关文献资料梳理详尽。至于西田太一郎《中国刑法史研究》"阴阳、季节与刑罚"一节，薛梦潇博士学位论文《早期月令文献与月令制度》"月令的司法实践"一章，则基于文献，进一步分析时令与刑罚的关系。鉴于学者已充分讨论传世文献的相关记录，本文不欲再复述，只论及和麦秋、立秋相关的内容。

章帝诏令。其中，与案验相关的有以下几则：

> 建初元年正月（76年）：比年牛多疾疫，垦田减少，谷价颇贵，人以流亡。方春东作，宜及时务。二千石勉劝农桑，弘致劳来。群公庶尹各推精诚，专急人事，罪非殊死，须立秋案验。①
> 元和元年七月（84年）：律云："掠者唯得榜、笞、立"。又令丙，箠长短有数。自往者大狱已来，掠考多酷，钻钻之属，惨苦无极。念其痛毒，怵然动心。书曰："鞭作官刑"，岂云若此？宜及秋冬理狱，明为其禁。②
> 元和二年正月（85年）：方春生养，万物莩甲，宜助萌阳，以育时物。其令有司，罪非殊死，且勿案验；及吏人条书相告，不得听受。冀以息事宁人，敬奉天气。立秋如故。③

以上诏令的着眼点，同样在于上顺天时、下应人事。春主生，且为农事之始，秋主杀，且农事告闲，因而要求春季勿案验，留待秋冬。诏书的基本精神，实与西汉元、成以来一脉相承。值得一提的是，章帝建初元年、元和二年诏令明确提出了"立秋"的时间概念，而非模糊的"秋冬"。此前史料未载有关"立秋案验"的诏令和实践，不过，在《礼记·月令》等月令文献里，立秋与立春、立夏、立冬共同作为季首，标志着天道循环的关键节点，具有重要人文意义，立秋日需进行"迎秋"礼，"孟秋之月"也是断狱行刑的正式开始："命有司修法制，缮囹圄，具桎梏，禁止奸，慎罪邪，务博执"，"审断，决

---

① （清）王先谦：《后汉书集解》卷3《章帝纪》，中华书局1984年影印本，第76页下。
② （清）王先谦：《后汉书集解》卷3《章帝纪》，第80页。
③ （清）王先谦：《后汉书集解》卷3《章帝纪》，第80页上。此外，章帝亦曾下诏规定死刑执行时间："春秋于春每月书'王'者，重三正，慎三微也。律十二月立春，不以报囚。月令冬至之后，有顺阳助生之文，而无鞫狱断刑之政。朕咨访儒雅，稽之典籍，以为王者生杀，宜顺时气。其定律，无以十一月、十二月报囚。"（清）王先谦：《后汉书集解》卷3《章帝纪》，第82页下。这一诏令对于和帝永元十五年十二月规定孟夏案验薄刑有一定影响，下文将述及。

狱讼，必端平，戮有罪，严断刑"。随着西汉中叶后统治者对月令的日益重视，①月令中的规定多得以落实，关于这一点，邢义田和杨振红先生都曾撰文论述。薛梦潇更指出，东汉章帝朝对月令礼制和时政的践行最为密集。②因此，章帝明确提出"立秋案验"，是在继承"刑以秋冬"传统的基础上，依据月令进一步将之礼制化、程序化。

章帝之后，直到和帝永元十五年（103年），案验时间出现了较大变动。《后汉书·和帝纪》载："（永元十五年）有司奏，以为夏至则微阴起，麋草死，可以决小事。是岁，初令郡国以日北至案薄刑。"③此外，《续汉书·礼仪志》载立春日所下"宽大书"中有"罪非殊死，且勿案验，皆须麦秋"的规定，根据惠栋的注解，此诏亦应与永元十五年故事有关。④

和帝永元十五年有司的奏请，同样以月令为重要依据。《礼记·月令》"孟夏之月"："是月也，聚畜百药。麋草死，麦秋至。断薄刑，决小罪，出轻系。"不过与月令不同的是，有司奏请所言为"夏至"而非"孟夏"，范晔进而将之理解为"日北至"。胡三省《通鉴》注以为有司所言"夏至"乃"夏之初至"，非"夏至"节气，后文"日北至"为范晔误解衍生，其说为惠栋肯定，可从。⑤

关于薄刑小罪的界定，《后汉书》没有明载。孙希旦注《礼记·月令》言"薄刑乃鞭笞之属"⑥，《汉书·刑法志》有"薄刑用鞭扑"之说，盖汉代薄刑有鞭笞、榜扑等。薄刑所对应的小罪未知。实际

---

① 汉代月令文献不止一种，故本文中的"月令"泛指月令类文献，如要指示具体的篇章，则冠以著作名并加书名号，如《礼记·月令》。
② 薛梦潇：《早期月令文献与月令制度》，第185—188页。
③ 此条虽然置于永元十五年十二月后，但应当是就整年情况而言。范晔《后汉书》本纪中，多以"是岁……"置于年末，总论整年。
④ （清）王先谦：《后汉书集解》志4《礼仪上》，第1101页下。
⑤ （清）王先谦：《后汉书集解》卷4《和帝纪》，第93页上。薛梦潇还指出，今"夏至""冬至"节气，汉人常称"日夏至""日冬至"，虽亦有"夏至""冬至"说法，实乃"日夏至""日冬至"省文，主语为"日"，此处有司奏言"夏至则微阴起"，主语为"夏"，故非节气，可备一说。见薛梦潇《早期月令文献与月令制度》，第177页。
⑥ （清）孙希旦：《礼记集解》卷16《月令第六之二》，第446页。

上，官吏在执法过程中很可能根本不分罪行轻重径行案验。五一广场简中提及夏季案验的文书，较为明确的罪行有谋杀未遂（例25、例139）、贪污（例48）、盗窃（例75），张家山汉简《二年律令》对诸罪皆有规定：

> 谋贼杀、伤人，未杀，黥为城旦舂。（《贼律》，简22）①
> 受赇以枉法，及行赇者，皆坐其臧（赃）为盗。罪重于盗者，以重者论之。（《盗律》，简60）②
> 盗臧（赃）直（值）过六百六十钱，黥为城旦舂。六百六十到二百廿钱，完为城旦舂。不盈二百廿十到百一十钱，耐为隶臣妾。不盈百一十钱到廿二钱，罚金四两。不盈廿二钱到一钱，罚金一两。（《盗律》，简55-6）③

如粗疏对应，例25、139涉及谋杀未遂，按律当黥为城旦舂；例48所涉贪污与盗窃同罪，但因数额不明，罪等无法确定；例75涉及盗窃，所盗之物为"玦"，属玉佩饰，王仲荦考察汉代"犀角玳瑁翡翠象牙珠玉价"，上等玉往往超过万钱，④此外汉代玉玦常作为赏赐或进献的礼物，此简中男子更为玉玦失窃诉诸官府，可见其价值亦不会太低。由此观之，例25、139、75所载罪行按《二年律令》皆属"黥为城旦舂"级别。《二年律令》为西汉初年所书，文帝时废除肉刑，以髡钳代黥刑，故上述罪行在东汉应处以髡钳城旦舂之刑，重于仅以鞭、扑处之的薄刑小罪。以此推测，永元改律在实际施行中，大

---

① 张家山汉墓竹简整理小组编著：《张家山汉墓竹简二四七号墓：释文修订本》，文物出版社2006年版，第11页。《二年律令》中与谋杀未遂相关的条例还有"谋贼杀、伤人，与贼同法"（简二六），"贼杀人，及与谋者，皆弃市。未杀，黥为城旦舂"（简二三），"贼伤人，及自贼伤以避事者，皆黥为城旦舂"（简二五），意近。
② 张家山汉墓竹简整理小组编著：《张家山汉墓竹简二四七号墓：释文修订本》，第16页。
③ 张家山汉墓竹简整理小组编著：《张家山汉墓竹简二四七号墓：释文修订本》，第16页。
④ 王仲荦：《金泥玉屑丛考》，中华书局1998年版，第35页。

概不仅限于处理薄刑小罪。

如果自西汉中后期以来月令便在现实政治中不断落实,而和帝之前的章帝又格外热衷于依据月令"制礼作乐",那么同样出于月令,为何孟夏"断薄刑,决小罪,出轻系"的规定,直到和帝时才被有司奏请得以实施?有可能这项规定与秋冬行罚的传统相龃龉,故未得到重视;亦有可能因为司法改革不同于礼制改革,牵涉众多,需循序渐进;① 另一种可能则如西田太一郎与薛梦潇所指出的,此前章帝元和二年(85年)七月诏令"无以十一月、十二月报囚",规定刑罚中的死刑仅于冬初十月执行,行政运转节奏的放缓,导致其他案件也出现积压,有司此时奏请依据月令于夏季提前处理小罪薄刑,主要出于现实考虑,希望以此缓解当时秋冬断狱的压力。② 但在具体实践中,根据上文所引五一简的内容来看,夏季案验的似不仅限于薄刑小罪,这会对农事生产造成不小的影响。或基于此,安帝永初元年(107年)五月,③ 司徒鲁恭上疏,批评刺史、太守"盛夏征召农人,拘对考验,连滞无已",建议孟夏仅行"出轻系"一事,④ 其他司法程序如案验、断狱皆恢复于立秋进行,其建议得到批准,很快便得以施行。⑤ 此后直到东汉末,文献记载案验未有于麦秋进行者。

综合以上分析,可以推断:五一广场简例150延平元年三月文书明载"麦秋考实奸诈",正体现了殇帝时期长沙郡对和帝永元改律的执行;《长沙五一广场东汉简牍》(贰)666+674和帝永元十五年文

---

① 此观点亦参考薛梦潇《早期月令文献与月令制度》,第184页。
② [日]西田太一郎:《中国刑法史研究》,段秋关译,北京大学出版社1985年版,第167页。薛梦潇:《早期月令文献与月令制度》,第188页。
③ 鲁恭上疏时间《后汉书》不见载,而见于(东晋)袁宏《后汉纪》卷16《孝安皇帝纪上》,中华书局2002年版,第309页。
④ 薛梦潇已指出,鲁恭对月令内容有过度诠释之嫌,根据郑玄注《礼记》以及《后汉书》相关记载,《月令》经文孟夏是应当包括"决狱案考"(即案验)和执行刑罚的,永元改律后有司的执行并没有违背《月令》。参见氏著《早期中国的月令文献与月令制度》,第189页。
⑤ 《后汉书》本传载鲁恭上书后卒施行,《后汉纪》载上书后诏从之,则施行时间应当在上书之后不久。

书同样如此，简文载"会麦秋后五日如律令"，其中的"律令"应即为当年新实行的麦秋案验诏令。① 例 139、25、48、74、75 以及《长沙五一广场东汉简牍》（壹）（贰）的 330、654 透露的案验时间亦为夏季，例 139、25 与例 48 分别为殇帝延平元年四月与安帝永初元年四月文书，正处于和帝永元十五年改律后至安帝永初元年五月恢复旧制之前的阶段，同样可作为永元改律的实践证明；330 写作时间是安帝永初元年五月，恰是鲁恭提议废除麦秋案验、恢复立秋案验的时间，很可能此时新诏令尚未下达至全国，因而 330 显示夏季案验依然存在于长沙郡，也表明了新政策在地方的落实往往具有滞后性；例 74、例 75 及 654 年代未知，笔者认为，此三简极有可能也属和帝永元十五年至安帝永初元年时期，反映内容亦与永元改律有关。如前所述，夏季治狱行刑虽不像春季那样受到广泛的批评，但亦被视为逆时伤农之举，除非为朝廷命令，否则常遭人非议，甚至罗织为罪状。如西汉诸葛丰在春夏系治人，"在位多言其短"②；王莽曾于春夏斩人都市，"百姓震惧"③，更成为邓晨劝说刘秀起兵的重要依据；④ 即便是贵为天子的和帝下诏孟夏案验，亦受到大臣鲁恭的批评。可见，郡县官吏若敢夏季案验，泰半是以诏令为依据的。

当然，永元改律并不代表秋冬断狱传统的终结，如简例 47 虽为永元改律后殇帝延平元年八月奏请考实案件的文书，但其指示的案验时间依然为秋季。只是在永元改律后、和帝永元十五年（103 年）至安帝永初元年（107 年）这一时间段内，麦秋案验首次成为可能，而五一广场诸简对麦秋案验的记载，便是这一改革落实到基层的直

---

① 666 + 674 的案验，显然是在正月至四月之间进行的，但上报却是在麦秋后五日，以符合"麦秋案验"的诏令要求。这与前述关于薄刑小罪的情况一样，证明诏令与地方的具体实践存在一定出入。

② 《汉书·诸葛丰传》云："丰以春夏系治人，在位多言其短。"《汉书》卷 77《诸葛丰传》，第 3251 页。

③ 《汉书·王莽传》载："（王莽）于是春夏斩人都市，百姓震惧。"《汉书》卷 99 下《王莽传》，第 4158 页。

④ 《后汉书·邓晨传》："晨因谓光武曰：'王莽悖暴，盛夏而斩人，此天亡之时也。'"（清）王先谦：《后汉书集解》卷 15《邓晨传》，第 216 页上。

接证据。笔者也期待随着更多材料的公布，能够进一步证验永元改律在地方的施行情况。

结　语

五一广场简对立秋案验与麦秋案验的记载，一定程度上展示了和帝改律在地方的具体施行情况，在验证行政体系的有效性同时，亦体现了月令对东汉诉讼程序的影响。

以上所论，主要基于目前发表的五一简。相信随着更多新资料的公布，本文观点亦将得到修正、补充。至于案验时间与案件发生时间之间的关系、案验之前对案件当事人的处理等问题，笔者将继续思考，待日后复请益于诸位方家。

（本文原载黎明钊、马增荣、唐俊峰编
《东汉的法律、行政与社会：长沙五一广场东汉简牍探索》，
香港：三联书店2019年版）

西汉春季岁时活动中的观念研究

岁时是中国特有的时间分隔方式。萧放指出，"岁"是年度周期，"时"是年度的季节段落，"岁"与"时"相配合，构成了古代社会的时间标志体系，[1]着眼于年度循环周期及周期中的季节性节点。在这些节点上，随着天象、物候的变化，人们往往会举行特定的活动。本文所言的岁时活动，便是指源于自然时序、在季节性节点定期举行的巫术、祭祀、礼仪等，主要评判标准有二：第一，活动内容主要受时序影响，以此区别于一般的政治、经济、军事、宗教活动；第二，活动具有周期性，如米沙·季捷夫指出的，此类活动往往定期举行，[2]以此区别于偶然发生于某季的活动。同时符合两项标准的，方可称为"岁时活动"。

西汉是继秦代之后的大一统王朝，作为传统思想、文化、制度定型的重要时期，西汉继承了先秦以来的岁时活动传统并加以整合，将之纳入大一统王朝制度的创建，又杂以天人阴阳之学，使得西汉岁时活动呈现出纷繁复杂的面貌。而春、秋二季标志着一年农业生产始末，在以农耕为主要生产方式的古代中国意义尤为重要，不少学者认

---

[1] 萧放：《岁时：传统中国民众的时间生活》（以下简称《岁时》），中华书局2002年版，第6页。

[2] ［苏］米沙·季捷夫：《研究巫术和宗教的一种新方法》，史宗主编：《20世纪西方宗教人类学文选》（下），金泽等译，生活·读书·新知三联书店1995年版，第726页。

为早期一岁只分春秋二季,① 西汉与春、秋的相关岁时活动与观念也格外丰富。本文希望以西汉春季岁时活动为切入点,对西汉社会思想状况进行探讨,并联系前后时代,更好地把握西汉思想的特殊性及其对后世的影响。

一 西汉春季岁时活动基本状况

西汉的春季岁时活动,包括春季施行的礼仪、祭祀、巫术,集中见于《史记》《汉书》《汉旧仪》以及各类出土文献。② 此外,《盐铁论》《春秋繁露》等子书对当时的春季岁时活动亦有零星描述,可作为补充。根据本文对岁时活动的评判标准,西汉春季岁时活动有以下几种:籍田礼、迎春礼、冠礼、昏礼、射礼、社稷祭祀、祓禊。③ 这些活动并非全部共存,适用的社会阶层也不尽相同。

(一) 籍田礼

西汉籍田礼又称亲耕礼,上承商周而来。西汉有记载的籍田始于文帝,据《汉书·食货志》,汉初思想家贾谊在文帝时上疏言农业生产、粮食积贮的重要性,"于是上感谊言,始开籍田,躬耕以劝百姓"④。《史记·孝文本纪》《汉书·文帝纪》都载文帝三年正月下诏

---

① 参见常玉芝《殷商历法研究》,吉林文史出版社1998年版,第366—369页。于省吾、陈梦家、朱凤瀚等学者亦持此说。
② 《汉官六种》所辑虽为东汉时期产生的六种关于汉代官制、礼仪的著作,但其中的《汉旧仪》多涉西汉礼仪制度,具有重要参考价值;出土文献与本文有关的主要有银雀山汉简《禁》《三十时》、敦煌悬泉置《月令诏条》、尹湾汉简《集簿》、居延汉简《元康五年诏书册》、北大汉简《节》;月令文献如《礼记·月令》《吕氏春秋·十二纪》《淮南子·时则训》等虽亦记载不少先秦汉岁时活动,但亦有大量知识分子构拟成分,故本文主要将之作为辅助资料。
③ 另有春季活动三:《月令诏条》所载雷发声时,恭其容止、禁止房事,侧重点在雷;《汉旧仪》《汉书》载岁首宴饮,侧重点在岁首;《史记》《汉书》载春季祭祖敬献时令食物,侧重点在时令食物;三者虽为春季活动,但与春季特性联系不紧密,故不论。
④ 《汉书》卷24《食货志》,中华书局1962年版,第1130页。

曰"其开籍田,朕亲率耕,以给宗庙粢盛"①。此后近十年没有相关记载,②直到文帝十二年三月,诏书又称"朕亲率天下农,十年于今"③,似说明自三年至十二年,每年春皆有籍田之举,已成惯例,故不书。文帝十三年春二月的诏书又言:"朕亲率天下农耕以供粢盛,皇后亲桑以奉祭服,其具礼仪。"④颜师古注云:"令立耕桑之礼制也。"⑤表明此时亲耕亲桑已立为礼制。之后景帝后元二年夏四月下诏曰"朕亲耕,后亲桑,以奉宗庙粢盛祭服,为天下先"⑥;武帝征和四年三月"耕于巨定"⑦;昭帝始元元年春二月、始元六年春正月分别耕于"钩盾弄田""上林"⑧。正史之外,成书于东汉但多载西汉旧制的《汉旧仪》亦对亲耕、亲桑之礼有详细描述。⑨这些都证明籍田礼自文帝起成为西汉定制。需要指出的是,《汉旧仪》载皇帝行籍田礼之前,还需"祠先农",一定程度上体现了该礼的宗教色彩。

另外,西汉籍田礼虽为官方所施行,但主体并不限于皇帝。昭帝始元六年的盐铁会议,贤良文学与大夫就国家各项政策展开辩论,大夫言:"县官之于百姓,若慈父之于子也……故春亲耕以劝农,赈贷以赡不足,通滀水,出轻系,使民务时也。"⑩这表明亲耕劝农应是朝廷与郡县一体遵行的。⑪

---

① 《史记》卷10《孝文本纪》,中华书局1982年版,第423页;《汉书》卷4《文帝纪》,第117页。
② 文帝三年九月诏书称"农,天下之大本也,民所恃以生也,而民或不务本而事末,故生不遂。朕忧其然,故今兹亲率群臣农以劝之。其赐天下民今年田租之半",是强调当年三月亲耕的举措。参见《汉书》卷4《文帝纪》,第118页。
③ 《汉书》卷4《文帝纪》,第124页。
④ 《汉书》卷4《文帝纪》,第125页。
⑤ 《汉书》卷4《文帝纪》,第125页。
⑥ 《汉书》卷5《景帝纪》,第151页。
⑦ 《汉书》卷6《武帝纪》,第210页。
⑧ 《汉书》卷7《昭帝纪》,第219、223页。
⑨ 卫宏撰,孙星衍辑:《汉旧仪二卷补遗二卷》,周天游点校:《汉官六种》,中华书局1990年版,第77、102—103页。
⑩ 桓宽撰,王利器校注:《盐铁论校注》卷6《授时》,中华书局1992年版,第423页。
⑪ 参见邢义田《月令与西汉政治——从尹湾集簿中的"以春令成户"说起》,《治国安邦:法制、行政与军事》,中华书局2011年版,第136—137页。

籍田等官方仪式对民众所起的表率作用毕竟有限，需要借助具体政令对春季农业生产作出明确规定。如景帝三年春正月下诏，令郡国"务劝农桑""益种树"①，成帝四年春正月下诏，"令二千石勉劝农桑，出入阡陌，致劳来之"②。而在抄写于文帝至武帝初期的银雀山汉简《三十时》篇、武帝后期的北京大学藏西汉竹书（以下简称"北大简"）《节》有关春季的时令中，也分别出现了"田修封彊（疆）""修封四彊（疆）"的条目，③《礼记·月令》亦有"王命布农事，命田舍东郊皆修封疆"之条，"封疆"，郑玄注为"田首之分职"④，修封疆显然是为春耕做准备的。

值得注意的是，除了正面政令之外，还有反面禁令，通过禁绝农事以外的活动，使人们在春耕之始专务农桑，不失农时。元帝建昭五年春三月下诏："方春农桑兴，百姓勠力自尽之时也，故是月劳农劝民，无使后时。今不良之吏，覆案小罪，征召证案，兴不急之事，以妨百姓，使失一时之作，亡终岁之功，公卿其明察申敕之。"⑤敦煌悬泉置《使者和中所督查诏书四时月令五十条》（以下简称《月令诏条》）孟春有"毋聚大众""毋筑城郭"之令，中春有"毋作正事以防农事"之令。⑥正事，指"兴兵正伐"。《月令诏条》在平帝元始五年由中央政府统一颁布于全国，题写于甘肃敦煌悬泉置一处房址北墙上，如邢义田所言，其实际效果虽难以估计，至少表面上也受到地方的尊重。⑦

官方在劝农的同时，亦为民众春季农作提供相应的优惠政策，正史所见内容包括减免租税，贷种、食，假公田。这一部分政令常常与赏赐同时出现，构成春季的行赏施惠措施。

---

① 《汉书》卷5《景帝纪》，第152—153页。
② 《汉书》卷10《成帝纪》，第314页。
③ 北京大学出土文献研究所编：《北京大学藏西汉竹书》（伍），上海古籍出版社2015年版，第39页；李零：《读银雀山汉简三十时》，《中国方术续考》，中华书局2006年版，第313页。
④ 朱彬撰，饶钦农点校：《礼记训纂》卷6《月令》，中华书局2011年版，第223页。
⑤ 《汉书》卷9《元帝纪》，第296页。
⑥ 甘肃省文物考古研究所：《敦煌悬泉汉简释文选》，《文物》2000年第5期。
⑦ 参见邢义田《治国安邦：法制、行政与军事》，第156页。

（二）迎春礼

迎春礼与籍田礼有相似之处，但从本质上讲，迎春礼更强调春季的自然特征，而籍田礼则着眼于春季的社会意义。简涛《立春风俗考》认为迎春礼的产生和正式举行是在东汉时期，主要见载于《后汉书》及《论衡》等著作，此前的史书中没有任何关于迎春礼的记载，表明直至西汉末年迎春礼还未真正实行。① 兹将《后汉书》迎春礼相关内容摘录如下：

> 迎时气，五郊之兆。自永平中，以《礼谶》及《月令》有五郊迎气服色，因采元始中故事，兆五郊于雒阳四方。中兆在未，坛皆三尺，阶无等。立春之日，迎春于东郊，祭青帝句芒。车旗服饰皆青。歌《青阳》，八佾舞《云翘》之舞。②

> 县邑……立春之日，皆青幡帻，迎春于东郭外。令一童男冒青巾，衣青衣，先在东郭外野中。迎春至者，自野中出，则迎者拜之而还，弗祭。三时不迎。③

> 立春之日，夜漏未尽五刻，京师百官皆衣青衣，郡国县道官下至斗食令史皆服青帻，立青幡，施土牛耕人于门外，以示兆民，至立夏。④

此外，王充《论衡》提到"立春东耕，为土象人""或立土牛。【象人、土牛】，未必能耕也"⑤，高诱注《吕氏春秋》言"出土牛，令之乡县，得立春节，出劝耕土牛于东门外"⑥，可为补充。故综合

---

① 简涛：《立春风俗考》，上海文艺出版社1998年版，第23—24页。
② 《后汉书》志第8《祭祀中》，中华书局2012年版，第2567—2568页。
③ 《后汉书》志第9《祭祀下》，第2588页。
④ 《后汉书》志第4《礼仪上》，第2496页。
⑤ 黄晖：《论衡校释》卷16《乱龙篇》，中华书局1990年版，第702—703页。
⑥ 许维遹撰，梁运华整理：《吕氏春秋集释》卷12《季冬纪》，中华书局2009年版，第259页。

来看，东汉的迎春仪式，大体有尚青服（青衣、青巾、青幡、青帻）与施土牛、耕人两项活动；在都城东郊另有春季迎气之礼，配合相应的祭祀、歌舞，属于四时迎气活动之一。

上述活动其实在西汉时已见端倪。《史记·乐书》载："汉家常以正月上辛祠太一甘泉，以昏时夜祠，到明而终。常有流星经于祠坛上。使僮男僮女七十人俱歌。春歌青阳，夏歌朱明，秋歌西暤，冬歌玄冥。世多有，故不论。"①《史记》未载四季歌词，但《汉书·礼乐志》郊祀歌十九章则依次录有邹子乐"青阳三""朱明四""西暤五""玄冥六"之词，②说明西汉早期已有春季郊祀歌《青阳》的活动。西汉平帝元始五年，王莽上奏，认为"今五帝兆居在雍五畤，不合于古"③，应当依从《周礼》，分群神以类相从为五部，分别于长安城之未地及东西南北四郊兆，其中"东方帝太昊青灵勾芒畤及雷公、风伯庙、岁星、东宿东宫于东郊兆"④，其建议获得批准施行。前引《后汉书》所载迎气礼谈及"采元始中故事"，便是指东汉都城五郊迎气礼主要建立在元始五年王莽上奏改制的基础之上，其中春季迎气仪式继承了更早时期歌《青阳》的传统。

西汉时亦已有尚青服、施土牛⑤、耕人等活动，主要见于昭帝始元六年盐铁会议的记录：贤良文学言"悬青幡而策土牛，殆非明主劝耕稼之意，而春令之所谓也"⑥，批评形式主义的"悬青幡""策土牛"活动，强调应当以具体的春令来促进农业生产。这证明了"悬

---

① 《史记》卷24《乐书》，第1178页。
② 其中青阳歌词如下："青阳开动，根荄以遂，膏润并爱，跂行毕逮。霆声发荣，壧处顷听，枯槁复产，乃成厥命。众庶熙熙，施及夭胎，群生啿啿，惟春之祺。"参见《汉书》卷22《礼乐志》，第1054—1055页。
③ 《汉书》卷25《郊祀志》，第1268页。
④ 《汉书》卷25《郊祀志》，第1268页。
⑤ 另有"出土牛"，《礼记》等月令文献亦见记载，但主要是作为季冬大傩之组成部分，其意不在劝农耕，而在驱寒气。褚人获《坚瓠集》言："古者，迎春与出土牛原是二事。迎春以迎阳气，出土牛以送阴气；迎春在立春，出土牛在季冬，与傩同时。"然而出土牛仪式被迎春吸收之后，正如简涛《立春风俗考》所言，送寒的意义逐渐淡化，示农耕的意义加强，参见简涛《立春风俗考》，第46页。
⑥ 桓宽撰，王利器校注：《盐铁论校注》卷6《授时》，第423页。

青幡""策土牛"在当时确已存在,且很可能广泛流行,否则不会特别招致批评。

(三) 冠礼

西汉史料仅记载了皇室成员的冠礼,均行于春季,且除了惠帝冠于三月之外,其余皆在正月:景帝后元三年正月甲寅,皇太子冠;昭帝元凤四年春正月丁亥,帝加元服;宣帝五凤元年春正月,皇太子冠;元帝竟宁元年春正月,皇太子冠。冠礼举行的时间,西汉及之前的文献几无记载,《仪礼》中亦无规定,唯《大戴礼·夏小正》云二月"绥多女士。绥,安也。冠子取妇之时也"①,又与《汉书》记事相出入。东汉延续了正月行冠礼活动,且不仅《后汉书·礼仪志》记载"正月甲子若丙子为吉日,可加元服,仪从《冠礼》"②,反映民间生活的《四民月令》"正月"下亦载"是月也,择元日,可以冠子"③。虽然《白虎通》以为冠礼无定时,④ 但在两汉的具体实践中,正月行冠礼逐渐自朝廷扩展至民间,成为风俗。

(四) 昏礼

关于古代嫁娶的时间,经学史上素有争论,⑤ 主要起因是《周礼》中的一段话:"媒氏掌万民之判。……中春之月,令会男女,于是时也,奔者不禁。"⑥ 郑玄注因之言"中春,阴阳交,以成昏礼,重天时也"⑦,以为仲春为嫁娶之正期,班固《白虎通》义同。王肃则

---

① 王聘珍撰:《大戴礼记解诂》卷2《夏小正》,中华书局1983年版,第31页。
② 《后汉书》志第4《礼仪上》,第2498页。
③ 崔寔著,石声汉校注:《四民月令校注》,中华书局1965年版,第6页。
④ 《白虎通·绋冕》:"以《礼·士冠经》曰夏葛屦,'冬皮屦',明非岁之正月也。"陈立撰,吴则虞点校:《白虎通疏证》卷10《绋冕》,中华书局1994年版,第496页。
⑤ 杜佑《通典》"嫁娶时月议",《周礼》"媒氏"条对此有集中讨论。杜佑:《通典》卷59,中华书局1984年版,典三四一上;孙诒让撰,王文锦、陈玉霞点校:《周礼正义》卷26《地官·媒氏》,中华书局1987年版,第1033—1053页。
⑥ 孙诒让撰,王文锦、陈玉霞点校:《周礼正义》卷26《地官·媒氏》,第1033—1045页。
⑦ 孙诒让撰,王文锦、陈玉霞点校:《周礼正义》卷26《地官·媒氏》,第1040页。

引《诗经》《荀子》《春秋繁露》《孔子家语》难郑，认为嫁娶当于秋冬之时。之后马昭、孔晁分别持郑说、王说互相攻讦，而束晳指出，"春秋二百四十年，鲁女出嫁，夫人来归，大夫逆女，天王娶后，自正月至十二月，悉不以得时失时为褒贬，何限于仲春季秋以相非哉！"①认为古代嫁娶并无定时。束晳之说为杜佑、孙诒让所赞同。清代惠士奇则依据《管子·幼官》②，指出"自秋至春，皆嫁娶之时也"③。

经学家的讨论与实际生活有一定距离，且世殊事异，殊难评判；不过，其所依据文献表明，古代嫁娶或无正期，但于春、秋二季行婚礼居多，故文献特言此二季。而根据西汉现有文献，西汉婚礼亦多于春秋二季进行。如银雀山汉简《三十时》所载，嫁女之期或以"凉风杀气""秋没"，或以"春二月""春没"为利、为可。④

时卅（四十）八日凉风杀气也。以战，客胜。可始脩（修）田野沟，可始入人之地，不可亟＝刃＝有央（殃）壹得而三其央（殃）。利奋甲于外，以嫁女。⑤

……[卅六日]，秋没，上六生，以战，客败。可□（为）啬夫，嫁女取（娶）妇，祷祠。下六刑，以战，客胜。以入人之地胜，不亟去后者且及吏，以辟（避）舍不复……⑥

[卅六]日春没，上六刑，以伐，客胜。下六生，以战，客败。不可以举事，事成而身废，吏以（已）免者，不复置。春没之时也，可嫁。⑦

---

① 孙诒让撰，王文锦、陈玉霞点校：《周礼正义》卷26《地官·媒氏》，第1042页。
② 《管子·幼官》：（春）"十二始卯，合男女。十二中卯，十二下卯，三卯同事。"（秋）"十二始卯，合男女。十二中卯，十二下卯，三卯同事。"黎翔凤撰，梁运华整理：《管子校注》卷3《幼官》，中华书局2004年版，第147、154页。
③ 孙诒让撰，王文锦、陈玉霞点校：《周礼正义》卷26《地官·媒氏》，第1044页。
④ 对银雀山汉简有关嫁娶内容的讨论，参见邢义田《治国安邦：法制、行政与军事》，第161—162页。
⑤ 吴九龙：《银雀山汉简释文》，第20页。
⑥ 吴九龙：《银雀山汉简释文》，第127、56、64页。
⑦ 吴九龙：《银雀山汉简释文》，第140、20页。

……□必三迁至春二月，喜，可冠，带剑，嫁女取（娶）妇，祷祠。①

此外，宣帝五凤二年曾下诏云："夫婚姻之礼，人伦之大者也；酒食之会，所以行礼乐也。今郡国二千石或擅为苛禁，禁民嫁娶不得具酒食相贺召。由是废乡党之礼，令民亡所乐，非所以导民也。"②该诏时间在秋八月，似证明秋季嫁娶者众。出土于江苏连云港市尹湾成帝时汉墓 M6 的木牍《集簿》记载"以春令成户七千卅九，口二万七千九百廿六；用谷七千九百五十一石八（？）斗□升半升，率口二斗八升有奇"③，则是西汉春令令民嫁娶的证据。④

古代婚姻的重要目的之一是繁育人口，嫁娶往往与求子紧密相关，月令文献载仲春天子亲自祭祀掌管婚姻、生育的高禖神，西汉时有类似行事。据《汉书·贾邹枚路传》："武帝春秋二十九乃得皇子，群臣喜，故皋与东方朔作《皇太子生赋》及《立皇子禖祝》。"⑤颜师古认为这是武帝晚得太子，欣喜之下立高禖之祠，故令枚皋等作祭祝之文。⑥据此，则武帝时即立有高禖祠，亦当有祭高禖求子之活动，正与《礼记·月令》等相合。山东嘉祥、河南南阳出土的东汉画像石多有高禖形象，说明两汉高禖信仰较为普及。

（五）射礼

西汉文献中可见的射礼有大射、乡射两类。

《汉书·五行志》载："礼，春而大射，以顺阳气。"⑦韦昭注：

---

① 吴九龙：《银雀山汉简释文》，第 59 页。
② 《汉书》卷 8《宣帝纪》，第 265 页。
③ 连云港市博物馆、中国社会科学院简帛研究中心、中国文物研究所、东海县博物馆编：《尹湾汉墓简牍》，中华书局 1997 年版，第 78 页。
④ 此观点为邢义田首先提出，参见氏著《治国安邦：法制、行政与军事》，第 159—165 页。
⑤ 《汉书》卷 51《贾邹枚路传》，第 2366—2367 页。
⑥ 《汉书》卷 51《贾邹枚路传》，第 2367 页。
⑦ 《汉书》卷 27《五行志》，第 1458 页。

"将祭，与群臣射，谓之大射。"① 根据《汉书》，成帝鸿嘉二年三月博士行大射礼，王莽居摄元年正月曾进行了包括行大射礼、养三老五更在内的一系列礼仪活动，成帝之前并无关于大射礼的记载。则大射礼在西汉（成帝后）一般于春季行于朝廷，皇帝有时亲自参与。《白虎通·乡射》指出"春，阳气微弱，恐物有窒塞不能自达者"②，天子亲射是为"助阳气达万物也"③，东汉明帝永平二年三月行大射之礼，并伴随着躬养三老、五更于辟雍，行乡饮酒于学校等举措，可证明大射礼自西汉成帝以来始终以春为正期。

乡射礼主要行于地方，往往与乡饮酒礼关系密切。据《周礼·地官》，周代行政区依次为乡、州、党、族、闾、比，州长"春秋，以礼会民而射于州序"④，党正"国索鬼神而祭祀，则以礼属民而饮酒于序，以正齿位"⑤，《礼记·乡饮酒义》称"合诸乡射，教之乡饮酒之礼，而孝弟之行立矣"⑥，则乡射、乡饮酒皆有使民"尊长养老"的教化意义。具体到西汉，《史记》记载司马迁年轻时游历齐鲁，曾"观孔子之遗风，乡射邹、峄"⑦，彼时齐鲁之地尚存乡射之礼；但成帝时博士平当指出"春秋乡射，作于学官，希阔不讲。故自公卿大夫观听者，但闻铿锵，不晓其意，而欲以风谕群庶，其道无由"⑧，似证明乡射之礼至成帝时一直处于式微过程，这很可能是西汉地方行政制度发生变化导致的。

（六）社稷祭祀

《白虎通·社稷》曰："人非土不立，非谷不食，土地广博，不可遍敬也。五谷众多，不可一一祭也。故封土立社，示有土也。稷，五

---

① 《汉书》卷27《五行志》，第1459页。
② 陈立撰，吴则虞点校：《白虎通疏证》卷5《乡射》，第242页。
③ 陈立撰，吴则虞点校：《白虎通疏证》卷5《乡射》，第242页。
④ 孙诒让撰，王文锦、陈玉霞点校：《周礼正义》卷22《地官·州长》，第862页。
⑤ 孙诒让撰，王文锦、陈玉霞点校：《周礼正义》卷22《地官·党正》，第870页。
⑥ 朱彬撰，饶钦农点校：《礼记训纂》卷45《乡饮酒义》，第887页。
⑦ 《史记》卷130《太史公自序》，第3293页。
⑧ 《汉书》卷22《礼乐志》，第1072页。

谷之长，故立稷而祭之也。"① 社稷祭祀，便是对土地、五谷的祭祀。

对社稷的祭祀其来有自，《史记·封禅书》言："自禹兴而修社祀，后稷稼穑，故有稷祠，郊社所从来尚矣。"② 自先秦以来，不同阶层普遍立社，《礼记·祭法》言："王为群姓立社，曰大社；王自为立社，曰王社。诸侯为百姓立社，曰国社；诸侯自为立社，曰侯社。大夫以下，成群立社，曰置社。"③ 在以农为本的古代中国，土地与粮食是立国的根本所在，故统治阶层所立之社稷，逐渐抽象为对一方土地权力的象征，如汉高祖二年二月"除秦社稷，更立汉社稷"④；祭社稷也更多的是对政治合法性的昭示和强调，与岁时的关联稍远。⑤ 而乡里之社，尤其是在农村聚落中的里社，直到西汉时依然延续着土地祭祀单位的角色，与岁时密切相关。《史记·封禅书》记载，高祖时"令丰谨治枌榆社，常以四时春以羊彘祠之"⑥，又载："高祖十年春，有司请令县常以春二月及腊祠社稷以羊豕，民里社各自财以祠。制曰：'可。'"⑦ 这里出现的社稷祭祀时间为春季和岁末腊祭时。《礼记·月令》等仲春之月有"择元日，命民社"之令，⑧ 而据《白虎通·社稷》《太平御览·时序部》所引《礼记·月令》，仲秋之月亦有"择元日，命民社"之令，⑨ 内含"春祈秋报"之义。⑩

---

① 陈立撰，吴则虞点校：《白虎通疏证》卷3《社稷》，第83页。
② 《史记》卷28《封禅书》，第1357页。
③ 朱彬撰，饶钦农点校：《礼记训纂》卷23《祭法》，第697页。
④ 《汉书》卷1《高帝纪》，第33页。
⑤ 据《汉书·郊祀志》，两汉京城的社稷制度基本上是二社一稷，有太社、太稷、官社而无官稷，但具体祭祀时间文献无载。
⑥ 《史记》卷28《封禅书》，第1378页。
⑦ 《史记》卷28《封禅书》，第1380页。
⑧ 朱彬撰，饶钦农点校：《礼记训纂》卷6《月令》，第227页。
⑨ 陈立撰，吴则虞点校：《白虎通疏证》卷3《社稷》，第84页。今本《礼记·月令》无载。
⑩ 《白虎通·社稷》："岁再祭何？春求谷之义也。故《月令》仲春之月，'择元日，命人社'。仲秋之月，'择元日，命人社'。《援神契》曰：'仲春祈谷，仲秋获禾，报社祭稷。'"陈立撰，吴则虞点校：《白虎通疏证》卷3《社稷》，第84页。《太平御览》分别注仲春、仲秋"命人社"言："为祀社稷也，春事兴，故祭之，祈农祥。元日，谓迎春分前后戊日。""赛秋成也，元日，谓迎秋前后戊日。"李昉：《太平御览》卷30《时序部十五》，四部丛刊三编景宋本。

战国时李悝为魏文侯作尽地力之教，言"除社闾尝新春秋之祠，用钱三百，馀千五十"①，亦以春、秋为乡里祭社之正期。上引西汉材料看似有春、岁末而无秋，不过，如果考虑到汉初以十月为岁首，那么岁末腊祭实为九月举行，恰在秋季，如马新所言，"将秋社与腊祭合而为一，所以只见腊祭而未有秋社"②。因此，西汉乡里继承了先秦以来以春、秋祭社稷的传统，其中春季社稷祭祀旨在为即将开始的农耕祈祷。

此外，西汉与社稷祭祀相关的另一项活动为灵星祭祀。灵星，前人多认为即天田星，《后汉书·祭祀志》言："高帝令天下立灵星祠。……旧说星谓天田星也，一曰龙左角为天田官，主谷。"③《汉旧仪》言："龙星左角为天田，右角为天庭。天田为司马，教人种百谷为稷。灵者，神也。辰之神为灵星，故以壬辰日祠灵星于东南，金胜为土相也。"④蔡邕《独断》则言："旧说曰：灵星，火星也。一曰龙星。火为天田。"⑤此处的火或指灵星颜色，与之相似，《史记·孝武本纪》索隐称天田星为赤星，云"龙左角赤，故曰赤星"⑥。灵星与农事尤其是农业之神后稷关系密切。据《史记·封禅书》，高祖时"或曰周兴而邑邰，立后稷之祠，至今血食天下"⑦，于是高祖"令郡国县立灵星祠，常以岁时祠以牛"⑧。《汉旧仪》直接将高祖始立灵星祠一事记为"汉五年，修复周室旧祀，祀后稷于东南"⑨。据此，灵星祠常用以祭祀后稷，⑩即《后汉书·祭祀志》所言"以后稷又配食星也"⑪。

---

① 《汉书》卷24《食货志》，第1125页。
② 马新：《两汉乡村社会史》，齐鲁书社1997年版，第216—217页。
③ 《后汉书》志第9《祭祀下》，第2587页。
④ 周天游点校：《汉官六种》，第102页。
⑤ 蔡邕：《独断》卷上，四部丛刊三编景明弘治本。
⑥ 《史记》卷12《孝武本纪》，第485页。
⑦ 《史记》卷28《封禅书》，第1380页。
⑧ 《史记》卷28《封禅书》，第1380页。
⑨ 周天游点校：《汉官六种》，第102页。
⑩ 蔡邕《独断》以为厉山氏之子柱亦在祭祀之列："厉山氏之子柱及后稷，能殖百谷以利天下。"参见《独断》卷上，四部丛刊三编景明弘治本。
⑪ 《后汉书》志第9《祭祀下》，第2587页。

稷神本为自然崇拜中的谷神,周人始祖后稷因对农业生产有重大贡献,或曾担任掌管农业的稷官,在人们的世代景仰中亦被尊为稷神,从而使得稷神具有了自然神与人神的双重属性,且正如曹书杰指出的,人物稷神一经产生,便成为主要奉祀对象,自然稷神则以更加抽象的形式存在于人们的稷祀活动中。① 而作为天神的灵星实为稷神的衍生形态,故灵星祭祀与社稷祭祀在西汉具有类似的意义,皆为祈求农祥,王充《论衡·谢短》便将社稷、先农、灵星相提并论。②《汉旧仪》记载"古时岁再祠灵星,灵星春秋之太牢礼也"③,虽未点明具体祠祭时间,但若依照社稷祭祀时间,与之相关的灵星祭祀也应在春、秋二季进行。

(七) 祓禊④

正史中西汉祓禊事见诸三人。一为高后(吕后),《史记·吕太后本纪》《汉书·五行志》均载高后八年三月祓(《汉书》具体为"祓霸上"),返回路上为赵王如意所化苍犬伤掖,"遂病掖伤而崩"⑤。颜师古于此处注:"祓者,除恶之祭也。"⑥ 二为武帝,《史记·外戚世家》载:"武帝初即位,数岁无子。平阳主求诸良家子女十余人,饰置家。武帝祓霸上还,因过平阳主。主见所侍美人,上弗说。既饮,讴者进,上望见,独说卫子夫。"⑦《集解》引徐广曰:"三月上巳,临水祓除谓之禊。"⑧《汉书》文同,颜师古注引孟康曰:

---

① 曹书杰:《稷神崇拜与稷祀文化系统》,《山西大学学报》(哲学社会科学版)2015年第5期。
② 黄晖:《论衡校释》卷12《谢短篇》,第569页。
③ 周天游点校:《汉官六种》,第102页。
④ 此处讨论的主要是水上祓禊。孙诒让曾以《吕氏春秋·本味》篇"汤得伊尹,祓之于庙"为例,指出"祓除或在庙社,不必皆如水上"(《周礼正义》"女巫"条下)。据笔者所见《史》《汉》中的祓禊基本皆在水上,仅一例除外:武帝时置寿宫神君,"居室帷中",武帝祠神君时,"祓,然后入",与孙诒让所言相契。
⑤ 《史记》卷9《吕太后本纪》,第405页。
⑥ 《汉书》卷27《五行志》,第1397页。
⑦ 《史记》卷49《外戚世家》,第1978页。《汉书》文字基本相同。
⑧ 《史记》卷49《外戚世家》,第1979页。

"祓，除也。于霸水上自祓除，今三月上巳祓禊也。"① 若祓为除恶，则武帝祓除，或欲除无子之疾。三为平帝时太皇太后王政君。《汉书·元后传》载王莽"乃令太后四时车驾巡狩四郊，存见孤寡贞妇。春幸茧馆，率皇后列侯夫人桑，遵霸水而祓除"②，只言春，未明月份。

上述高后、武帝的祓禊，皆是《史》《汉》言他事时顺便提及，很可能祓禊实为西汉生活中之常见习惯行为，故不多言。关于祓禊时间，上引徐广、孟康皆言"三月上巳"，郑玄注《周礼·春官·女巫》"岁时祓除"亦言"如今三月上巳如水上之类"③，然而三人皆处后代，西汉时祓禊是否确为三月上巳，未可知。另外，《西京杂记》载汉高祖与戚夫人正月上辰出百子池边"盥濯，食蓬饵，以祓妖邪"④，三月上巳"张乐于流水"⑤，似证明西汉祓禊之事亦可在正月。值得一提的是，高后、武帝、王政君皆祓于霸上或霸水，《水经注》"渭水"条下言"霸者，水上地名也。秦穆公霸世，更名滋水为霸水，以显霸功"⑥，《史》《汉》记载的西汉政治军事事件亦多发生于此地，则自秦穆公以来，霸上始终为一重要地理区域，很可能先秦时秦国便在此处举行巫术或祭祀活动，沿用至西汉。

《风俗通义》对祓禊有较为具体的说明：

> 谨按：《周礼》："男巫掌望祀望衍，旁招以茅；女巫掌岁时，以祓除衅浴。"禊者，洁也。春者，蠢也，蠢蠢摇动也。《尚书》："以殷仲春，厥民析。"言人解析也。疗生疾之时，故

---

① 《汉书》卷97《外戚传》，第3949页。
② 《汉书》卷98《元后传》，第4030页。
③ 孙诒让撰，王文锦、陈玉霞点校：《周礼正义》卷50《春官·女巫》，第2075页。
④ 刘歆撰，葛洪辑，向新阳、刘克任校注：《西京杂记校注》，上海古籍出版社1991年版，第138页。
⑤ 刘歆撰，葛洪辑，向新阳、刘克任校注：《西京杂记校注》，第138页。
⑥ 郦道元著，陈桥驿校释：《水经注校释》卷19《渭水》，杭州大学出版社1999年版，第337—345页。

于水上衅洁之也。已者，祉也。邪疾已去，祈介祉也。①

两汉文化具有传承性，《风俗通义》中的记载对了解西汉祓禊活动亦有参考价值。综合以上，可以确定的是，西汉有祓禊活动，行于春季水上，主要以除恶除疾为目的。

岁时活动由岁时观念所指导，并体现岁时观念。接下来，我们将探讨西汉春季七项岁时活动之中所蕴含的观念因素。

二 西汉春季岁时活动中的普适性观念

西汉岁时春季活动首先反映了人类对于季节的共性认识。人类在生产、生活过程中，对于四季产生了不同感受，形成了不同认识，"春季主生长"即认识之一，"生"的力量使春季尤为人们所喜爱、欢迎。② 与其他民族相似，西汉春季岁时活动中，籍田礼、迎春礼、冠礼、昏礼、射礼及社稷祭祀，旨在顺应春季的基本自然特征，促进万物生长、生存，表现的皆为春季"善"的一面；而祓禊却为"除恶之祭"，主要目的是驱邪除疾，与其他活动的观念来源似有差异。基于此，有必要将祓禊与西汉其他春季岁时活动分为两类，分别探寻它们的观念基础。

（一）春季主生长的观念

1. 自然界之生长

春天，万物重获新生，但通过何种手段助长春季"生"的力量，不同文化传统存在观念上的差异。

---

① 应劭撰，王利器校注：《风俗通义校注》卷8《祀典》，中华书局1981年版，第382页。
② 如简涛指出的，中国迎春礼礼仪就比迎夏、迎秋和迎冬的礼仪丰富很多，且在历史演进中，迎夏、迎秋和迎冬都渐不复存在，而迎春发展为全国性的重要礼仪。见氏著《立春风俗考》，第36页。

根据弗雷泽的理论，人们在解释世界的过程中产生了巫术、宗教、科学三种路径，巫术和科学都给自然界以确定性，并试图对它的运作过程予以控制，但巫术是基于相似律、接触律等原始思维，而科学是基于对自然规律的正确把握；宗教则将希望诉诸人外力量，试图通过讨好神灵获得自己想要的结果。

在早期，巫术和宗教的手段往往是混合的，而在所有巫术与宗教交汇的地方，对植物和农业的盛大的季节性膜拜最为普遍。比如马其顿的农民为了促使小麦生长而把铁铲高高抛入空中，俄罗斯乡村姑娘在亚麻地里一边起劲地跳跃，一边喊道："亚麻亚麻快快长！"这都是以巫术的方式助长自然界的生长。西汉春季民间的社稷祭祀与官方的籍田礼则是以宗教的方式促进自然界生长。社稷祭祀本就是春季农事之初，旨在"求谷""祈农祥"而对社神、稷神进行的崇拜活动；籍田虽然以劝民务农为主要目的，但亦有"媚神"的目的：如前文引《汉旧仪》所言，亲耕前"官祠先农""祠以一太牢，百官皆从"，同时，从文帝、景帝所下诏书来看，皇帝亲耕籍田的收成主要也是用以"奉宗庙粢盛"，原昊、程玉华在《籍田礼中的农业神祇及祭祀乐歌考论》一文中指出，这是统治者"表明他对神祇的虔诚恭敬，希望诸神知晓祭祀所用的黍稷出自天子的亲自劳作"[①]。

2. 人之生长

春季激发的不仅仅是自然界的生命力，也是人的生命力，这便是为何西汉冠礼、昏礼多行于春季。

冠礼是中国古代的成人礼，郑玄《三礼目录》解释《礼记·冠义》篇得名即言"以其记冠礼成人之义"[②]，《冠义》对冠礼各项步骤进行说明，亦围绕"成人"主题："已冠而字之，成人之道也"[③]，

[①] 原昊、程玉华：《籍田礼中的农业神祇及祭祀乐歌考论》，《古籍整理研究学刊》2014年第2期。
[②] 朱彬撰，饶钦农点校：《礼记训纂》卷43《冠义》，第874页。
[③] 朱彬撰，饶钦农点校：《礼记训纂》卷43《冠义》，第874页。

"见于母,母拜之,见于兄弟,兄弟拜之,成人而与为礼也"①,"遂以挚见于乡大夫、乡先生,以成人见也"②。成人礼仪是范热内普笔下典型的过渡仪式,包含分离—边缘(阈限)—聚合三个阶段,整个过程含有对"死亡与复活"的呈现;中国的冠礼虽然更为平和,没有明显的生与死的象征意义,但《仪礼·士冠礼》记载将冠者在礼成前需独自位于东房三次更衣,可视为阈限期礼仪,礼成之后方可就宴,拜见母亲兄弟以及乡大夫、乡先生,重新加入人群,可视为聚合礼仪,整个过程亦具有过渡礼仪特征。③

成人礼的完成,标志着社会身份的成功转换,象征着个体第二次降生:"第一次降生,使他投身人间,而第二次降生,则让他进入社会。第一次降生之后,他属于他的母亲和女性亲眷,而第二次降生则让他长大成人,成为男儿和战士中的一员。"④《礼记·冠义》亦云:"成人之者,将责成人礼焉也。责成人礼焉者,将责为人子、为人弟、为人臣、为人少者之礼行焉。"⑤ 成人者从此便要以全新的身份进入社会,肩负起责任与义务。而在最具新生意义的春季实施完成新生的成人礼,是春季"生"之观念作用于人的显著体现。根据哈里森《古代艺术与仪式》,希腊春天举行的酒神颂也与成人礼有一定联系,酒神颂是歌颂酒神狄奥尼索斯的二度诞生而非首次诞生,狄奥尼索斯这个名号本身就意味着"青春之神"(Divine Young Man),是一位刚刚长大成人、具有全新社会地位的年轻人,⑥ 因此酒神颂大概也包含对成年礼的隐喻,可见在不同民族与文化中,将成年礼与春季相联系是普遍存在的。不过,将冠礼与正月相结合,实属西汉的创制,此前

---

① 朱彬撰,饶钦农点校:《礼记训纂》卷43《冠义》,第875页。
② 朱彬撰,饶钦农点校:《礼记训纂》卷43《冠义》,第875页。
③ 冠礼具体步骤,参见杨天宇《仪礼译注》,上海古籍出版社2004年版,第1—25页。汉代冠礼主要承袭周礼。
④ [英]哈里森(Jane Ellen Harrison):《古代艺术与仪式》,刘宗迪译,生活·读书·新知三联书店2008年版,第66页。
⑤ 朱彬撰,饶钦农点校:《礼记训纂》卷43《冠义》,第875页。
⑥ [英]哈里森:《古代艺术与仪式》,刘宗迪译,第64—72页。

并无先例，这与成熟于西汉的天人感应理论关系密切，后面将详细讨论。

昏礼行于春，更易理解。《通典》"嫁娶时月议"条载束皙言嫁娶之期，认为春季"盖一切相配合之时"①，大地春回时，万物都充满了原始的生命力、生殖力，正如李丰楙所言，"基于大地回'春'也能感应人的生命，因而古代凡与男女有关的也都在春天举行"②。前人对此问题多有讨论，尤其集中在有关上巳的研究中，③ 此处不再重复。值得一提的是，《金枝》中论述了两性关系对植物的影响，指出有些民族在春夏时进行性交活动，旨在以两性交媾的手段确保树木花草的生长繁殖，从而实现大地丰产。④ 这或许亦为中国早期于春季行嫁娶的原因之一，但在西汉的具体实践中，此类观念已无处可寻。

综合以上，西汉祭社稷、冠子等春季岁时活动是对普遍存在的"春季主生"观念的反映，在继承古老思想的同时，也在实际操作中显露出一定的理性精神。

（二）危险的过渡——以祓禊为例

以下着重讨论西汉春季岁时活动中的祓禊。

根据前文的分析，祓禊的主要目的是"除恶""祓妖邪""去疾"，而春季是关于生、生命、生长的季节，春季的众多活动都是基于"春季主生"的观念。这里的问题是：为什么在万物复苏的春天，还有"恶""疾""妖邪"的威胁，需要以祓禊的手段祛除？

张君《神秘的节俗》一书认为，中国古代春季节庆包含几组二元对立结构：驱走死亡之神，迎接生命之神；结束旧的生命，开始新的生命。⑤ 这也是流行于西亚的阿多尼斯仪式以及埃及的奥锡利斯仪

---

① 《通典》卷59 "嫁娶时月议"。

② 李丰楙：《由常入非常：中国节日庆典中的狂文化》，《中外文学》1999年第3期。

③ 陈久金、卢莲蓉：《中国节庆及其起源》，上海科技教育出版社1990年版，第76—88页。

④ [英] 弗雷泽（James George Frazer）：《金枝》，汪培基、徐育新、张泽石译，汪培基校，商务印书馆2013年版，第232—239页。

⑤ 张君：《神秘的节俗：传统节日礼俗、禁忌研究》，广西人民出版社2016年版，第95页。

式等春季复活节仪式共有的主题,① 春季祓禊、驱疫便相当于这类仪式中为摆脱死亡、死神而进行的活动。

这种分析有一定道理,但面对更多材料时则出现了问题:魏晋时人刘桢《鲁都赋》载:"素秋二七,天汉指隅,民胥祓禊,国于水嬉。"② 杜佑《通典》指出:"此用七月十四日也。"③ 这说明祓禊活动似乎并不单单于春季进行。明代张自烈在《正字通》中进一步总结:"禊有二。《论语》'浴乎沂',王羲之兰亭修禊事,此春禊也;刘桢《鲁都赋》'素秋二七,天汉指隅,人胥祓禳,国子水嬉',用七月十四日,此秋禊也。"④ 魏晋去汉不远,已有七月祓禊之行事,并被太史文在《中国中世纪的鬼节》一书中纳入本土宗教中的七月节庆,⑤ 则其俗自当有一定延续性,很可能两汉时期已有类似的风俗。七月处于夏秋之际,该月举行的祓禊显然难以用驱除死神、迎接生命之神复活来解释。胡新生在《中国古代巫术》中进一步指出,《周礼》所言"女巫掌岁时祓除衅浴",本就指每个季节都可用衅浴的方法祓除邪祟。⑥ 这样一来,对于西汉春季祓禊活动的观念来源,也应予以重新考虑。

在正式分析祓禊之前,先来看先秦秦汉时期两项与祓禊类似的活动——磔禳和改火。

1. 磔禳和改火:四时皆有邪祟

磔,《说文》言:"辜也"。段玉裁注:"凡言磔者,开也、张也,剒其胸腹而张之,令其干枯不收。"⑦ 《周礼·掌戮》"辜"下郑玄注:"辜之言枯也,谓磔之。"⑧ 《周礼·小子》"辜"下郑众注:

---

① 关于阿多尼斯仪式与奥锡利斯仪式,详见弗雷泽《金枝》,第542—551、592—605页。
② 《通典》卷55"祓禊"。
③ 《通典》卷55"祓禊"。
④ 张子烈:《正字通》卷7,清康熙二十四年清畏堂刻本。
⑤ 太史文:《中国中世纪的鬼节》,上海人民出版社2016年版,第23—24页。
⑥ 胡新生:《中国古代巫术》,山东人民出版社2005年版,第126—127页。
⑦ 段玉裁:《说文解字注》,上海古籍出版社1988年版,第237页。
⑧ 孙诒让撰,王文锦、陈玉霞点校:《周礼正义》卷69《秋官·掌戮》,第2877页。

"辜，谓磔牲以祭也。"① 故汪宁生认为，"磔"为破腹，"辜"指干枯，两者为同一杀牲方法之两个步骤。② 磔禳，指破裂牲体祭神以除不祥。关于磔禳，西汉史料无明确记载，唯《吕氏春秋·十二纪》《礼记·月令》《淮南子·时则训》载季春和季冬有两次磔禳活动，文句略同，此处以《礼记》为例：

（季春）命国难，九门磔攘，以毕春气。③
（季冬）命有司大难，旁磔，出土牛以送寒气。④

此外，《礼记·月令》等仲秋之月有"天子乃难，以达秋气"条目。⑤ 郑玄注曰："此月宿直昴毕，昴毕亦得大陵积尸之气，气佚则厉鬼亦随而出行，于是亦命方相氏帅百隶而难之。《王居明堂礼》曰：'仲秋九门磔禳，以发陈气，御止疾疫。'"⑥ 则仲秋或亦有磔禳活动。

郑玄对行于季春、季冬磔禳的注解与仲秋磔禳大致相似，亦认为它们与方相氏主持的大傩相关，目的在于驱逐不同时气产生的厉鬼疾疫。⑦ 对于"方相氏"，《周礼·夏官·方相氏》中有较为详细的叙述："方相氏掌蒙熊皮，黄金四目，玄衣朱裳，执戈扬盾，帅百隶而时难，以索室驱疫。"⑧ 根据郑玄注，"时难"指方相氏四时皆傩，以"难却凶恶"。⑨《汉旧仪》亦载方相氏一职："于是以岁十二月使方

---

① 孙诒让撰，王文锦、陈玉霞点校：《周礼正义》卷57《夏官·小子》，第2392页。
② 汪宁生：《古俗新研》，敦煌文艺出版社2001年版，第169页。
③ 朱彬撰，饶钦农点校：《礼记训纂》卷6《月令》，第238页。
④ 朱彬撰，饶钦农点校：《礼记训纂》卷6《月令》，第283页。
⑤ 朱彬撰，饶钦农点校：《礼记训纂》卷6《月令》，第263页。
⑥ 朱彬撰，饶钦农点校：《礼记训纂》卷6《月令》，第263页。
⑦ 郑注季春磔禳："此月之中，日行历昴，昴有大陵积尸之气，气佚则厉鬼随而出行，命方相氏帅百隶，索室殴疫以逐之，又磔牲以攘于四方之神，所以毕止其灾也。《王居明堂礼》曰：'季春出疫于郊，以攘春气。'"季冬磔禳："此月之中，日历虚、危，虚、危有坟墓四司之气，为厉鬼，将随强阴出害人也。旁磔，于四方之门磔禳也。"朱彬撰，饶钦农点校：《礼记训纂》卷6《月令》，第238、283页。
⑧ 孙诒让撰，王文锦、陈玉霞点校：《周礼正义》卷59《夏官·方相氏》，第2493页。
⑨ 孙诒让撰，王文锦、陈玉霞点校：《周礼正义》卷59《夏官·方相氏》，第2493页。

相氏蒙虎皮，黄金四目，玄衣丹裳，执戈持盾，帅百吏及童子而时傩，以索室中，而殴疫鬼。"① "常以正岁十二月命时傩，以桃弧、苇矢且射之，赤丸、五谷播洒之，以除疾殃。"② 此处"时傩"仅论冬季（十二月）之傩，其原因盖如孙诒让所言，"冬难礼最广，故举以证义"③。汉画像石中有不少方相氏的形象，汉画中还有许多凶猛的神怪，是表现打鬼辟邪的，或与方相氏主持的大傩亦相关。④

上述材料中没有涉及夏季，但《史记·封禅书》《汉书·郊祀志》都提到秦德公时"作伏祠。磔狗邑四门，以御蛊灾"⑤。服虔云："周时无伏，磔犬以御灾，秦始作之。"⑥ 此后，伏日观念为汉代所继承。《汉旧仪》载"伏日万鬼所行，故尽日闭，不干它事"⑦，《汉书·东方朔传》提到："伏日，诏赐从官肉。大官丞日晏不来，朔独拔剑割肉，谓其同官曰：'伏日当蚤归，请受赐。'"⑧《史记索隐》引《东观汉记》"和帝初，令伏闭昼日"⑨，则夏季伏日，在汉人观念中亦为厉鬼疾疫盛行之时，很可能一并继承了秦的磔禳活动以"御蛊灾"。

综合来看，先秦秦汉时期，官方于每季均举行一系列巫术仪式驱逐疫鬼，常由方相氏主持，磔禳是仪式之一。

再看改火。西汉关于改火的记载寥寥，最重要的当数甘肃张掖居延地区出土的汉简《元康五年诏书册》，该简记载了宣帝元康五年，御史大夫丙吉奏请夏至依时令行事，获批，诏令层层下达至张掖的情况。⑩ 丙吉所奏请的行事具体如下：

---

① 周天游点校：《汉官六种》，第104页。
② 周天游点校：《汉官六种》，第104页。
③ 孙诒让撰，王文锦、陈玉霞点校：《周礼正义》卷59《夏官·方相氏》，第2495页。
④ 中国画像石全集编辑委员会编：《中国画像石全集1》，山东美术出版社2000年版，第20页。
⑤ 《史记》卷28《封禅书》，第1360页。《汉书》文同。
⑥ 《史记》卷28《封禅书》，第1360页。
⑦ 周天游点校：《汉官六种》，第182页。
⑧ 《汉书》卷65《东方朔传》，第2846页。
⑨ 《史记》卷28《封禅书》，第1360页。
⑩ 邢义田：《治国安邦：法制、行政与军事》，第144页。

元康五年五月二日壬子日夏至，宜寝兵，大官抒井，更水火，进鸣鸡。谒以闻，布当用者。臣谨案：比原宗御者，水衡抒大官御井，中二千石、二千石令官各抒。别火官先夏至一日，以阴燧取火，授中二千石、二千石官在长安、云阳者，其民皆受，以日至易故火。庚戌寝兵不听事，尽甲寅五日。①

可以看出，诸行事中对改火的叙述较为详细。简文提到的别火官，《汉书·百官公卿表》将之与行人、译官皆列为大鸿胪属官，并言"武帝太初元年，更名行人为大行令，初置别火"②，《汉旧仪》亦有言："别火，狱令官，主治改火之事。"③ 若武帝时已置专人负责改火，则元康五年改火一事应不是偶然现象。而西汉改火是否均行于夏至，未可知。④

关于古代改火时间，前人已有较多讨论。除了《元康五年诏书册》所言夏至改火，现有文献记载的改火时间还有冬季和春季。⑤ 冬季改火见于《论语·阳货》："旧谷既没，新谷既升，钻燧改火，期可已矣。"⑥ 据汪宁生分析，当在秋末冬初。⑦《后汉书·礼仪志》载："日夏至，禁举大火，止炭鼓铸，消石冶皆绝止。至立秋，如故事，是日浚井改水；日冬至，钻燧改火云。"⑧ 与《论语》所言时间相近。春季改火或于春始，或于春三月，见于《管子》中《禁藏》《轻重己》

---

① [日] 大庭脩：《秦汉法制史研究》，林剑鸣译，上海人民出版社1991年版，第200—201页。
② 《汉书》卷19《百官公卿表》，第730页。
③ 周天游点校：《汉官六种》，第90页。
④ 庞朴《寒食考》认为"太初历重冬至，以冬至为一阳来复之期，相应地，改火的日子也从原来的季春大火昏见之时，改到了冬至太阳北归之日"，一说。参见庞朴《寒食考》，《民俗研究》1990年第4期。
⑤ 四时改火、五时改火之说，是将改火纳入阴阳五行系统，以较晚的思想附会较早的制度。参见汪宁生《古俗新研》，第147页；裘锡圭《寒食与改火——介子推焚死传说的研究》，《中国文化》1990年第1期。
⑥ 朱熹：《四书章句集注》，中华书局2012年版，第182页。
⑦ 汪宁生：《古俗新研》，第147页。
⑧ 《后汉书》志第5《礼仪中》，第2514页。

篇以及《周礼·秋官·司烜氏》《礼记·郊特牲》。① 关于改火的原因，《管子·禁藏》言"去兹毒也"，同书《轻重己》言"所以寿民也"，《周礼·夏官·司爟》言"救时疾也"，皆与除疾除恶有关。

《金枝》中记载的欧洲从古代延续至近代的篝火节习俗亦与改火关系密切，复活节前夕的天主教国家、五月朔期间的苏格兰地区以及仲夏节期间的巴伐利亚，都有灭旧火、生新火的活动，② 弗雷泽总结道，"最常见的点燃篝火的时间是春天和夏天，有些地方也在秋末或冬天举火"③，并指出这些篝火节活动的起因是人们认为"火有利于庄稼生长、人畜兴旺，或积极促进，或消除威胁他们的雷电、火灾、霉、虫、减产、疾病以及不可轻视的巫法等等"④，这些都与中国改火活动类似。

总的来看，改火主要行于春、夏、冬三季，目的与磔禳相近，亦在于祓除不祥、疾疫。

通过对磔禳、改火的分析，可以发现，在古人的观念里，一年四季皆会产生"恶""疾""妖邪"，需要施行诸如磔禳、改火的巫术仪式进行辟除。祓禊行于春、秋二季，旨在祓除不详，与磔禳、改火在形式、目的上十分接近，应当亦属于这类巫术。

2. 祓禊与自然时间过渡

现在需要明确的是"四时皆有邪祟"的观念因何而生。萧放在《岁时》中指出，在古人看来，"几乎每一个节气点，都是情绪紧张的禁忌时刻"⑤，"过节与度厄在他们那里是融为一体的"⑥，节庆传

---

① 《管子·禁藏》"当春三月，萩室熯造，钻燧易火，抒井易水，所以去兹毒也。"《管子·轻重己》："教民樵室钻燧，谨敉泄井，所以寿民也。"参见《管子校注》卷17、24，第1006、1529页。《礼记·郊特牲》："季春出火，为焚也。"参见朱彬撰，饶钦农点校《礼记训纂》卷11，第393页。

② ［英］弗雷泽：《金枝》，汪培基、徐育新、张泽石译，汪培基校，第953—954、959、966—967页。

③ ［英］弗雷泽：《金枝》，汪培基、徐育新、张泽石译，汪培基校，第946页。

④ ［英］弗雷泽：《金枝》，汪培基、徐育新、张泽石译，汪培基校，第991页。

⑤ 萧放：《岁时》，第95页。

⑥ 萧放：《岁时》，第118页。

达出的更多是时间转换阶段的危机意识。他认为，这是因为古代生产力水平低下，人们对自然的依赖程度大，而自然变幻莫测，人们缺乏信心、充满焦虑，因此在每一转换性节点上，都要采取或主动或消极的措施防止灾病的发生。① 其言可从。古人面对时间转换的这种"危机意识"，亦可以部分借用范热内普的过渡礼仪理论来解释。

过渡礼仪发生在人的状态发生变化时，如特纳所言，这种状态是比地位或职位更加广泛的概念，指的是任何为文化所承认的稳定的或复现的状况。② 状态变化必然干扰社会和个人生活，过渡礼仪便旨在减弱其害处，使个体能够从一确定的境地顺利过渡到另一同样确定的境地。

范热内普特别指出，过渡礼仪不仅仅就人生礼仪而言，因为任何个体和社会都无法独立存在于宇宙之外，而"宇宙同样包括诸多过渡时刻、进程以及相对安暇之阶段"③。宇宙的周期性体现于人类生活，因而在自然时间发生过渡时，整个人群不可避免地随之一起处于宏观上的阈限期。阈限期的特征是不确定、模棱两可、神圣与危险并存，处于阈限期的人，如怀孕期的妇女、入会仪式中的新员，往往被视为处于不正常和危险状态。④ 同样，人们相信月令、季令、年令等过渡时期也是危险的时刻，邪祟与灾病多发，处于阈限期的人们，需要采取种种活动趋福避祸。

袚禊、改火、磔禳发生的时间，大多位于自然时间的过渡阶段：袚禊可行于春正月、春三月、秋七月，分别为冬春、春夏、夏秋的季令过渡。改火可行于春始、春三月、夏至与冬至，前二者是季令过渡，后二者是节气过渡。磔禳可行于季春、季冬、伏日、仲秋，季春、季冬为季令过渡；伏日，颜师古言"三伏之日"也，为一年之

---

① 萧放：《岁时》，第96页。
② [英]特纳：《模棱两可：过关礼仪的阈限时期》，史宗主编：《20世纪西方宗教人类学文选》（下），金泽等译，第513页。
③ [法]阿诺尔德·范热内普：《过渡礼仪》，张举文译，商务印书馆2010年版，第4页。
④ [法]阿诺尔德·范热内普：《过渡礼仪》，张举文译，第34、85页。

中最炎热的时期，亦属于两段正常时日之间的"过渡期"；唯仲秋意义不详，但据《王居明堂礼》，仲秋磔禳目的是"发陈气，御止疾疫"，在这里陈与新之间也可形成时间上的过渡。

这种时间过渡期邪祟多发的观念非中国独有，巴赫金指出，"节庆活动在其历史发展的所有阶段上，都是与自然、社会和人生的危机、转折关头相联系的。死亡和再生、交替和更新的因素永远是节庆世界感受的主导因素。"① 这里的死亡与再生，指的是过渡礼仪意义上从一种状态转化为另一种状态的"死亡与再生"，适用于所有处于时间过渡期的节日，而非仅限于冬春之际，只象征冬之死亡与春之再生。《中国节庆及其起源》一书介绍，白族、土家族、彝族、哈尼族和羌族一年有冬夏两个新年，瑶族、布依族、毛南族的新年在夏季，而傣族、水族则在秋季，迎接新年大多伴随着以水、火祓禳的仪式。② 这些活动的举行都无法用冬之死亡与春之新生解释，而更可能源于时间过渡的危机意识。也正是在这个意义上，西汉春季的祓禊拥有与籍田礼、冠礼、昏礼等活动不同的观念来源。

三　西汉春季岁时活动中的特殊观念

西汉春季岁时活动包含了"春季主生长""过渡期邪祟多发"的普适性观念，但亦有与其他民族不同的观念，反映了西汉时人对季节与月份的特殊认识。这种认识源自战国中后期以来知识界以阴阳五行理论对四时进行的新解释，至西汉臻于成熟。

（一）阴阳五行理论对四时的新解释

战国中后期，社会激烈变革，新兴阶层要求与即将出现的政治大

---

① ［苏］巴赫金：《拉伯雷研究》，李兆林等译，河北教育出版社1998年版，第10—11页。
② 陈久金、卢莲蓉：《中国节庆及其起源》，第34—46页。

一统相配套的思想上的统一，学术文化亦出现了融合的趋势。思想融合的表现之一，在于知识界普遍尝试建立一套整饬有序、包罗万象的宏大宇宙图式，用以解释万物构造及变化法则。如葛兆光所言，"自然、社会与人已经被包容在一个由'一'（道、太极、太一）、'二'（阴阳、两仪）、'三'（三才）、'四'（四象、四方、四时）、'五'（五行）、'八'（八卦）、'十二'（十二月）乃至'二十四'（节气）等等构成的数字化的网格中"①。而四时作为这一宇宙图式的重要组成部分，亦被予以新的阐释。

自战国时期，人们开始根据四时不同气候，总结出"春生夏长秋收冬藏"的不同特点，如《管子·四时》："春赢育，夏养长，秋聚收，冬闭藏。"②《逸周书·周月解》："万物春生、夏长、秋收、冬藏，天地之正，四时之极，不易之道。"③《淮南子·本经训》："四时者，春生夏长，秋收冬藏，取予有节，出入有时，开合张歙，不失其叙，喜怒刚柔，不离其理。"④《淮南子·主术训》："甘雨时降，五谷蕃植，春生夏长，秋收冬藏，月省时考，岁终献功，以时尝谷，祀于明堂。"⑤《史记·太史公自序》："夫春生夏长，秋收冬藏，此天道之大经也，弗顺则无以为天下纲纪，故曰'四时之大顺，不可失也'。"⑥四时的自然特点得到整饬，并开始上升到"道""理"的高度。

在此基础上，知识阶层进一步尝试以盛行于战国秦汉之际的阴阳五行理论解释四时特点。徐复观指出，"阴阳之气的性格及作用，这是通过人对四时气候所得的感受，及四时对万物生存所发生的作用而加以把握的。在今日看，实际是把四时的气候套向假设的阴阳身

---

① 葛兆光：《中国思想史》（第1卷），复旦大学出版社2013年版，第195页。
② 黎翔凤撰，梁运华整理：《管子校注》卷14《四时》，第847页。
③ 黄怀信、张懋镕、田旭东：《逸周书汇校集注》卷6《周月解》，上海古籍出版社2007年版，第579页。
④ 何宁：《淮南子集释》卷8《本经训》，中华书局1998年版，第584页。
⑤ 何宁：《淮南子集释》卷9《主术训》，第609—610页。
⑥ 《史记》卷130《太史公自序》，第3290页。

上去；但在当时，则以为这是由阴阳的真实存在，发而为四时的气候及其作用。"①《管子·形势解》言："春者阳气始上，故万物生。夏者阳气毕上，故万物长。秋者阴气始下，故万物收。冬者阴气毕下，故万物藏。故春夏生长，秋冬收藏，四时之节也。赏赐刑罚，主之节也。四时未尝不生杀也，主未尝不赏罚也"②，明确指出春夏秋冬生养收藏的特点为阴阳二气的运动所致。同书《四时》云"阴阳者，天地之大理也。四时者，阴阳之大径也。刑德者，四时之合也"③，而《淮南子·原道训》提到大丈夫"以四时为马，以阴阳为御"④，都将四时变化与阴阳消长联系起来。另外，五行学说也尝试以"五行配物"的方式对四时进行描述。五行配物即"把事物及其属性分成五类，一概配属于水、火、金、木、土名下"⑤，这种配合虽在一定程度上基于对自然事物的合理分类，但更多的只是牵强附会，缺乏根据。在此思路下，春夏秋冬都与特定的时间、方位、色彩、数目等产生关联，比如春与木、东方、青色，夏与火、南方、红色等，构成不同的象征群。

阴阳五行对四时的新解释，广泛体现于战国之后的社会生活。除了知识阶层的记载，秦汉日书、时令书等反映普通人日常生活的资料亦有所反映。尤其是其中五行配物的部分，据刘乐贤分析，睡虎地秦简《日书》甲种"帝篇"以春三月的庚辛、夏三月的壬癸、秋三月的甲乙、冬三月的丙丁叫作四废日，认为其日不可建筑房屋，四废指月的五行与日干的五行相克，由此反推，则四季与五行的搭配必为春木、夏火、秋金、冬水。⑥ 而西汉春季迎春礼的歌《青阳》、服饰尚青，则是岁时活动中以五行配四时的具体呈现。

---

① 徐复观：《两汉思想史》（二），九州出版社2014年版，第31页。
② 黎翔凤撰，梁运华整理：《管子校注》卷20《形势解》，第1168页。
③ 黎翔凤撰，梁运华整理：《管子校注》卷14《四时》，第838页。
④ 何宁：《淮南子集释》卷1《原道训》，第18页。
⑤ 胡新生：《中国古代巫术》，第22页。
⑥ 刘乐贤：《睡虎地秦简日书研究》，台北：文津出版社1994年版，第434页。

(二) 顺时行事与依月令行事

阴阳、五行为"天地之大理",经阴阳、五行的解释,四时特性愈发成为天道的重要体现,而在中国古代的思想世界中,天道与人事密切相关。上文可见,《管子》便将刑德、赏罚与四时生养收藏的特点联系在一起,认为特定的人事需行于特定的季节,到了《吕氏春秋·十二纪》纪首,更在阴阳五行配合的框架之下,本着春夏生养主赏赐、秋冬收藏主刑罚的思路,将人事活动依其特性系统安排入四时十二月之中,以月令的形式呈现,作为指导具体行为的准则。如此一来,顺时行事、依月令行事便是顺应天道,体现了"法天"的政治原则,昭示了帝王与天的圆满关系。

这种观念深刻影响了西汉的政治实践：高祖时,陈平认为丞相职责是"上佐天子理阴阳,顺四时,下遂万物之宜"[1];宣帝曾以"未能章先帝休烈,协宁百姓,承天顺地,调序四时"[2]自责;宣帝丞相魏相"数表采易阴阳及明堂月令奏之"[3],并奏请"选明经通知阴阳者四人,各主一时,时至明言所职,以和阴阳"[4],使诏令得以"合当时";元帝初元三年六月下诏,明确提出"毋犯四时之禁"[5];成帝阳朔二年春下诏批评"公卿大夫或不信阴阳,薄而小之,所奏请多违时政"[6],敦促"其务顺四时月令"[7];哀帝时李寻亦奏言:"故古之王者,尊天地,重阴阳,敬四时,严月令。顺之以善政,则和气可立致,犹枹鼓之相应也。今朝廷忽于时月之令,诸侍中尚书近臣宜皆令通知月令之意,设群下请事;若陛下出令有谬于时者,当知争之,以顺时气。"[8]

---

[1]《汉书》卷40《张陈王周传》,第2049页。
[2]《汉书》卷8《宣帝纪》,第253页。
[3]《汉书》卷74《魏相丙吉传》,第3139页。
[4]《汉书》卷74《魏相丙吉传》,第3140页。
[5]《汉书》卷9《元帝纪》,第284页。
[6]《汉书》卷10《成帝纪》,第312页。
[7]《汉书》卷10《成帝纪》,第312页。
[8]《汉书》卷75《眭两夏侯京翼李传》,第3188页。

其中"依月令行事"的观念在西汉影响尤大，徐复观指出，"两汉思想家，几乎没有一个人没有受到十二纪纪首——《月令》的影响，这里特别提到它在政治上的影响"①，比如《汉书》记载，成帝建昭三年，汉军诛匈奴郅支单于，甘延寿、陈汤上疏请悬单于首级"槁街蛮夷邸间"以示汉威，丞相匡衡、御史大夫繁延寿反对，理由便是"《月令》春'掩骼埋胔'之时"②。可见，月令作为"顺时行事"思想的具体化呈现，有时自身会抽象成固定的标准，"依月令"便代表"顺时"。

顺时、依月令受到格外的重视，四时行事皆需"与元同气"，才能成就理想政治。基于此，昏礼、籍田、射礼等活动行于春季，从观念上讲，除了顺应春季自然特点外，亦因为这些活动本身与春季的时节性质相合，施行之，是人道对天道的呼应，也是德政的体现。

春季行昏礼，郑玄注《周礼·地官·媒氏》言："中春，阴阳交，以成昏礼，顺天时也。"③《白虎通·嫁娶》亦言："春者，天地交通，万物始生，阴阳交接之时也。"④陈立《疏证》进一步解释："其篇义云嫁娶以春，阳气始生，万物嫁娶亦为生类。"⑤如此，人间的嫁娶便因与春季阴阳相交、阳气始生的性质相合，而堪称"得时"。同样，元帝建昭五年春三月下诏言春季"百姓勤力自尽之时也"⑥，令官吏劳农劝民，无使后时；盐铁会议上大夫言县官春季亲耕以劝农，"使民务时也"⑦，皆强调农耕应当得时。而据《汉书·五行志》《白虎通·乡射》，天子春季行射礼是为了"顺阳气"⑧，"助阳气达万物"⑨，也与春的时节性质密切相关。这种对"顺时""合天道"的

---

① 徐复观：《两汉思想史》（二），第60页。
② 《汉书》卷70《傅常郑甘陈段传》，第3015页。
③ 孙诒让撰，王文锦、陈玉霞点校：《周礼正义》卷26《地官·媒氏》，第1040页。
④ 陈立撰，吴则虞点校：《白虎通疏证》卷10《嫁娶》，第466页。
⑤ 陈立撰，吴则虞点校：《白虎通疏证》卷10《嫁娶》，第467页。
⑥ 《汉书》卷9《元帝纪》，第296页。
⑦ 桓宽撰，王利器校注：《盐铁论校注》卷6《授时》，第430页。
⑧ 《汉书》卷27《五行志》，第1458页。
⑨ 陈立撰，吴则虞点校：《白虎通疏证》卷5《乡射》，第242页。

追求，也是区别西汉与其他民族春季活动的关键。

（三）超越四时："凡岁之要，在正月也"

西汉春季岁时活动涵盖正月、二月和三月，其中正月比较特殊，既可从季节的角度看作孟春，又可从年岁的角度看作岁首，且正月作为岁首的意义大于作为孟春的意义。因此，对于西汉行于春正月的活动，有必要超越四时的意义范畴，而以岁首的意义去理解。

"正月"是春秋公羊学的一个重要命题，在经学史上地位显要。作为公羊学大家，董仲舒对于正月亦有自己的理解。他指出，"四时等也，而春最先。十二月等也，而正月最先。德等也，则先亲亲。"① 春为天之所施，正月为春之首、岁之始，在自然意义上便具有优越性。但更重要的是，正月与王道、王政亦相关。董仲舒在《三代改制质文》中解释"王正月"道："王者必受命而后王。王者必改正朔，易服色，制礼乐，一统于天下，所以明易姓，非继人，通以己受之于天也。王者受命而王，制此月以应变，故作科以奉天地，故谓之王正月也。"② 这样一来，正月既作为岁首，又由受命之王所改定，与王者一统的意义相通，从而有了"上承天而下属于王的双重意义"③。董仲舒进一步说明："正者，正也，统致其气，万物皆应，而正统正，其余皆正，凡岁之要，在正月也。法正之道，正本而末应，正内而外应，动作举错，靡不变化随从，可谓法正也。"④ 至此，正月已上升为一种"正统"、准则，可以由此正人伦纲纪，推王道。也正是在这个意义上，"凡岁之要，在正月也"，重大的政治活动也应多发于正月。

前文言及，冠礼行于正月首见于西汉，这种全新的创制，显然受"凡岁之要在正月"观念影响。但此前的《夏小正》中却有"二月冠

---

① 苏舆：《春秋繁露义证》卷9《观德》，中华书局1992年版，第272页。
② 苏舆：《春秋繁露义证》卷7《三代改制质文》，第185页。
③ 徐复观：《两汉思想史》（二），第329页。
④ 苏舆：《春秋繁露义证》卷7《三代改制质文》，第197页。

子娶妇"的说法，很可能在西汉之前，冠礼已施行于春季某一阶段，西汉时因以正月为举大事之月，故冠礼固定于春季正月进行。因此，西汉春季岁时活动中的冠礼，应一方面继承了春季主生的普遍观念，另一方面融合了西汉关于"正月"的独特思想，呈现出丰富的内涵。

结　论

西汉文献中记载的行于春季的巫术、礼仪、祭祀活动，有籍田礼、迎春礼、冠礼、昏礼、射礼、社稷祭祀、祓禊等七项。西汉春季岁时活动中对季节的普遍认识较为原始和初级，而关于四时的特殊认识则反映了在东周"枢轴时代"（未必如雅斯贝斯所言具有"综合年代学"意味，但确实存在某种理性的超越）影响下，汉帝国全新"政治文化"基础上建立的文化思想的精微。自《吕氏春秋》起，一个前所未见的具体、完整而统一的宇宙观逐渐建立起来，四时行事与天道、王道联系起来，深刻影响了此后的政治实践。岁时文化作为此中极为特殊的文化体系，不仅具有思想史、文化史、民俗研究的重大意义，更深刻沟通了帝国体制下的"俗"与"制"，表现出人与自然和宇宙秩序、人与社会、人与人的内在联系，对稽考中古以后中国社会的阶层流动、农业地理、民族结构，也有内在的推动。这远非本文的讨论范围所可涵盖，但无疑是一个很有意义的研究课题，希冀得到学界的关注。

（本文原载《齐鲁学刊》2022 年第 6 期）

从自然神到灾异符号
——先秦两汉虹观念的变迁

虹，古代又称蝃（螮）蝀，多出现于夏季雨后和太阳相对的方向，由外圈至内圈呈现出红橙黄绿青蓝紫七色。作为自然气象现象的虹在古人眼中美丽而神秘，很容易对它的本质、成因、作用、意义进行种种猜测和推断，从而使之由单纯的自然现象转变为具有自然、文化双属性的象征符号。从先秦到两汉，虹在人们心中由原始文化中普遍存在的"龙蛇"自然神转变为天人感应系统下的灾异符号，并在后世一直保持着这一负面形象。本文主要依据先秦两汉有关虹的文献记载，考察虹观念在先秦两汉不同阶段的具体情况，尝试从宏观上把握虹观念的逻辑发展过程；在此基础上进一步将文献与理论结合，借助古代天学以及思想史、哲学史方面的知识，探索虹观念变迁背后先秦两汉思想文化的演化脉络。

一 先秦两汉关于虹的自然气象知识

虹首先是一种自然气象现象，因此古人的虹观念必然包含关于虹的自然知识，作为一系列相关观念的基础。这些自然知识主要包括虹的位置、出现时间、颜色以及引发的天气现象。

康殷在《文字源流浅说》中记录了与中晚期甲骨文大致同时的

铜器中关于虹的图形刻画，图形的正中竖立着一个"工"字符，"工"的左边是太阳，右边是一条蛇，用以代指虹形，对此康殷指出，"当时人们已充分了解虹霓出现于与日相对的方向"①。《诗经·鄘风·蝃蝀》有这样两句："蝃蝀在东，莫之敢指。"②"朝隮于西，崇朝其雨。"③"蝃蝀"为古代虹的别称，"隮"义为升，则后一句则可以理解为早上虹从西方升起，④正与太阳方向相对。汉代刘熙《释名》对虹解释道"其见每于日在西而见于东"⑤，蔡邕《月令章句》亦曰："虹……常依阴云而昼见于日冲，无云不见，太阴亦不见，见辄与日相互，率以日西见于东方。"⑥可见，虹与日方向相对这一认识来源久远，且在先秦两汉人们的观念中得到普遍认可。

虹的出现时间主要记载于先秦两汉的月令文献如《礼记·月令》《吕氏春秋·十二纪》《淮南子·时则训》《逸周书·时训解》。⑦《礼记·月令》云："季春之月……桐始华，田鼠化为鴽，虹始见，萍始生。"⑧"孟

---

① 康殷：《文字源流浅说》，荣宝斋1979年版，第382页。
② （汉）毛亨传，（汉）郑玄笺，（唐）孔颖达疏：《毛诗正义》卷3《鄘风·蝃蝀》，北京大学出版社2000年版，第241页。陈梦家《殷虚卜辞综述》认为"蝃蝀为午后之虹，日在西而虹见于东（蝀字从东源此）"，并引上文所引蔡邕《月令章句》、刘熙《释名·释天》对虹的描述为证。袁珂《山海经校注》、丁山《古代神话与民族》亦释此句蝃蝀为暮虹。果如此，则"蝃蝀在东"一句同样可以显示时人对虹的方位的正确认识。
③ （汉）毛亨传，（汉）郑玄笺，（唐）孔颖达疏：《毛诗正义》卷3《鄘风·蝃蝀》，第241页。
④ 对于隮，一般有"上升"和"虹"两种解释，其中"上升"为其本义。对于《周礼·春官》眡祲所掌"十煇"之中的"隮"，郑众释为"升气"，郑玄释为"虹"；而在《毛诗正义》中，郑玄释"朝隮于西"之"隮"为升，孔颖达谓"言升气者，以隮，升也，由升气所为，故号虹为隮"。刘熙《释名·释天》释虹曰"见于西方曰升，朝日始升而出见也"。可见，"隮"的"上升""虹"二义密切相关，且后者是由前者推衍而来，故笔者将此句中的"隮"仍解释为"升"。
⑤ （清）王先谦：《释名疏证补》卷1《释天》，上海古籍出版社1984年版，第42页。
⑥ （清）王先谦：《释名疏证补》卷1《释天》，第42页。
⑦ 关于先秦两汉的月令文献，虽然不少专家学者都曾考证并认为它们属于战国末期阴阳五行家的作品，并且基本上是以《礼记·月令》为底本转相抄用的，但文献中的物候和天文、农时知识确是长期生产生活经验的结晶，必定来历很古老。《礼记·月令》中的物候知识基本上沿袭自《夏小正》，而《夏小正》以及同类的《豳风·七月》《山海经》都保存了很古老的物候知识，这些文献显然在五行说出现之前就存在了。
⑧ （清）朱彬撰，饶钦农点校：《礼记训纂》卷6《月令》，中华书局2011年版，第233页。

冬之月……水始冰，地始冻，雉入大水为蜃，虹藏不见。"①《吕氏春秋》《淮南子》与之记载完全相同，《逸周书·时训解》则将虹开始出现与消失的时间进一步明确为清明和小雪节气，内容亦大体相同。②另外，《山海经·海外东经》中亦有关于虹的记载，刘宗迪指出，《山海经》的《海外经》《大荒经》都是缘月令古图以为文，并根据虹"在《海外东经》中处于靠近东南隅的位置"③，推测"于图中当属三月之位"④，这也可以与《礼记·月令》等关于虹的出现时间相印证。

虹的颜色集中见于汉代及以后的文献记载，多与蜺或霓并提。郭璞《尔雅音义》云："虹双出，鲜盛者为雄，雄曰虹；暗者为雌，雌曰蜺。"⑤蔡邕《月令章句》曰："虹见有青赤之色。"⑥许慎《说文解字》释霓："屈虹青赤，或白色，阴气也。"⑦高诱注《淮南子》："虹者，杂色也。"⑧《逸周书汇校集注》引陈逢衡："虹也者……其物青红二气相抱。"⑨《方言笺疏》云："虹青赤色谓之霓。"⑩可以看出，最迟在汉代，人们已经观察到虹色杂，并主要以赤（红）、青二色来概括虹的整体色彩。

先秦两汉时期，人们在日常生活中亦发现虹的出现与晴、雨以及

---

① （清）朱彬撰，饶钦农点校：《礼记训纂》卷6《月令》，第272页。
② 《逸周书·时训解》每节后半部分多了自然现象反常所引起的灾异，关于虹的则有"虹不见，妇人苞乱"以及"虹不藏，妇不专一"。据周玉秀考证，《时训解》的这种情况与谶纬之学有相通之处，因此后半部分是汉人对先秦时令的训解，此说可从。参见氏著《〈逸周书〉的语言特点及其文献学价值》，转引自王锷《〈礼记〉成书考》，中华书局2007年版，第274页。
③ 刘宗迪：《失落的天书——〈山海经〉与古代华夏世界观》，商务印书馆2006年版，第314页。
④ 刘宗迪：《失落的天书——〈山海经〉与古代华夏世界观》，第314页。
⑤ （清）郝懿行：《尔雅义疏》卷中之四《释天》，上海古籍出版社1983年版，第757页。
⑥ （清）王先谦：《释名疏证补》卷1《释天》，第42页。
⑦ （汉）许慎：《说文解字》，中华书局2014年版，第242页。
⑧ 刘文典撰，冯逸、乔华点校：《淮南鸿烈集解》卷3《天文训》，中华书局2013年版，第101页。
⑨ 黄怀信、张懋镕、田旭东撰，黄怀信修订，李学勤审定：《逸周书汇校集注》卷6《时训解》，上海古籍出版社2007年版，第589页。
⑩ （清）钱绎撰集，李发舜、黄建中点校：《方言笺疏》，中华书局1991年版，第378页。

由此引发的水旱灾害有密切关系。前文所列有关虹的方位与太阳方位的记载，《诗经·鄘风·蝃蝀》"朝隮于西，崇朝其雨"一句，以及久旱求雨的雩祭与《尔雅》所记载虹别名为"雩"的巧合，① 都表明了人们对虹的这一认识。相对于虹的位置、时间、颜色，虹与天气的关系给人们生产、生活带来直接影响，观察、认识虹从而具有了重要意义。对于古代农耕社会而言，大自然的节律不仅规定了老百姓生产和生活的节律，也制约着国家政治、经济、文化活动的节律，自然律与道德律是紧密结合的。因此，关于虹的自然认识除了本身为农业生产及社会生活服务之外，更为虹观念在文化方面的进一步生发奠定了基础。

二 自然崇拜：龙蛇、饮水与禁忌

虹观念逻辑上的第一个阶段产生于自然崇拜背景下。自然崇拜阶段的人们信仰"万物有灵"，中国也不例外。《左传·昭公元年》记载："山川之神，则水旱疠疫之灾于是乎禜之；日月星辰之神，则雪霜风雨之不时，于是乎禜之。"②《礼记·祭法》亦记载："埋少牢于泰昭，祭时也。相近于坎坛，祭寒暑也。王宫，祭日也。夜明，祭月也。幽宗，祭星也。雩宗，祭水旱也。四坎坛，祭四方也。山林、川谷、丘陵能出云，为风雨，见怪物，皆曰神。有天下者祭百神。"③在人们认为有灵的事物中，各种天象是其中的重要部分，正如陈来所说，"人们往往把天象的变化视为神灵的作为，体现了神灵对人类行为的某种态度"④，虹作为天象之一，亦被人们以万物有灵的思想来认识。

---

① （清）郝懿行：《尔雅义疏》卷中之四《释天》，第757页。
② 杨伯峻：《春秋左传注》，中华书局2014年版，第1219—1220页。
③ （清）朱彬撰，饶钦农点校：《礼记训纂》卷23《祭法》，第692页。
④ 陈来：《古代思想文化的世界》，生活·读书·新知三联书店2009年版，第70页。

由于虹的形状特征，各民族起初普遍以之为龙蛇类动物。先秦两汉时，虹在人们观念中具体为两头龙或两头蛇。在文字符号中，"虹"字最早就以龙蛇形象呈现，如前文提到的康殷《文字源流浅说》所录虹图。甲骨文中，陈梦家考定"卜辞所谓虹字三见，作🙶"①，像两头龙蛇张口之貌。《说文解字》云："虹，螮蝀也。状似虫。"② 段玉裁进一步注道："虫者，它也。虹似它，故字从虫。"③ 而在说文"它"字下，许慎释曰："它，虫也。从虫而长，象冤曲垂尾形。上古艹居患它，故相问无它乎。"④ 故它、虫，在古代都指蛇，虹似虫即似蛇。"虹为两头龙蛇"在其他文献、文物中亦有体现。《山海经·海外东经》记载："虹虹在其北，各有两首。"⑤ "虹虹"郭璞注"音虹"，今人袁珂谓"即虹字之别写"。先秦两汉的很多绘画雕刻中，虹的形象也为两头龙蛇。⑥

虹在人们心中被具化为龙蛇，虹的出现则被具化为龙蛇饮水的行为，因此由"虹为龙蛇"观念很容易生发出"虹饮水"观念。在甲骨卜辞中，关于"虹"的记载多与"饮于河"相连，如甲骨文一期合集一〇四〇五反："王占曰：有祟。八日庚戌，（有）各（格）云自东，母（毋）㞢，有出虹自北，饮于河。"⑦《释名·释天》言虹"其见每于日在西而见于东，啜饮东方之水气也"⑧，《汉书·武五子传》记载"是时天雨，虹下属宫中，饮井水，井水竭"⑨，后世如《穷怪录》《梦溪笔谈》等文献记载的虹饮水故事亦可为证。

---

① 陈梦家：《殷虚卜辞综述》，中华书局1988年版，第242—243页。
② （汉）许慎：《说文解字》，第282页。原文为繁体"虫"。
③ 许慎撰，段玉裁注：《说文解字注》，上海古籍出版社1981年版，第673页。段玉裁注"虫"作"虫"，并云"各本作虫，今正"。
④ （汉）许慎：《说文解字》，第285页。
⑤ 袁珂校注：《山海经校注》，上海古籍出版社1980年版，第255页。
⑥ 参见牛天伟《试论汉代绘画中的虹神形象及其功能》，《古代文明》2007年第1期。
⑦ 转引自晁福林《说殷卜辞中的"虹"——殷商社会观念之一例》，《殷都学刊》2006年第1期。
⑧ （清）王先谦：《释名疏证补》卷1《释天》，第42页。
⑨ 《汉书》卷63《武五子传》，中华书局1962年版，第2757页。

郭沫若在《卜辞通纂》中甚至指出，"吾蜀乡人至今犹有虹有首饮水之说"①，足见此观念流传之久远。

虹饮水一方面可能为"准备下次降雨之用"②，另一方面则可能导致河水枯竭，因此虹既可被视作雨神，③ 又可被视作旱神。④ 而无论当时人们以虹为雨神或旱神，都预示着自然崇拜视野中作为龙蛇自然神的虹拥有致水旱的巨大威力，对主要依赖农业的殷人生活造成重要影响，因而引起极大的敬畏以致恐惧，甚至将虹的出现视为不祥。比如前面所讲的关于虹的卜辞，占辞云"有祟"，而验辞则为"出虹"，显然将虹的出现作为凶兆。晁福林《说殷卜辞中的"虹"——殷商社会观念之一例》进一步补充两条卜辞"庚寅卜……虹，惟年""庚寅卜……虹，不惟年"，指出虹为不祥，主要是因为"殷人认为虹的出现可能影响年成丰歉"⑤。在以农为本的古代中国，这种敬畏和恐惧必将持续存在，其最突出的体现是形成了流传久远的虹禁忌，⑥ 即《诗经·鄘风·蝃蝀》中记录的"蝃蝀在东，莫之敢指"。直到今天，青海、东北、内蒙古等不少地区依然存在不能指虹的禁忌，认为手指会烂，这是对虹的自然崇拜最鲜活的证明。

以上所述"虹为龙蛇"以及与之相关的"虹饮水""虹致水旱""不能指虹"，构成了自然崇拜下的虹观念群，体现了人类面对以虹为代表的自然力量时的畏惧心理。

---

① 郭沫若：《卜辞通纂》，科学出版社1983年版，第388—389页。
② 郭沫若：《卜辞通纂》，第388—389页。
③ 何星亮：《中国自然神与自然崇拜》，生活·读书·新知三联书店1995年版，第299页。
④ 丁山：《古代神话与民族》，商务印书馆2005年版，第226页；杜小钰：《试论殷墟卜辞中的"虹"——殷人农业中的旱神》，《中国农史》2010年第4期。
⑤ 晁福林：《说殷卜辞中的"虹"——殷商社会观念之一例》，《殷都学刊》2006年第1期。
⑥ 关于虹禁忌的来源，亦有可能和对"两头蛇"的惧怕有关系。刘向《新序》录有孙叔敖杀两头蛇的故事："孙叔敖为婴儿之时，出游，见两头蛇，杀而埋之，归而泣。其母问其故，叔敖对曰：'闻见两头之蛇者死，向者吾见，恐去母而死也。'"《列女传》《新语》记载亦大致相同。

三 天学知识：阴阳交而成虹

早期关于虹的自然崇拜和神话反映了古人对虹的关注，春秋战国时期，人们开始尝试以天学知识对虹进行理性建构。葛兆光在《中国思想史》中指出，春秋战国时期的"六艺"中，除了实用性的政治、经济、军事技术之外，"最重要的精神性知识大约仍然是殷周时代沿袭下来的，历算与星占为主的天象之学、龟策为主的预测之学、象征为主的仪礼之学"[①]，可见天学知识在春秋战国时期具有重要地位。

在自然崇拜阶段，人们完全处在实体观的范围之内，"太阳、月亮和群星都是栩栩如生的神圣物，然而它们是个体性的事物，被赋予非常确定的独特力量"[②]，前面所讲的人们以虹为执掌水旱的龙蛇自然神，就是这种实体观的体现。然而，随着天学知识的发展，原始神灵降为低层次的大众信仰，"意识不再指向于任何特殊自然现象，每一自然现象只是充当任何其他事物在其中显示出来的更普遍的事物的符号而已"[③]，"神性之真正根本的现象表现为天文过程的确定性，表现为支配日、月、行星运行的时间性规则。单个的天体不被设想和尊崇为直接显形的神；它被理解为普遍神力的局部显现"[④]。故在自然崇拜之后的天学领域，人们生发出一种整体的宇宙感和秩序感，"对整个世界进行了根本性的建构"[⑤]，把具体的实体看作是宇宙普遍规则的局部反映。春秋战国时期，人们观念中的普遍规则包括气与阴阳。如陈来所言："这是春秋时代所产生而与商周神学不同的哲学观念，从此以后，气成了中国思想帮助宇宙万物构成和变化的基本元

[①] 葛兆光：《中国思想史》（第1卷），复旦大学出版社2001年版，第71页。
[②] ［德］恩斯特·卡西尔：《神话思维》，黄龙保、周振选译，中国社会科学出版社1992年版，第126—127页。
[③] ［德］恩斯特·卡西尔：《神话思维》，第127页。
[④] ［德］恩斯特·卡西尔：《神话思维》，第128页。
[⑤] 刘宗迪：《失落的天书——〈山海经〉与古代华夏世界观》，第239页。

素，而阴阳则成为中国思想解释万物构成变化的二元原理。"[1] 气亦分阴阳，春秋战国的月令之书都是以天地间阴阳二气的消长帮助春夏秋冬的次第降临。上文介绍了月令文献物候部分对虹的记载，在这些记载中，虹大致是季春三月出现，孟冬十月消失，恰处在阴阳之气消长的节点上，《礼记》等虽没有直接指出，但暗示了虹的季节性变化与阴阳之气的变化相关。实际上，汉代以及之后月令文献的注释家们大都以阴阳二气的变化来解释虹的出现与消失：

郭璞："虹是阴阳交会之气，纯阴纯阳，则虹不见。"[2]

高诱："虹，阴阳交气也，是月阴壮，故藏不见。"[3]"虹，阴中之阳也。是月阴盛，故不见也。"[4]

马彦醇："以阴干阳，故见。至是阳升，阴降而弗通，故藏。"[5]

潘振："虹，阴阳之交气，阴壮则不见，专一之理也。"[6]

在这些解释中，虹本身就是阴阳二气相交的体现。这表明人们对虹已经脱离了神话思维而开始以理性去认识，使得虹由自然崇拜时期的独特实体，变为天学视野中阴阳变化的局部体现。关于虹的这一观念流传久远，如《列子》："长庐子闻而笑之曰：'虹蜺也，云雾也，风雨也，四时也，此积气之成乎天者也。'"[7]《淮南子·说山训》："天二气则成虹，地二气则泄藏，人二气则成病。"[8]《史记·天官书》："夫雷电、虾虹、辟历、夜明者，阳气之动者也，春夏则发，秋冬则藏，故候者无不司之。"[9]《释名·释天》："虹，阳气之动

---

[1] 陈来：《古代思想文化的世界》，第93页。
[2] （清）朱彬撰，饶钦农点校：《礼记训纂》卷6《月令》，第233页。
[3] 许维遹撰，梁运华整理：《吕氏春秋集释》卷10《孟冬纪》，中华书局2010年版，第216页。
[4] 刘文典撰，冯逸、乔华点校：《淮南鸿烈集解》卷5《时则训》，第216页。
[5] （清）朱彬撰，饶钦农点校《礼记训纂》卷6《月令》，第272页。
[6] 黄怀信、张懋镕、田旭东撰，黄怀信修订，李学勤审定：《逸周书汇校集注》卷6《时训解》，第609页。
[7] 杨伯峻：《列子集释》卷1《天瑞篇》，中华书局1979年版，第32页。
[8] 刘文典撰，冯逸、乔华点校：《淮南鸿烈集解》卷16《说山训》，第636页。
[9] 《史记》卷27《天官书》，中华书局1982年版，第1596页。

也。"①《春秋元命苞》:"阴阳交为虹霓。"② 也是从春秋战国时期起,文献记载中的虹开始与蜺成对出现,并有了主副、性别之分,如《尔雅》"蝃蝀,虹也,蜺为挈贰"③;楚辞《九章》"切处雌蜺之标颠"④、《远游》"建雄虹之采旄"⑤;郭璞《尔雅音义》"虹双出,鲜盛者为雄,雄曰虹;暗者为雌,雌曰蜺"⑥;《诗经·鄘风·蝃蝀》更是以虹起兴而内容关于两性情爱。笔者认为,正是在"阴阳交而成虹"的观念基础上,人们开始把虹一分为二,主虹名虹,副虹名蜺,⑦并使之与两性产生了联系。⑧战国中期以后虹成为男女淫乱的象征,"阴阳交而成虹"及其背后阴阳思想的发展起重要作用。

四 天人感应:军国灾异符号

战国中期之后,战祸频仍,"臣主共忧患,其察禨祥候星气尤急"⑨,和古代天学密切相关的阴阳家登上了历史舞台,创造性地将阴阳五行、天文历数与社会人事类比式地联结起来,形成了影响深远的天人感应理论。他们认为,"天"是有意志、有目的的至上神,天的意志和目的上以儒家伦常为指导,下以存在于万事万物中的阴阳、四时、五行之理为表现,天地之物有不常之变异,不仅证明阴阳、五

---

① (清)王先谦:《释名疏证补》卷1《释天》,第42页。
② (清)赵在翰辑,钟肇鹏、萧文郁点校:《七纬·春秋元命苞》,中华书局2012年版,第410页。
③ (清)郝懿行:《尔雅义疏》卷中之四《释天》,第757页。
④ (宋)洪兴祖撰,白化文等点校:《楚辞补注·九章章句第四》,中华书局2013年版,第159页。
⑤ (宋)洪兴祖撰,白化文等点校:《楚辞补注·远游章句第五》,第169页。
⑥ (清)郝懿行:《尔雅义疏》卷中之四《释天》,第757页。
⑦ 蜺的得名可能来自寒蝉,《说文解字》:"蜺,寒蜩也。""霓,屈虹,青赤或白色,阴气也。"《方言》:"蝉……黑而赤者谓之蜺。"《方言笺疏》认为"虹青赤色谓之霓,蝉黑赤色谓之蜺,其义一也"。
⑧ 此外,虹色青赤,恰为一阴一阳,虹为两头龙蛇,亦可看作正在交合的雌雄龙蛇类动物,都与两性有关。
⑨ 《史记》卷27《天官书》,第1601页。

行失序，亦传达了天对不合儒家伦理道德的人间事件的谴告。在这一视野下，阴阳二气相交而成的虹成了淫秽的象征，它的出现被视为上天的"淫戒"。毛亨、郑玄在笺注《蝃蝀》一诗时指出"夫妇过礼则虹气盛""虹，天气之戒，尚无敢指者，况淫奔之女，谁敢视之"①，《诗三家义集疏》引韩诗序云"诗人言蝃蝀在东者，邪色乘阳，人君淫佚之征。臣子为君父隐藏，故言莫之敢指"②，刘熙《释名·释天》云"阴阳不和，婚姻错乱，淫风流行，男美于女，女美于男，互相奔随之时，则此气盛"③，蔡邕《月令章句》云"夫阴阳不和，婚姻失序，即生此气"④，皆为此类。

然而，除此之外，战国中期之后关于虹的其他记载，灾异色彩更为浓重。《文子》曰："鸟卵不败，兽胎不殰，父无丧子之忧，兄无哭弟之哀，童子不孤，妇人不孀，虹蜺不见，盗贼不行，含德之所致也。"⑤《淮南子·天文训》云："虹蜺彗星者，天之忌也。"⑥《淮南子·泰族训》云："国危亡而天文变，世惑乱而虹蜺见。"⑦《史记·天官书》记载："白虹屈短，上下兑，有者下大流血。"⑧《易谶》曰："聪明蔽塞，政在臣下，婚戚于朝，君不觉悟，虹蜺贯日。"⑨《春秋感精符》曰："虹贯日，天下悉极，文法大扰，百官残贼，酷法横杀，下多相告，刑用及族，世多深刻，狱多怨宿，吏皆惨毒。国多死孽，天子命绝，大臣为祸，主将见杀。"⑩《后汉书》中详细记载了灵帝朝两次虹霓现事件：

---

① （汉）毛亨传，（汉）郑玄笺，（唐）孔颖达疏：《毛诗正义》卷3，第241页。
② （清）王先谦撰，吴格点校：《诗三家义集疏》卷3中，中华书局1987年版，第244页。
③ （清）王先谦：《释名疏证补》卷1《释天》，第42页。
④ （清）王先谦：《释名疏证补》卷1《释天》，第42页。
⑤ 王利器：《文子疏义》卷1《道原》，中华书局2009年版，第2页。
⑥ 刘文典撰，冯逸、乔华点校：《淮南鸿烈集解》卷3《天文训》，第101页。
⑦ 刘文典撰，冯逸、乔华点校：《淮南鸿烈集解》卷20《泰族训》，第808页。
⑧ 《史记》卷27《天官书》，第1586页。《汉书·天文志》记载同。
⑨ 《后汉书》志第18《五行六》，中华书局1965年版，第3374页。
⑩ （清）赵在翰辑，钟肇鹏、萧文郁点校：《七纬·春秋感精符》，第523页。

从自然神到灾异符号

灵帝光和元年六月丁丑，有黑气堕北宫温明殿东庭中，黑如车盖，起奋讯，身五色，有头，体长十余丈，形貌似龙。上问蔡邕，对曰："所谓天投蜺者也。不见足尾，不得称龙。《易传》曰：'蜺之比无德，以色亲也。'《潜潭巴》曰：'虹出，后妃阴胁王者。'又曰：'五色迭至，照于宫殿，有兵革之事。'《演孔图》曰：'天子外苦兵，威内夺，臣无忠，则天投蜺。'"①

光和元年，有虹蜺昼降于嘉德殿前，帝恶之……（杨赐）乃书对曰："今殿前之气，应为虹蜺，皆妖邪所生，不正之象，诗人所谓蝃蝀者也。于《中孚经》曰：'蜺之比，无德以色亲。'方今内多嬖幸，外任小臣，上下并怨，喧哗盈路，是以灾异屡见，前后丁宁。今复投蜺，可谓孰矣。案《春秋谶》曰：'天投蜺，天下怨，海内乱。'加四百之期，亦复垂及。昔虹贯牛山，管仲谏桓公无近妃宫。《易》曰：'天垂象，见吉凶，圣人则之。'今妾媵嬖人阉尹之徒，共专国朝，欺罔日月……"②

可以看出，上述文献里的虹，主要与蜺或霓并称，经常以投蜺和（白虹）贯日的形式出现，其出现大多预示君主、后妃、臣子的不当关系，往往带来深重的灾难，这些灾难和广义上的军国大事相联系，不同于自然崇拜阶段与农业有关的水旱灾害，亦比"阴阳相交"所衍生的男女淫乱、婚姻失序严峻得多。因此，虹在这一阶段的灾异义很可能受其他观念影响，比如与之关系密切的蜺或霓以及白虹。

关于蜺或霓和白虹的解释，集中出现于汉代谶纬书及正史的五行志、天文志中。《易稽览图》云："霓者，气也，霓气起在日侧，其色赤青。"③《汉书·五行志》引京房《易传》云："蜺，日旁气也。"④

---

① 《后汉书》志第17《五行五》，第3351页。
② 《后汉书》卷54《杨震列传》，第1779—1782页。
③ （清）赵在翰辑，钟肇鹏、萧文郁点校：《七纬·易稽览图卷上》，第78页。
④ 《汉书》卷27下《五行志下之上》，第1460页。

郑玄注《易是类谋》云"虹蜺，日旁气也"①，注《易辨终备》云"虹蜺，皆日傍气名"②，都将霓或蜺释为日旁气。《后汉书·郎顗襄楷列传》云："凡日傍气色白而纯者名为虹。"③《月令章句》云："蜺常依蒙浊，见日旁。白而直曰白虹。"④《尚书考灵曜》郑玄注云："日旁气，白者为虹。"⑤故正如李学勤在《论帛书白虹及〈燕丹子〉》一文中所总结的，"白虹也是日旁气的一种"⑥。

日旁气是云气，日属阳，云属阴，在汉代天人感应理论中，阴阳作为天的意志体现，被普遍赋予了善恶的价值内涵，所谓"君为阳，臣为阴；父为阳，子为阴；夫为阳，妻为阴"⑦，"恶之属尽为阴，善之属尽为阳"⑧，因此，日旁气的出现往往象征着邪气乘阳。且日作为"众阳之宗"，在汉代地位尤为崇高，⑨被视为"人君之表"，日旁气则被视为君王身边的后妃或臣子，它的出现，意味着君主手下的后妃、臣子对君主权威的冒犯、生命的威胁，意义重大。《史记·天官书》云："王朔所候，决于日旁，日旁云气，人主象"。⑩《汉书·眭两夏侯京翼李传》解释更为精到："夫日者，众阳之长，辉光所烛，万里同暴，人君之表也。……君不修道，则日失其度，晻昧亡光。各有云为。其于东方作，日初出时，阴云邪气起者，法为牵于女谒，有所畏难；日出后，为近臣乱政；日中，为大臣欺诬；日且入，为妻妾役使所营。间者日尤不精，光明侵夺失色，邪气珥蜺数作。"⑪日旁

---

① （清）赵在翰辑，钟肇鹏、萧文郁点校：《七纬·易是类谋》，第173页。
② （清）赵在翰辑，钟肇鹏、萧文郁点校：《七纬·易辨终备》，第116页。
③ 《后汉书》卷20《郎顗襄楷列传》，第1064页。
④ （清）孙怡让撰，王文锦、陈玉霞点校：《周礼正义》卷48，中华书局2008年版，第1982页。
⑤ （清）赵在翰辑，钟肇鹏、萧文郁点校：《七纬·尚书考灵曜》，第207页。
⑥ 李学勤：《论帛书白虹及〈燕丹子〉》，《河北学刊》1989年第5期。
⑦ （汉）董仲舒著，张世亮、钟肇鹏、周桂钿译注：《春秋繁露》，中华书局2012年版，第465页。
⑧ （汉）董仲舒著，张世亮、钟肇鹏、周桂钿译注：《春秋繁露》，第417页。
⑨ （清）赵翼著，王树民校证：《廿二史札记校证》卷2《汉重日食》，中华书局1984年版，第41—42页。
⑩ 《史记》卷27《天官书》，第1594页。
⑪ 《汉书》卷75《眭两夏侯京翼李传》，第3184页。

气的负面意义，使得作为日旁气的蜺或霓、白虹，与后妃近臣擅权、专政、弑君、谋反以及由此导致的政治昏暗、社会动荡联系起来，也就顺理成章了。

需要注意的是，作为日旁气的蜺或霓与白虹，不同于作为彩虹的蜺与虹，它们来自天学中的星占系统。星占的一项重要内容是"望云气"，《周礼·春官》记录了当时负责望云气的官员保章氏、眡祲，其中保章氏的职责有一条是"以五云之物，辨吉凶、水旱降丰荒之祲象"①，郑众解释道："以二至二分观云色，青为虫，白为丧，赤为兵荒，黑为水，黄为丰。"郑玄进一步解释："物，色也。视日旁云气之色。"眡祲的职责是"掌十煇之法，以观妖祥，辨吉凶"②，郑众释其中"煇"为"日光炁"，郑玄进一步注明"炁也，音气，本亦作气"，清代孙怡让认为"煇晖为日月光气之通名。秦汉以后，天官家以为气围绕日月之专名"，"古望气之术，占验吉凶，盖以日旁气为尤重，故二郑并以日光气为释。《保章氏》注释云物，亦云视日旁云气之色"③。由此可见，日旁气的观察来源已久，且常用以占验水旱、丰荒、战争等农业社会的军国大事，《左传·僖公五年》云："春王正月辛亥朔，日南至。公即视朔，遂登观台以望，而书，礼也。凡分、至、启、闭，必书云物，为备故也。"④《汉书·艺文志》数术类天文家则记录了《汉日旁气行事占验》《汉日旁气行占验》等不少和日旁气占验相关的书籍，都说明了时人对日旁气的重视。

至此，可以得出结论：战国中期之后文献里的虹在天人感应框架中作为"天垂象"，预示男女淫乱只是一方面，更重要的是融合了作为日旁气的蜺或霓、白虹的象征义，⑤成了军国灾难的天戒，灾异色

---

① （汉）郑玄注，（唐）贾公彦疏，彭林整理：《周礼注疏》卷28《春官宗伯下》，上海古籍出版社2010年版，第1019—1023页。
② （汉）郑玄注，（唐）贾公彦疏，彭林整理：《周礼注疏》卷28《春官宗伯下》，第944页。
③ （清）孙怡让撰，王文锦、陈玉霞点校：《周礼正义》卷48，第1979—1980页。
④ 杨伯峻：《春秋左传注》，第302—303页。
⑤ 二者合流的原因，大概由于名称相近。

彩大大加深。

　　综上所述,先秦两汉虹观念的逻辑发展大体经历三个阶段。商周自然崇拜时期,虹为龙蛇自然神;春秋战国天学知识背景下,虹为阴阳二气相交而成;战国中期之后天人感应框架里,虹融合了日旁气霓、白虹的象征义,主要为军国灾异符号。虹观念的变迁,体现了人们由万物有灵的神话思维,到以阴阳为代表的理性精神,再到天人感应的系统化、整体化认识的思想发展脉络。由此可见,观念的变化和时代思想的发展紧密相关,是时代思想的局部体现,唯有透过观念看到社会思想状况的本质,才能为同一观念的巨大变化找到合理而充分的解释。从自然神到灾异符号,在两个几乎截然相反的观念之间,凝聚的是人们对自身、对宇宙深深的敬畏与不断地思考,是对生存终极目标锲而不舍的追问以及永无止境的求索,直到现在,依然震撼人心,依然不曾改变。

(本文原载《国学季刊》第 2 辑,
山东人民出版社 2016 年版,第 78—89 页)

参考文献

一 古籍及考古资料

（汉）班固著，（唐）颜师古注：《汉书》，中华书局1962年版。

（汉）崔寔著，石声汉校注：《四民月令校注》，中华书局1965年版。

（汉）崔寔撰，孙启治校注：《政论校注》，中华书局2012年版。

（汉）桓谭著，朱谦之校辑：《新辑本桓谭新论》，中华书局2009年版。

（汉）贾谊撰，阎振益、钟夏校注：《新书校注》，中华书局2000年版。

（汉）刘熙：《释名》，中华书局1985年版。

（汉）刘向著，石光瑛校释，陈新整理：《新序校释》，中华书局2017年版。

（汉）刘向著，向宗鲁校证：《说苑校证》，中华书局1987年版。

（汉）刘珍等撰，吴树平校注：《东观汉记校注》，中华书局2008年版。

（汉）司马迁著，（南朝宋）裴骃集解，（唐）司马贞索隐，（唐）张守节正义：《史记》，中华书局1982年版。

（汉）王符撰，（清）汪继培笺，彭铎校正：《潜夫论笺校正》，中华书局1985年版。

（汉）许慎撰，（宋）徐铉校定：《说文解字》，中华书局2012年版。

（汉）荀悦著，张烈点校：《汉纪》，中华书局2002年版。

（汉）应劭撰，王利器校注：《风俗通义校注》，中华书局1981年版。

（晋）葛洪：《西京杂记》，中华书局1985年版。

（晋）葛洪著，顾久译注：《抱朴子内篇全译》，贵州人民出版社1995年版。

（晋）王嘉撰，（梁）萧绮录，齐治平校注：《拾遗记校注》，中华书局1981年版。

（刘宋）范晔著，（唐）李贤等注：《后汉书》，中华书局1965年版。

（唐）马总：《意林》，清武英殿聚珍版丛书本。

（宋）洪适：《隶释·隶续》，中华书局1985年影印本。

（宋）李昉、李穆、徐铉等编：《太平御览》，四部丛刊三编景宋本。

（宋）徐天麟：《东汉会要》，上海古籍出版社2006年版。

（宋）朱熹：《四书章句集注》，中华书局2003年版。

（清）陈立撰，吴泽虞点校：《白虎通疏证》，中华书局1994年版。

（清）李道平著，潘雨廷点校：《周易集解纂疏》，中华书局1994年版。

（清）沈钦韩：《后汉书疏证》，上海古籍出版社2006年版。

（清）孙星衍等辑，周天游点校：《汉官六种》，中华书局1990年版。

（清）王先谦：《后汉书集解》，中华书局1984年版。

（清）王先谦撰，沈啸寰、王星贤整理：《荀子集解》，中华书局2012年版。

（清）王先谦撰，钟哲点校：《韩非子集解》，中华书局1998年版。

（清）严可均辑，许振生审订：《全后汉文》，商务印书馆1999年版。

（清）姚止庵：《素问经注节解》，人民卫生出版社1963年版。

（清）永瑢、纪昀主编，周仁等整理：《四库全书总目提要》，海南出版社1999年版。

（清）赵翼著，王树民校证：《廿二史札记校证》，中华书局1984年版。

（清）朱彬：《礼记训纂》，中华书局1996年版。

北京大学历史系《论衡》注释小组：《论衡注释》，中华书局1979年版。

蔡镇楚、周凤五：《新译论衡读本》，台北：三民书局1997年版。

陈鼓应注释：《庄子今注今译》，中华书局1983年版。

二十五史补编编委会编：《史记两汉书三史补编》，北京图书馆出版社2005年版。

韩敬译注：《法言》，中华书局2012年版。

何宁：《淮南子集释》，中华书局1998年版。

胡平生译注：《孝经译注》，中华书局2009年版。

湖北省文物考古研究所、随州市考古队编：《随州孔家坡汉墓简牍》，文物出版社2006年版。

华东师范大学"子藏"编纂中心编：《子藏·杂家部·论衡卷》（全36册），国家图书馆出版社2016年版。

黄晖：《论衡校释》（附刘盼遂集解），中华书局2017年版。

蒋鹏翔：《阮刻毛诗注疏》（5），西泠印社出版社2013年版。

连云港市博物馆等编：《尹湾汉墓简牍》，中华书局1997年版。

刘盼遂：《论衡集解》，古籍出版社1957年版。

鲁迅编：《会稽郡故书杂集》，《鲁迅全集》第8卷，人民文学出版社1973年版。

马宗霍：《论衡校读笺识》，中华书局2010年版。

睡虎地秦墓竹简整理小组编：《睡虎地秦墓竹简》，文物出版社1990年版。

苏舆撰，钟哲点校：《春秋繁露义证》，中华书局1992年版。

滕修展等注译：《列仙传神仙传注译》，百花文艺出版社1996年版。

汪荣宝撰，陈仲夫点校：《法言义疏》，中华书局1987年版。

王利器：《新语校注》，中华书局1986年版。

王利器：《盐铁论校注》，中华书局1992年版。

吴毓江撰，孙启治点校：《墨子校注》，中华书局1993年版。

许维遹撰，梁运华整理：《吕氏春秋集释》，中华书局2009年版。
袁华忠、方家常：《论衡全译》，贵州人民出版社1993年版。
张纯一撰，梁运华点校：《晏子春秋校注》，中华书局2017年版。
张舜徽主编：《二十五史三编》，岳麓书社1994年版。
中国画像石全集编辑委员会编：《中国画像石全集》第1卷《山东汉画像石》，山东美术出版社2000年版。
周天游辑注：《八家后汉书辑注》，上海古籍出版社1986年版。
周一谋、萧佐桃：《马王堆医书考注》，天津科学技术出版社1988年版。
[日] 安居香山、中村璋八辑：《纬书集成》，河北人民出版社1994年版。

二 中文著作

安作璋、熊铁基：《秦汉官制史稿》，齐鲁书社2007年版。
蔡元培：《中国伦理学史》，团结出版社2007年版。
陈侃理：《儒学、数术与政治：灾异的政治文化史》，北京大学出版社2015年版。
陈来：《古代思想文化的世界——春秋时期的宗教、伦理与社会思想》，生活·读书·新知三联书店2009年版。
陈槃：《古谶纬研讨及其书录解题》，上海古籍出版社2010年版。
陈苏镇：《〈春秋〉与"汉道"——两汉政治与政治文化研究》，中华书局2011年版。
陈直：《文史考古论丛》，天津古籍出版社1988年版。
程湘清：《论衡索引》，中华书局1994年版。
邓红：《王充新八论》，中国社会科学出版社2003年版。
邓红：《王充新八论续编》，中国社会科学出版社2007年版。
杜常顺、杨振红主编：《汉晋时期国家与社会论集》，广西师范大学出版社2016年版。
冯友兰：《中国思想史》（下），长春出版社2007年版。

傅乐成:《中国通史》,台北:大中国图书公司1982年版。

傅斯年:《性命古训辨证》,广西师范大学出版社2006年版。

葛剑雄:《西汉人口地理》,人民出版社1986年版。

葛兆光:《中国思想史》(第1卷),复旦大学出版社2009年版。

龚鹏程:《汉代思潮》,商务印书馆2005年版。

郭绍虞:《照隅室古典文学论集》(上),上海古籍出版社1983年版。

郭绍虞:《中国文学批评史》,百花文艺出版社1999年版。

汉语大字典编辑委员会:《汉语大字典》,四川辞书出版社1986年版。

何志华、朱国藩:《〈论衡〉词汇资料汇编》,香港中文大学出版社2011年版。

侯外庐、赵纪彬、杜国庠、邱汉生:《中国思想通史》(第2卷),人民出版社2011年版。

黄留珠:《秦汉仕进制度》,西北大学出版社1985年版。

黄晓芬:《汉墓的考古学研究》,岳麓书社2000年版。

蒋祖怡:《王充的文学理论》,中华书局1962年版。

蒋祖怡:《王充卷》,中州书画社1983年版。

金春峰:《汉代思想史》,中国社会科学出版社2006年版。

金泽:《宗教禁忌》,社会科学文献出版社1998年版。

李零:《中国方术考》,东方出版社2000年版。

李维武:《王充与中国文化》,贵州人民出版社2000年版。

李伟泰:《汉初学术及王充论衡述论稿》,台北:长安出版社1975年版。

李泽厚:《中国美学史》(第1卷),台北:汉京文化事业有限公司1986年版。

廖伯源:《简牍与制度——尹湾汉墓简牍官文书考证》,广西师范大学出版社2005年版。

刘殿爵、陈方正等主编:《论衡逐字索引》,香港:商务印书馆1996年版。

刘俊文主编：《日本中青年学者论中国史（上古秦汉卷）》，上海古籍出版社 1995 年版。

刘文荣主编：《经典作家谈命与命运》，周伯诚译，文汇出版社 2016 年版。

卢云：《汉晋文化地理》，陕西人民教育出版社 1991 年版。

吕思勉：《秦汉史》，上海古籍出版社 1983 年版。

吕宗力：《汉代的谣言》，浙江大学出版社 2011 年版。

毛礼锐、沈灌群主编：《中国教育通史》（第 2 卷），山东教育出版社 1986 年版。

蒲慕州：《墓葬与生死：中国古代宗教之省思》，台北：联经出版事业公司 1989 年版。

蒲慕州：《早期中国的鬼》，黄咨玄译，新星出版社 2023 年版。

蒲慕州：《追寻一己之福：中国古代的信仰世界》，上海古籍出版社 2007 年版。

钱穆：《国学概论》，台北：联经出版事业公司 1994 年版。

任继愈主编：《中国哲学史》（二），人民出版社 2003 年版。

上海人民出版社编，朱维铮点校：《章太炎全集》（《訄书》初刻本、《訄书》重订本、检论），上海人民出版社 2014 年版。

邵毅平：《论衡研究》，复旦大学出版社 2009 年版。

沈刚伯：《沈刚伯先生文集》，台北："中央日报"出版部 1982 年版。

施昌东：《汉代美学思想述评》，中华书局 1981 年版。

时永乐、王景明：《论衡词典》，人民出版社 2005 年版。

谭其骧主编：《中国历史地图集》（第 2 册），中国地图出版社 1982 年版。

田凤台：《王充思想析论》，台北：文津出版社 1988 年版。

汪梅枝：《〈论衡〉反义类聚新论》，中国书籍出版社 2015 年版。

王国维：《观堂集林》，河北教育出版社 2003 年版。

王慧玉：《王充文学思想研究》，岳麓书社 2007 年版。

王仲殊：《汉代考古学概说》，中华书局 1984 年版。

韦政通：《中国思想史》（上），吉林出版集团有限责任公司 2009 年版。
韦政通编：《中国思想史方法论文选集》，上海人民出版社 2009 年版。
吴从祥：《王充经学思想研究》，中国社会科学出版社 2012 年版。
吴国盛：《时间的观念》，北京大学出版社 2006 年版。
项维新、刘福增主编：《中国哲学思想论集：两汉魏晋隋唐篇》，台北：牧童出版社 1976 年版。
萧公权：《中国政治思想史》，新星出版社 2010 年版。
邢义田：《天下一家：皇帝、官僚与社会》，中华书局 2011 年版。
徐复观：《两汉思想史》（二），九州出版社 2014 年版。
徐敏：《王充哲学思想探索》，生活·读书·新知三联书店 1979 年版。
徐三见：《墨默斋集》，中国社会科学出版社 2004 年版。
严耕望：《两汉太守刺史表》，上海古籍出版社 2007 年版。
严耕望：《中国地方行政制度史·秦汉地方行政制度》，台北："中研院"历史语言研究所 1997 年版。
阎步克：《士大夫政治演生史稿》，北京大学出版社 2015 年版。
杨华：《古礼新研》，商务印书馆 2012 年版。
杨宽：《中国古代都城制度史研究》，上海人民出版社 2016 年版。
杨庆堃：《中国社会中的宗教》，范丽珠译，四川人民出版社 2016 年版。
于迎春：《汉代文人与文学观念的演进》，东方出版社 1997 年版。
余英时：《东汉生死观》，侯旭东等译，上海古籍出版社 2005 年版。
余英时：《论天人之际：中国古代思想起源试探》，台北：联经出版事业股份有限公司 2014 年版。
余英时：《士与中国文化》，上海人民出版社 1987 年版。
张舜徽：《广校雠略·汉书艺文志通释》，华中师范大学出版社 2004 年版。
郑先兴：《汉代思想史专题论稿》，河南大学出版社 2009 年版。
智延娜、苏国伟：《〈论衡〉文献学研究》，人民出版社 2015 年版。

中法汉学研究所编：《论衡通检》，友联中西印字馆1943年版。
中国社会科学院考古研究所编著：《中国考古学（秦汉卷）》，中国社会科学出版社2010年版。
钟肇鹏：《王充年谱》，齐鲁书社1983年版。
周桂钿：《王充评传》，福建教育出版社2015年版。
周桂钿：《虚实之辨：王充哲学的宗旨》，福建教育出版社2015年版。
祝瑞开：《两汉思想史》，上海古籍出版社1989年版。
［韩］金钟美（Kim Jong-Mie）：《天、人和王充文学思想——以王充文学思想同天人关系思想的联系为中心》，社会科学文献出版社1994年版。
［法］范热内普：《过渡礼仪》，张举义译，商务印书馆2012年版。
［日］大庭修：《秦汉法制史研究》，徐世虹译，中西书局2017年版。
［日］冈村繁：《汉魏六朝的思想和文学》，陆晓光译，上海古籍出版社2002年版。
［英］爱德华·泰勒：《原始文化：神话、哲学、宗教、语言、艺术和习俗发展之研究》，连树声译，广西师范大学出版社2005年版。
［英］彼得·伯克：《欧洲近代早期的大众文化》，杨豫、王海良等译，上海人民出版社2005年版。
［英］约翰·布罗：《历史的历史：从远古到20世纪的历史书写》，黄煜文译，广西师范大学出版社2012年版。
［英］詹·乔·弗雷泽：《金枝：巫术与宗教之研究》，徐育新等译，中国民间文艺出版社1987年版。

三　中文论文

程苏东：《"不为章句"的"贵文章者"——经学史视域下的东汉文章学》，《文学遗产》2024年第1期。
储晓军：《唐前司命信仰的演变——兼谈人为宗教对民间神祇的吸收与改造》，《宗教学研究》2010年第3期。

范云飞：《秦汉地方祠官考》，《泰山学院学报》2019年第4期。

葛立斌：《"兰台令史"渊源考》，《兰台世界》2008年第16期。

葛立斌：《东汉时期"兰台令史"的多重职能》，《南都学坛》（人文社会科学学报）2008年第3期。

葛立斌：《兰台令史与东观校书郎》，《广东教育学院学报》2007年第6期。

郭海燕：《汉代平民教育研究》，博士学位论文，山东大学，2011年。

韩雷、傅荣贤：《两汉时期的兰台和兰台令史》，《兰台世界》2015年第22期。

胡适：《王充的〈论衡〉》，《现代学生》第1卷第4、6、8、9期，现代学生出版社1931年版。

黄剑华：《秦汉以来的鬼神信仰与仙话研究》，《地方文化研究》2016年第1期。

吉新宏：《边缘文人的"御用文人梦"——文人身份视野下的王充及其〈论衡〉》，《文化与诗学》2017年第1期。

贾艳红：《略论古代民间的司命神信仰》，《三明高等专科学校学报》2003年第1期。

姜维公：《汉代学制研究》，博士学位论文，吉林大学，2004年。

蒋祖怡：《试论三十年来王充的研究工作》，《学习与探索》1981年第2期。

焦海燕：《先秦两汉时期司命神的文化考察》，《温州大学学报》2010年第1期。

孔毅：《智德·智能·才性四本——汉魏之际从重智德到尚智能的演变及影响》，《重庆师范大学学报》（哲学社会科学版）2010年第4期。

李浩：《汉章帝朝自然灾害与王充对"灾异谴告"学说的重构》，《学术交流》2021年第12期。

李浩：《王充教育经历新证》，《唐都学刊》2020年第1期。

李浩：《王充阅读渠道新探——基于文献文化史视角的考察》，《聊城大学学报》2022 年第 5 期。

林剑鸣：《会稽"淫风"考》，《历史研究》1995 年第 1 期。

刘波：《浙江地区西汉墓葬的分期》，《南方文物》2000 年第 1 期。

刘闯：《西汉前期杂儒研究》，硕士学位论文，西南大学，2015 年。

刘笑敢：《"自然"的蜕变：从〈老子〉到〈论衡〉》，《哲学研究》2020 年第 10 期。

刘增贵：《禁忌——秦汉信仰的一个侧面》，《新史学》2007 年第 4 期。

吕兆厂：《王充生平和思想研究》，硕士学位论文，山东大学，2008 年。

吕宗力：《从比较视角看先秦至南北朝神灵监督下的善恶报应信仰》，《社会科学战线》2016 年第 12 期。

马小菲：《王充的仕宦经历及其"命论"》，《东方论坛》2023 年第 4 期。

蒙文通：《论经学三篇》，《中国文化》1991 年第 1 期。

蒲慕州：《汉代薄葬论的历史背景及其意义》，《"中研院"历史语言研究所集刊》1990 年第 3 分。

蒲慕州：《睡虎地秦简日书的世界》，《"中研院"历史语言研究所集刊》1993 年第 4 分。

钱穆：《中国思想史上之鬼神观》，《新亚学报》1995 年第 1 期。

陕西省文物管理委员会：《长安县三里村东汉墓葬发掘简报》，《文物参考资料》1958 年第 7 期。

邵毅平：《汉明帝诏书与班固》，《复旦学报》（社会科学版）1985 年第 6 期。

申慧芬：《新中国 60 年的王充思想研究及其历史反思》，硕士学位论文，河南大学，2010 年。

孙如琦：《王充溢美章帝原因辨析》，《杭州大学学报》（哲学社会科学版）1994 年第 3 期。

孙伟杰：《"籍系星宿，命在天曹"：道教星辰司命信仰研究》，《湖南大学学报》2018 年第 1 期。

孙正军：《中古良吏书写的两种模式》，《历史研究》2014年第3期。

仝晰纲：《汉代的上书拜官制度》，《齐鲁学刊》1994年第4期。

汪高鑫：《论王充对天人感应论的批判》，《赣南师范学院学报》2003年第5期。

汪梅枝：《近20余年〈论衡〉语言研究综述》，《广西社会科学》2006年第2期。

王尔：《"疾虚妄"的政教逻辑：王充对万物变化的阐释与应对》，《中国哲学史》2023年第5期。

王尔：《命定之下的个体修为：王充"贤者命困"论旨趣探微》，《安徽大学学报》2022年第6期。

王静：《汉代蛮夷邸论考》，《史学月刊》2000年第3期。

王青：《儒家的知识论传统与扬雄的重智思想》，《阳明学刊》2004年。

王煜：《南京江宁上坊谢家山出土"天乙"滑石猪与司命信仰——也谈玉石猪手握的丧葬意义》，《东南文化》2017年第6期。

王子今：《东汉的"学习型社会"》，《理论导报》2010年第3期。

王子今：《东汉洛阳的国际化市场》，《中原文化研究》2018年第1期。

吴从祥：《汉代兰台考辨》，《兰台世界》2015年第34期。

吴泽虞：《〈论衡〉的构成及其唯物主义的特点》，《哲学研究》1962年第4期。

熊秉真：《从唐甄看个人经验对经世思想衍生之影响》，《近代史研究所集刊》1985年第14期。

徐英瑾：《王充的〈论衡〉是一部自相矛盾的哲学文本吗？》，《社会科学》2021年第12期。

晏昌贵：《楚简所见诸司神考》，《江汉论坛》2006年第9期。

尤学工：《论东汉时期洛阳作为丝绸之路起点的可能性和现实性——兼与王世平先生商榷》，《洛阳工学院学报》（社会科学版）2000年第1期。

禹平：《汉代儒生的社会活动研究》，博士学位论文，吉林大学，2008年。

岳宗伟：《〈论衡〉引书研究》，博士学位论文，复旦大学，2006年。

张鹤泉：《东汉时代的私学》，《史学集刊》1993年第1期。

张右源：《王充学说的梗概和治学方法》，东南大学、南京高师国学研究会编：《国学丛刊》第2卷第3期，商务印书馆1924年版。

赵国华：《汉代学术主体评论研究》，《南都学坛》（人文社会科学学报）2017年第1期。

郑炳林：《秦汉吴郡会稽郡建置考》，《兰州大学学报》（社会科学版）1988年第3期。

郑易林：《从引传到造论：王充的"诸子传书"考》，《中国典籍与文化》2022年第4期。

智延娜：《〈论衡〉文献学研究》，博士学位论文，河北大学，2013年。

朱谦之：《王充著作考》，新建设编辑部编：《文史》第1辑，中华书局1962年版。

朱绍侯：《西汉的功劳伐阅制度》，《史学月刊》1984年第3期。

四 外文文献

Cheng, Anne, "What Did It Mean to Be a Ru in Han Times?", *Asia Major*, Vol. 14, No. 2, 2001.

Chow, Kai-wing, On-cho Ng, and John B. Henderson eds., *Imagining Boundaries: Changing Confucian Doctrines, Texts, and Hermeneutics*, Albany: State University of New York Press, 1999.

Emmerich, Reinhard, "Wang Chong's Praises for the Han Dynasty", *Monumenta Serica*, Vol. 56, 2008.

Forke, Alfred, *Lunheng: Philosophical Essays of Wang Ch'ung* (Part Ⅰ). New York: Paragon Book Gallery, 1962.

Forke, Alfred, *Lunheng: Miscellaneous Essays of Wang Ch'ung* (Part Ⅱ). New York: Paragon Book Gallery, 1962.

Loewe, Michael, *Ways to Paradise: The Chinese Quest for Immortality*, London: George Allen & Unwin, 1979.

Lupke, Christopher ed., *The Magnitude of Ming: Command, Allotment, and Fate in Chinese Culture*, Honolulu: University of Hawaii Press, 2005.

McLeod, Alexus, *The Philosophical Thought of Wang Chong*, New York: Palgrave Macmillan, 2018.

Nylan, Michael and Griet Vankeerberghen eds., *Chang'an 26 BCE: An Augustan Age in China*, Seattle: University of Washington Press, 2015.

Olberding, Amy and Philip J. Ivanhoe eds., *Mortality in Traditional Chinese Thought*, Albany: State University of New York Press, 2011.

Puett, Michael, "Listening to Sages: Divination, Omens, and the Rhetoric of Antiquity in Wang Chong's Lunheng", *Oriens Extremus*, Vol. 45, 2005.

Readfield, Robert, *Peasant Society and Culture: An Anthropological Approach to Civilization*, Chicago: University of Chicago Press, 1956.

大滝一雄：《論衡：漢代の異端的思想》，東京：平凡社，1965。
加藤常賢、重沢俊郎監修；山田勝美等編纂：《論衡固有名詞索引：附宮內庁書陵部藏宋本校勘記》，東京：大東文化研究所，1961。
加藤常賢、重沢俊郎監修；山田勝美等編纂：《論衡事類索引》，東京：大東文化研究所，1960。
綿本誠：《論衡》，東京：明德出版社，1983。

后　记

本书脱胎于我的博士学位论文。从 2018 年选定题目以来，多年时间里，王充与《论衡》构成了我生活的重要部分。当初选择王充《论衡》作为研究对象时，曾一厢情愿地认为专人专书研究，资料较为集中，相对而言不难驾驭。中华书局版黄晖校释、附刘盼遂集解的《论衡校释》，是目前《论衡》最为完善的文本。在动笔之前，我将《论衡校释》通读了三遍：第一遍初步熟悉；第二遍校对电子文本字句，标注人名、地名、书名；第三遍对照校释，为电子文本添加注释。三遍下来，20 万字的文本，几乎随便挑出一句话来，我可以立刻定位其篇章页码。熟悉文本是第一步。第二步则是阅读相关论著，撰写文献综述，准备资格考试。通过了资格考试，有了基本的文本和研究储备，初步搭建起思路框架，我以为接下来便是文如泉涌、下笔如神。

然而进入写作流程之后，才发现王充思想之庞杂、语言之繁冗。虽然已经通读过三遍文本，还是需要在每写一章之前，集中阅读十几二十几篇篇章，对相关语句进行选取、排列、组合，串联成有逻辑、有意义的内容。印象最深的是写天人感应一章时，直接相关的篇目大概十六篇，间接相关的大概十二篇，文本打印出来大概五六十页。反反复复的论证，单是理解已经不易，还要努力在思想的荆棘藤蔓中趟

后　记

出一条边缘清晰的路来。常常前一天写下一两千字，第二天又删去大半。整体结构距离最初的设想改动了两三次，才最终定型。

王充在中国思想史上并不讨巧，近代之前，其推崇者和批评者几乎势均力敌；即便进入崇尚"科学"的近代，王充被视作具有科学思想的先驱，地位大大提升，不少研究者仍对他颇有微词。随着阅读和研究的进行，我对王充也产生了复杂的感情。一方面，王充想法多而缺乏逻辑，经常出现自相矛盾的论述，给研究工作带来不少麻烦。另一方面，由这个题目，我也第一次尝试深入了解一个千年前的人，分析他的思想，揣摩他的感受，并发现他和我们一样，有喜怒哀乐，有各种现实的烦恼，由此产生了"同情之理解"。

不同于教科书上那个冷冰冰铁板一块的"唯物主义无神论者"，我所看到的王充很有个性。自视甚高，看不起周围的人，喜欢抬杠，又不能忘情于世俗功利，一心想获得高官厚禄，甚至不惜在文章中直接歌功颂德。在批评者看来，这正是王充的缺点，然而苛求道德的绝对完善乃至求全责备，又何尝不是一种偏见？王充所表现出的，就是一个正常人该有的样子：自我感觉良好，有很多渴望，当现实满足不了渴望时，会愤愤不平、痛苦无奈。这实在太正常了。不是每个人都是圣贤，一身正气，不食人间烟火。有所求，有所得，有所不得，这才是真实的人，这才是真实的人生。

很多人以为王充与他的书一样枯燥乏味，其实是想当然的误判。当了解王充之后，会发现《论衡》中展现出非常丰富细腻的情感和心理，在汉代同类著作中极为少见。我们读《春秋繁露》，读《法言》，读《新论》，或许不易描摹董仲舒、扬雄与桓谭的风骨神韵，而读《论衡》，大致可以想象出王充的形象。司马迁言"余读孔氏书，想见其为人"，《论衡》虽然达不到这个程度，但庶几矣。正是在这样的同情理解之下，我逐渐深入到王充的思想世界之中。

在我开始动笔的 2020 年春天，国内新冠疫情正在肆虐，焦灼、迷茫、悲伤裹挟着每一个人；而博士学位论文完成的 2021 年春天，一切逐渐复苏，昨日的世界开始重现；书稿修订完成的 2024 年，清明、"五一"、"十一"假期国内出游人次和总花费已经可以和2019年同期相比,并实现了对后者的超越。"书卷多情似故人,晨昏忧乐每相亲",伴随着对王充与《论衡》的研究,我自己的生活也发生了诸多转变。博士学位论文完成后,我顺利通过答辩,获得香港中文大学历史学博士学位。毕业、结婚、入职,几件大事在同一年中接连完成,走上讲台、申请课题、指导学生,很多个"第一次"又紧锣密鼓地纷至沓来。与此同时,对《论衡》的思考也在不断加深。

长久以来,《论衡》一直以其思想性著称,却少有人注意到,《论衡》也是一部对当时知识进行系统总结的百科全书。《论衡》反映了东汉士人宽广的知识视野、知识取径,而王充对知识的评价和选择,又进一步影响了此后士人的知识兴趣,推动了汉晋之际的社会转型与文化变迁。作为时代产物的《论衡》,如何体现东汉"知识主义"的特点以及以王充为代表的东汉士人整体知识面貌?这就需要将《论衡》置于东汉思想文化演进的脉络中进行考察,从而在更广阔的背景下理解《论衡》及王充所代表的东汉士人在时代中的作用。我以"《论衡》与东汉士人的知识世界研究"为题,幸运地申请到了国家社科基金资助,并将这些新的思考付诸笔端,最终汇集于本书,既是对于过往王充与《论衡》研究的进一步完善总结,亦作为探索东汉士人知识世界的阶段性成果。

在此,我要郑重地感谢我的恩师蒲慕州教授和杜泽逊教授。蒲慕州教授是我在香港中文大学的博士导师,自读博以来,学术生涯的每个阶段都离不开蒲师的指导和帮助。蒲师学识渊博、视野开阔,在古代中国社会与宗教、比较古代史、埃及史三方面均有建树,生活中平易近人、谦和低调,善于从多方面予以思路启发。正是在蒲师的帮助下,我探索出《论衡》背后"济世"与"利己"的双重动机,并以此为线索串联起王充的思想和知识。直到毕业工作之后,对于我的每次请教,从论文修改、项目申报到职业规划、人生选择,蒲师依然不厌其烦地予以悉心指点。书稿初步成型后,蒲师第一时间发来心得,提出王充自相矛盾背后所显示的对于天和命的问题处理不当等极有

后　记

价值的意见，并欣然应允为小书作序。得遇此良师，实属人生之幸！

杜泽逊教授是我学术之路的另一位领航者。本科时期，有幸进入杜师主持的山东大学尼山学堂古典实验班学习，成为尼山学堂第一届学生，从此与古典学术结下不解之缘。杜师开设的《四库》导读课是我最喜欢的课程之一，杜师上课，古典学术知识、学林轶事信手拈来，侃侃而谈，尽显深厚功底和大家风采。杜师几十年如一日在校经处用功，寒来暑往，风雨无阻，使我明白做学问要有耐心和恒心，要把学术当作自己的志业甚至生命。杜师身为文献学权威，待我们这些初学者十分严肃认真，熟悉每个人的脾气秉性，经常予以鼓励、点拨，令人如沐春风。杜师在为人处世和做学问方面，对我的影响都是巨大的。身为教育部"长江学者"特聘教授、山东大学讲席教授、《文史哲》主编，他在行政工作和科研任务都十分繁重的情况下，欣然拨冗为本书作序，更令我深受感动。

还要感谢我的博士辅修领域导师林永昌教授和黎明钊教授。我对王充经历及其教化意图的关注，得益于林老师的启发。黎老师则就汉代经学、吏制等方面，提供了宝贵的建议。感谢美国加州大学伯克利分校历史系的戴梅可（Michael Nylan）教授。戴老师是我访学伯克利期间的导师，在其指导下，我着重考察了王充家乡会稽郡对王充的影响，这也成为研究的主要创新点之一。感谢香港中文大学历史系张晓宇教授、香港中文大学（深圳）道扬书院院长吕宗力教授，他们帮忙纠正了行文中的错误，增进了我对王充思想的认识。青岛大学历史学院的诸位领导和同事，亦为我的研究提供了重要的学术支持。

感谢治学道路上的同路人和前行者。河北师范大学李浩教授是近年王充研究的新锐力量，其研究对我颇具启发意义。李老师主持的国家社科基金后期资助项目"王充与东汉学术思想"即将出版，得知我亦从事王充研究后，李老师立即慷慨赠予书稿，此后我们一直保持良好的学术联系。在2019年加州大学伯克利分校中国研究中心午间工作坊、2023年首届中国古代史青年学者论坛、中国秦汉史研究会2023年学术年会上，陈韵青、郑伊凡、Trenton Wilson、王尔、石珹等学友都曾就本书涉及的王充与会稽的关系、王充的人才观等问题给予宝贵建议。宋艳萍、梁宗华、曲柄睿、廖吉广等老师，及不同期刊的匿名审稿人，也都对王充及《论衡》研究相关问题提出过建设性意见，丰富了本书的内容。

感谢全国哲学社会科学工作办公室对本研究的资金支持。感谢中国社会科学出版社的诸位编辑老师，尤其是责编李凯凯先生的大力协助。李凯凯是我的本科同班同学，也是我的多年老友，为本书的编辑、审校工作付出很多心血。同窗兼好友的刘晓静、赵兵兵、闫梦涵、马新月，在查找资料方面给予我重要帮助。家人始终以无比的包容充当我最坚实的后盾和最牢固的精神支柱。除此之外，还有诸多师友亲人在写作过程中给予我各种形式的支持和帮助，难以一一尽述，在此谨致以万分谢意。

在此之前，我曾出版过两本个人文集，那是文艺青年时期的见证。而本书的写作，让我终于真切体会到做学问的苦与乐。谨以此书纪念个人生命历程中的重要转型。至于学力所限导致的错误和疏漏，则期待读者诸君批评斧正。

马小菲

2024 年 10 月志于青岛